BLACK CLOVER

Der Schwarze Stier auf dem Vormarsch

18

Yûki Tabata

TOKYOPOP

Yuno

Gruppe: Goldene Morgendämmerung | Magietypus: Wind

Astas Kindheitsfreund und Rivale. Wie dieser hat er das Ziel, König der Magier zu werden. Der Naturgeist Sylph untersteht seiner Kontrolle.

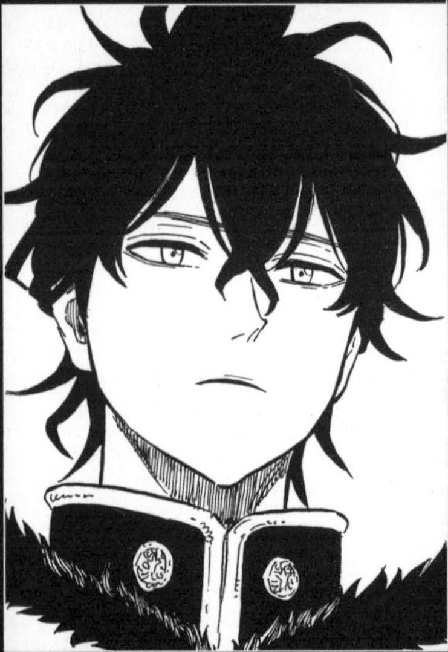

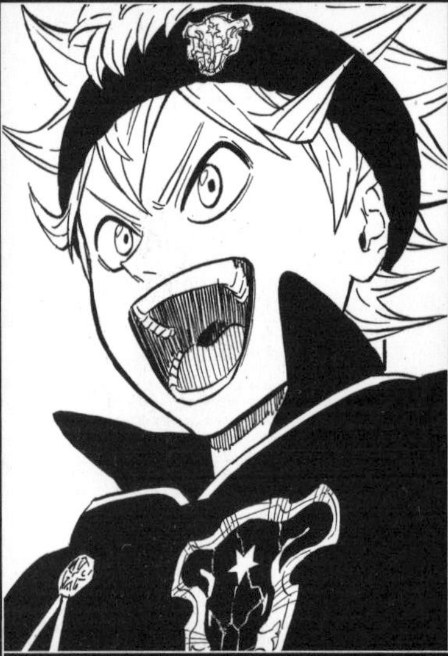

Asta

Gruppe: Schwarzer Stier | Magietypus: Nicht vorhanden (Antimagie)

Er hat zwar keinerlei magische Kraft, versucht aber mit seinem durchtrainierten Körper und seiner Beharrlichkeit König der Magier zu werden. Seine Waffe ist ein Schwert aus Antimagie.

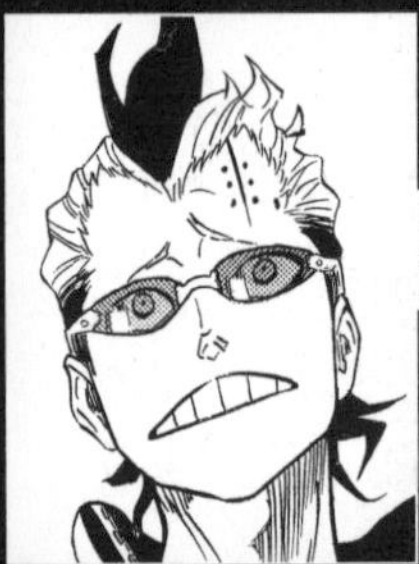

Magna Swing

Gruppe: Schwarzer Stier
Magietypus: Feuer

Ein rebellischer Rowdy, der aber stets seinen Kameraden hilft.

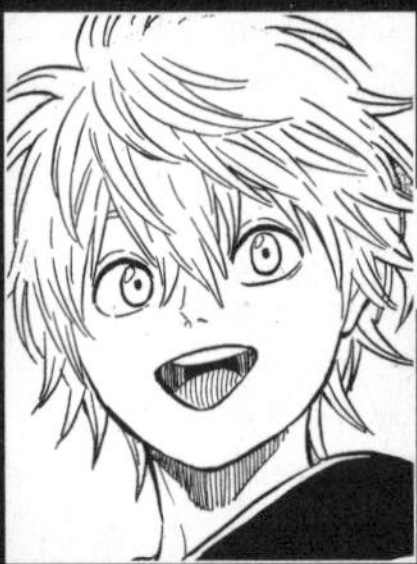

Luck Voltia

Gruppe: Schwarzer Stier
Magietypus: Gewitter

Ein immerzu lächelnder Kampffanatiker, der alles um sich herum vergisst, sobald ein Gefecht beginnt.

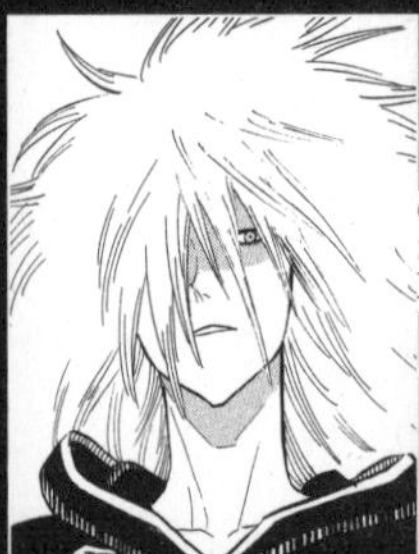

Henry Legolant

Gruppe: Schwarzer Stier
Magietypus: Pflanze

Ein seltsames Leiden zwingt ihn dazu, die magische Kraft der Menschen in seiner Umgebung abzusaugen. Er nutzt sie, um das Hauptquartier des Schwarzen Stiers umzuformen und zu steuern.

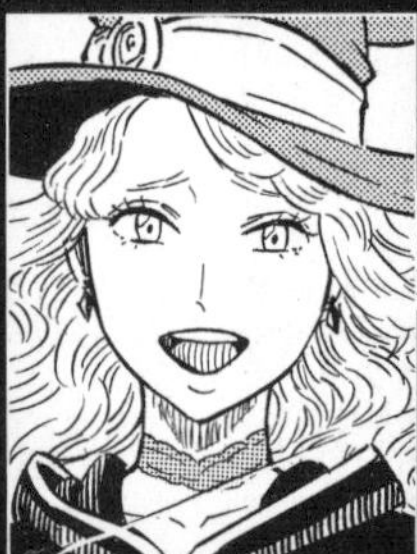

Vanessa Enoteca

Gruppe: Schwarzer Stier
Magietypus: Fäden

Eine unverbesserliche Alkoholliebhaberin, die mit Vorliebe ausgelassen ist. Sie kann mit ihrer Magie das Schicksal beeinflussen und die Zukunft ändern.

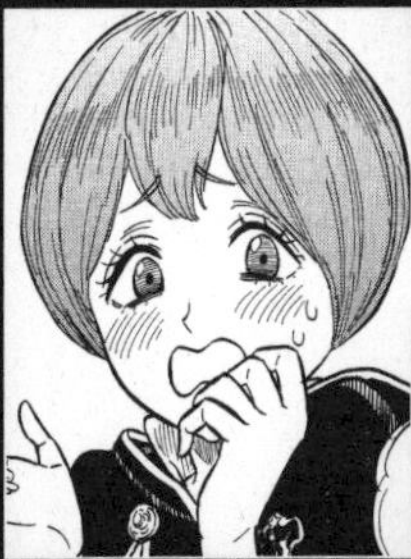

Grey

Gruppe:
Schwarzer Stier
Magietypus: Verwandlung

Unheimlich schüchtern. Kann andere Personen perfekt kopieren.

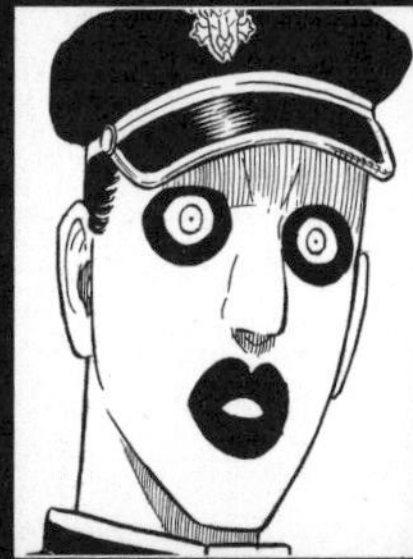

Gordon Agrippa

Gruppe:
Schwarzer Stier
Magietypus: Gift

Es fällt ihm schwer, zu kommunizieren. Möchte sich zwar mit allen anfreunden, schafft es aber nicht, das auszudrücken.

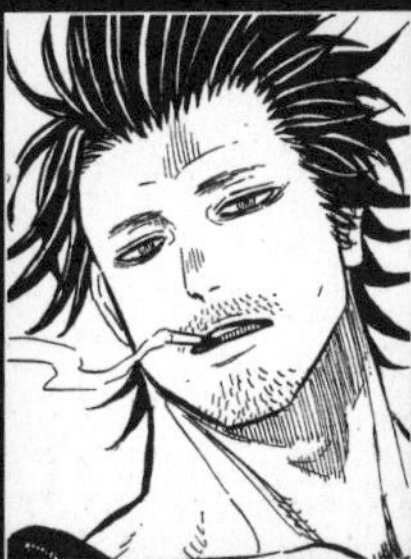

Yami Sukehiro

Gruppe:
Schwarzer Stier
Magietypus: Dunkelheit

Er sieht grimmig aus und ist ein ziemlicher Haudegen, wird von seinen Ordensmitgliedern aber geliebt. Kettenraucher.

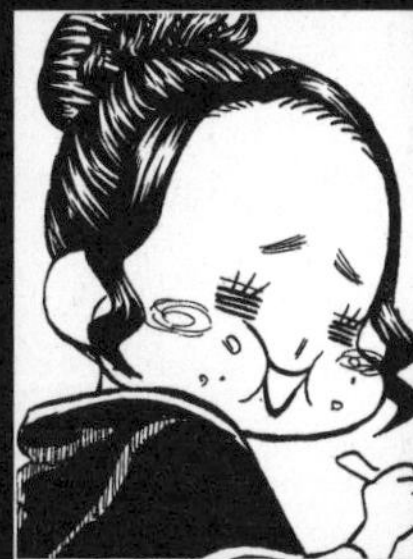

Charmy Pappitson

Gruppe:
Schwarzer Stier
Magietypus: Watte

Ein echter Vielfraß. Sie entwickelt unglaublich starke Magie, wenn ihr Essen in Gefahr ist. In Yuno verknallt.

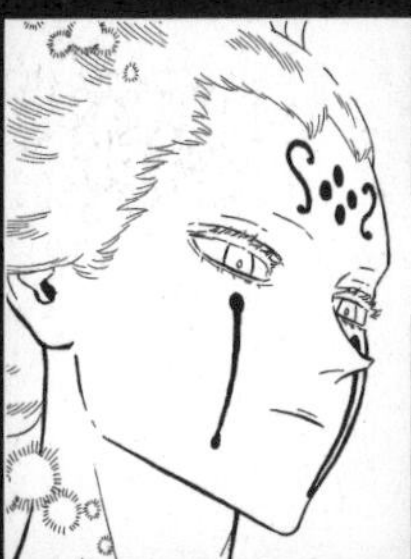

Licht

Magietypus: Schwerter

Anführer des Elfenstammes. Durch die Seelenwanderungsmagie ist sein Körper zurückgekommen, sein Geist aber noch nicht. Sein Zustand ist daher noch instabil.

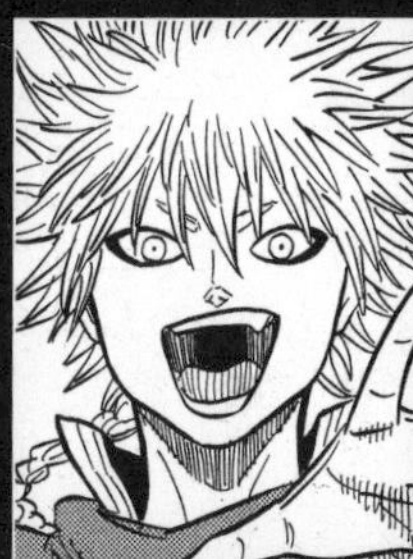

Leopold Vermillion

Gruppe:
Roter Löwe
Magietypus: Feuer

Fuegoleons jüngerer Bruder. Sieht in Asta einen Rivalen.

Was bisher geschah:

Eine Welt, in der nur Magie zählt …
Die Waisenkinder Asta und Yuno, die am selben Tag vor der Kirche des Dorfes Hage ausgesetzt wurden, möchten das höchste Ziel eines jeden Magiers erreichen und König der Magier werden. Dafür trainieren sie tagein, tagaus. Nachdem sie mit 15 Jahren endlich ihre Grimoires, Zauberbücher, die die magische Kraft erhöhen, erhalten haben, nehmen sie an der Eignungsprüfung für die Ritterorden teil. Die neun Ritterorden sind dem König der Magier unterstellt. Yuno, der eine große magische Kraft besitzt, wird im elitären Orden »Goldene Morgendämmerung« aufgenommen, wohingegen Asta, der keinerlei magische Kraft besitzt, im »Schwarzen Stier« landet, einer berüchtigten Chaostruppe. Beide haben also den ersten Schritt gemacht, um ihrem Ziel, König der Magier zu werden, ein wenig näher zu kommen.
Alle Ordensritter sind auf dem Weg in die königliche Hauptstadt, um das Land vor den Elfen zu beschützen. Nur Asta und Yuno eilen zuerst in ihr Heimatdorf Hage, das ebenfalls bedroht wird. Nachdem sie den Angreifer zurückgeschlagen haben, trennen sie sich, um weitere Elfen zu bekämpfen. Zur selben Zeit attackiert Luck, der unter der Kontrolle eines Elfen steht, eine Stadt. Können Magna und Vanessa ihn stoppen …?!

INHALT

BLACK ♣ CLOVER

18

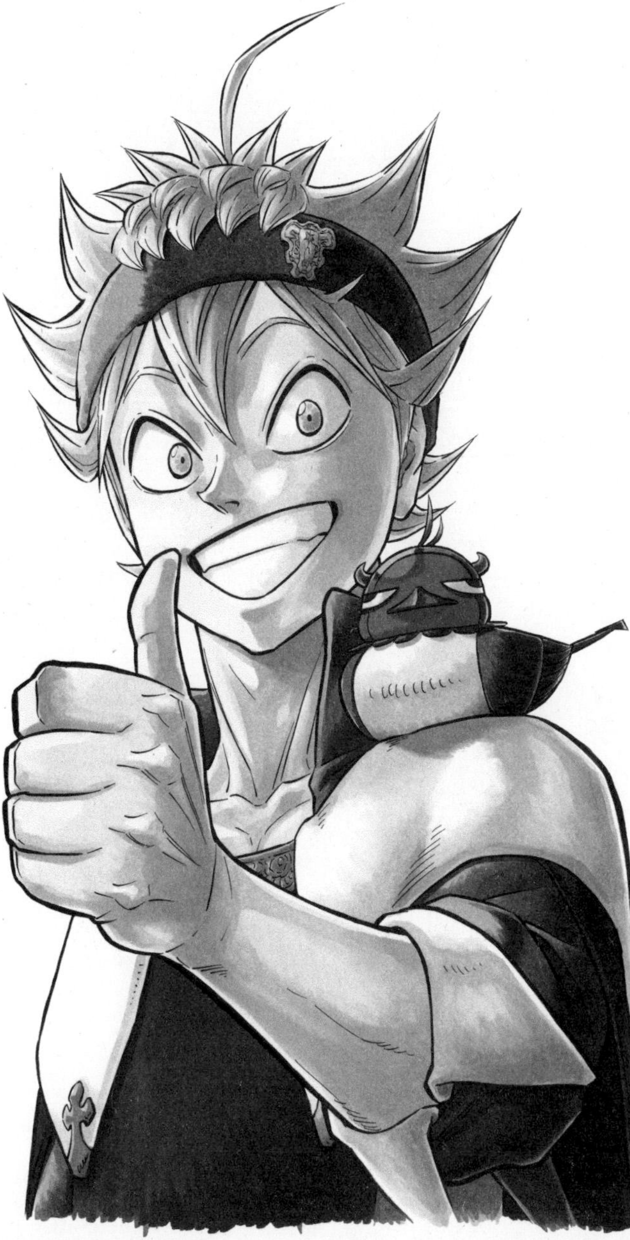

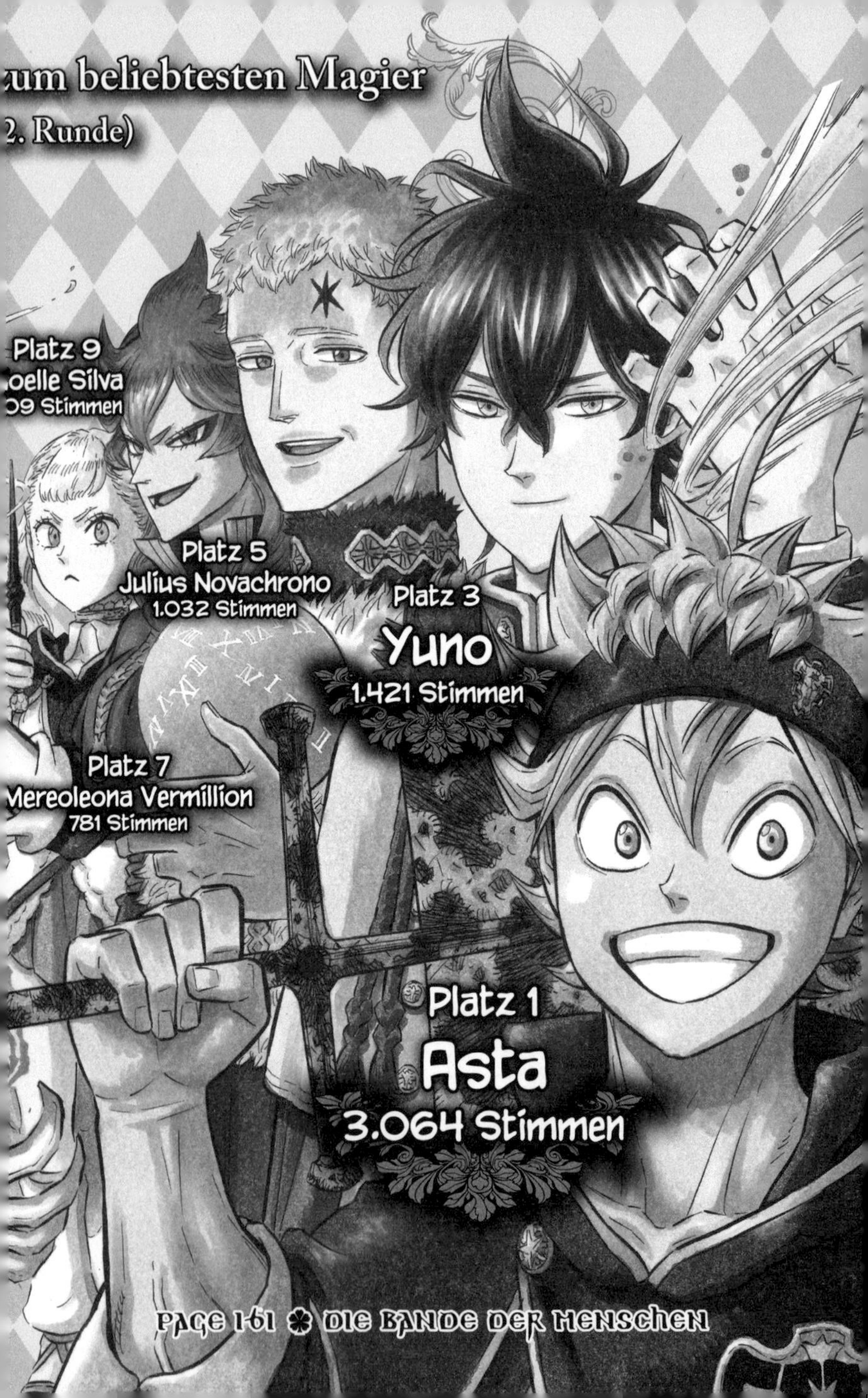

zum beliebtesten Magier
2. Runde)
Platz 9
oelle Silva
09 Stimmen
Platz 5
Julius Novachrono
1.032 Stimmen
Platz 3
Yuno
1.421 Stimmen
Platz 7
Mereoleona Vermillion
781 Stimmen
Platz 1
Asta
3.064 Stimmen

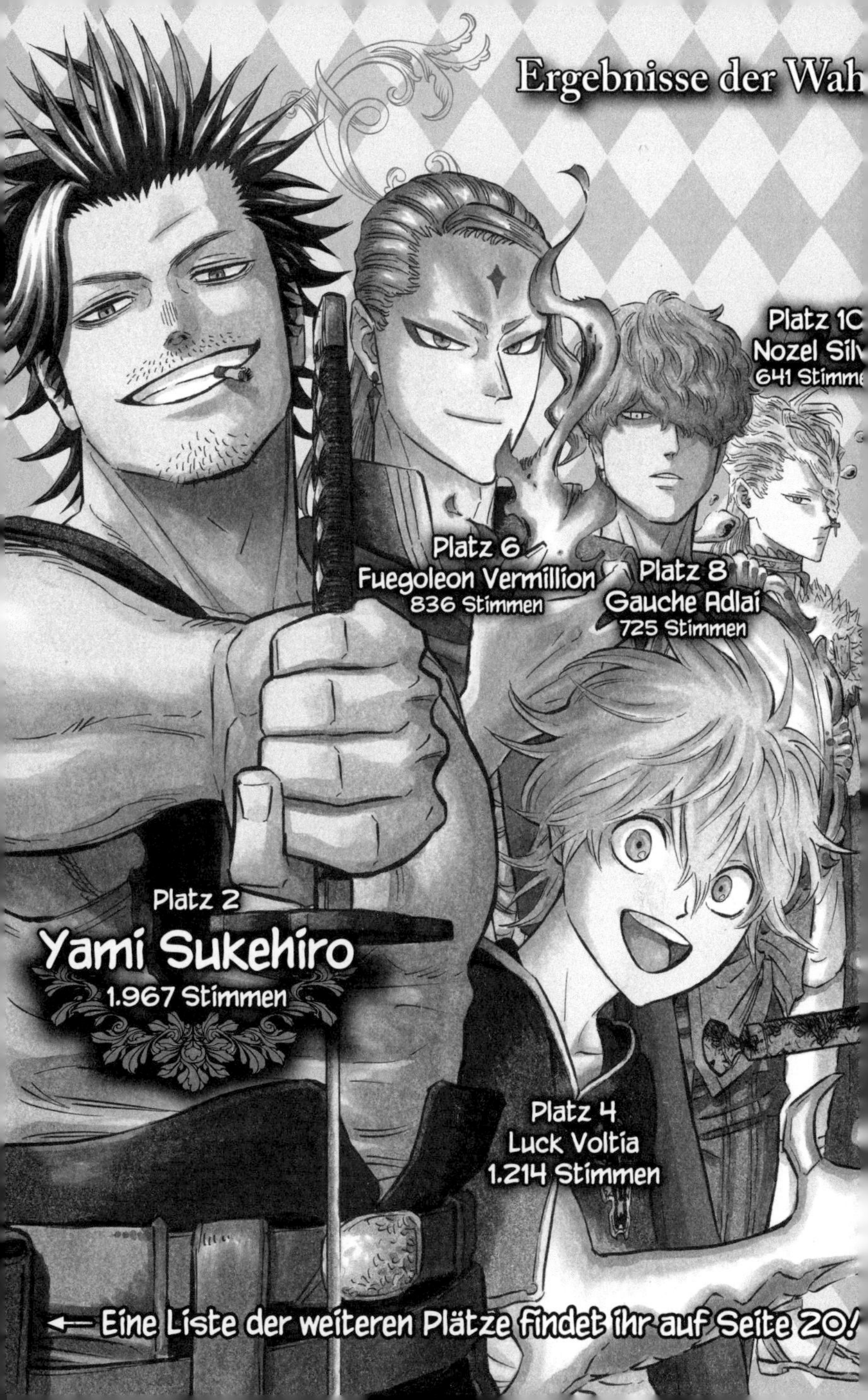

Ergebnisse der Wah
Platz 10
Nozel Silv
641 Stimme
Platz 6
Fuegoleon Vermillion
836 Stimmen
Platz 8
Gauche Adlai
725 Stimmen
Platz 2
Yami Sukehiro
1.967 Stimmen
Platz 4
Luck Voltia
1.214 Stimmen
← Eine Liste der weiteren Plätze findet ihr auf Seite 20!

BLACK•CLOVER

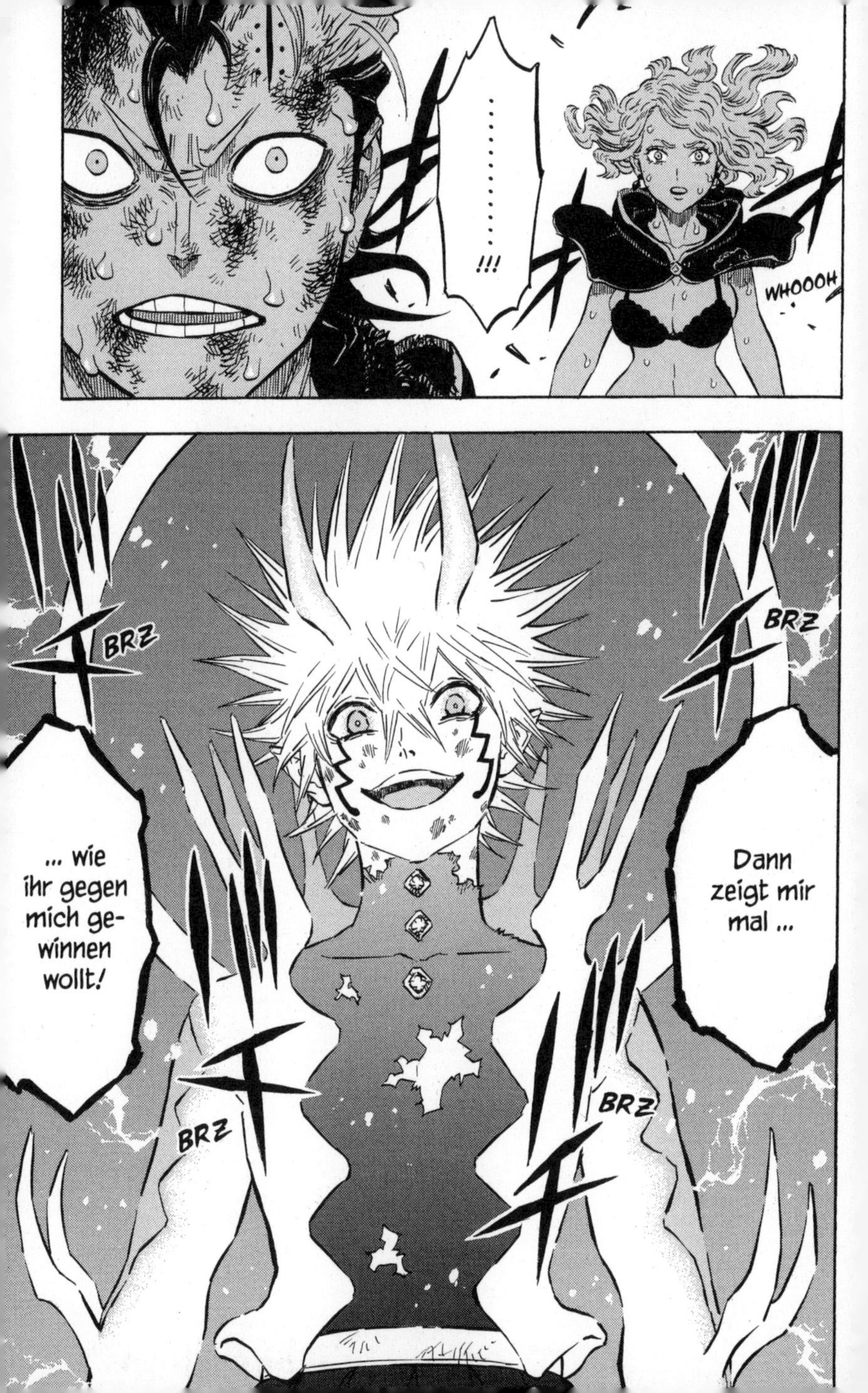

.......!!!
WHOOOH
Dann zeigt mir mal ...
... wie ihr gegen mich ge-winnen wollt!
BRZ
BRZ
BRZ
BRZ

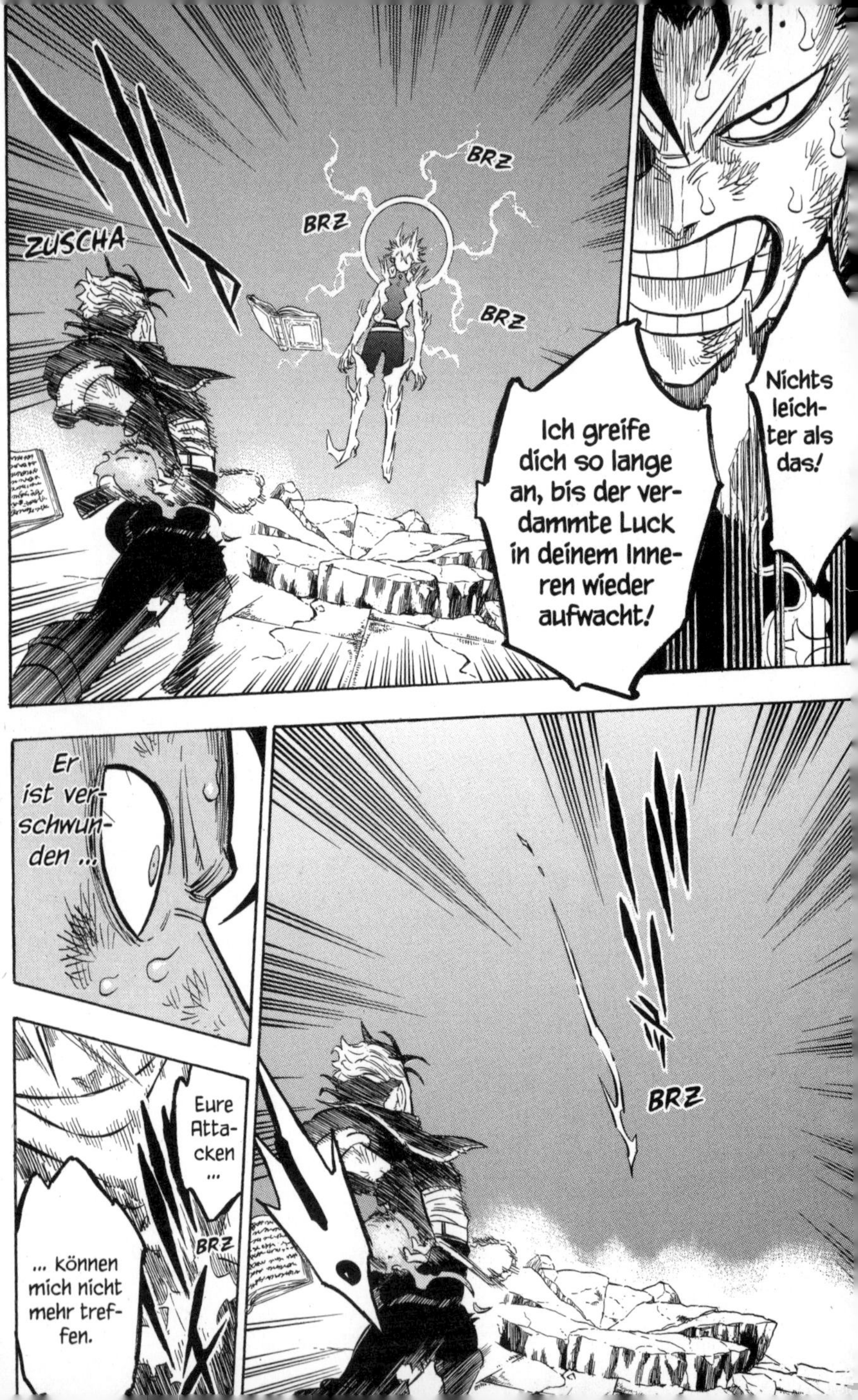
Nichts leichter als das!
Ich greife dich so lange an, bis der verdammte Luck in deinem Inneren wieder aufwacht!
BRZ
BRZ
BRZ
ZUSCHA
BRZ
Er ist verschwunden ...
Eure Attacken ...
BRZ
... können mich nicht mehr treffen.

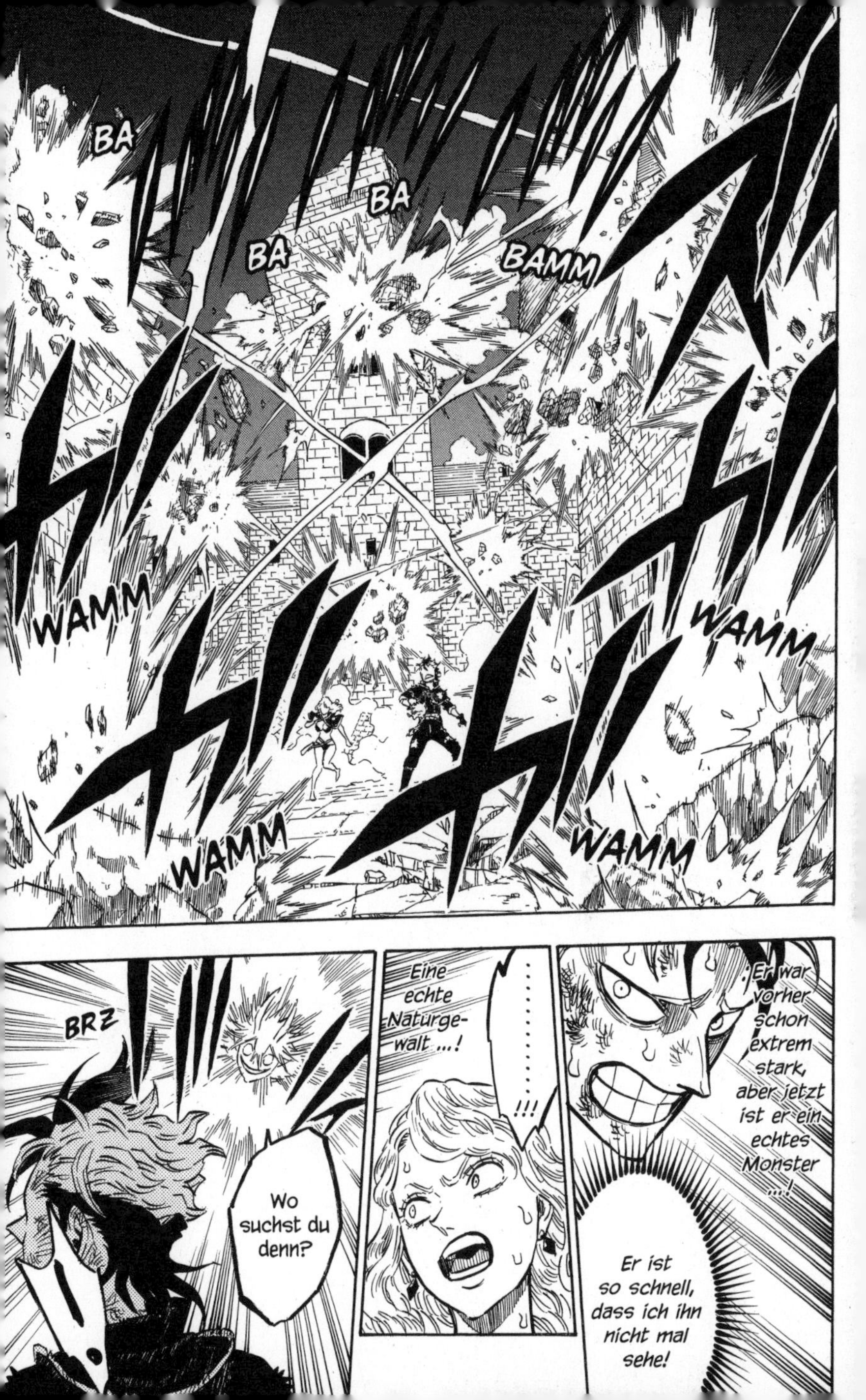
BAMM
BA
BA
BA
WAMM
WAMM
WAMM
WAMM
Er war vorher schon extrem stark, aber jetzt ist er ein echtes Monster ...!
Er ist so schnell, dass ich ihn nicht mal sehe!
Eine echte Naturgewalt ...!
......!!!
BRZ
Wo suchst du denn?

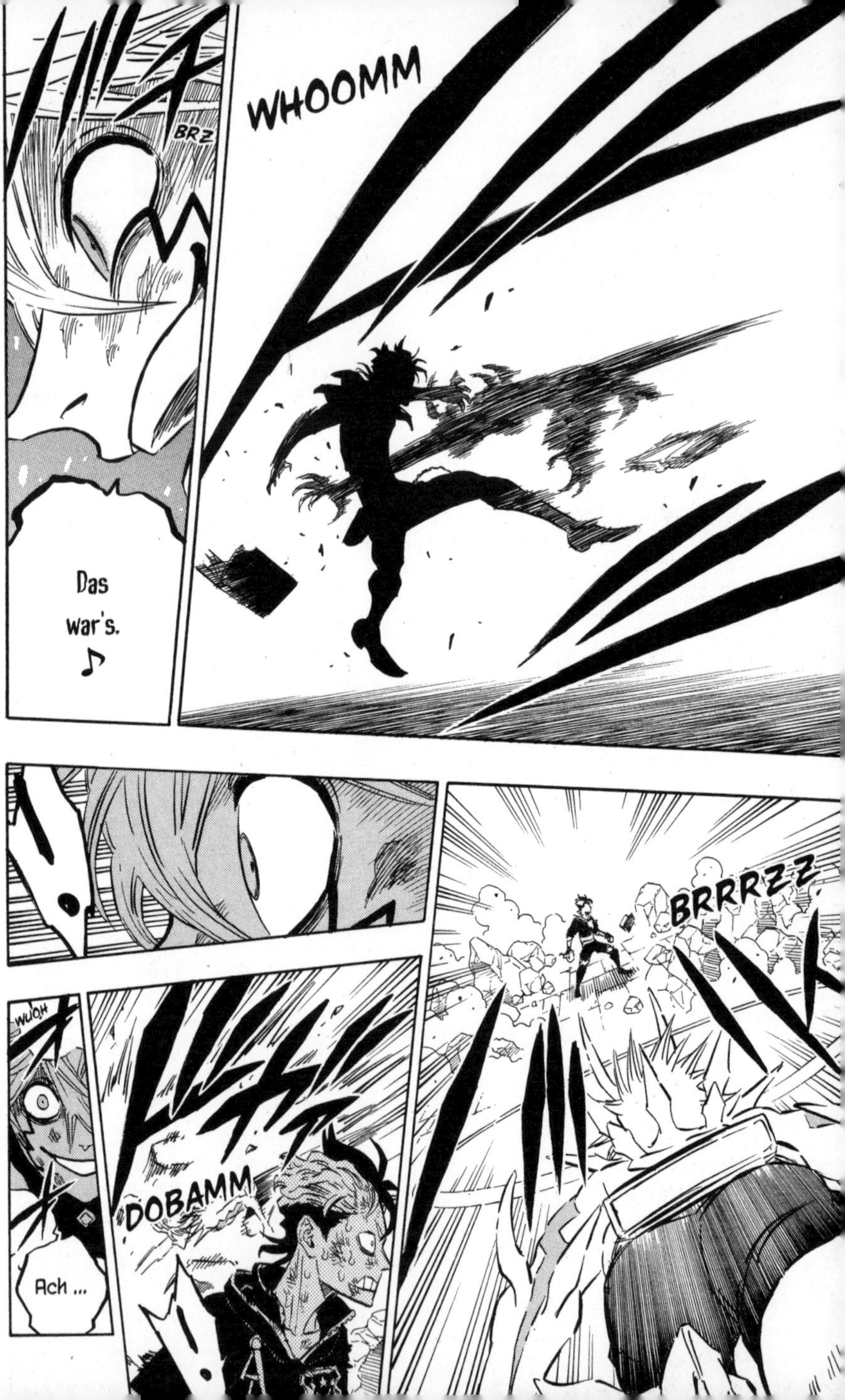

WHOOMM
BRZ
Das war's. ♪
BRRRZZ
DOBAMM
WUOH
Ach ...

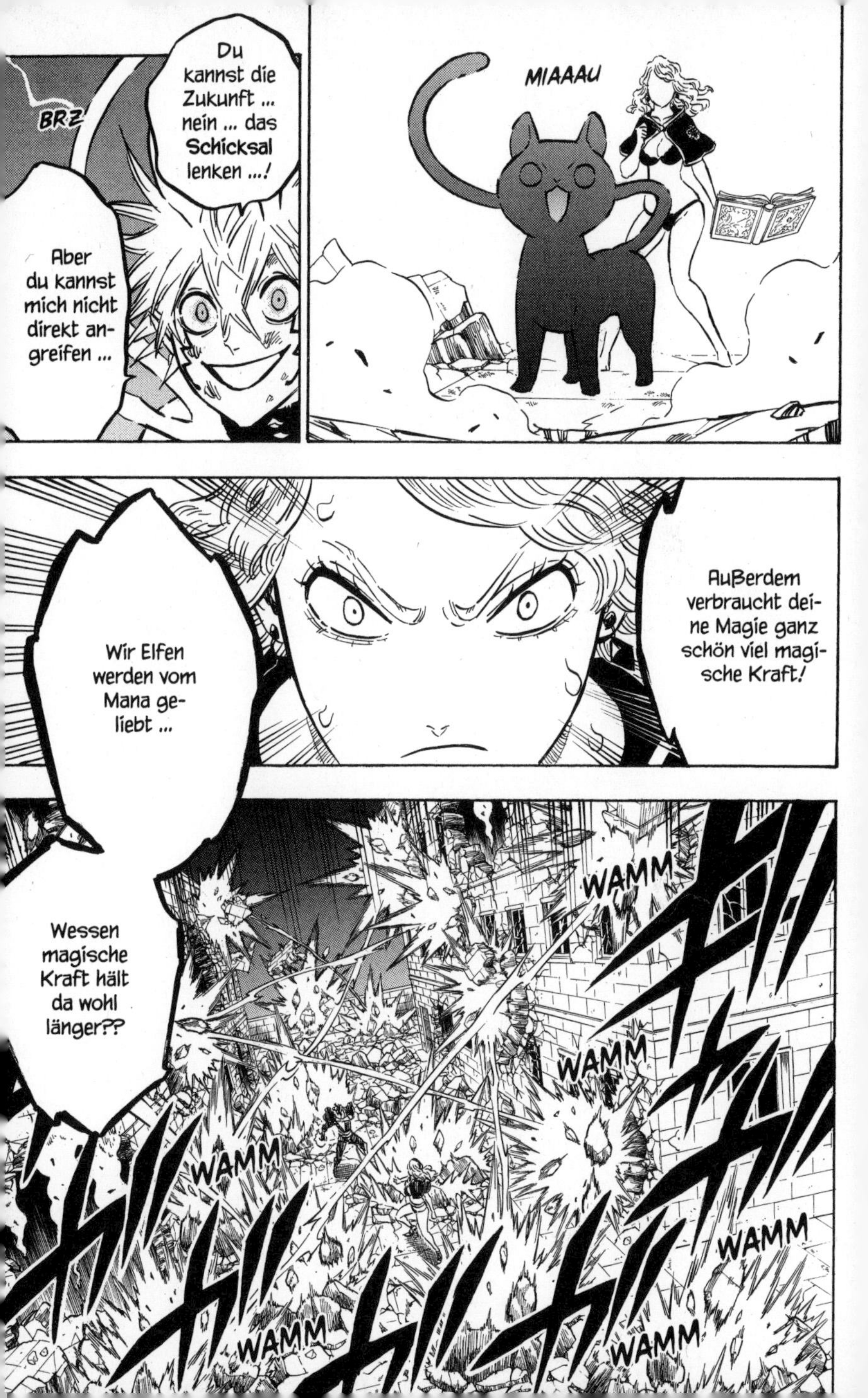
MIAAAU
Du kannst die Zukunft ... nein ... das Schicksal lenken ...!
BRZ
Aber du kannst mich nicht direkt angreifen ...
Außerdem verbraucht deine Magie ganz schön viel magische Kraft!
Wir Elfen werden vom Mana geliebt ...
Wessen magische Kraft hält da wohl länger??
WAMM
WAMM
WAMM
WAMM
WAMM
WAMM

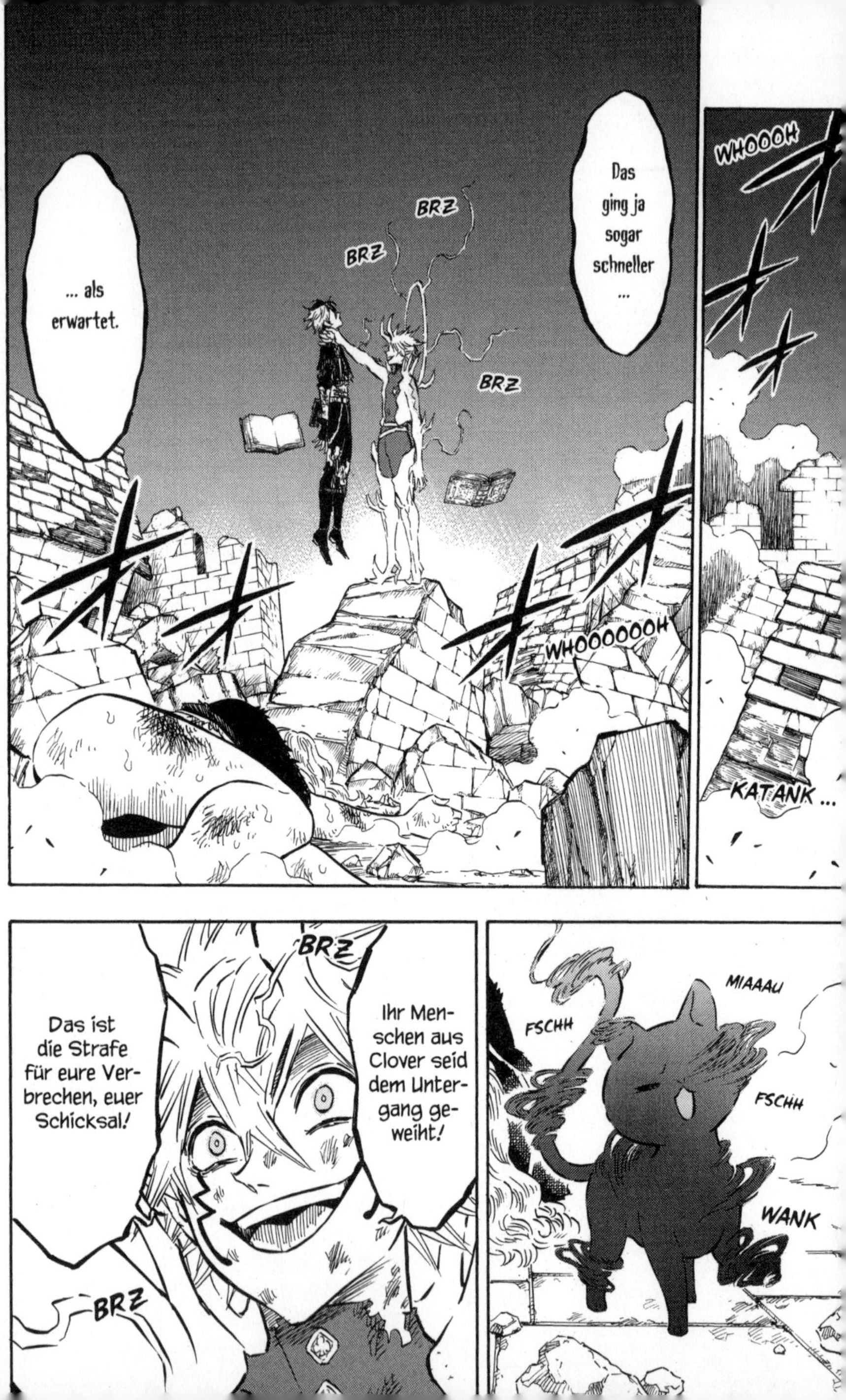
WHOOOH
KATANK ...
Das ging ja sogar schneller ...
BRZ
BRZ
BRZ
... als erwartet.
WHOOOOOOH
MIAAAU
FSCHH
FSCHH
WANK
BRZ
Ihr Menschen aus Clover seid dem Untergang geweiht!
Das ist die Strafe für eure Verbrechen, euer Schicksal!
BRZ

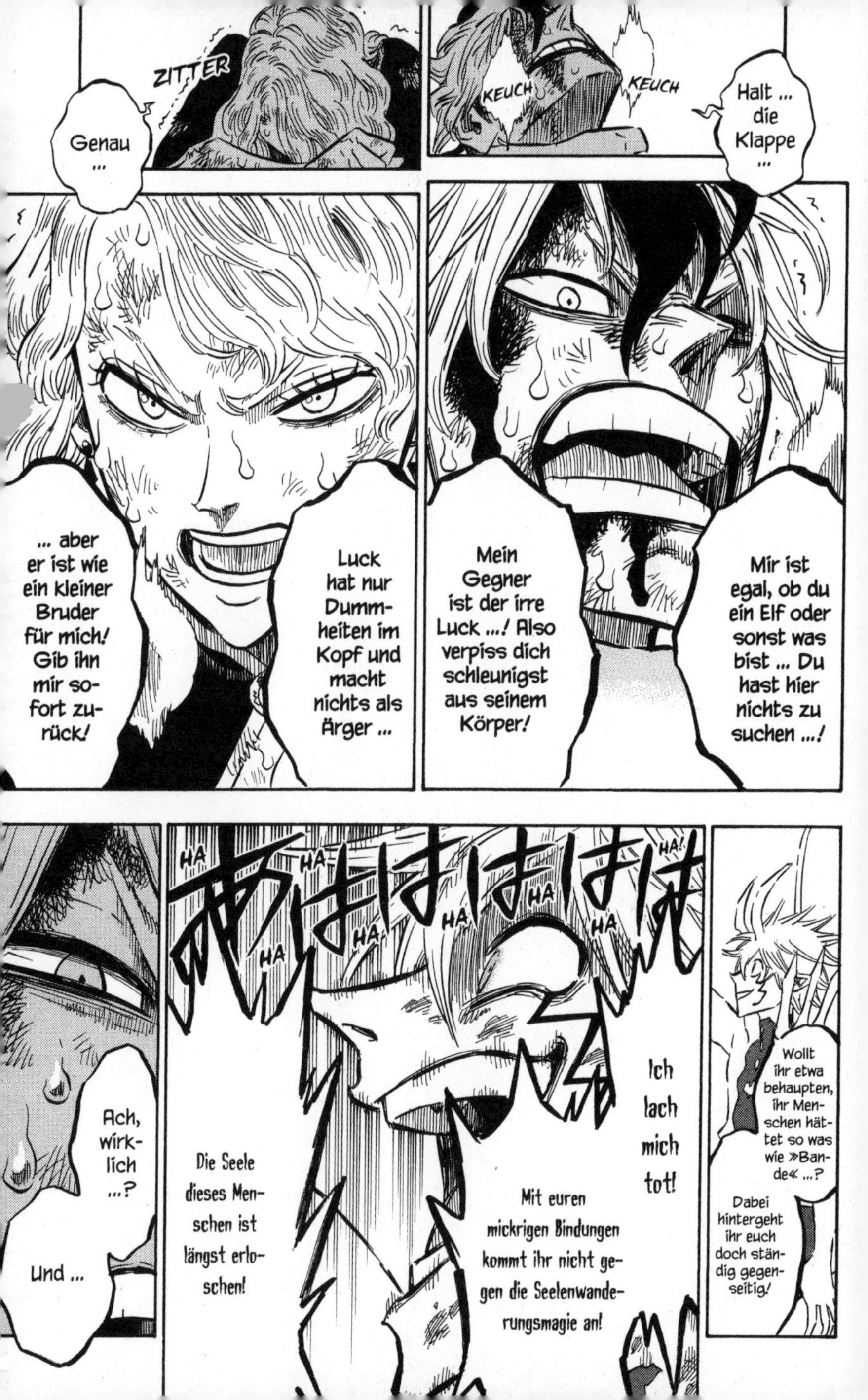

KEUCH
KEUCH
Halt ... die Klappe ...
ZITTER
Genau ...
Mir ist egal, ob du ein Elf oder sonst was bist ... Du hast hier nichts zu suchen ...!
Mein Gegner ist der irre Luck ...! Also verpiss dich schleunigst aus seinem Körper!
Luck hat nur Dummheiten im Kopf und macht nichts als Ärger ...
... aber er ist wie ein kleiner Bruder für mich! Gib ihn mir sofort zurück!
Wollt ihr etwa behaupten, ihr Menschen hättet so was wie »Bande« ...?
Dabei hintergeht ihr euch doch ständig gegenseitig!
HA HA HA HA HA HA HA HA!
Ich lach mich tot!
Mit euren mickrigen Bindungen kommt ihr nicht gegen die Seelenwanderungsmagie an!
Die Seele dieses Menschen ist längst erloschen!
Ach, wirklich ...?
Und ...

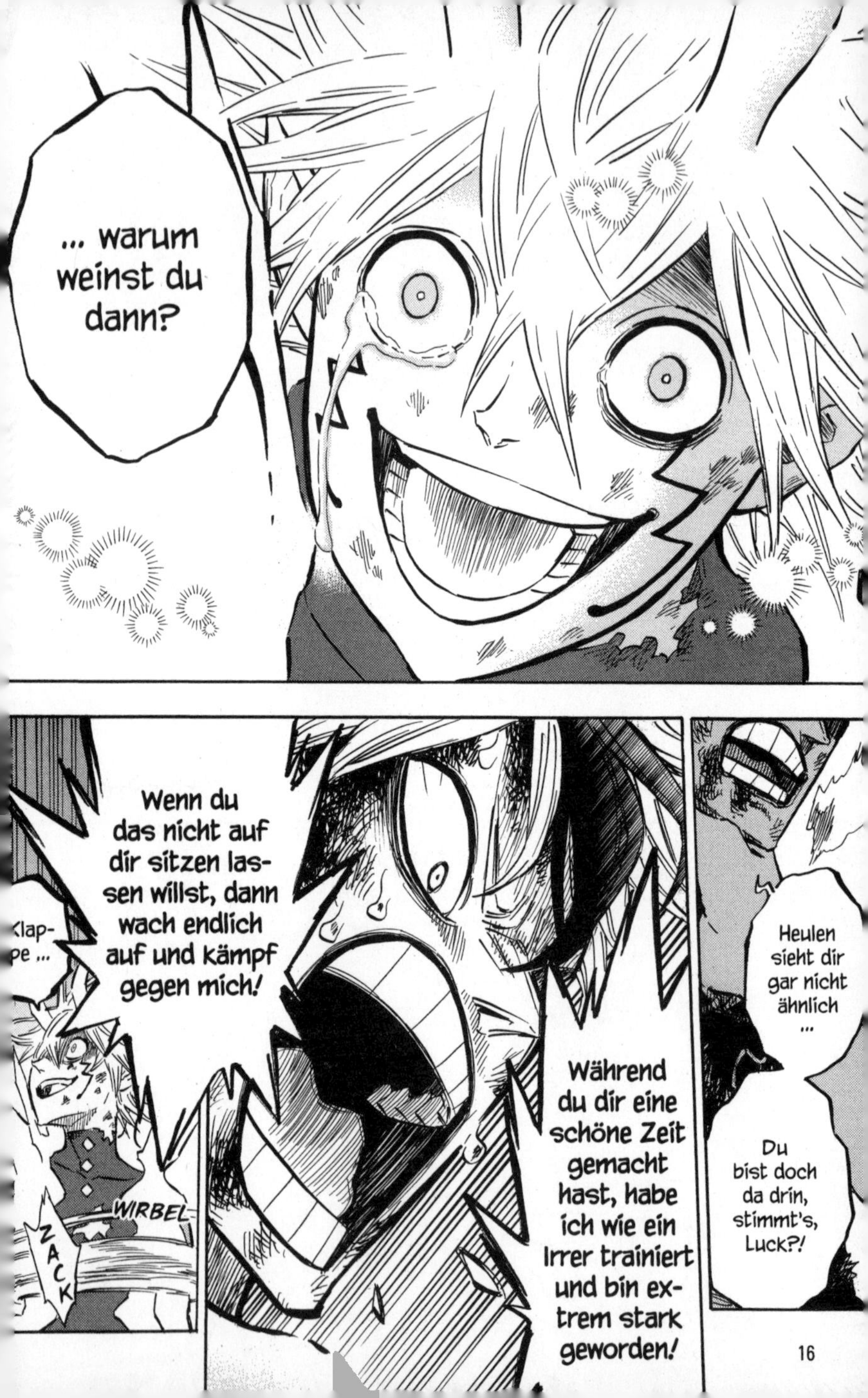
... warum weinst du dann?
Heulen sieht dir gar nicht ähnlich ...
Du bist doch da drin, stimmt's, Luck?!
Während du dir eine schöne Zeit gemacht hast, habe ich wie ein Irrer trainiert und bin extrem stark geworden!
Wenn du das nicht auf dir sitzen lassen willst, dann wach endlich auf und kämpf gegen mich!
Klap-pe ...
WIRBEL
ZACK

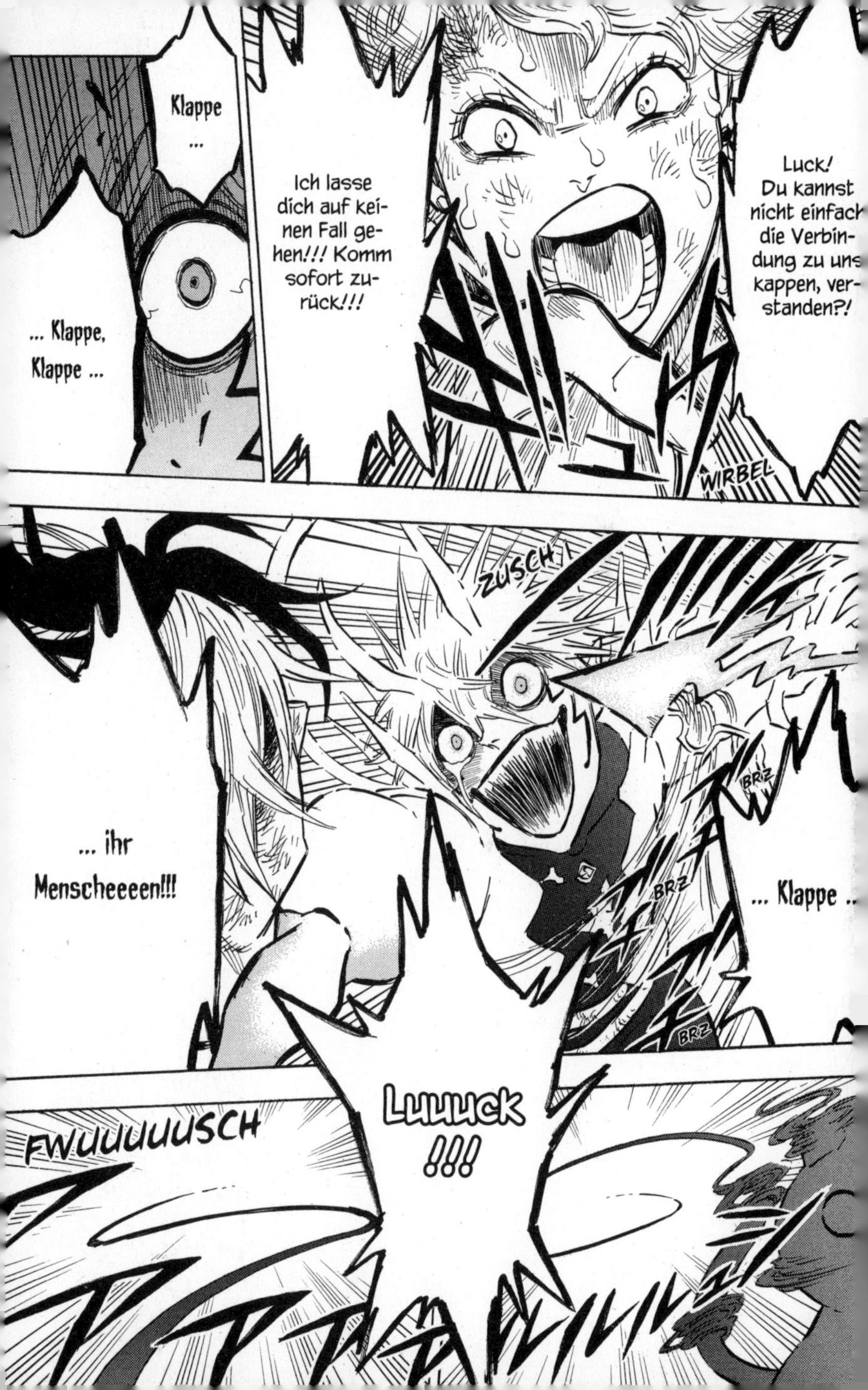

Luck! Du kannst nicht einfach die Verbindung zu uns kappen, verstanden?!
Ich lasse dich auf keinen Fall gehen!!! Komm sofort zurück!!!
WIRBEL
Klappe ...
... Klappe, Klappe ...
ZUSCH
BRZ
... Klappe ...
BRZ
BRZ
... ihr Menscheeeeen!!!
Luuuck!!!
FWUUUUUSCH

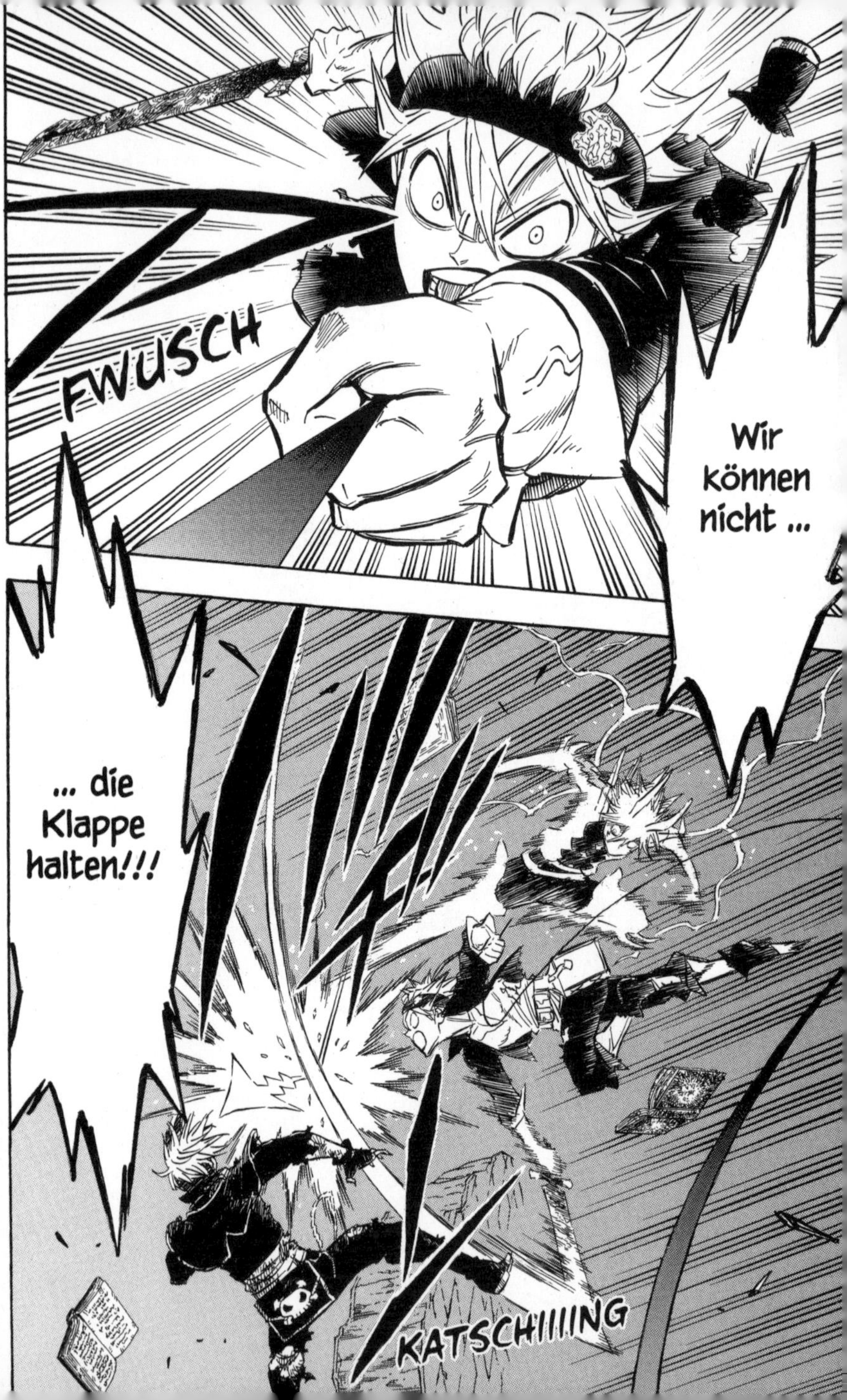
FWUSCH
Wir können nicht ...
... die Klappe halten!!!
KATSCHIIIING

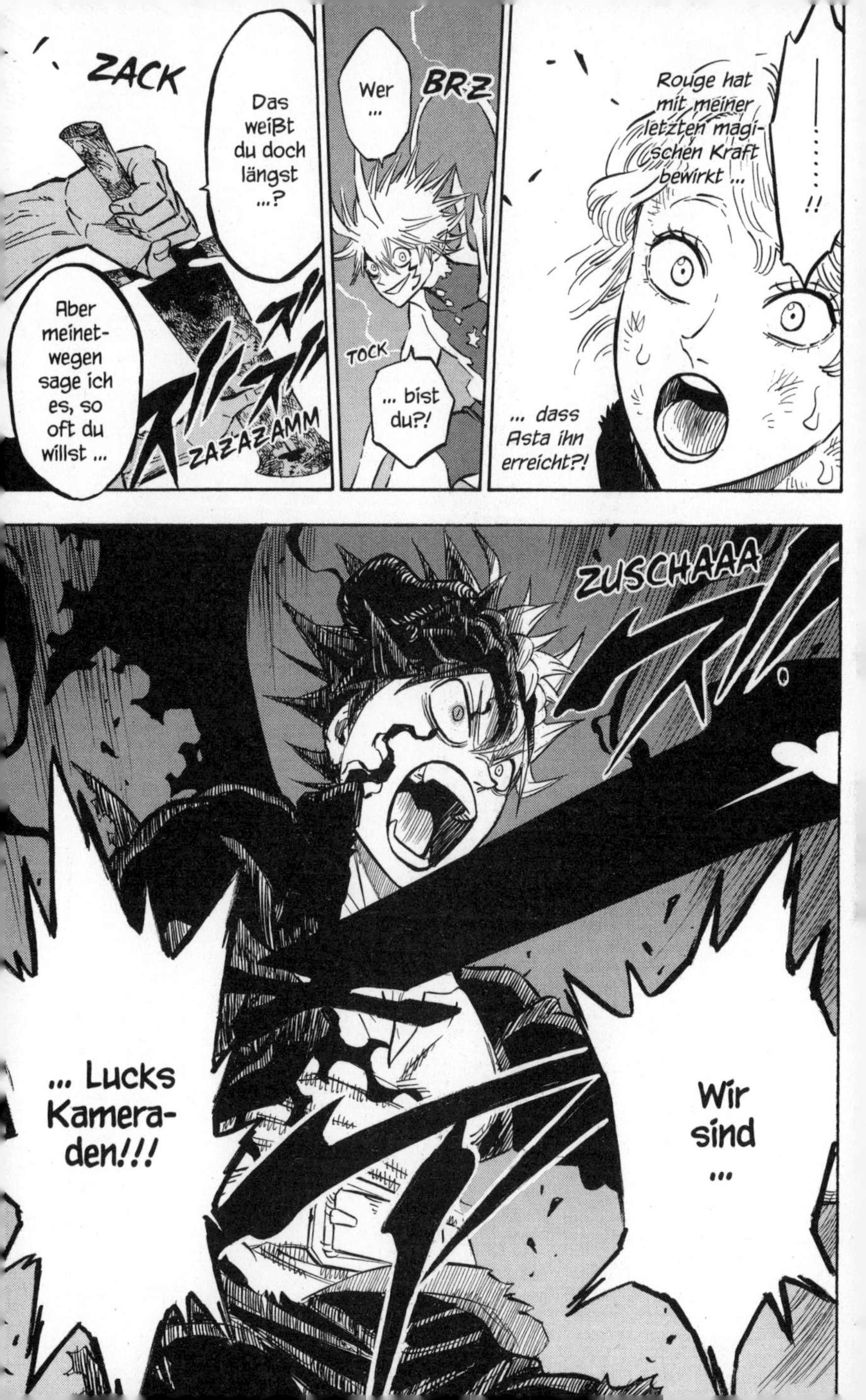

Rouge hat mit meiner letzten magischen Kraft bewirkt ...
... dass Asta ihn erreicht?!
......!!
Wer ...
BRZ
TOCK
... bist du?!
Das weißt du doch längst ...?
ZACK
Aber meinetwegen sage ich es, so oft du willst ...
ZAZAZAMM
ZUSCHAAA
Wir sind ...
... Lucks Kameraden!!!

TEIL 2

ERGEBNISSE DER MAGIERWAHL!

Dank euren zahlreichen Einsendungen war die zweite Wahl zum beliebtesten *Black Clover*-Charakter ein noch größerer Erfolg als die erste! In diesem Band findet ihr alle Ergebnisse! Hier kommen erst mal die Plätze 11 bis 20!

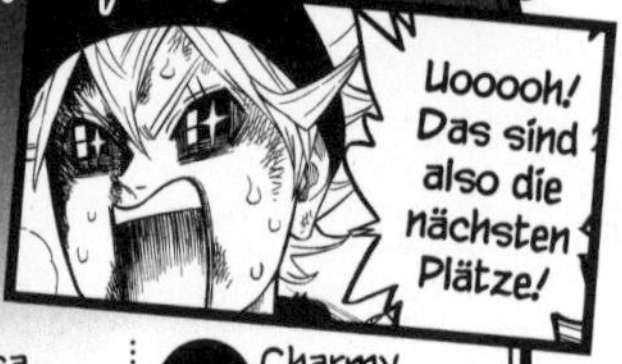

11 Finral Roulacase

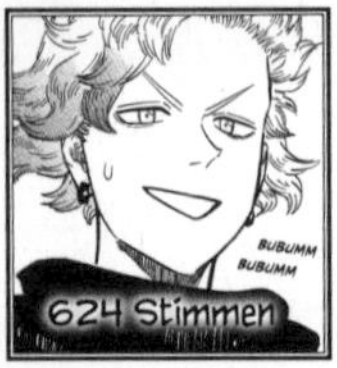

Er sorgt nicht nur für Lacher, sondern zeigt bei der Auseinandersetzung mit seinem Bruder Langris auch eine ernste Seite.

12 Gordon Agrippa

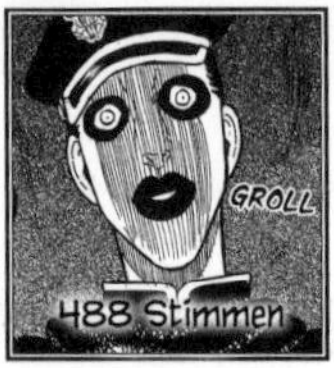

Der krasse Gegensatz zwischen seinem gruseligen Aussehen und seinem schüchternen Charakter kommt wohl gut bei euch an ...?!

13 Mimosa Vermillion

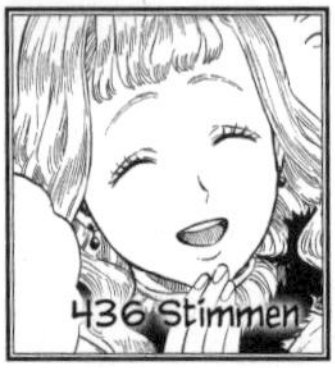

Mit ihrem freundlichen Auftreten und ihrer mädchenhaften Art hat sie eure Herzen im Sturm erobert!

14 Charmy Pappitson

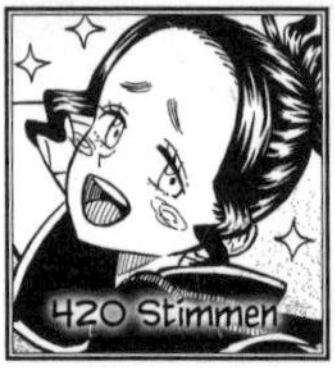

Auch bei dieser Abstimmung lag der gut gelaunte Vielfraß ziemlich weit vorne!

15 Zora Ideale

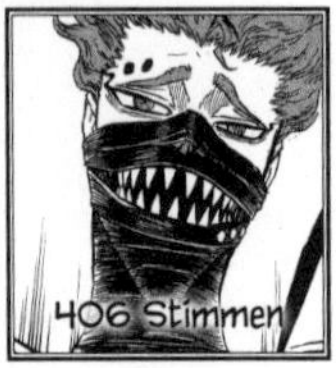

Asta und der kluge Zyniker Zora geben ein ungleiches Duo ab, aber euch scheint es zu gefallen!

16 Vanessa Enoteca

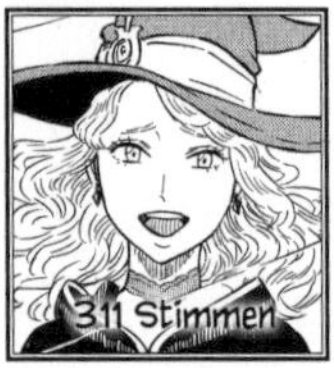

Einige Hardcore-Fans haben den Wunsch geäußert, sich von der toughen Vanessa mal so richtig ausschimpfen zu lassen?!

17 Leopold Vermillion

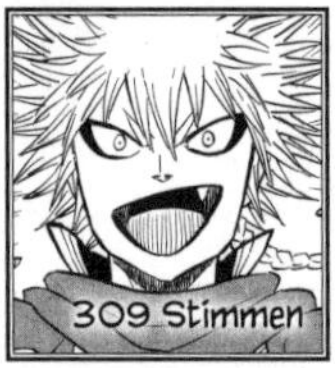

Der geradlinige, hitzköpfige Adlige hat durch den Anime stark an Beliebtheit gewonnen!

18 Charlotte Roselei

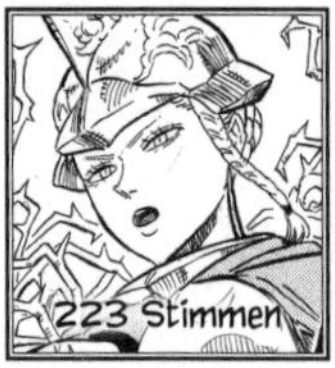

Sie ist extrem stark, Yami gegenüber aber total unbeholfen. Das scheint euch zu gefallen!

19 Nero

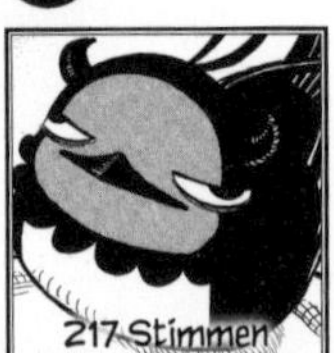

Sein seltsamer Blick zieht alle in seinen Bann ...! Nero ist bei euch ganz schön beliebt!

20 Grey

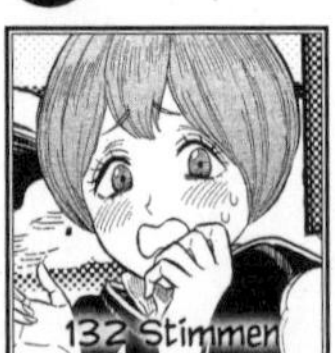

Ihr liebt sie nicht nur für ihre Schüchternheit, sondern auch für ihre Magie!

20 Sekke Bronzazza (Yeehaw)

Punktegleichstand

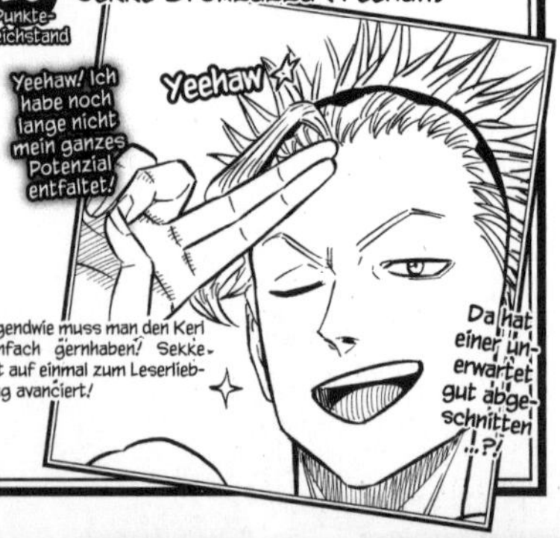

Irgendwie muss man den Kerl einfach gernhaben! Sekke ist auf einmal zum Leserliebling avanciert!

Weiter geht's auf Seite 32!

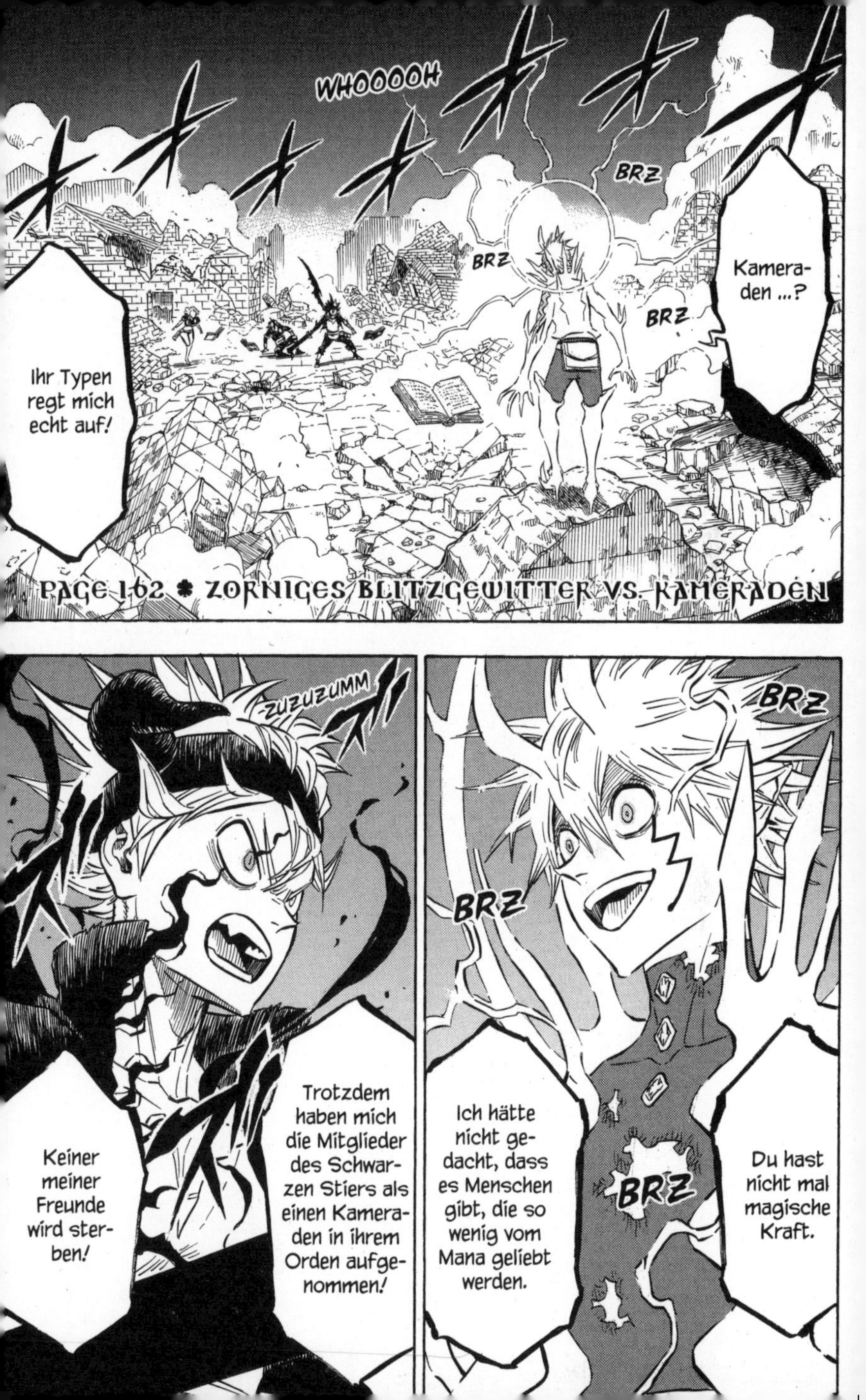
WHOOOOH
BRZ
BRZ
BRZ
Kameraden ...?
Ihr Typen regt mich echt auf!
PAGE 162 ♣ ZORNIGES BLITZGEWITTER VS. KAMERADEN
BRZ
BRZ
BRZ
Du hast nicht mal magische Kraft.
Ich hätte nicht gedacht, dass es Menschen gibt, die so wenig vom Mana geliebt werden.
ZUZUZUMM
Trotzdem haben mich die Mitglieder des Schwarzen Stiers als einen Kameraden in ihrem Orden aufgenommen!
Keiner meiner Freunde wird sterben!

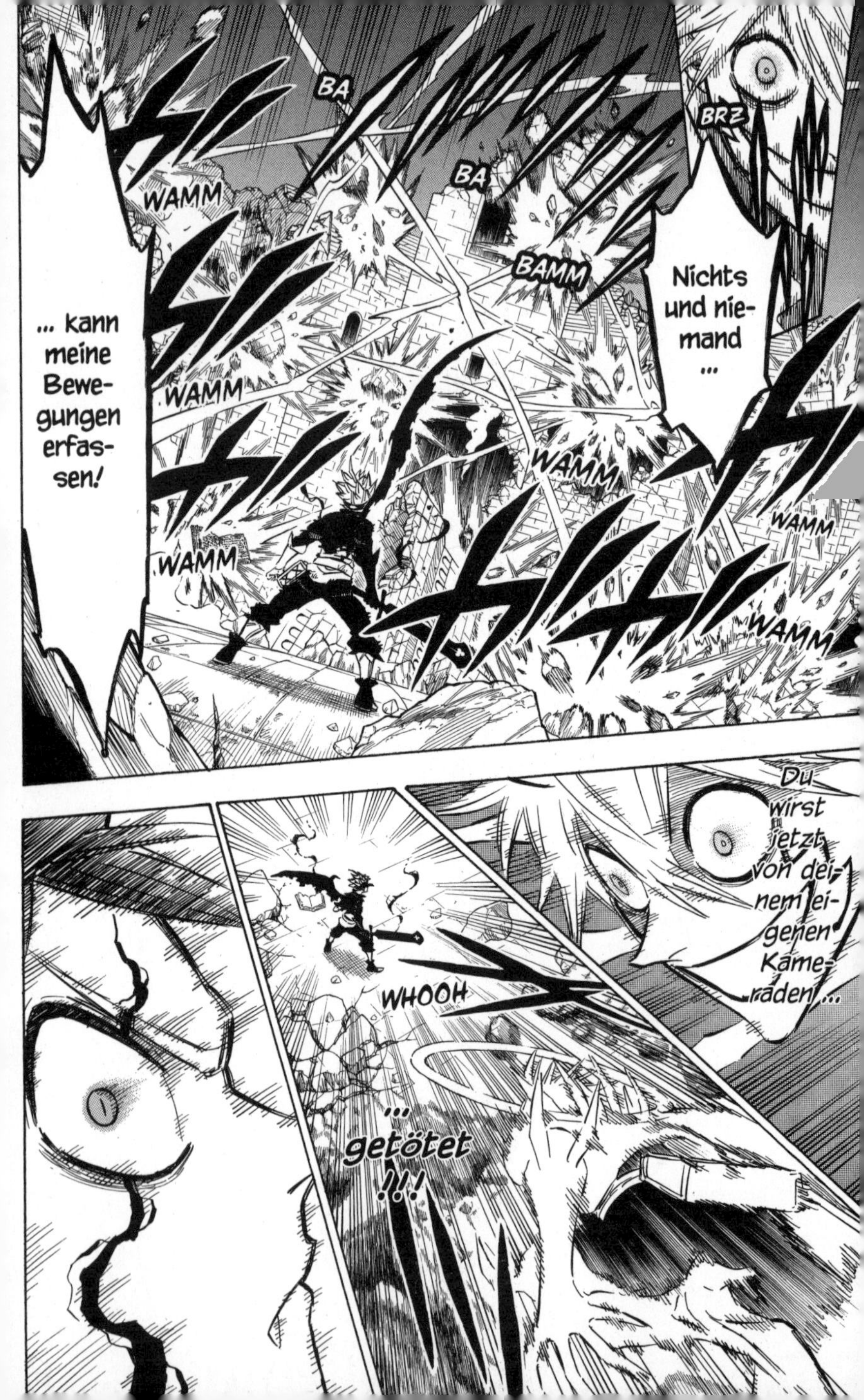
BRZ
BA
BA
BAMM
Nichts und niemand ...
WAMM
WAMM
WAMM
WAMM
WAMM
WAMM
... kann meine Bewegungen erfassen!
Du wirst jetzt von deinem eigenen Kameraden ...
WHOOH
... getötet !!!

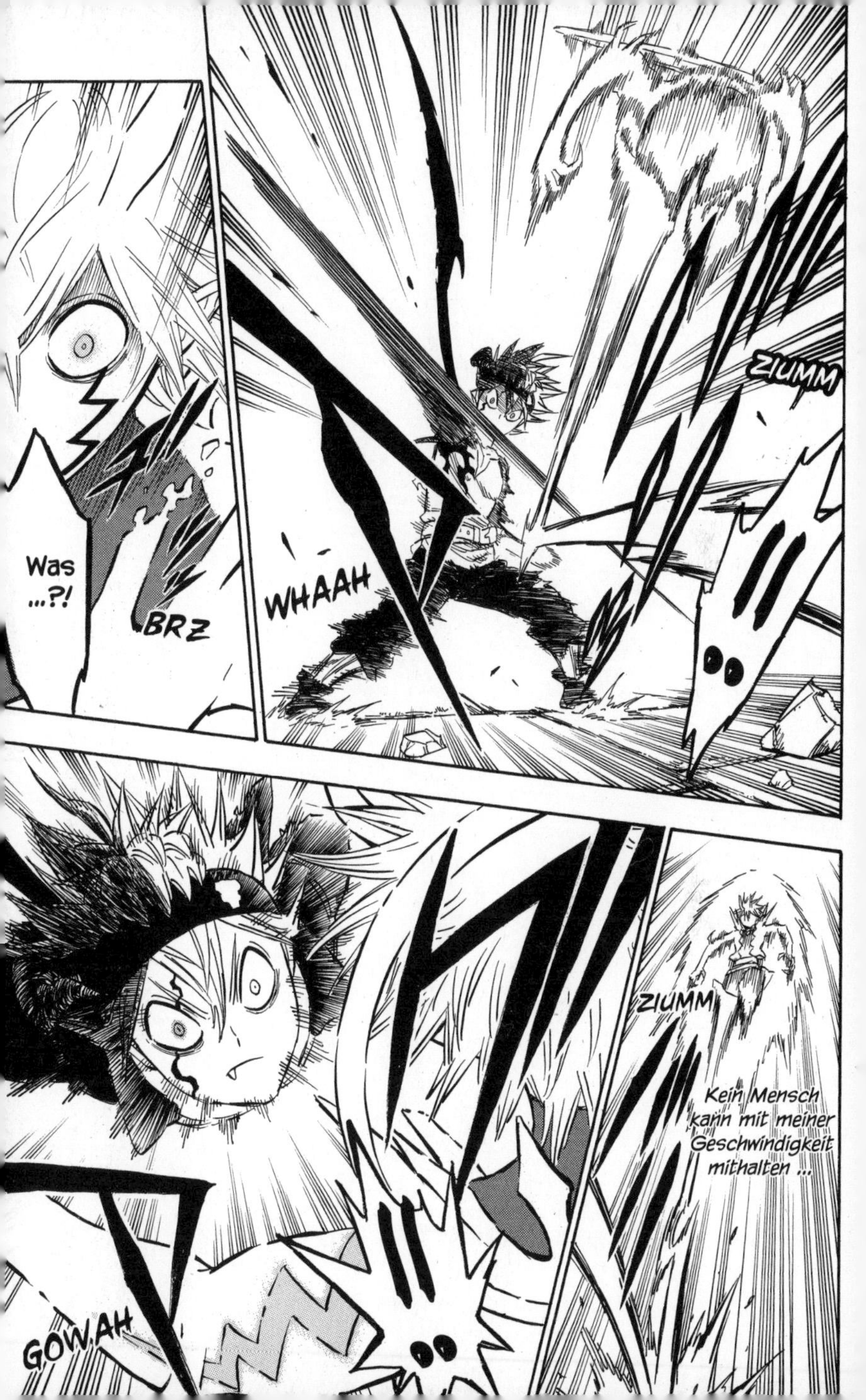
ZIUMM
WHAAH
Was ...?!
BRZ
ZIUMM
Kein Mensch kann mit meiner Geschwindigkeit mithalten ...
GOWAH

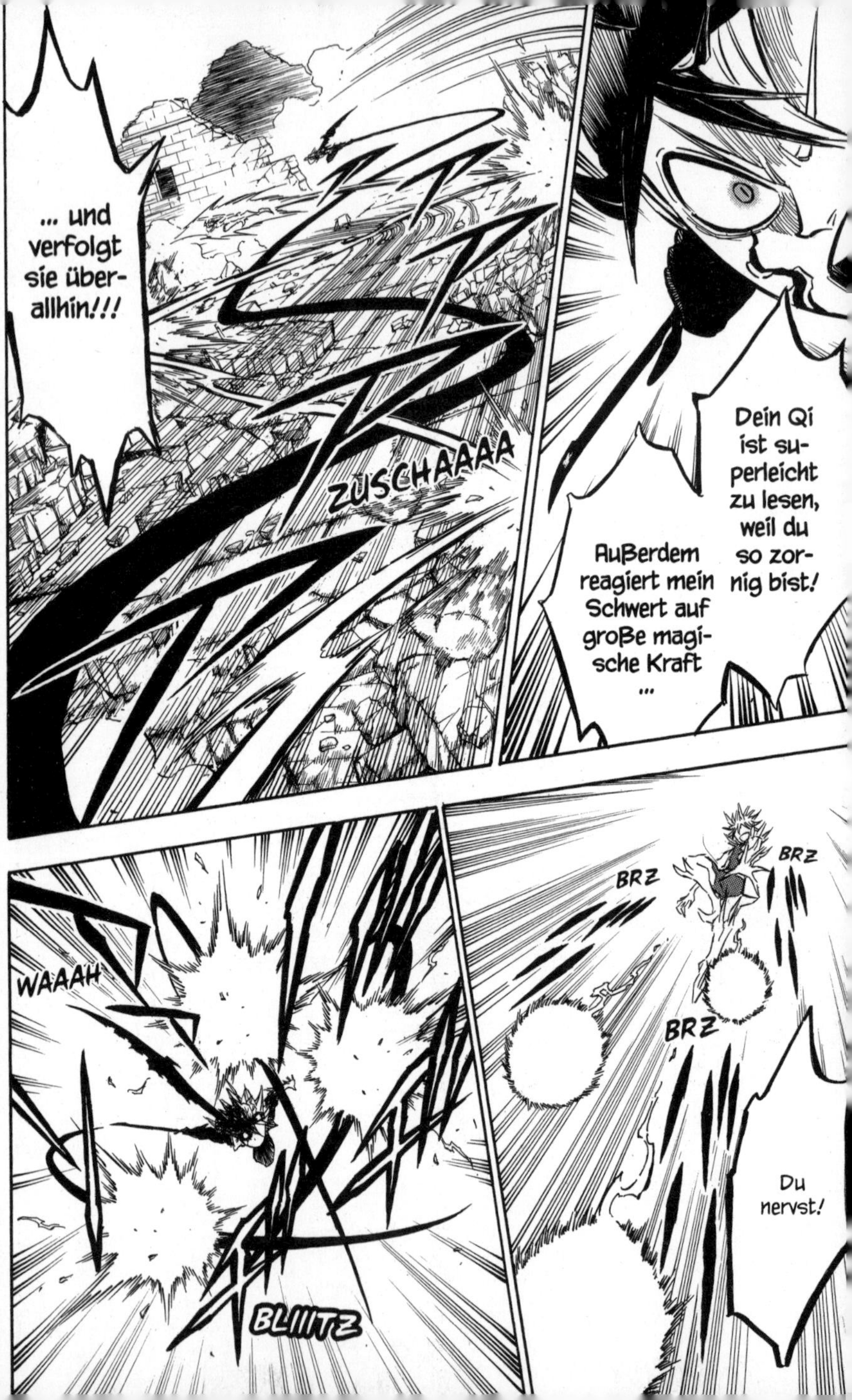

Dein Qi ist superleicht zu lesen, weil du so zornig bist!
Außerdem reagiert mein Schwert auf große magische Kraft ...
... und verfolgt sie überallhin!!!
ZUSCHAAAA
BRZ
BRZ
BRZ
Du nervst!
WAAAH
BLIIITZ

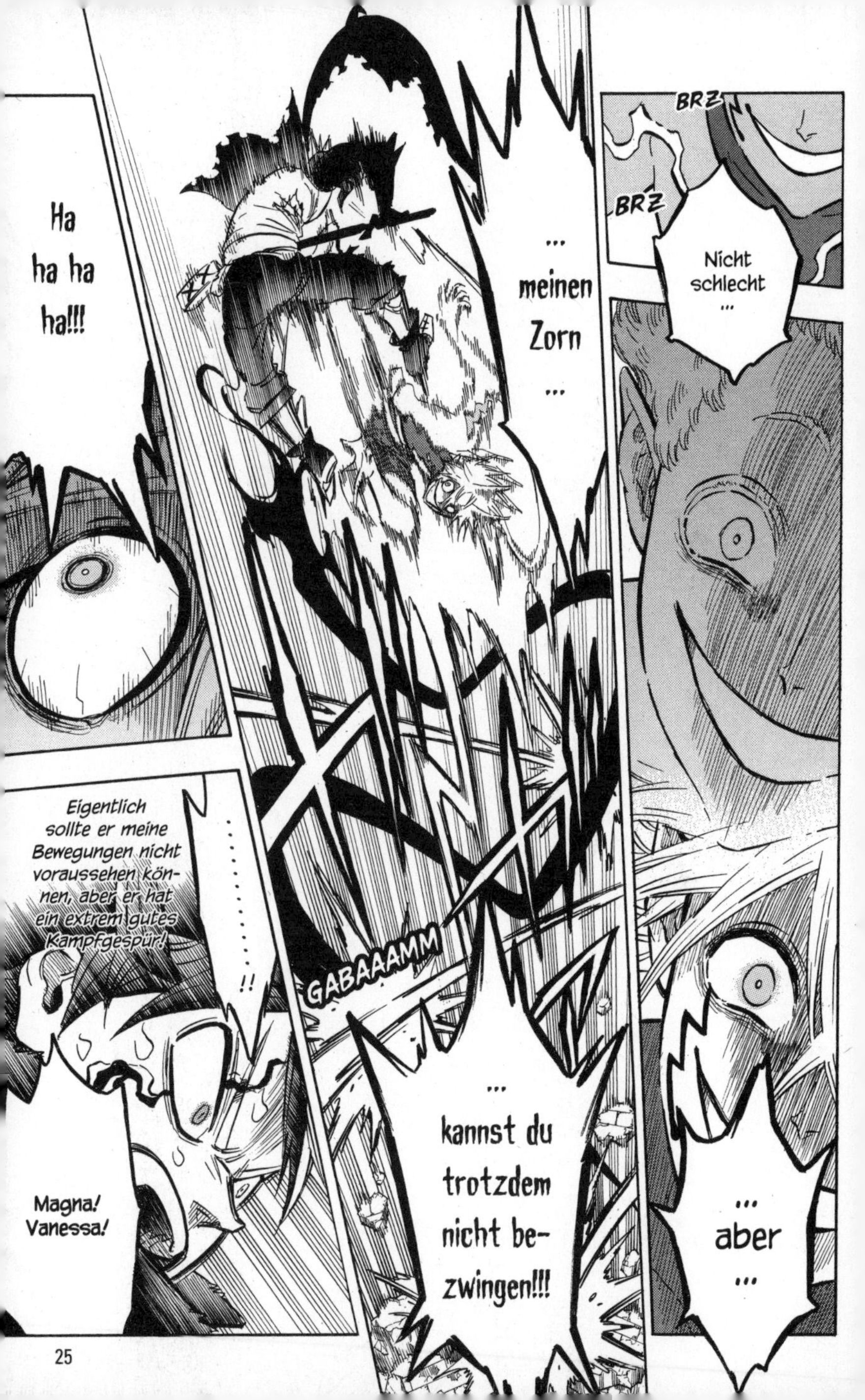
BRZ
BRZ
Nicht schlecht ...
... aber ...
... meinen Zorn ...
GABAAAMM
... kannst du trotzdem nicht be-zwingen!!!
Ha ha ha ha!!!
Eigentlich sollte er meine Bewegungen nicht voraussehen kön-nen, aber er hat ein extrem gutes Kampfgespür!
......!!
Magna! Vanessa!

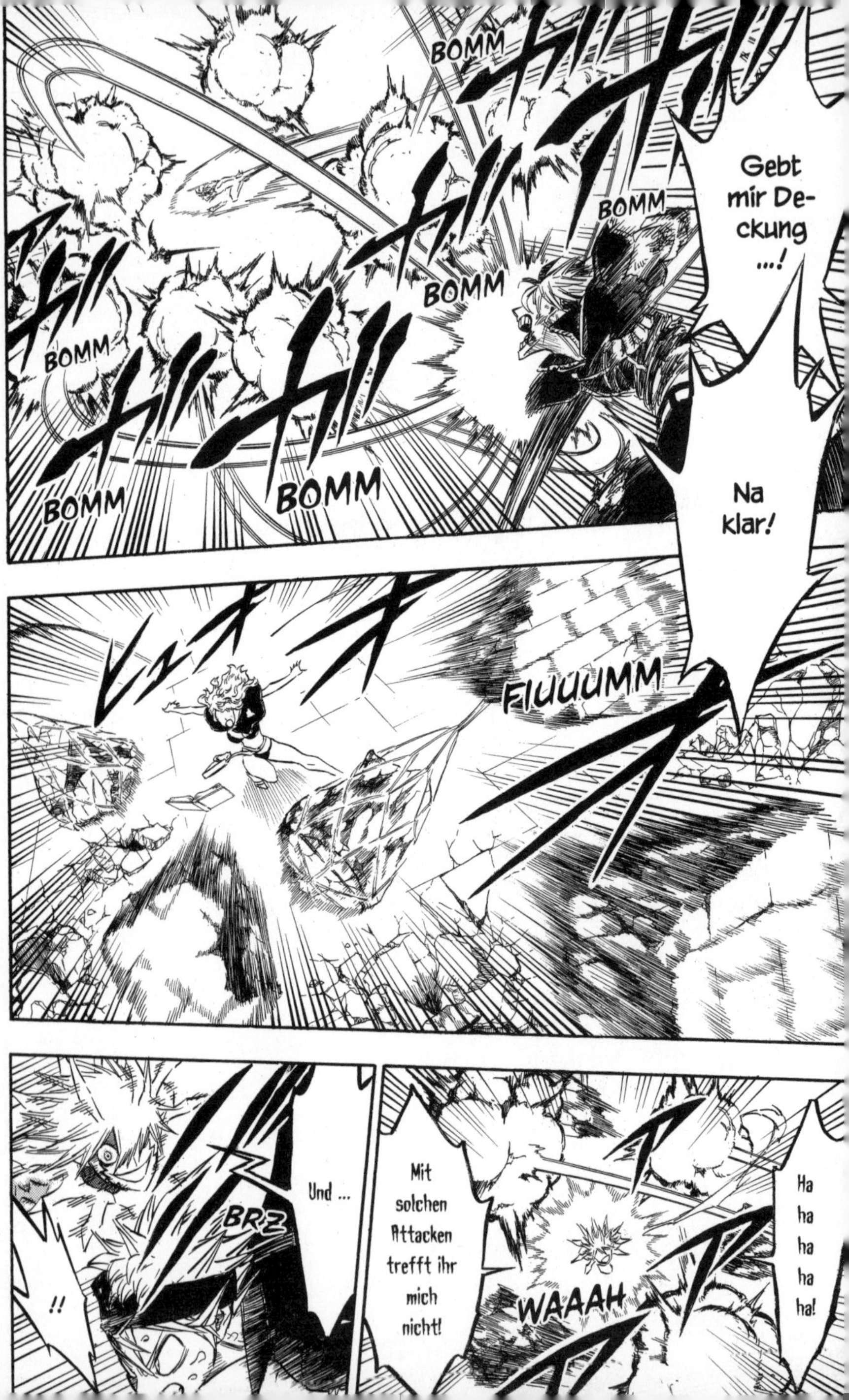
Gebt mir Deckung ...!
Na klar!
BOMM
BOMM
BOMM
BOMM
BOMM
BOMM
FIUUUMM
Ha ha ha ha ha!
WAAAH
Mit solchen Attacken trefft ihr mich nicht!
Und ...
BRZ
!!

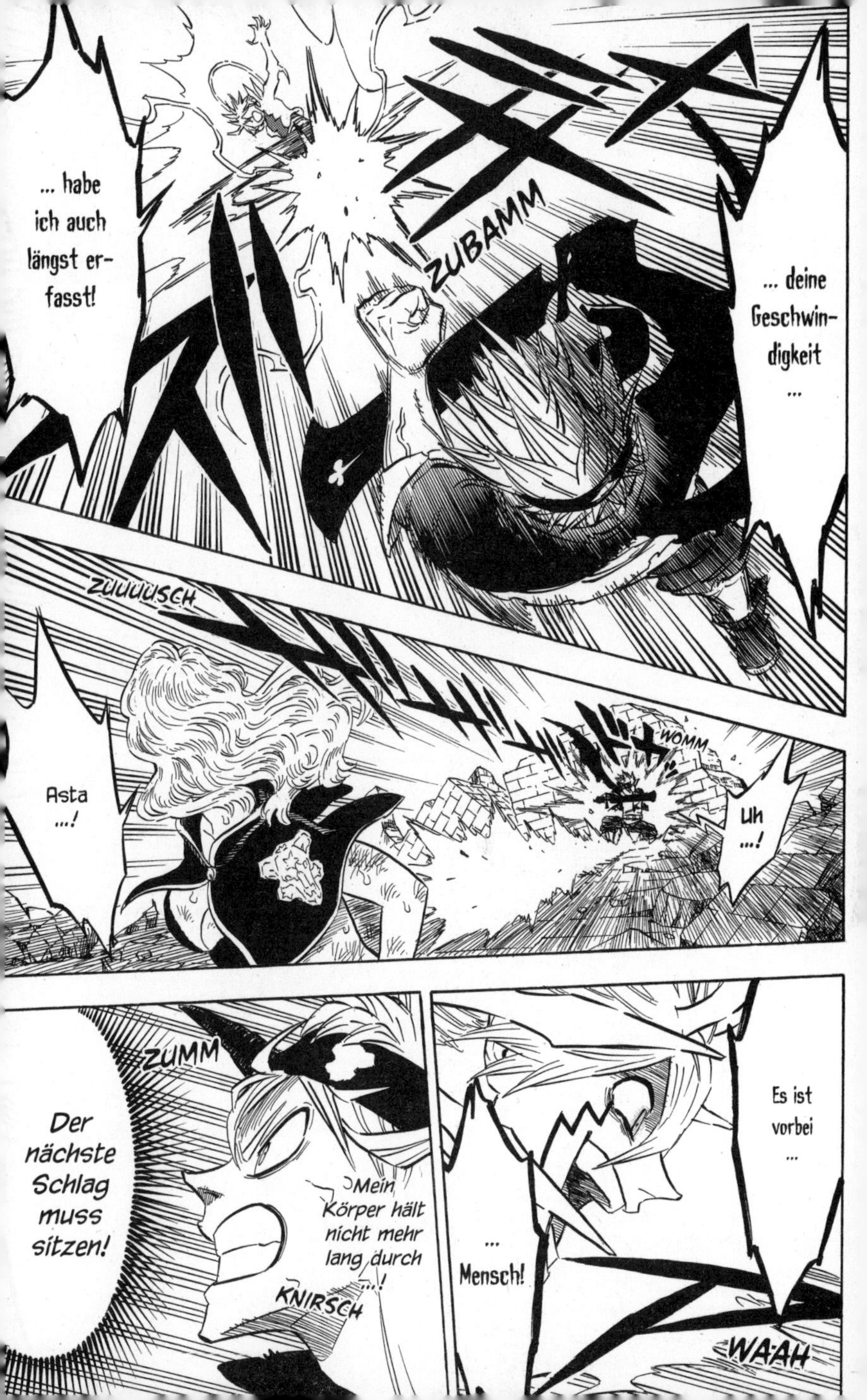
... deine Geschwindigkeit ...
... habe ich auch längst erfasst!
ZUBAMM
ZUUUUSCH
WOMM
Uh ...!
Asta ...!
Es ist vorbei ...
... Mensch!
WAAH
Mein Körper hält nicht mehr lang durch ...!
KNIRSCH
ZUMM
Der nächste Schlag muss sitzen!

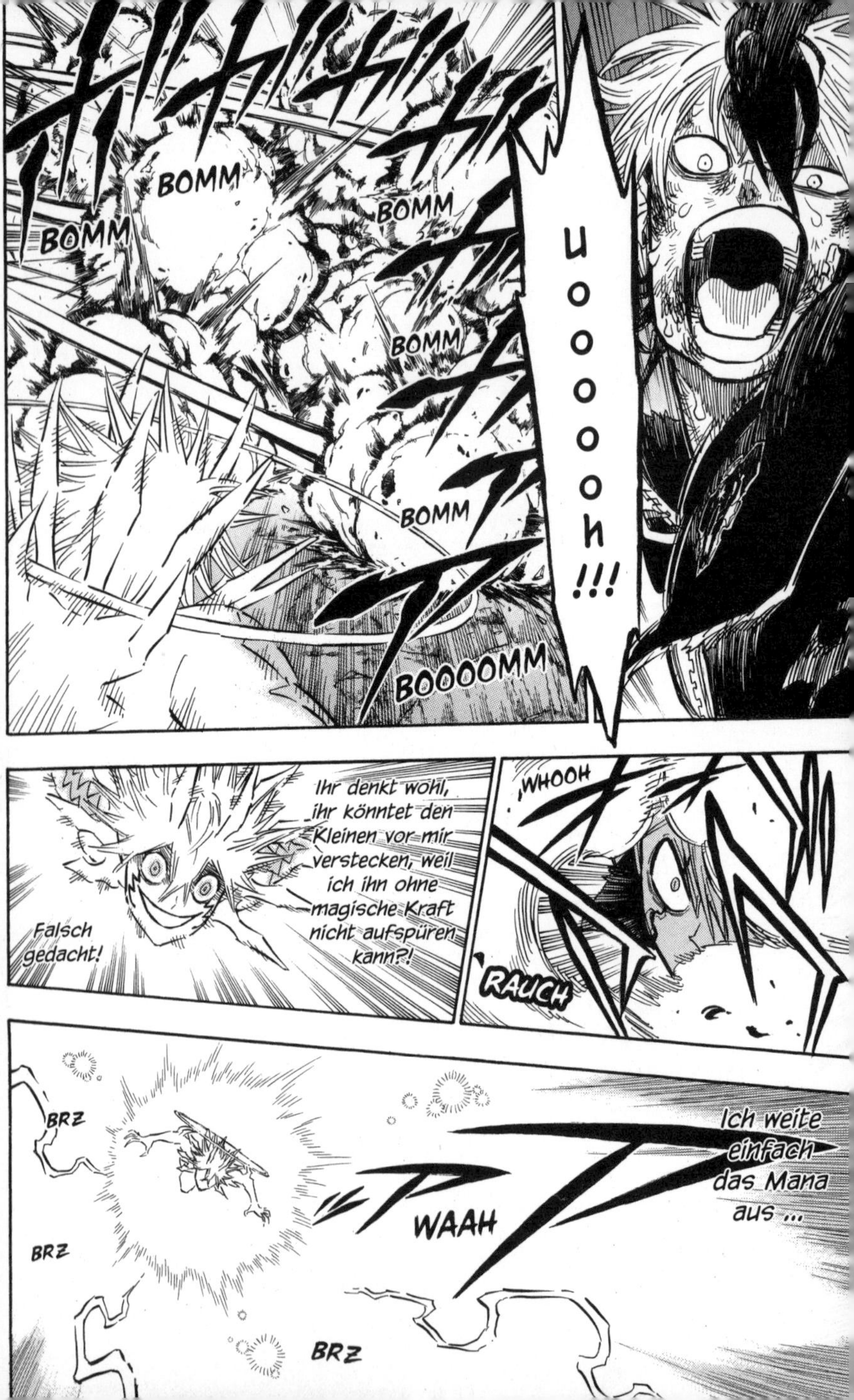
Uooooooh!!!
BOMM
BOMM
BOMM
BOMM
BOMM
BOOOOMM
WHOOH
RAUCH
Ihr denkt wohl, ihr könntet den Kleinen vor mir verstecken, weil ich ihn ohne magische Kraft nicht aufspüren kann?!
Falsch gedacht!
Ich weite einfach das Mana aus ...
WAAH
BRZ
BRZ
BRZ

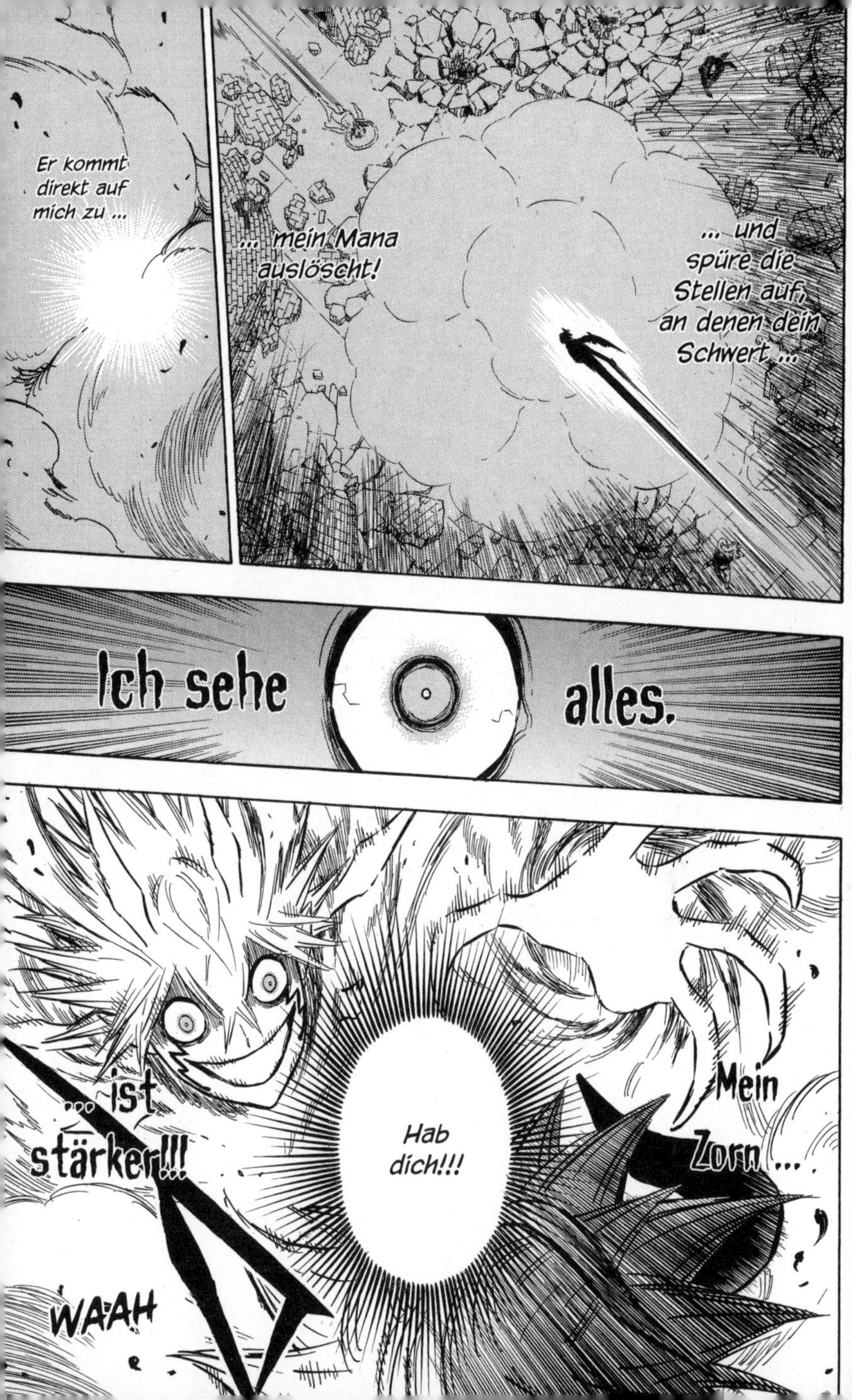
... und spüre die Stellen auf, an denen dein Schwert ...
... mein Mana auslöscht!
Er kommt direkt auf mich zu ...
Ich sehe
alles.
Mein Zorn ...
Hab dich!!!
... ist stärker!!!
WAAH

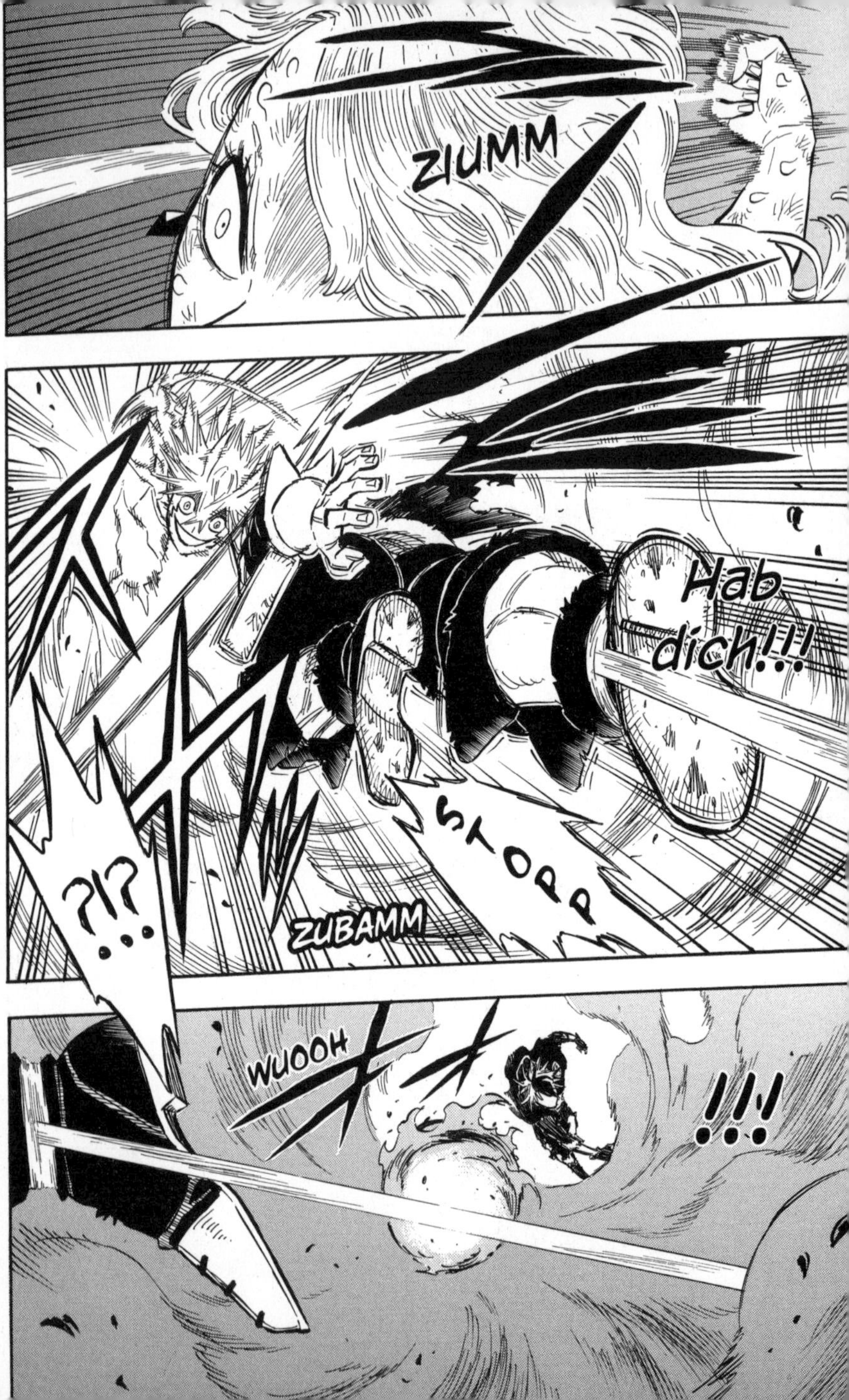
ZIUMM
Hab dich!!!
STOPP
ZUBAMM
?!? ...
WUOOH
!!! ...

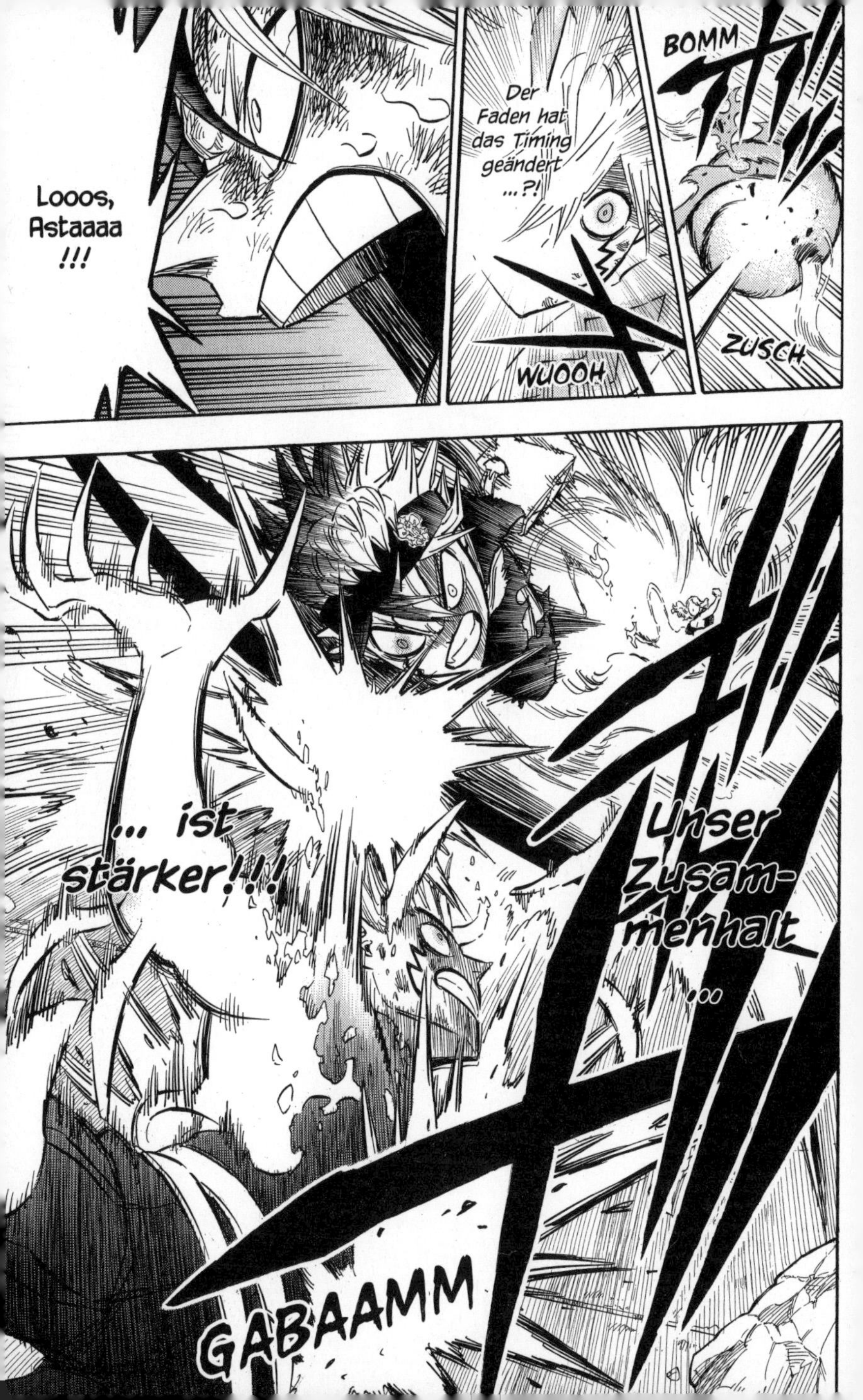
BOMM
ZUSCH
Der Faden hat das Timing geändert ...?!
WUOOH
Looos, Astaaaa !!!
Unser Zusammenhalt ...
... ist stärker!!!
GABAAMM

Hier kommen die Plätze 22-45 des Beliebtheitsrankings!

Viele unterschiedliche Charaktere haben es ins Ranking geschafft! Seht nach, ob eure Lieblinge auch dabei sind!

22 Rebecca Scarlett

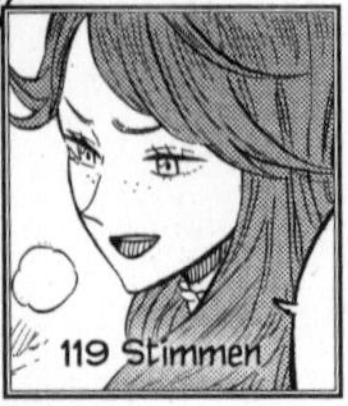

119 Stimmen

23 Magna Swing

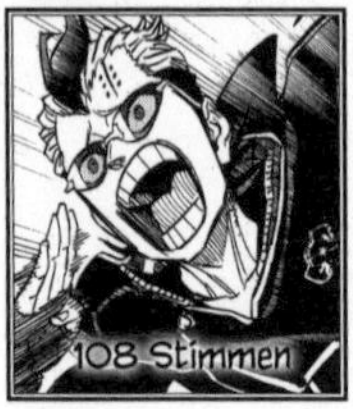

108 Stimmen

24 Mars

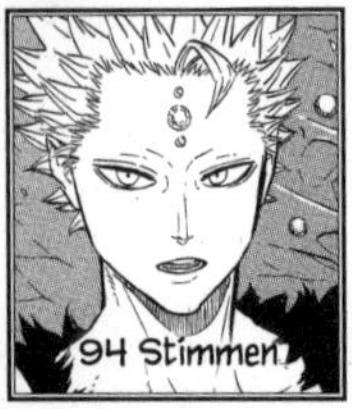

94 Stimmen

25 Liar

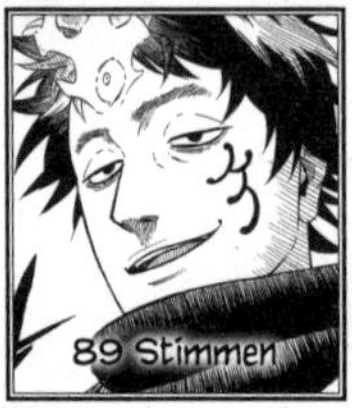

89 Stimmen

26 Schwester Lily

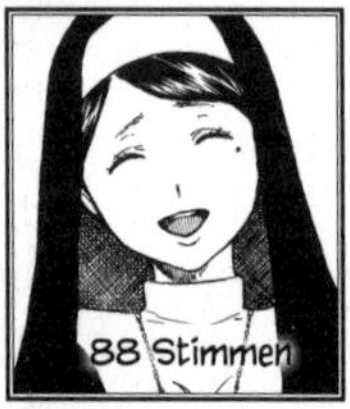

88 Stimmen

27 Jack the Ripper

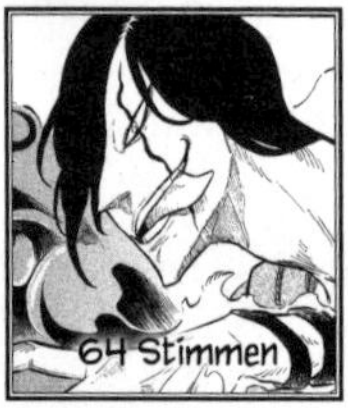

64 Stimmen

28 William Vangeance

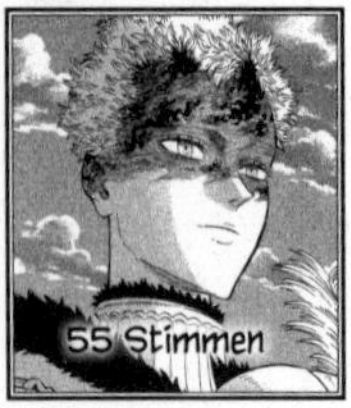

55 Stimmen

29 Henry

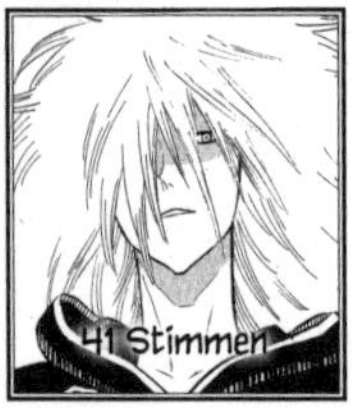

41 Stimmen

30 Sally

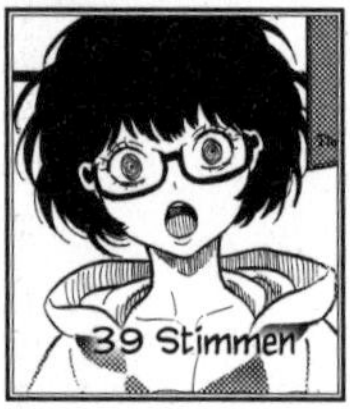

39 Stimmen

31 Kirsch Vermillion

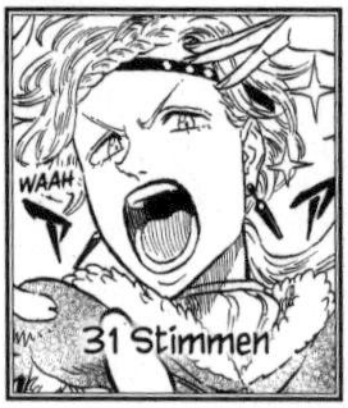

31 Stimmen

32	Solid Silva
33	Klaus Lunettes
34	Fana
35	Lotus Whomalt
36	Rill Boismortier
37	Mariella
38	Kahono
39	Langris Vaude
39	Walter
41	Sol Marron
42	Dorothy Unsworth
43	Revchi
44	Marx Francois
45	Nils

Weiter geht's auf Seite 80!

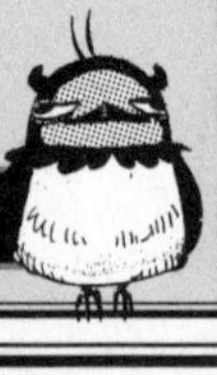

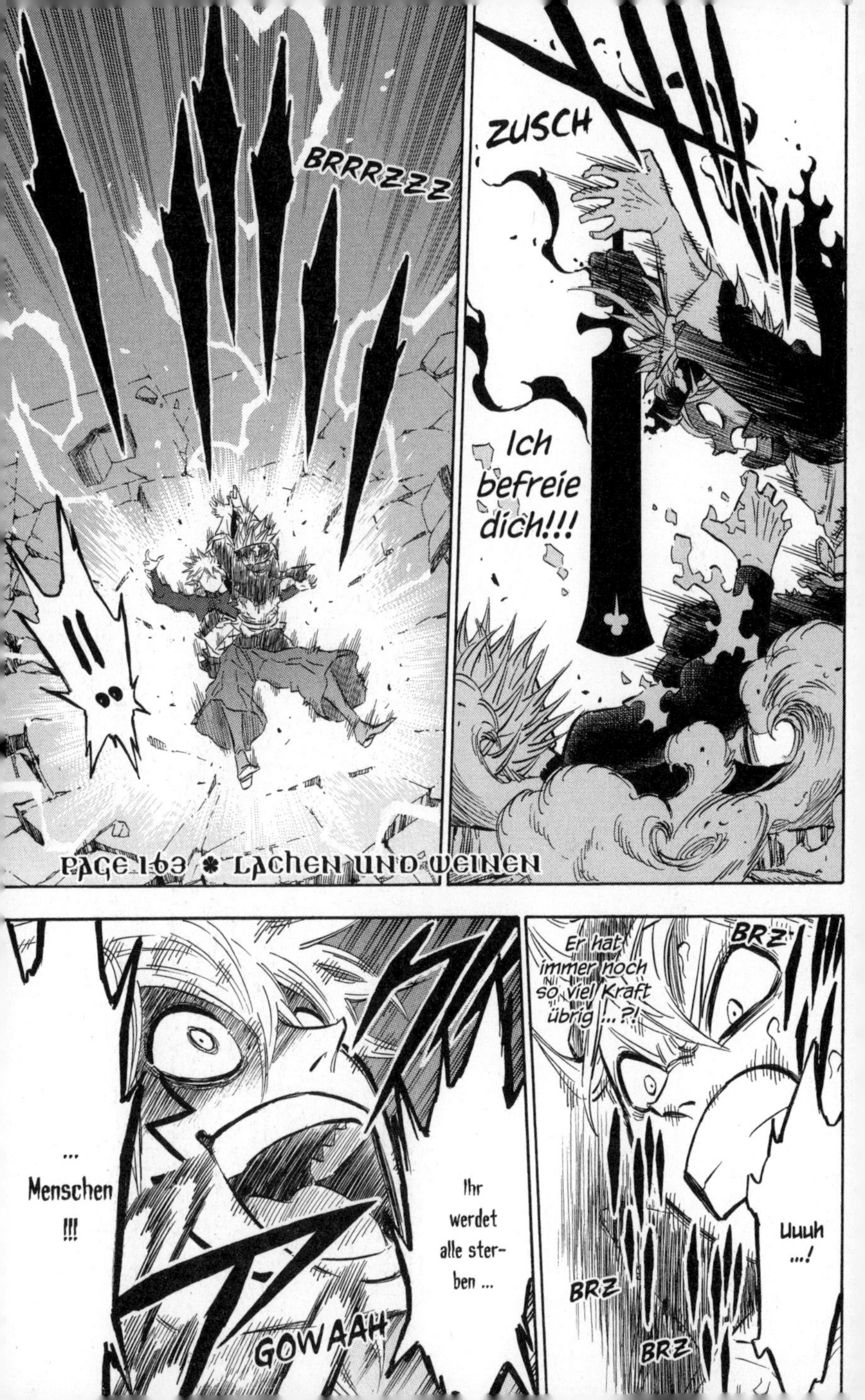
ZUSCH
Ich befreie dich!!!
BRRRZZZ
PAGE 163 ✿ LACHEN UND WEINEN
BRZ
Er hat immer noch so viel Kraft übrig ...?!
Uuuh ...!
BRZ
BRZ
Ihr werdet alle sterben ...
... Menschen !!!
GOWAAH

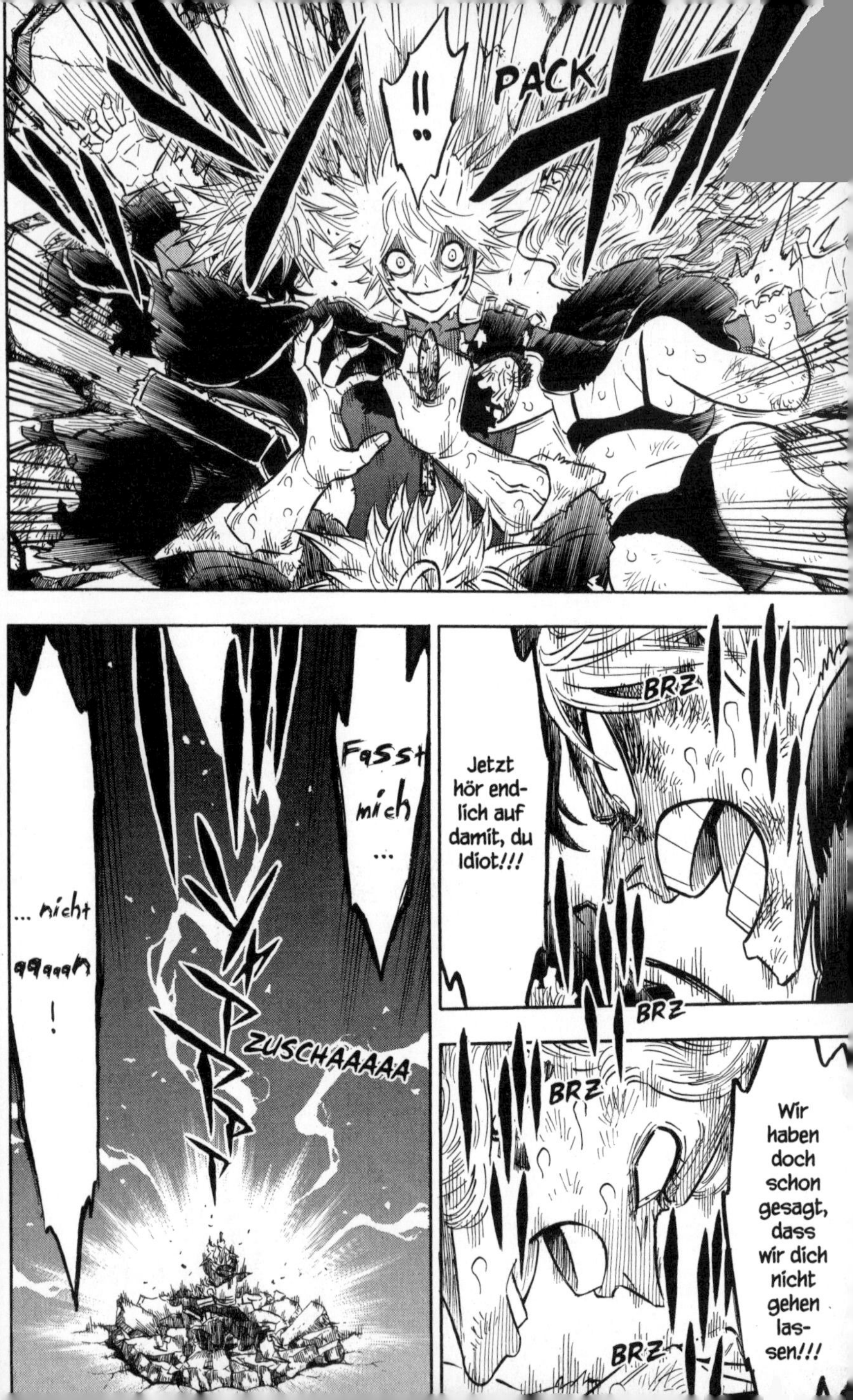
!!
PACK
Jetzt hör endlich auf damit, du Idiot!!!
BRZ
BRZ
BRZ
Wir haben doch schon gesagt, dass wir dich nicht gehen lassen!!!
BRZ
Fasst mich …
… nicht aaaaan!
ZUSCHAAAAAA

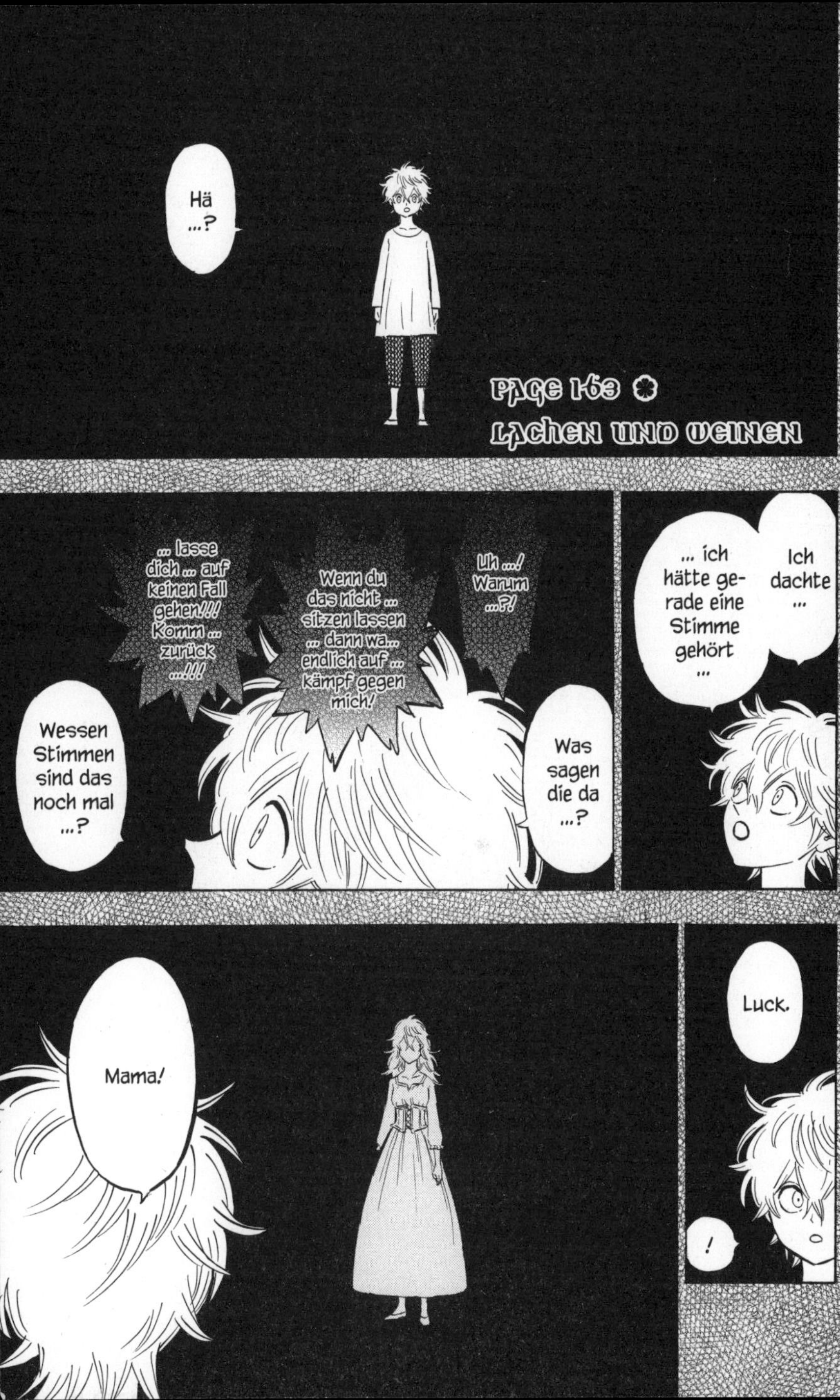
Hä ...?
PAGE 163 ✿ LACHEN UND WEINEN
Ich dachte ...
... ich hätte gerade eine Stimme gehört ...
Uh ...! Warum ...?!
Wenn du das nicht ... sitzen lassen ... dann wa... endlich auf ... kämpf gegen mich!
... lasse dich ... auf keinen Fall gehen!!! Komm ... zurück ...!!!
Was sagen die da ...?
Wessen Stimmen sind das noch mal ...?
Luck.
!
Mama!

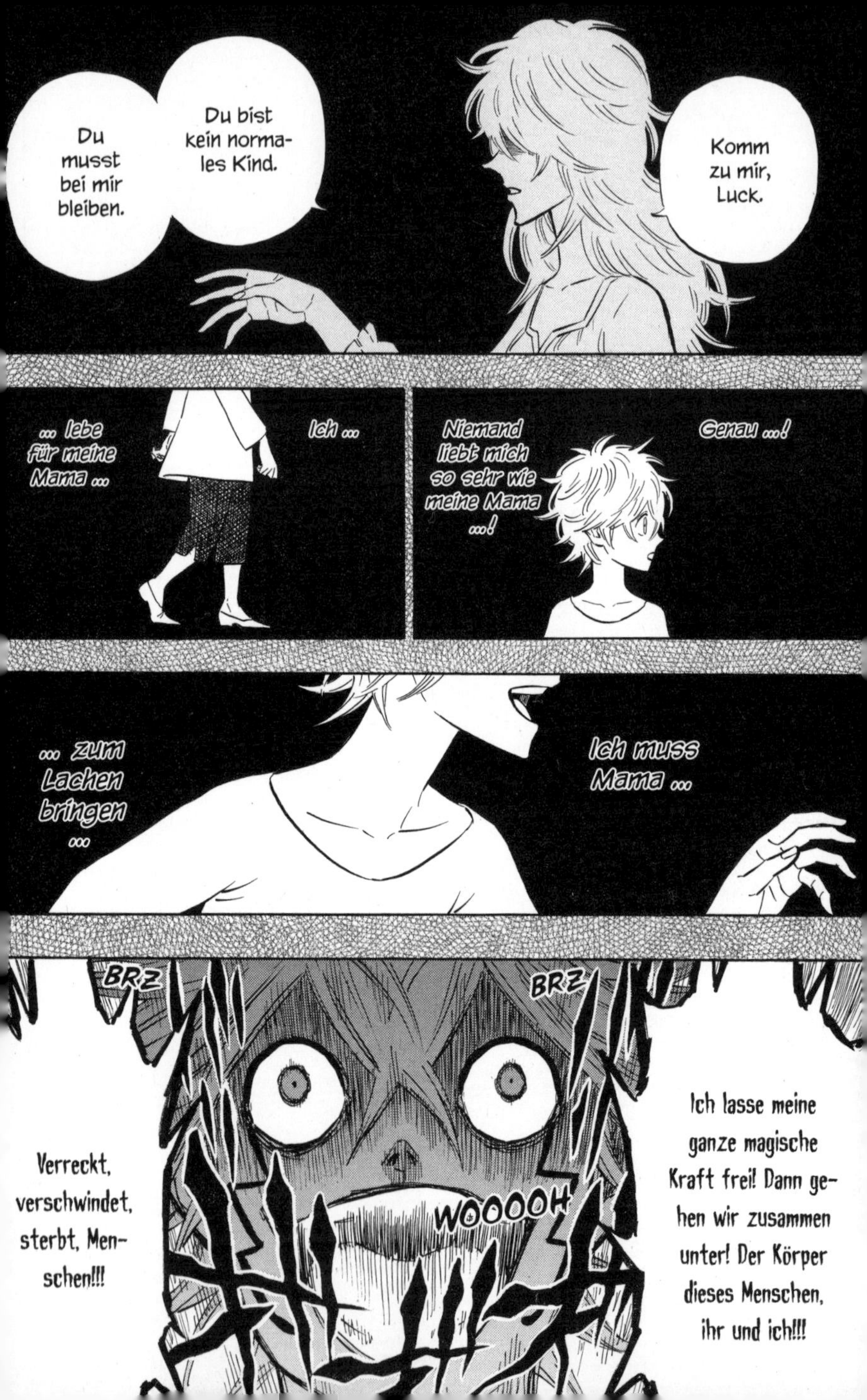
Komm zu mir, Luck.
Du bist kein normales Kind.
Du musst bei mir bleiben.
Ich ...
... lebe für meine Mama ...
Genau ...!
Niemand liebt mich so sehr wie meine Mama ...!
Ich muss Mama ...
... zum Lachen bringen ...
BRZ
BRZ
WOOOOH
Ich lasse meine ganze magische Kraft frei! Dann gehen wir zusammen unter! Der Körper dieses Menschen, ihr und ich!!!
Verreckt, verschwindet, sterbt, Menschen!!!

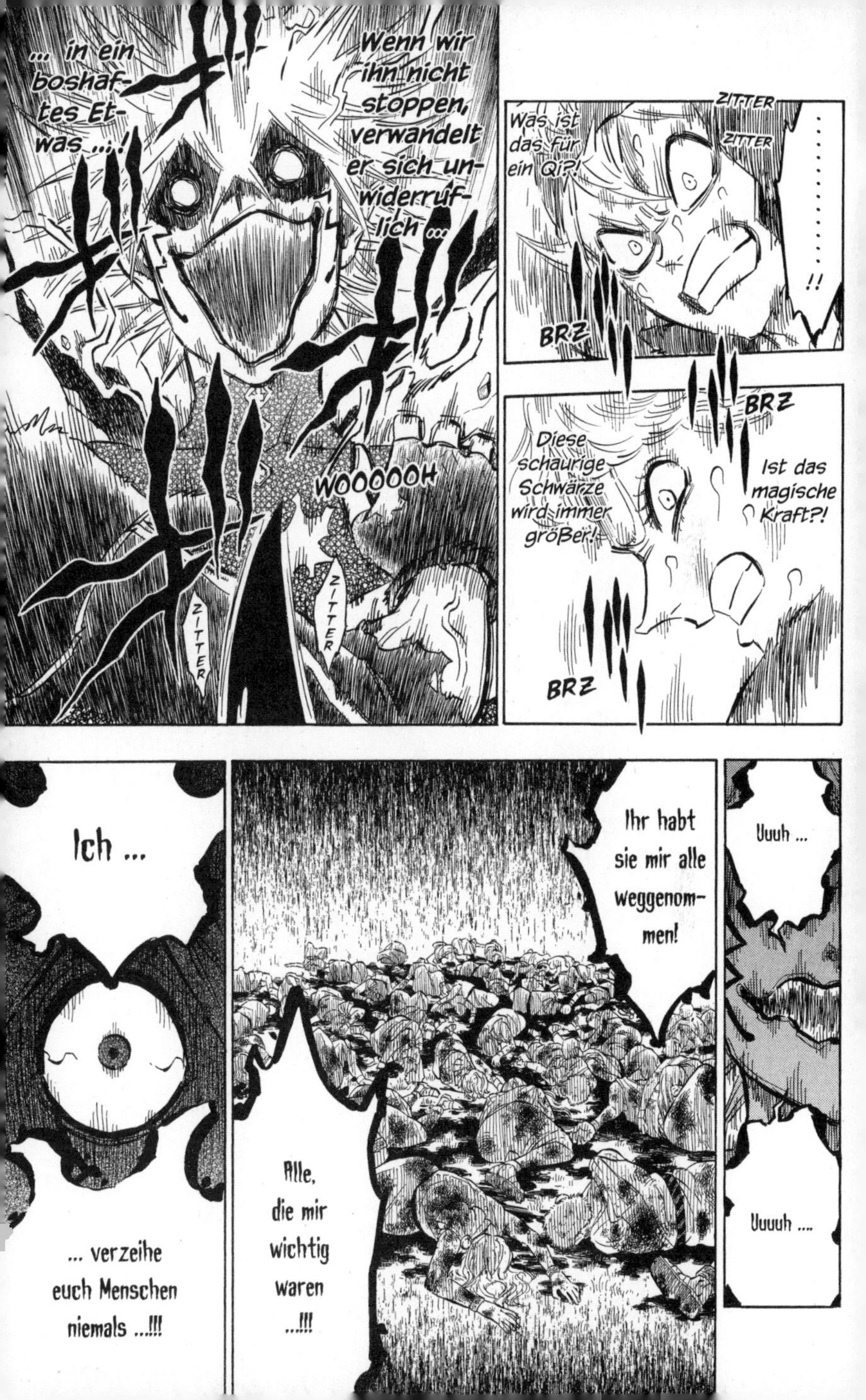
Wenn wir ihn nicht stoppen, verwandelt er sich unwiderruflich ...
... in ein boshaftes Etwas ...!
WOOOOOH
ZITTER
ZITTER
ZITTER ZITTER
.......!!
Was ist das für ein Qi?!
BRZ
BRZ
Ist das magische Kraft?!
Diese schaurige Schwärze wird immer größer!
BRZ
Uuuh ...
Uuuuh ....
Ihr habt sie mir alle weggenommen!
Alle, die mir wichtig waren ...!!!
Ich ...
... verzeihe euch Menschen niemals ...!!!

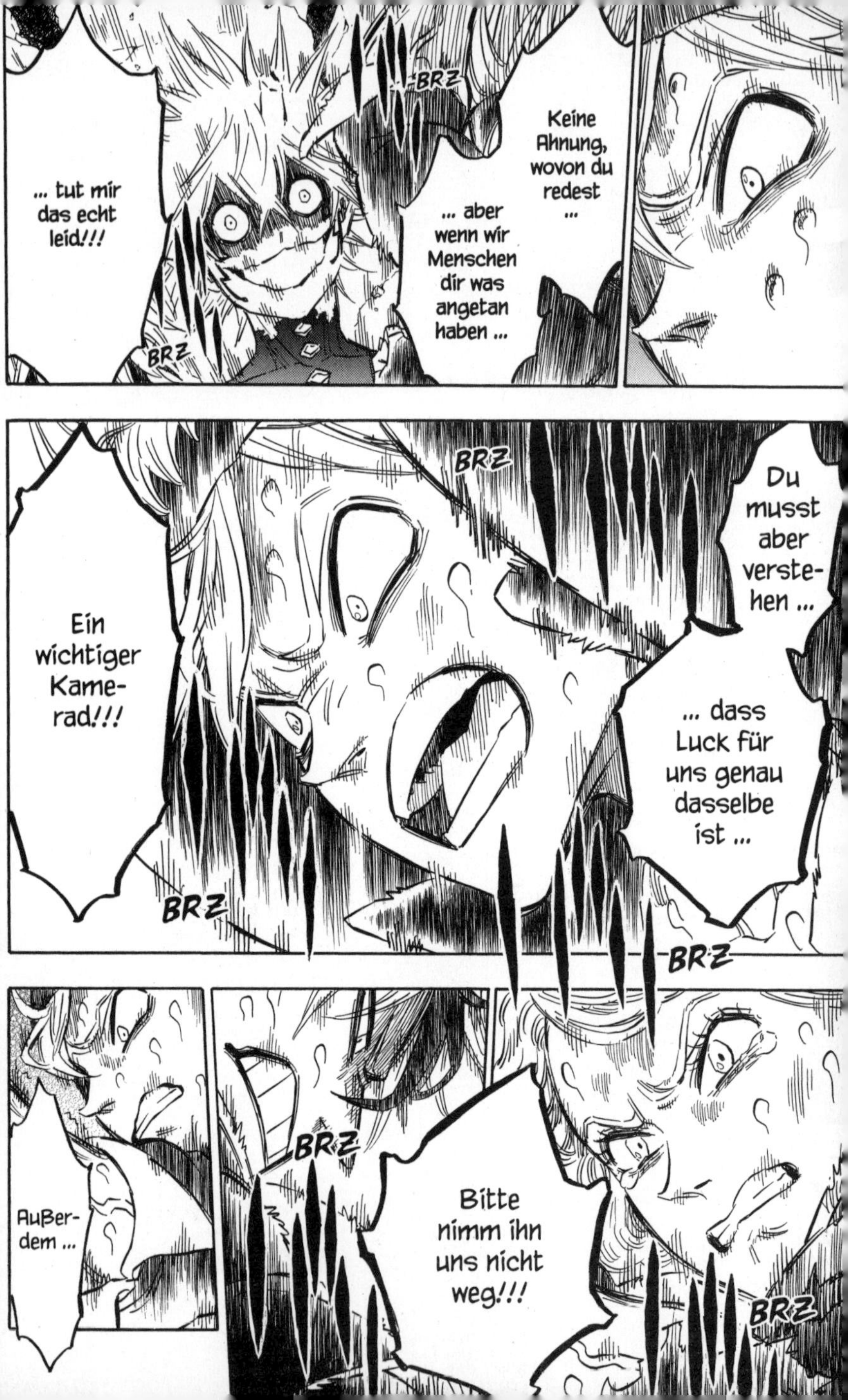
BRZ
Keine Ahnung, wovon du redest ...
... aber wenn wir Menschen dir was angetan haben ...
... tut mir das echt leid!!!
BRZ
BRZ
Du musst aber verstehen ...
... dass Luck für uns genau dasselbe ist ...
Ein wichtiger Kamerad!!!
BRZ
BRZ
BRZ
BRZ
Bitte nimm ihn uns nicht weg!!!
Außerdem ...

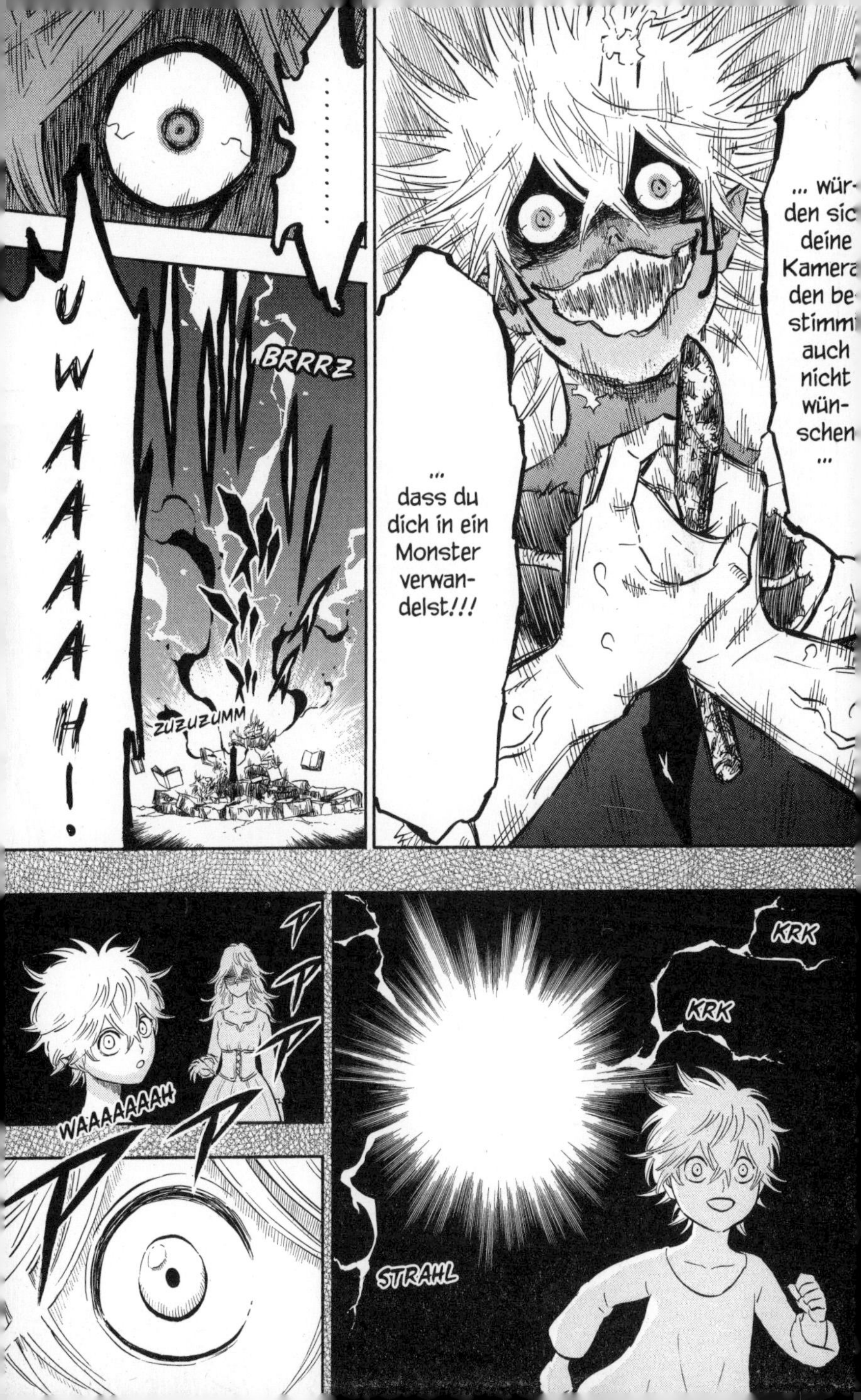
... wür-
den sic
deine
Kamera
den be-
stimm
auch
nicht
wün-
schen
...
... dass du dich in ein Monster verwan-delst!!!
......
UWAAAAAAAH!
BRRRZ
ZUZUZUMM
KRK
KRK
STRAHL
WAAAAAAAH

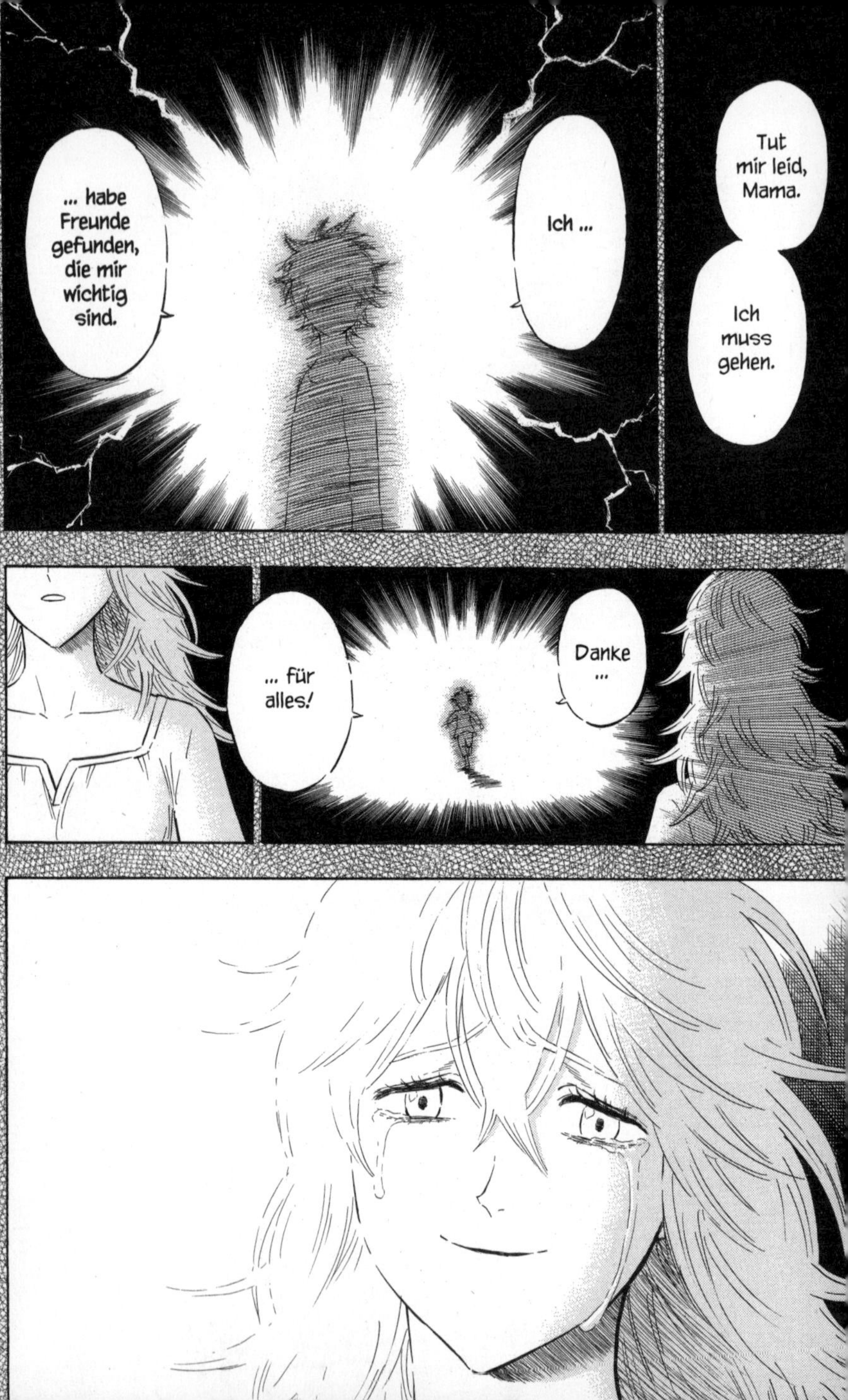
Tut mir leid, Mama.
Ich muss gehen.
Ich ...
... habe Freunde gefunden, die mir wichtig sind.
Danke ...
... für alles!

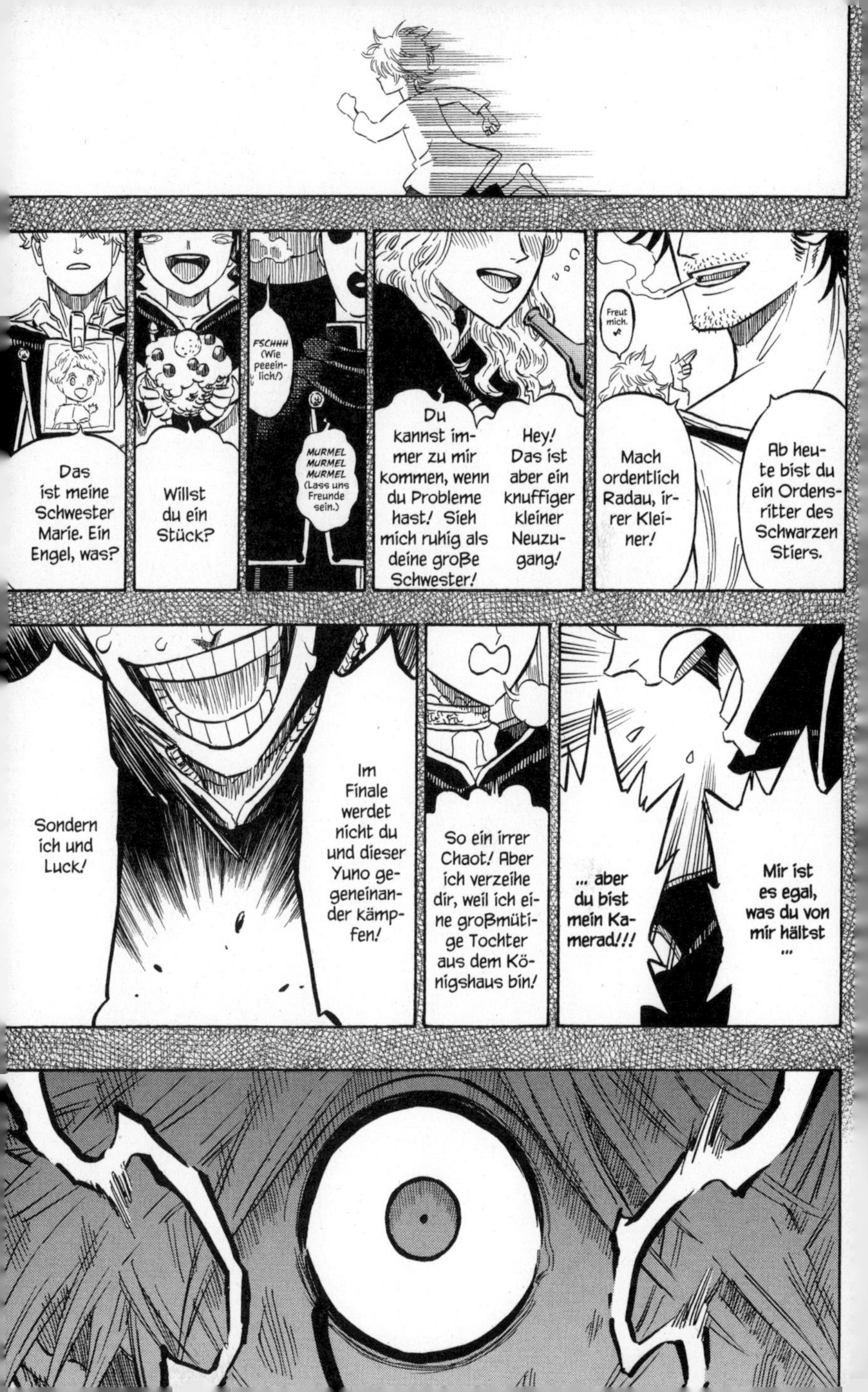
Ab heute bist du ein Ordensritter des Schwarzen Stiers.
Mach ordentlich Radau, irrer Kleiner!
Freut mich. ♪
Hey! Das ist aber ein knuffiger kleiner Neuzugang!
Du kannst immer zu mir kommen, wenn du Probleme hast! Sieh mich ruhig als deine große Schwester!
FSCHHH (Wie peeeinlich!)
MURMEL MURMEL MURMEL (Lass uns Freunde sein.)
Willst du ein Stück?
Das ist meine Schwester Marie. Ein Engel, was?
Mir ist es egal, was du von mir hältst ...
... aber du bist mein Kamerad!!!
So ein irrer Chaot! Aber ich verzeihe dir, weil ich eine großmütige Tochter aus dem Königshaus bin!
Im Finale werdet nicht du und dieser Yuno gegeneinander kämpfen!
Sondern ich und Luck!

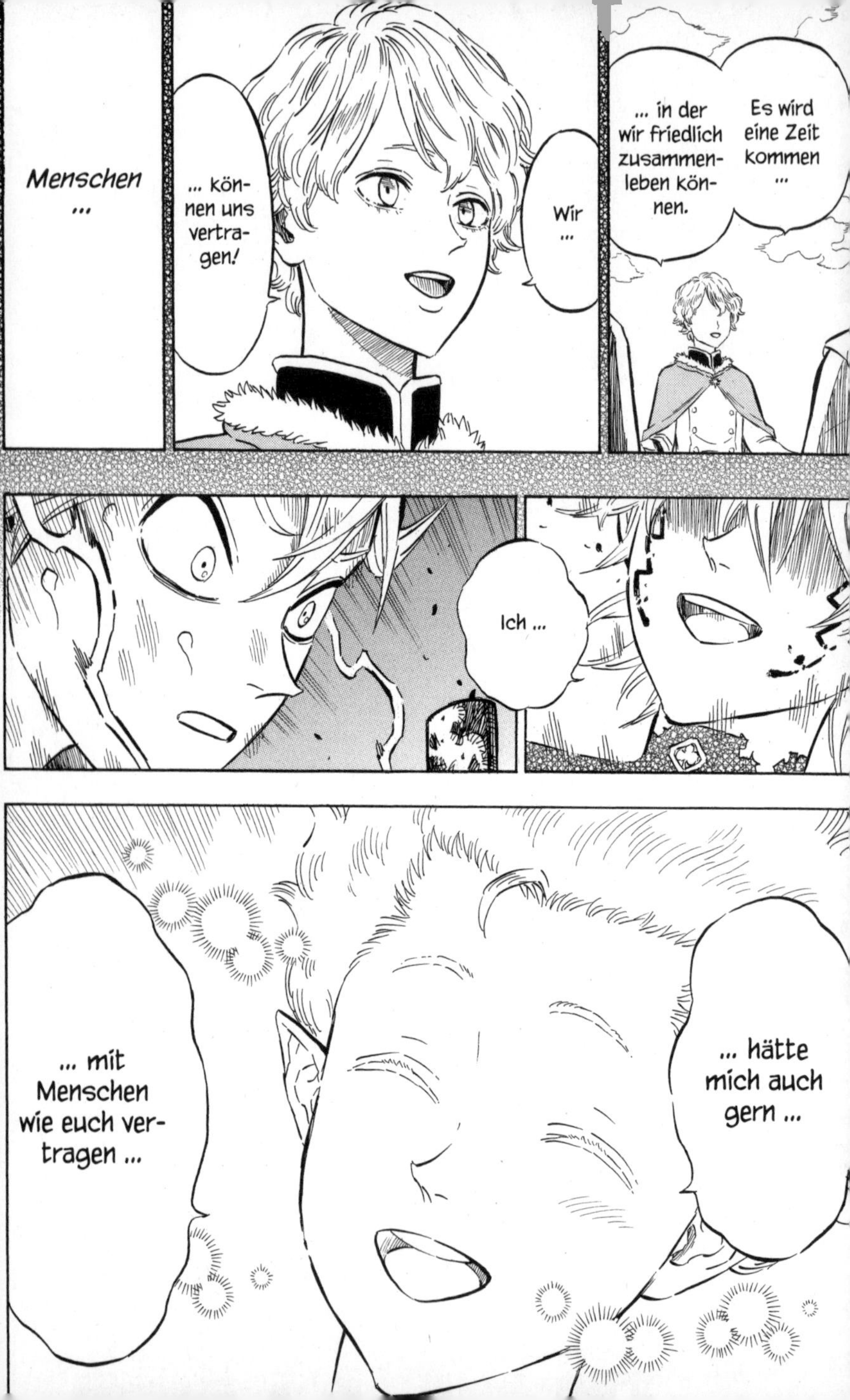
Es wird eine Zeit kommen ...
... in der wir friedlich zusammen-leben kön-nen.
Wir ...
... kön-nen uns vertra-gen!
Menschen ...
Ich ...
... hätte mich auch gern ...
... mit Menschen wie euch ver-tragen ...

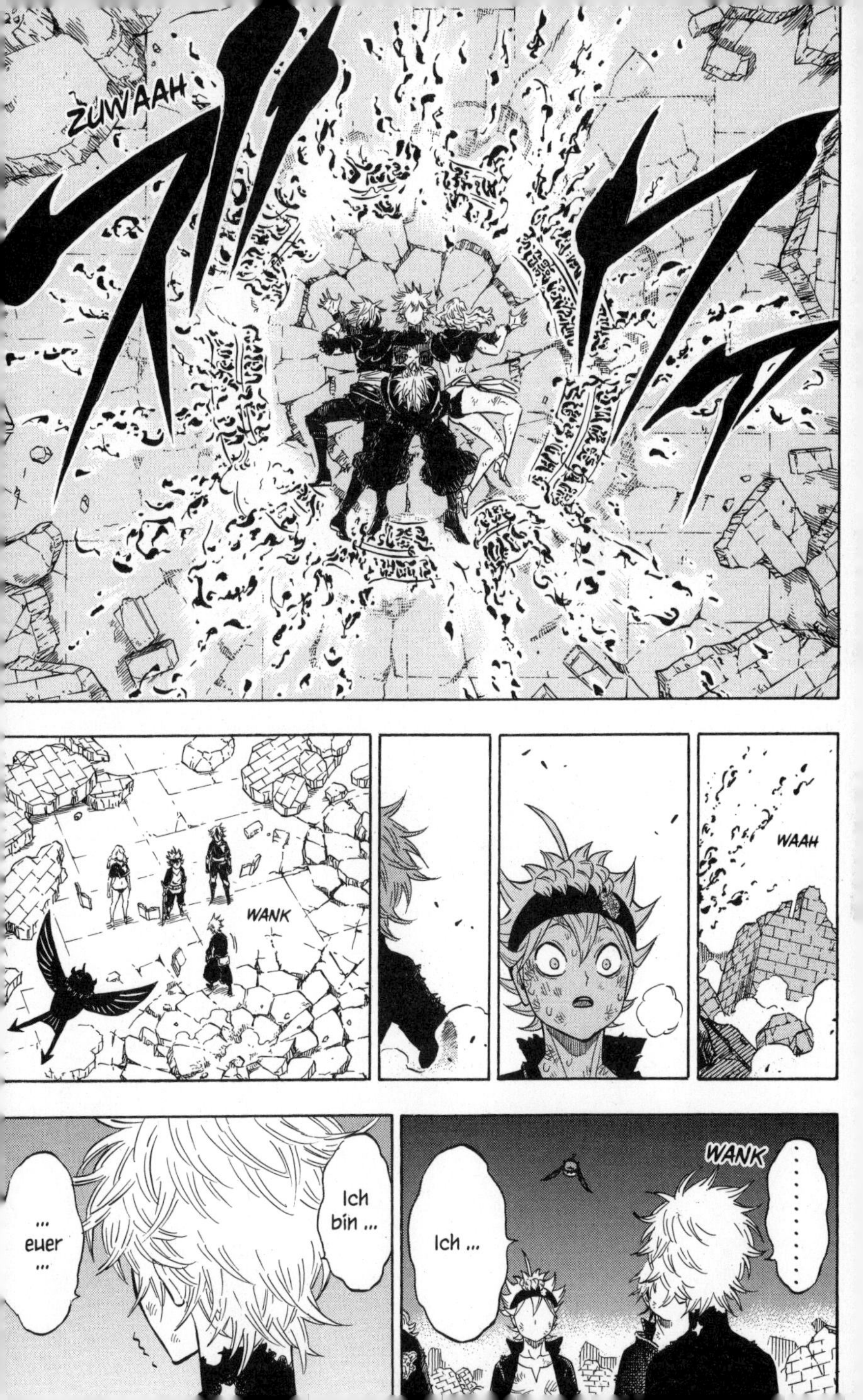
ZUWAAH
WANK
WAAH
Ich bin ...
... euer ...
......
WANK
Ich ...

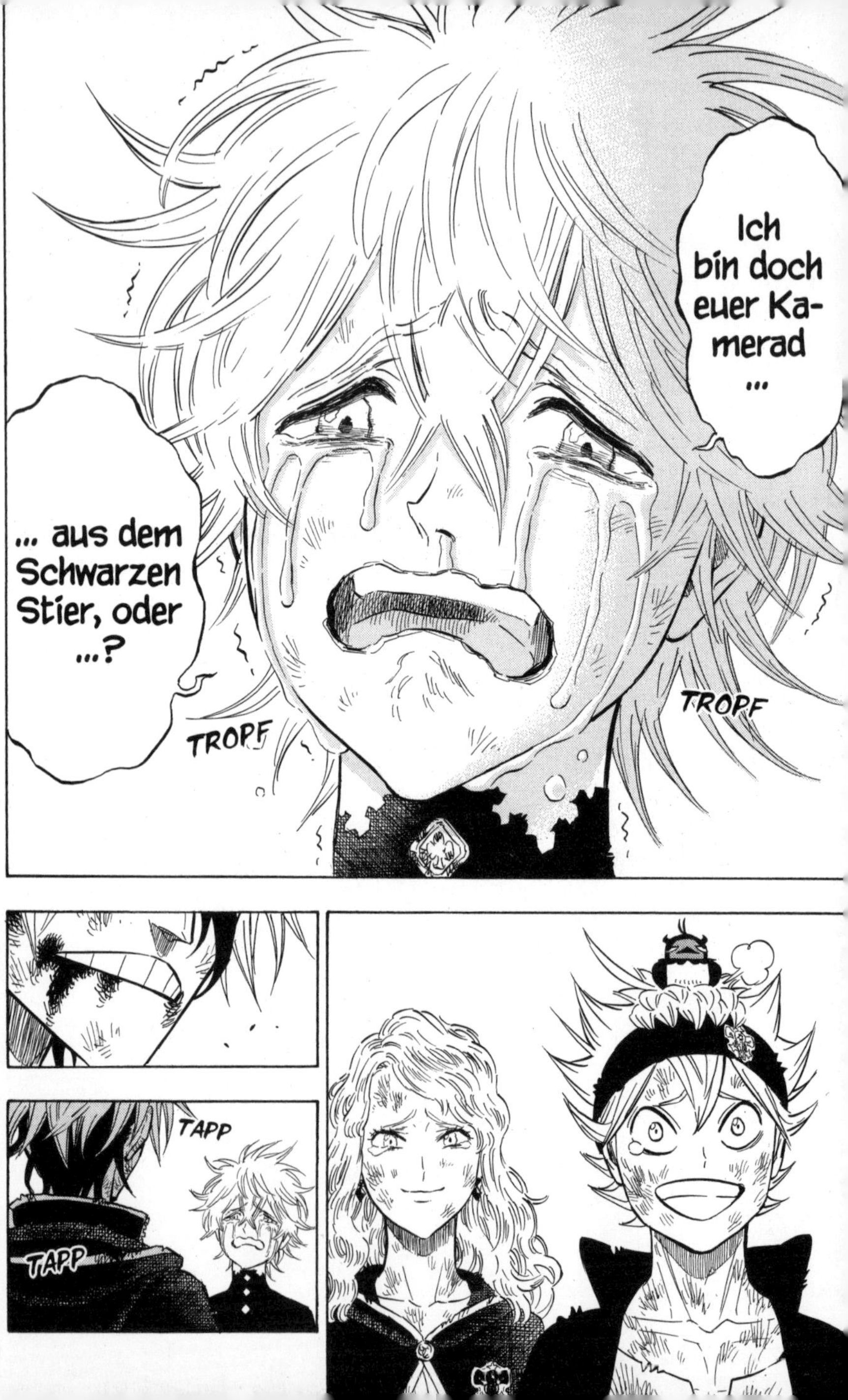
Ich bin doch euer Kamerad ...
... aus dem Schwarzen Stier, oder ...?
TROPF
TROPF
TAPP
TAPP

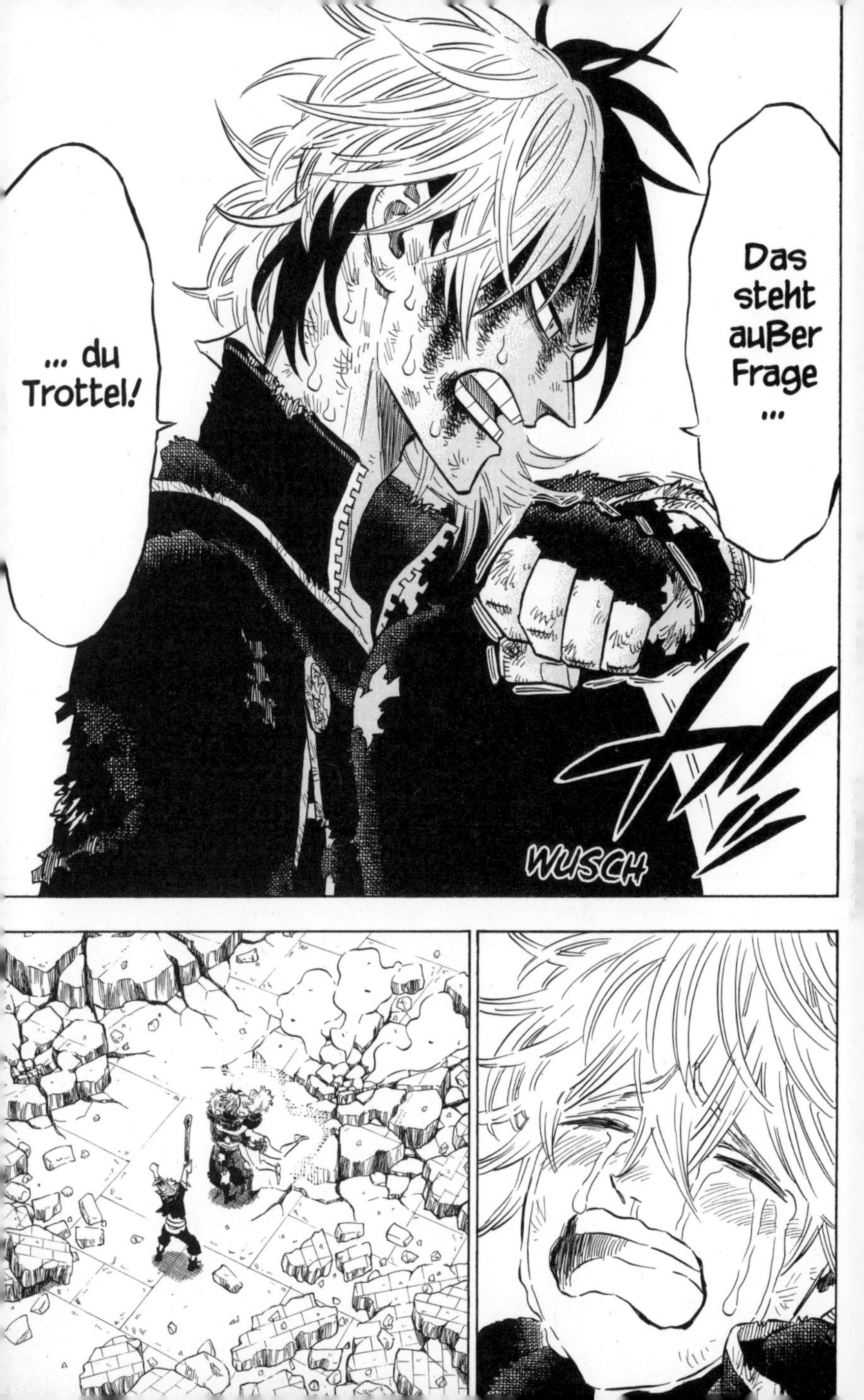
Das steht außer Frage ...
... du Trottel!
WUSCH

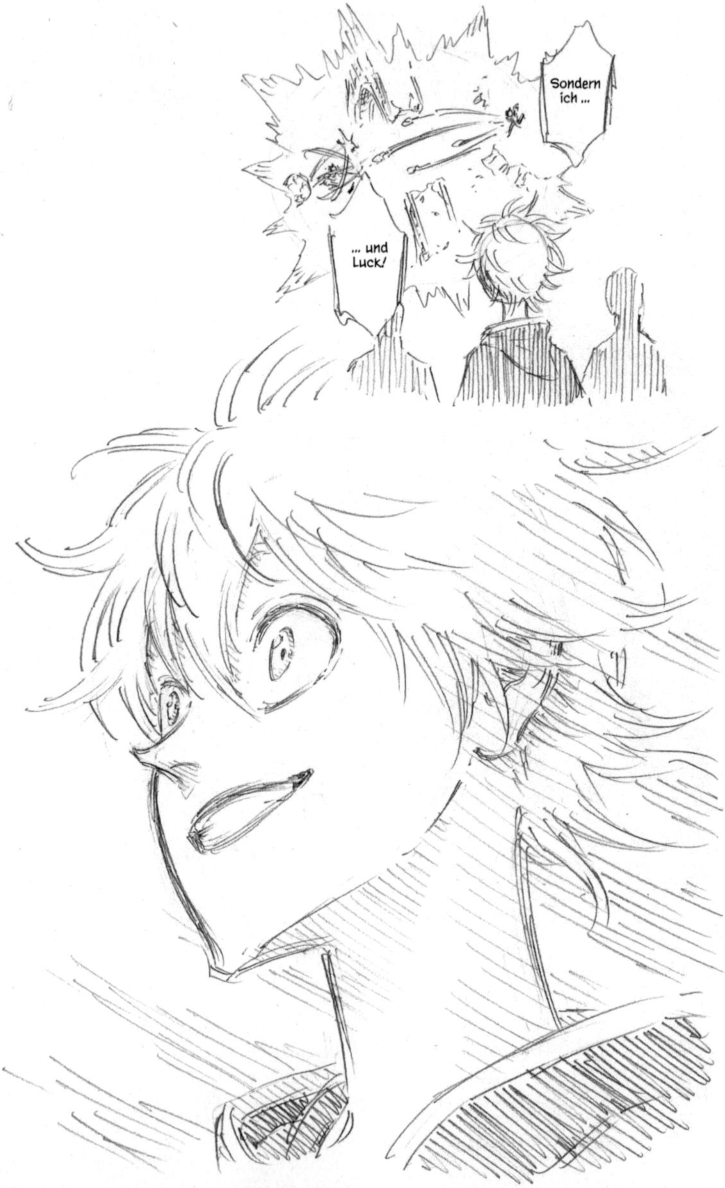
Sondern ich ...
... und Luck!

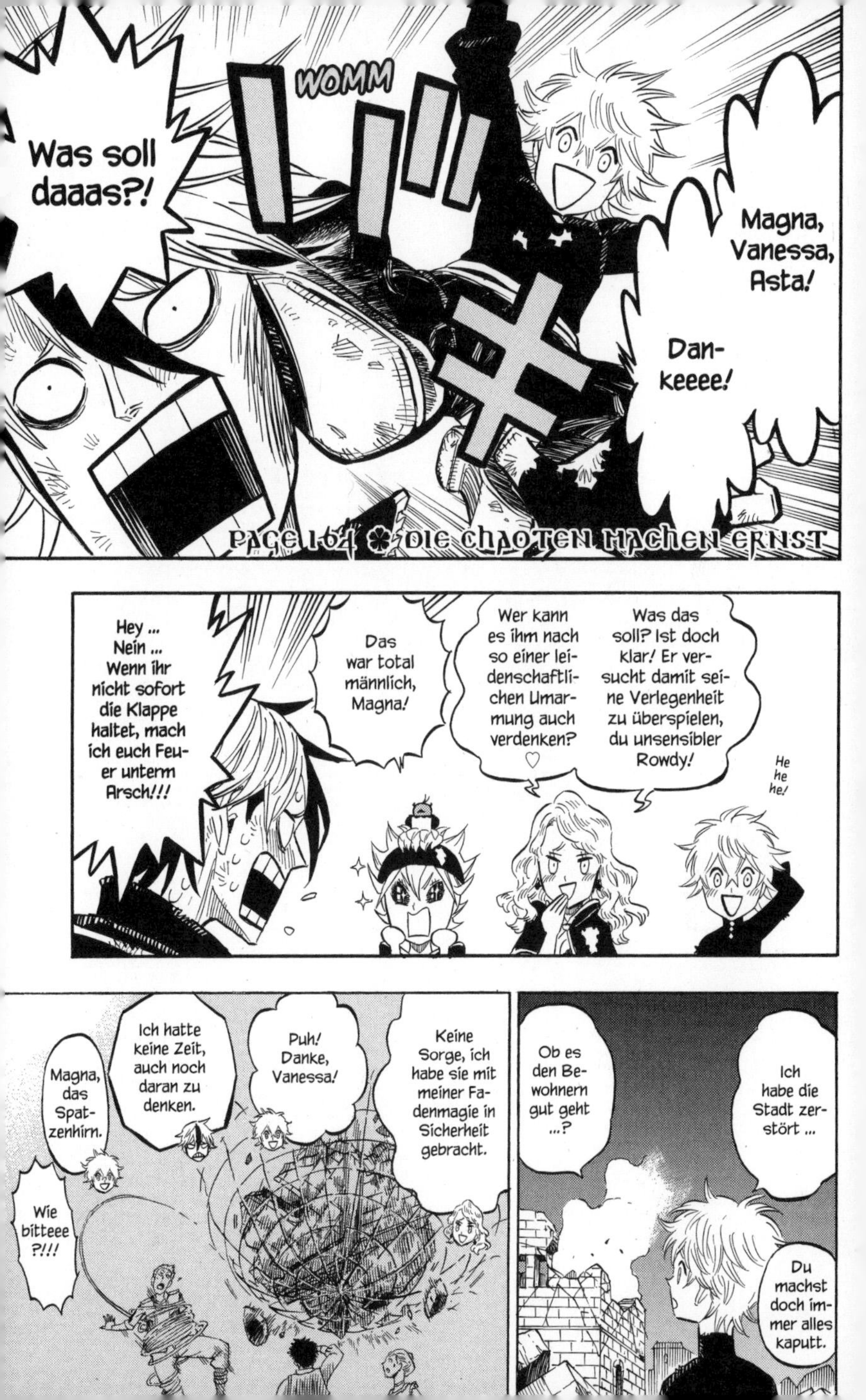

Magna, Vanessa, Asta!
Dankeeee!
WOMM
Was soll daaas?!
PAGE 164 ✿ DIE CHAOTEN MACHEN ERNST
He he he!
Was das soll? Ist doch klar! Er versucht damit seine Verlegenheit zu überspielen, du unsensibler Rowdy!
Wer kann es ihm nach so einer leidenschaftlichen Umarmung auch verdenken? ♡
Das war total männlich, Magna!
Hey ... Nein ... Wenn ihr nicht sofort die Klappe haltet, mach ich euch Feuer unterm Arsch!!!
Ich habe die Stadt zerstört ...
Ob es den Bewohnern gut geht ...?
Du machst doch immer alles kaputt.
Keine Sorge, ich habe sie mit meiner Fadenmagie in Sicherheit gebracht.
Puh! Danke, Vanessa!
Ich hatte keine Zeit, auch noch daran zu denken.
Magna, das Spatzenhirn.
Wie bitteee?!!!

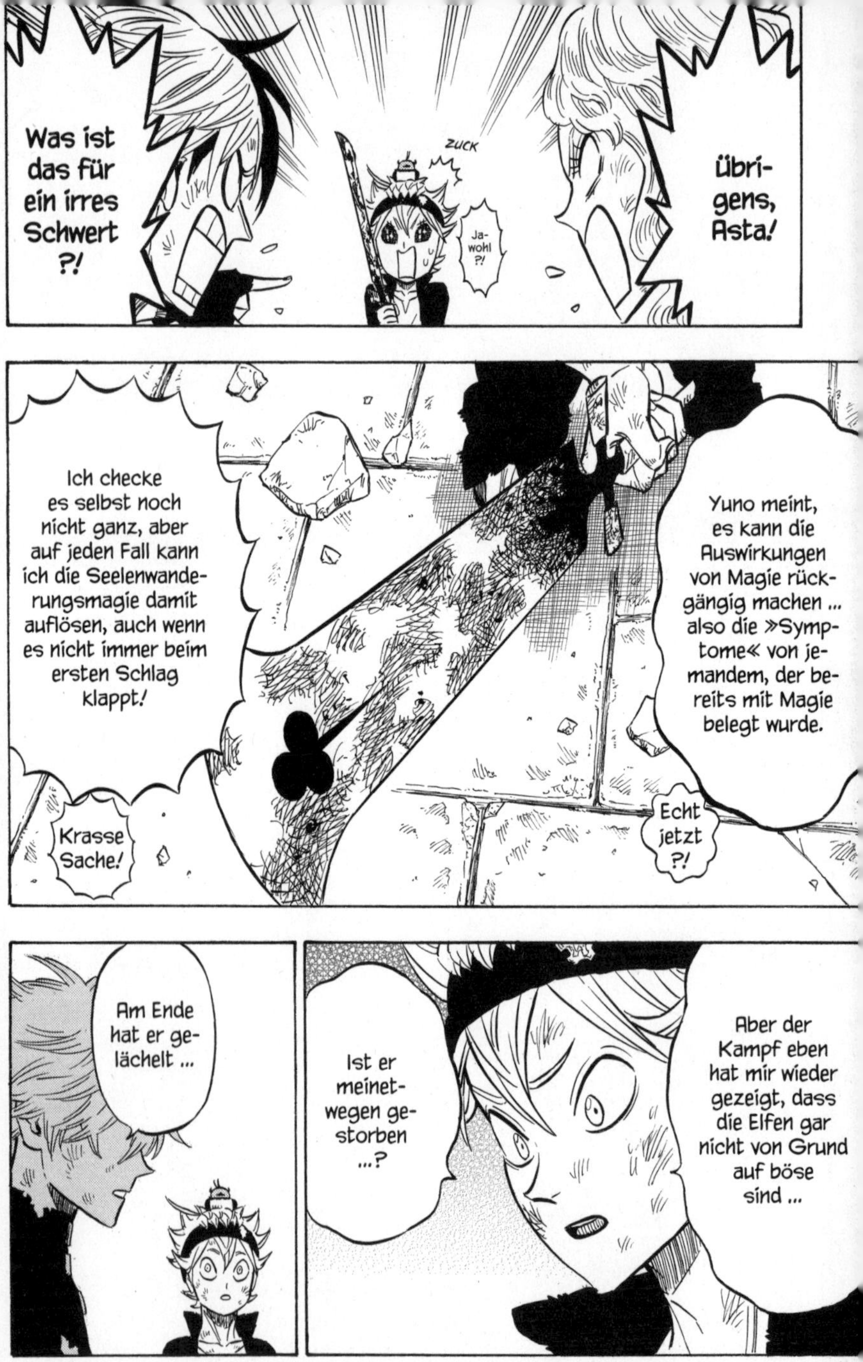
Übrigens, Asta!
ZUCK
Jawohl?!
Was ist das für ein irres Schwert?!
Yuno meint, es kann die Auswirkungen von Magie rückgängig machen ... also die »Symptome« von jemandem, der bereits mit Magie belegt wurde.
Echt jetzt?!
Ich checke es selbst noch nicht ganz, aber auf jeden Fall kann ich die Seelenwanderungsmagie damit auflösen, auch wenn es nicht immer beim ersten Schlag klappt!
Krasse Sache!
Aber der Kampf eben hat mir wieder gezeigt, dass die Elfen gar nicht von Grund auf böse sind ...
Ist er meinetwegen gestorben ...?
Am Ende hat er gelächelt ...

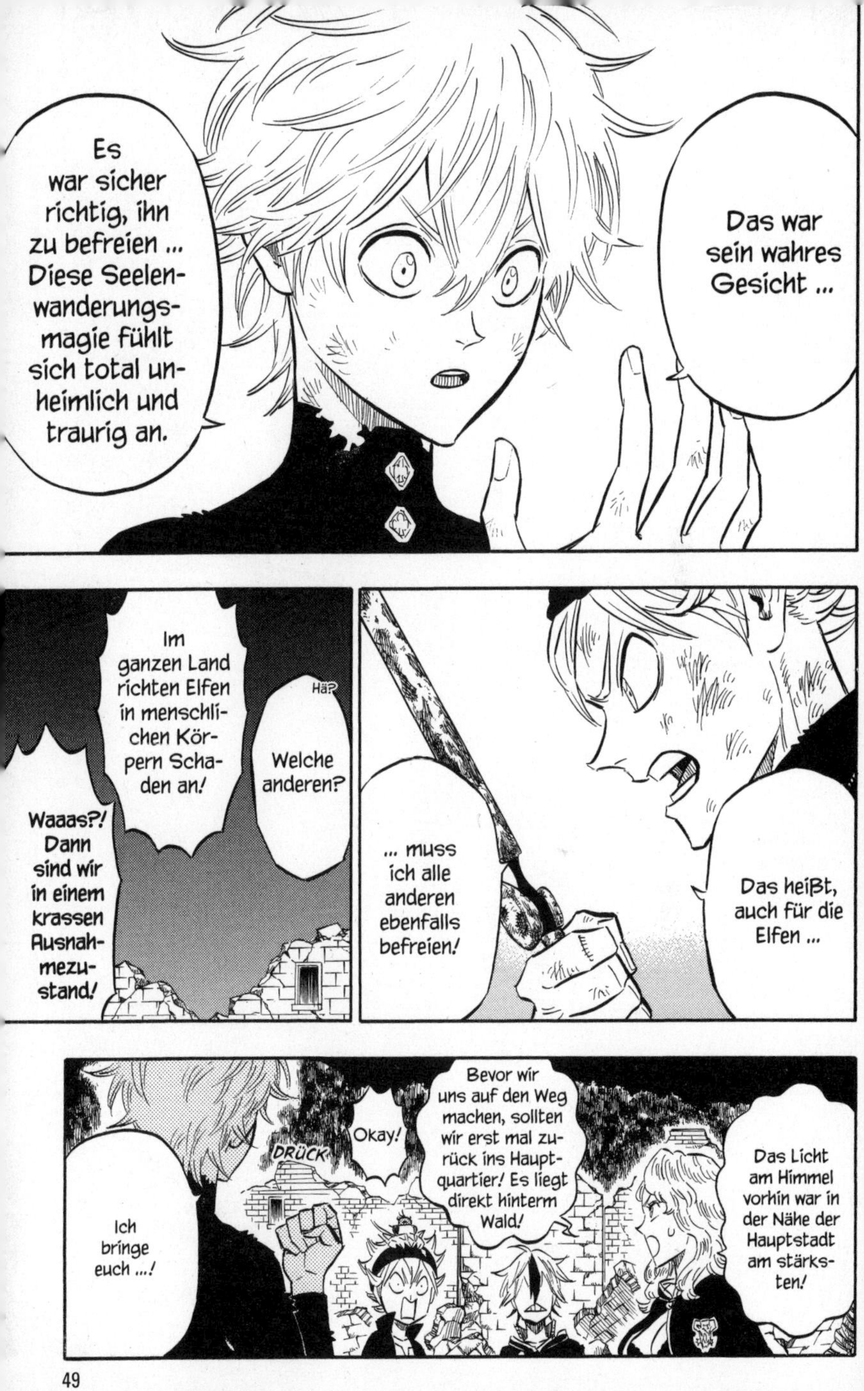
Das war sein wahres Gesicht ...
Es war sicher richtig, ihn zu befreien ... Diese Seelenwanderungsmagie fühlt sich total unheimlich und traurig an.
Das heißt, auch für die Elfen ...
... muss ich alle anderen ebenfalls befreien!
Hä?
Welche anderen?
Im ganzen Land richten Elfen in menschlichen Körpern Schaden an!
Waaas?! Dann sind wir in einem krassen Ausnahmezustand!
Das Licht am Himmel vorhin war in der Nähe der Hauptstadt am stärksten!
Bevor wir uns auf den Weg machen, sollten wir erst mal zurück ins Hauptquartier! Es liegt direkt hinterm Wald!
Okay!
DRÜCK
Ich bringe euch ...!

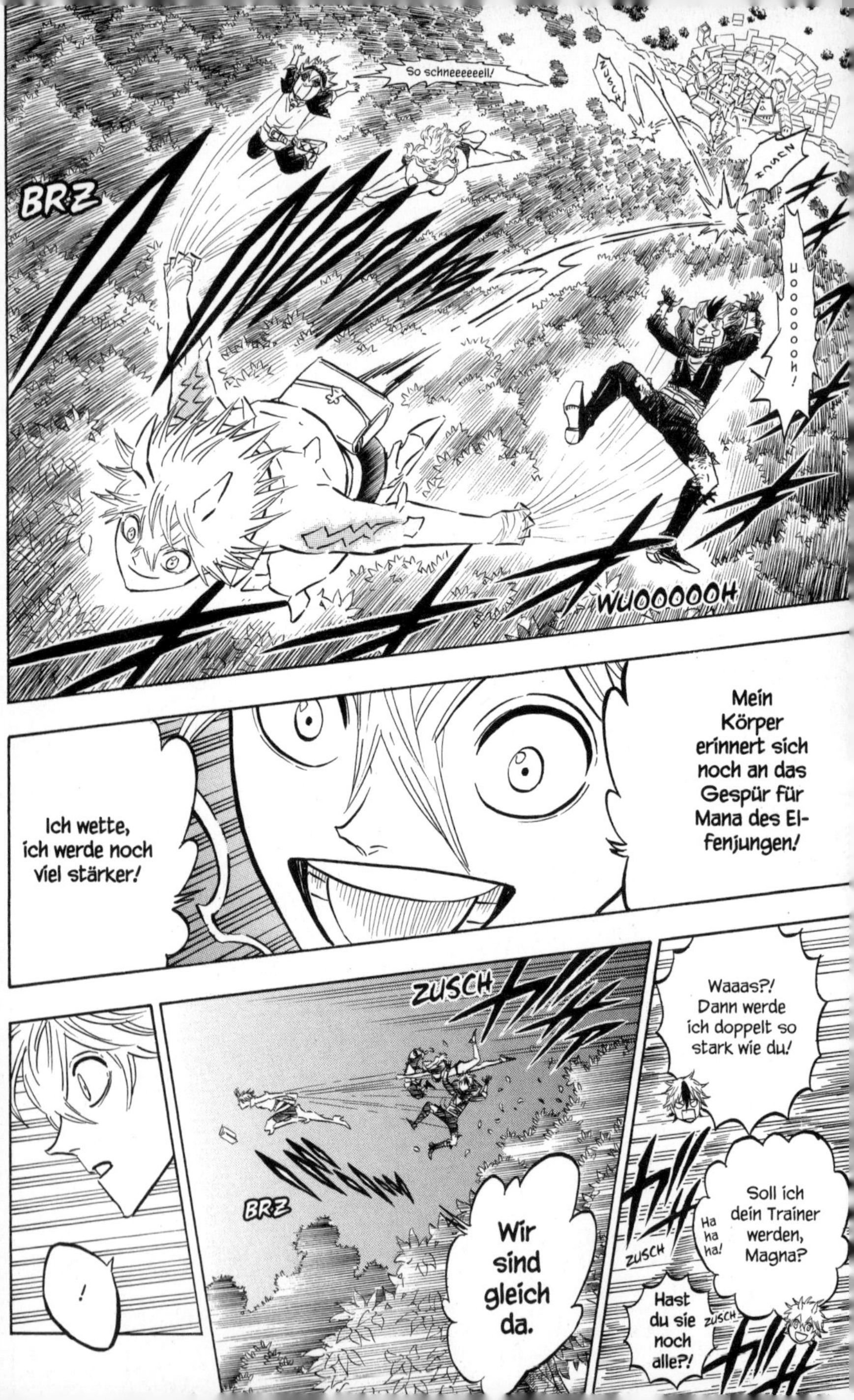

ZUSCH
ZUSCH
So schneeeeeeell!
BRZ
Uooooooh!
WUOOOOOH
Mein Körper erinnert sich noch an das Gespür für Mana des Elfenjungen!
Ich wette, ich werde noch viel stärker!
Waaas?! Dann werde ich doppelt so stark wie du!
Soll ich dein Trainer werden, Magna?
Ha ha ha!
ZUSCH
Hast du sie noch alle?!
ZUSCH
ZUSCH
BRZ
Wir sind gleich da.
!

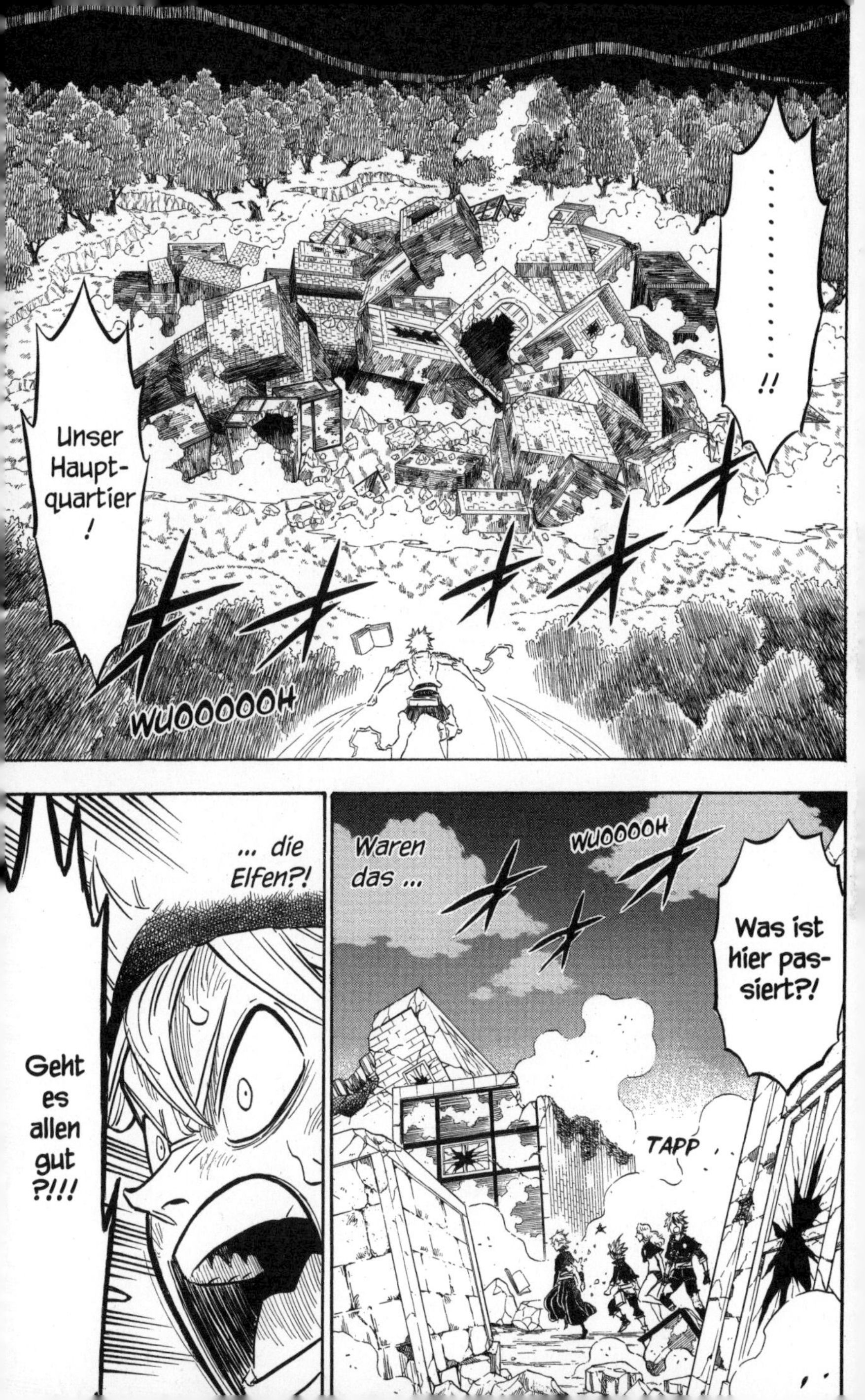

..........!!
Unser Haupt-quartier!
WUOOOOOH
Was ist hier pas-siert?!
WUOOOOH
Waren das ...
... die Elfen?!
Geht es allen gut?!!!
TAPP

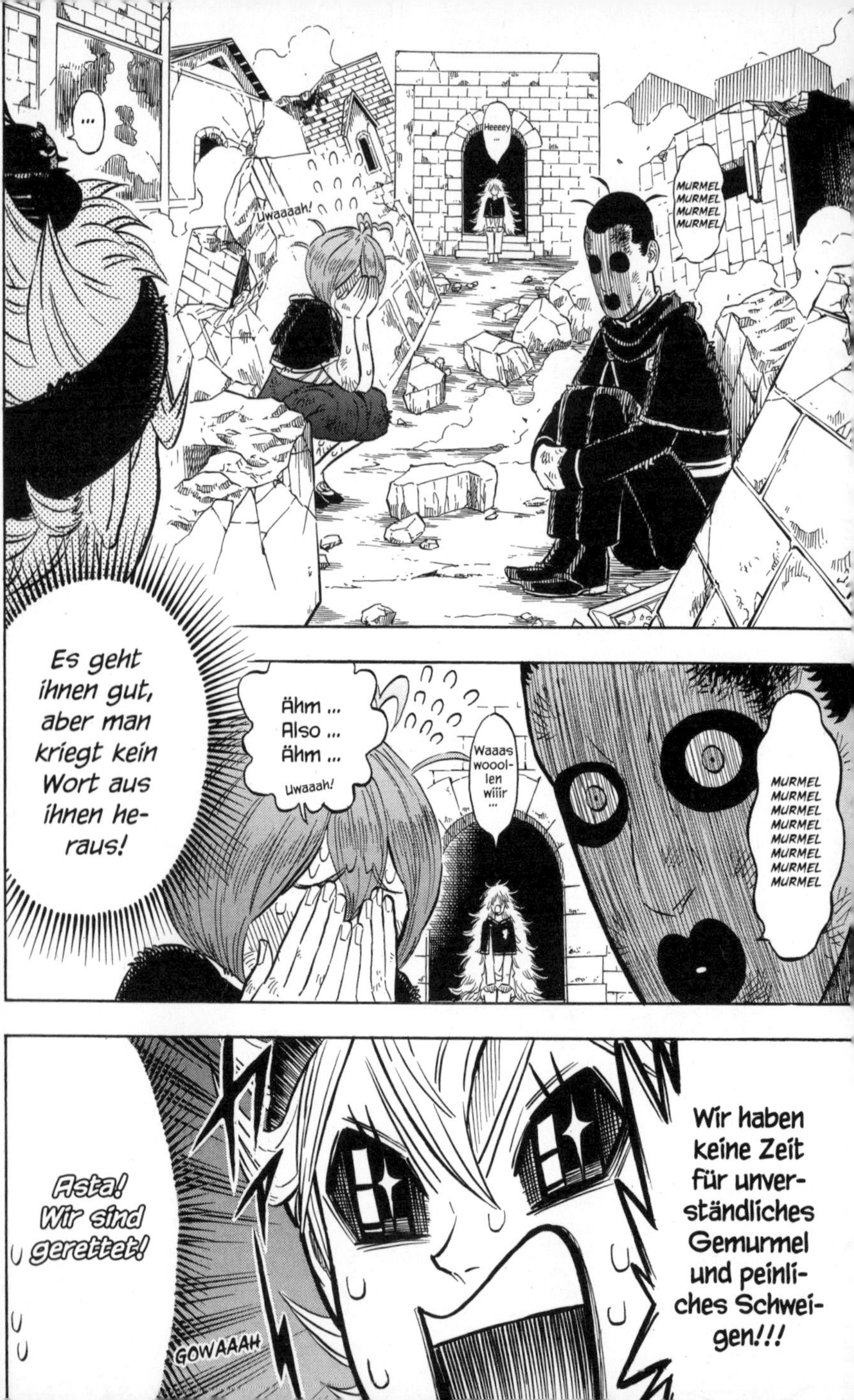

...
Heeeey ...
Uwaaaah!
MURMEL MURMEL MURMEL MURMEL
Es geht ihnen gut, aber man kriegt kein Wort aus ihnen heraus!
Ähm ... Also ... Ähm ...
Uwaaah!
Waaas wooollen wiiir ...
MURMEL MURMEL MURMEL MURMEL MURMEL MURMEL MURMEL MURMEL
Wir haben keine Zeit für unverständliches Gemurmel und peinliches Schweigen!!!
Asta! Wir sind gerettet!
GOWAAAH

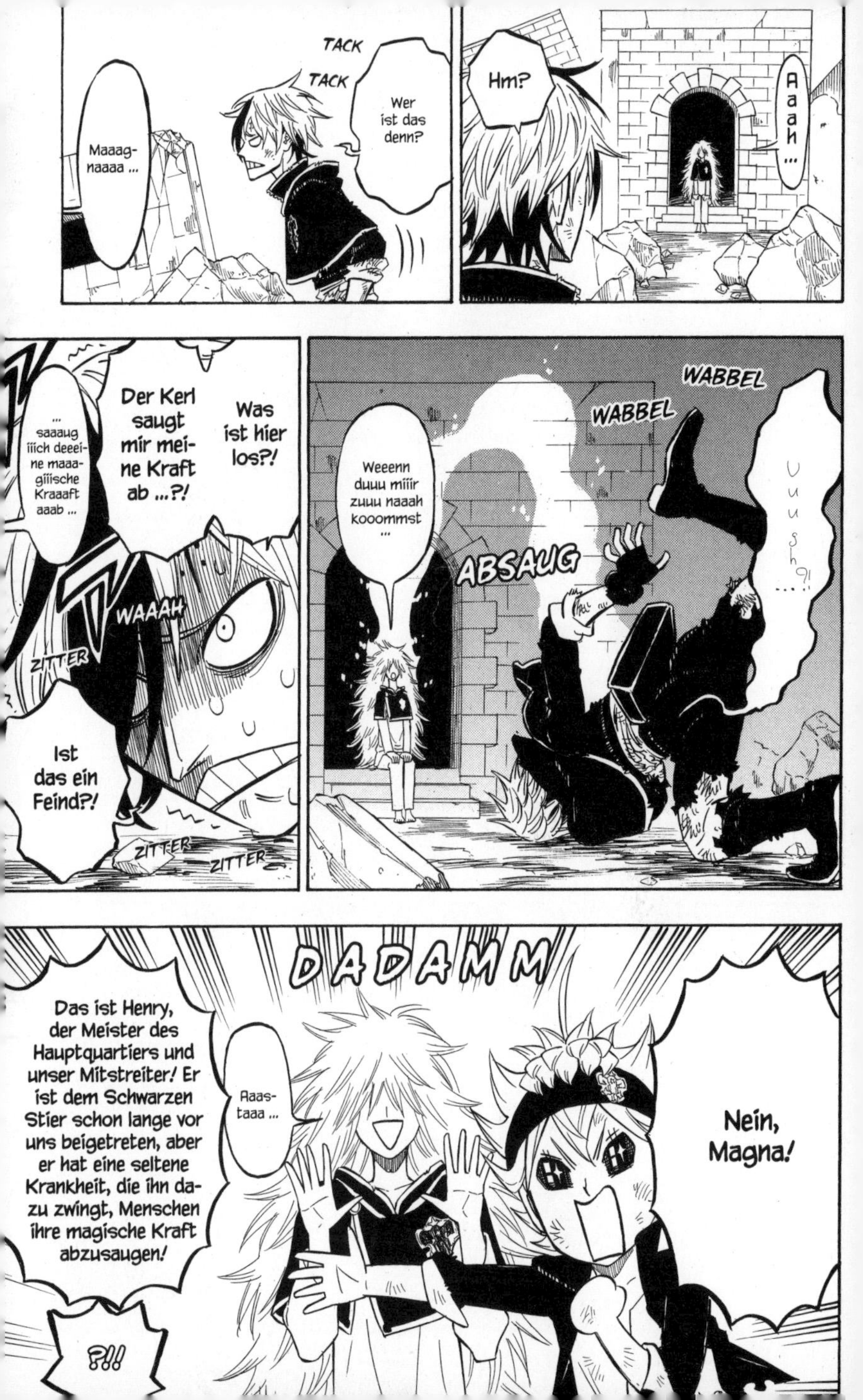
Aaah ...
Hm?
TACK
TACK
Wer ist das denn?
Maaag-naaaa ...
WABBEL
WABBEL
Uuush?!
ABSAUG
Weeenn duuu miiir zuuu naaah kooommst ...
Was ist hier los?!
Der Kerl saugt mir meine Kraft ab ...?!
... saaaug iiich deeeine maaagiiische Kraaaft aaab ...
WAAAH
ZITTER
Ist das ein Feind?!
ZITTER
ZITTER
DADAMM
Nein, Magna!
Aaastaaa ...
Das ist Henry, der Meister des Hauptquartiers und unser Mitstreiter! Er ist dem Schwarzen Stier schon lange vor uns beigetreten, aber er hat eine seltene Krankheit, die ihn dazu zwingt, Menschen ihre magische Kraft abzusaugen!
?!!

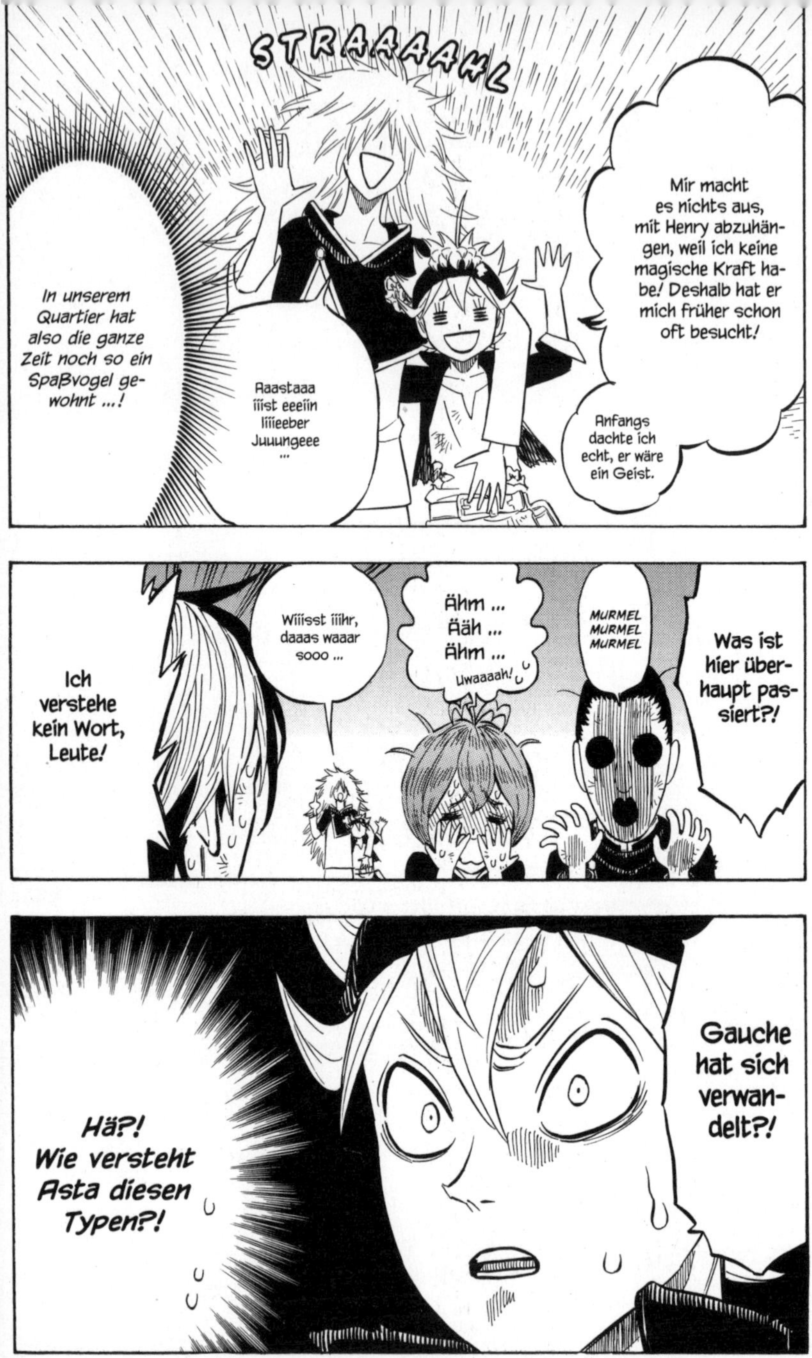
STRAAAAAHL
Mir macht es nichts aus, mit Henry abzuhängen, weil ich keine magische Kraft habe! Deshalb hat er mich früher schon oft besucht!
Anfangs dachte ich echt, er wäre ein Geist.
Aaastaaa iiist eeeiin liiieeber Juuungeee ...
In unserem Quartier hat also die ganze Zeit noch so ein Spaßvogel gewohnt ...!
Was ist hier überhaupt passiert?!
MURMEL MURMEL MURMEL
Ähm ... Ääh ... Ähm ...
Uwaaaah!
Wiiisst iiihr, daaas waaar sooo ...
Ich verstehe kein Wort, Leute!
Gauche hat sich verwandelt?!
Hä?! Wie versteht Asta diesen Typen?!

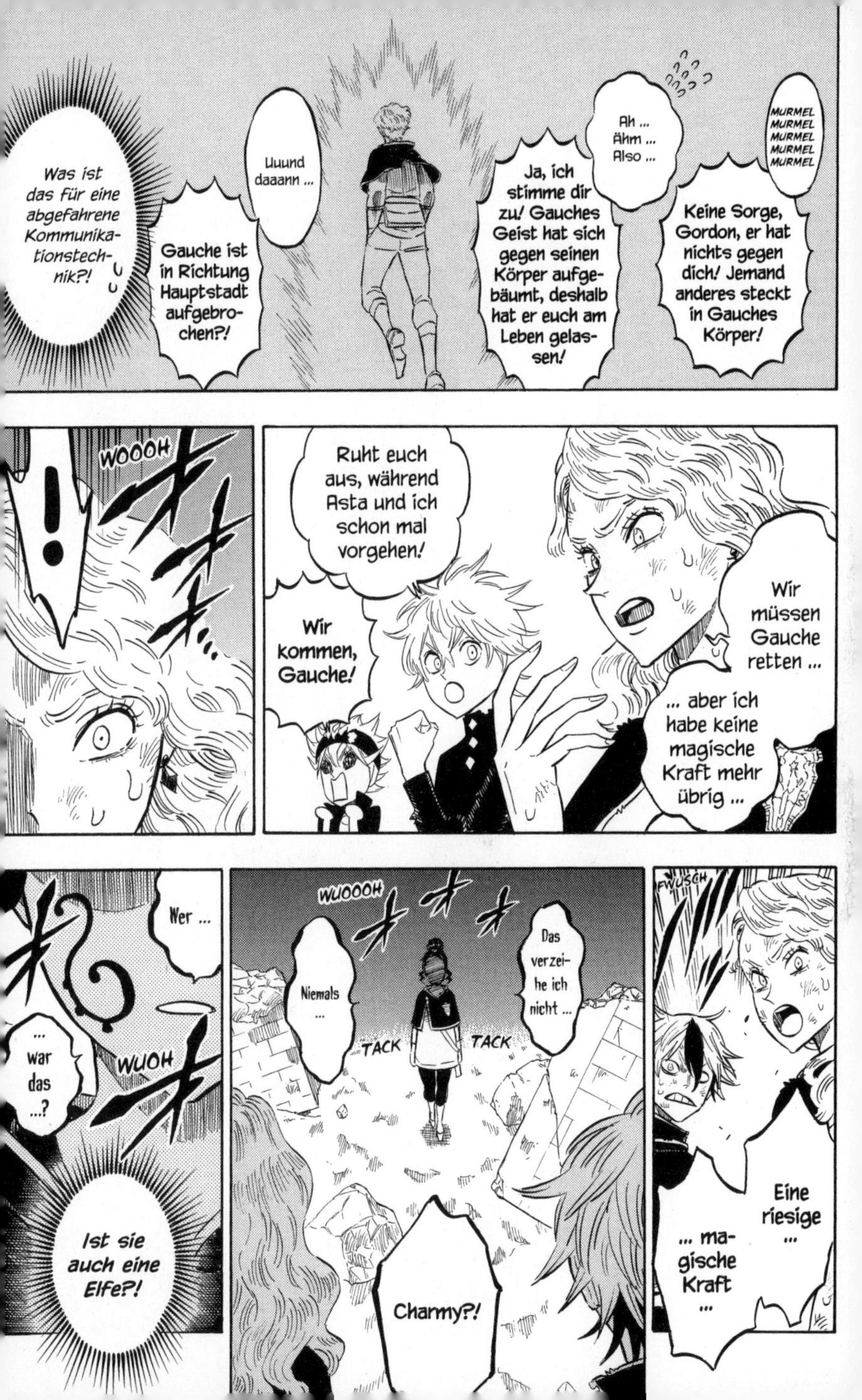

MURMEL MURMEL MURMEL MURMEL MURMEL
Keine Sorge, Gordon, er hat nichts gegen dich! Jemand anderes steckt in Gauches Körper!
Ah ... Ähm ... Also ...
Ja, ich stimme dir zu! Gauches Geist hat sich gegen seinen Körper aufgebäumt, deshalb hat er euch am Leben gelassen!
Uuund daaann ...
Gauche ist in Richtung Hauptstadt aufgebrochen?!
Was ist das für eine abgefahrene Kommunikationstechnik?!
Wir müssen Gauche retten ...
... aber ich habe keine magische Kraft mehr übrig ...
Ruht euch aus, während Asta und ich schon mal vorgehen!
Wir kommen, Gauche!
WOOOH
!
FWUSCH
Eine riesige ...
... magische Kraft ...
WUOOOH
Das verzeihe ich nicht ...
Niemals ...
TACK
TACK
Charmy?!
Wer ...
... war das ...?
WUOH
Ist sie auch eine Elfe?!

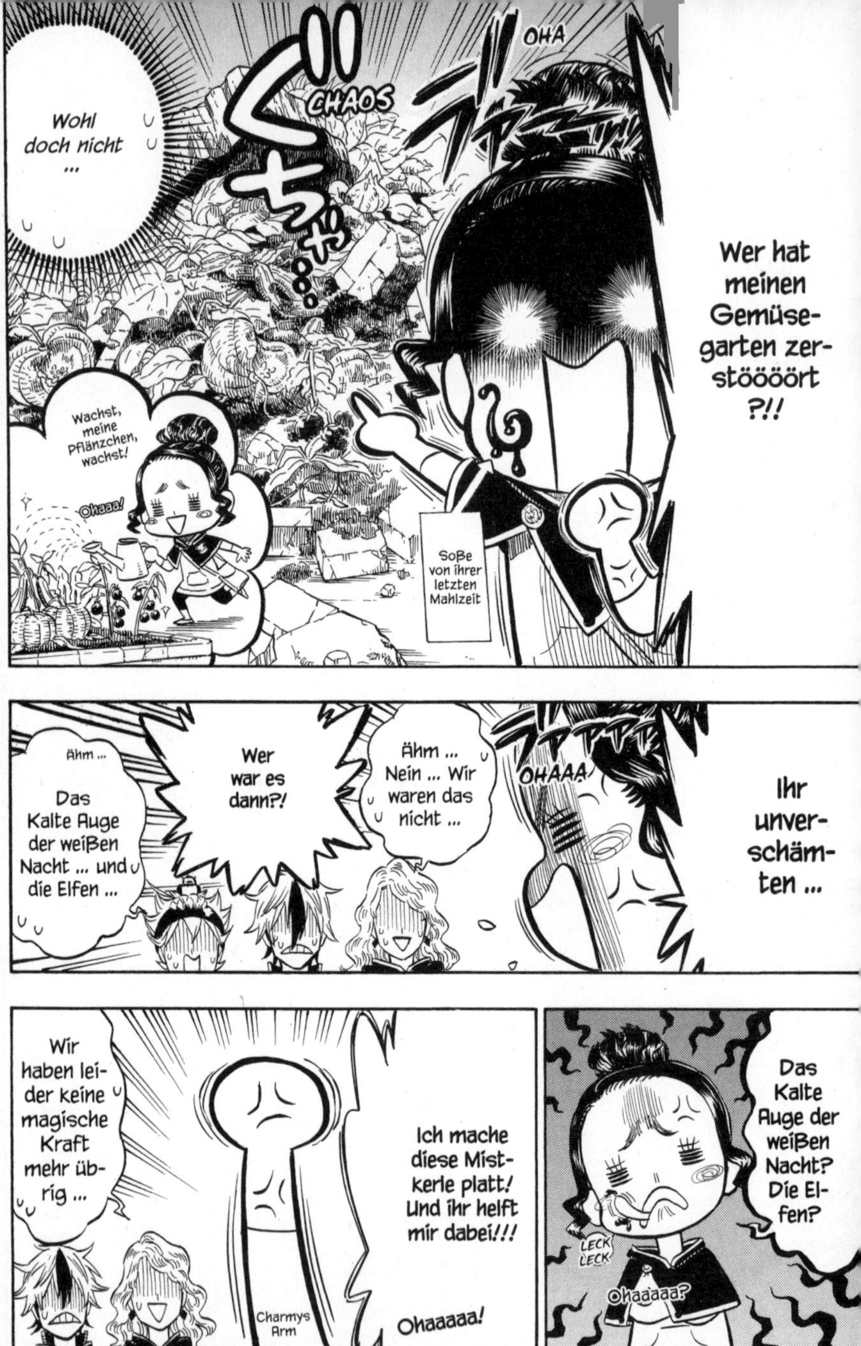
OHA
CHAOS
Wer hat meinen Gemüsegarten zerstööört?!!
Wohl doch nicht ...
Soße von ihrer letzten Mahlzeit
Wachst, meine Pflänzchen, wachst!
Ohaaa!
OHAAA
Ihr unverschämten ...
Ähm ... Nein ... Wir waren das nicht ...
Wer war es dann?!
Ähm ... Das Kalte Auge der weißen Nacht ... und die Elfen ...
Das Kalte Auge der weißen Nacht? Die Elfen?
LECK LECK
Ohaaaaa?
Ich mache diese Mistkerle platt! Und ihr helft mir dabei!!!
Ohaaaaa!
Charmys Arm
Wir haben leider keine magische Kraft mehr übrig ...

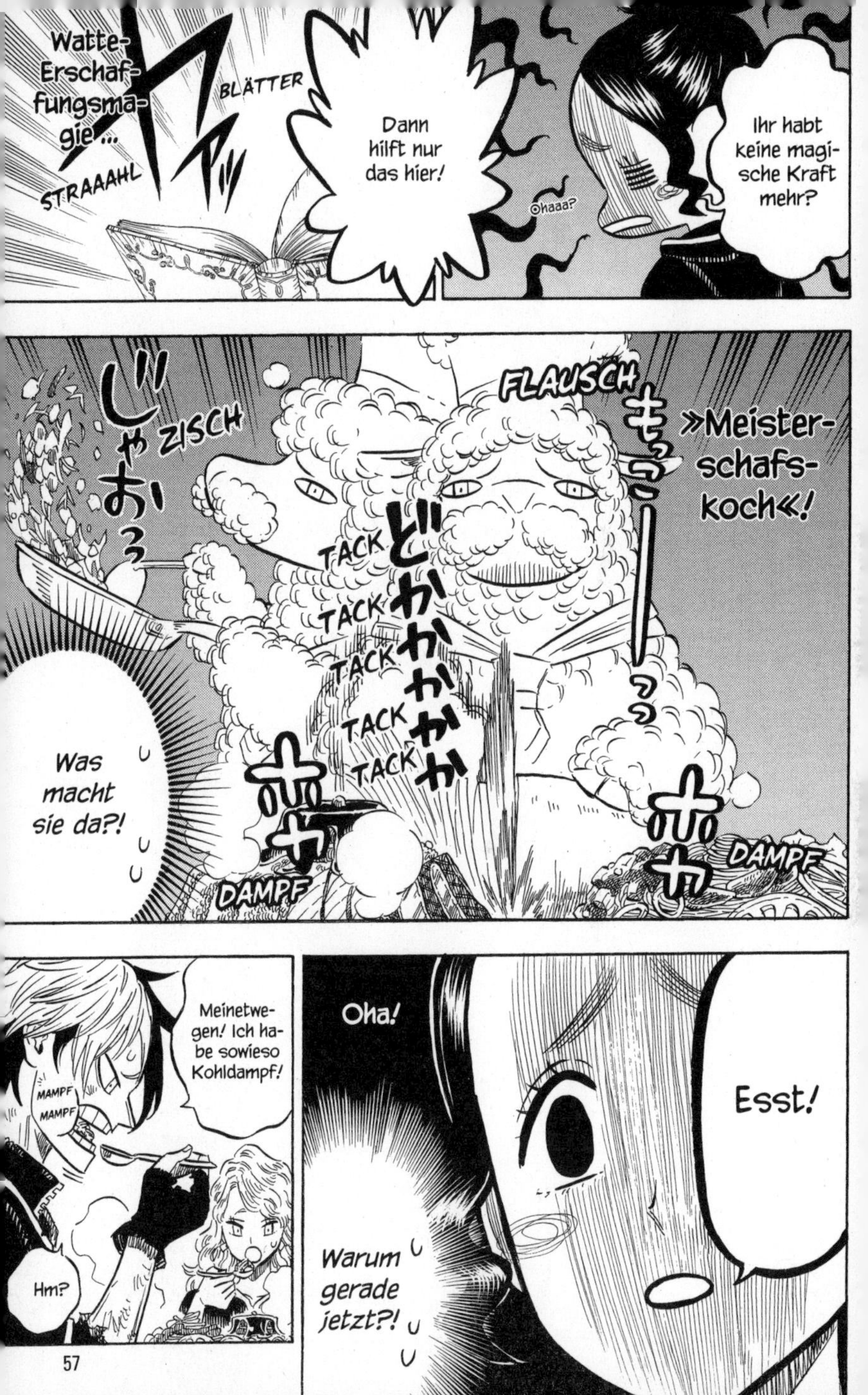

Ihr habt keine magische Kraft mehr?
Ohaaa?
Dann hilft nur das hier!
BLÄTTER
Watte-Erschaffungsmagie ...
STRAAAHL
FLAUSCH
»Meisterschafskoch«!
ZISCH
TACK
TACK
TACK
TACK
TACK
DAMPF
DAMPF
Was macht sie da?!
Esst!
Oha!
Warum gerade jetzt?!
Meinetwegen! Ich habe sowieso Kohldampf!
MAMPF
MAMPF
Hm?

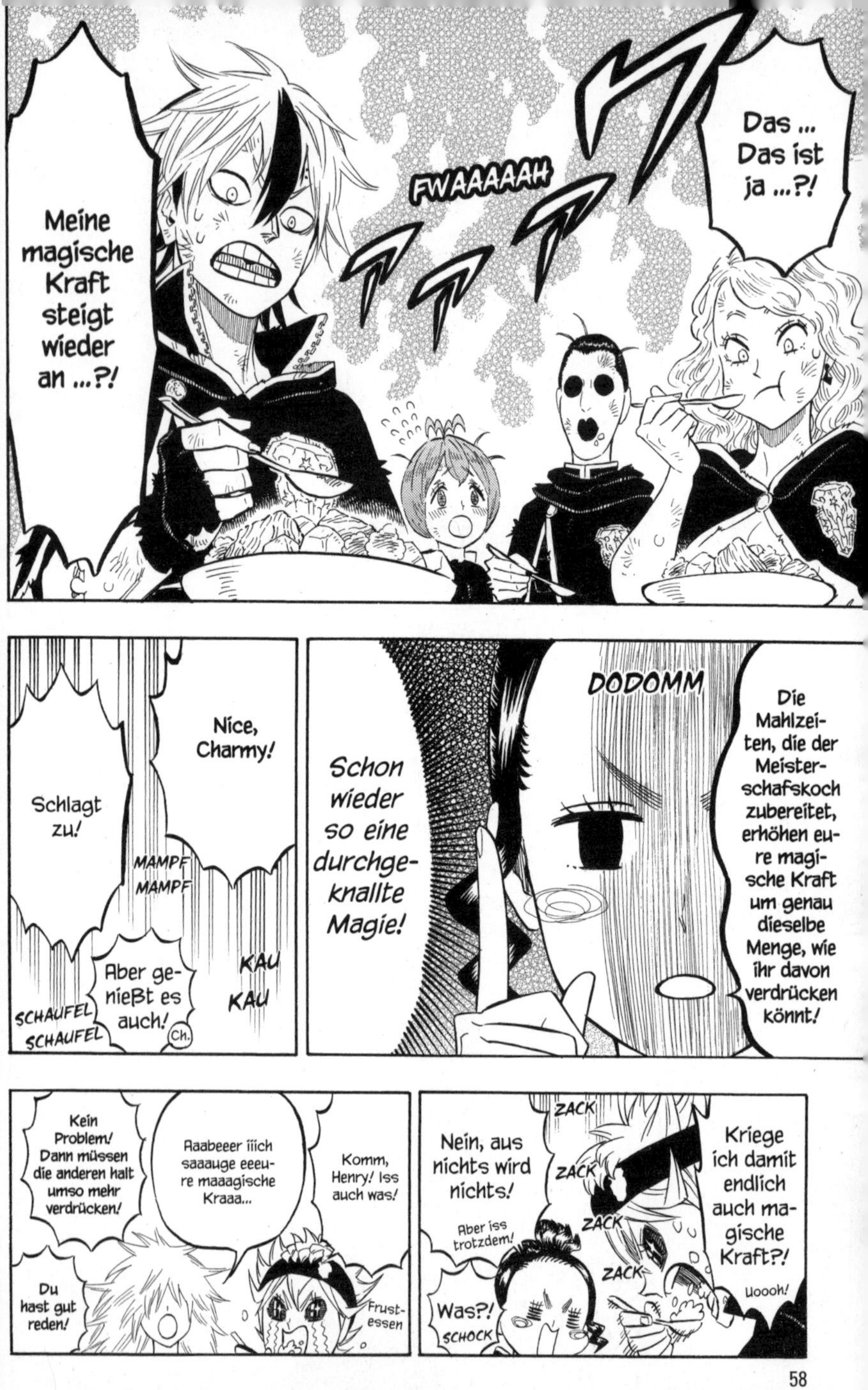
Das ... Das ist ja ...?!
FWAAAAAH
Meine magische Kraft steigt wieder an ...?!
DODOMM
Die Mahlzeiten, die der Meisterschafskoch zubereitet, erhöhen eure magische Kraft um genau dieselbe Menge, wie ihr davon verdrücken könnt!
Schon wieder so eine durchgeknallte Magie!
Nice, Charmy!
Schlagt zu!
MAMPF MAMPF
KAU KAU
Aber genießt es auch!
Ch.
SCHAUFEL SCHAUFEL
Kriege ich damit endlich auch magische Kraft?!
ZACK ZACK ZACK ZACK
Uoooh!
Nein, aus nichts wird nichts!
Aber iss trotzdem!
Was?!
SCHOCK
Komm, Henry! Iss auch was!
Aaabeeer iiich saaauge eeeure maaagische Kraaa...
Kein Problem! Dann müssen die anderen halt umso mehr verdrücken!
Frustessen
Du hast gut reden!

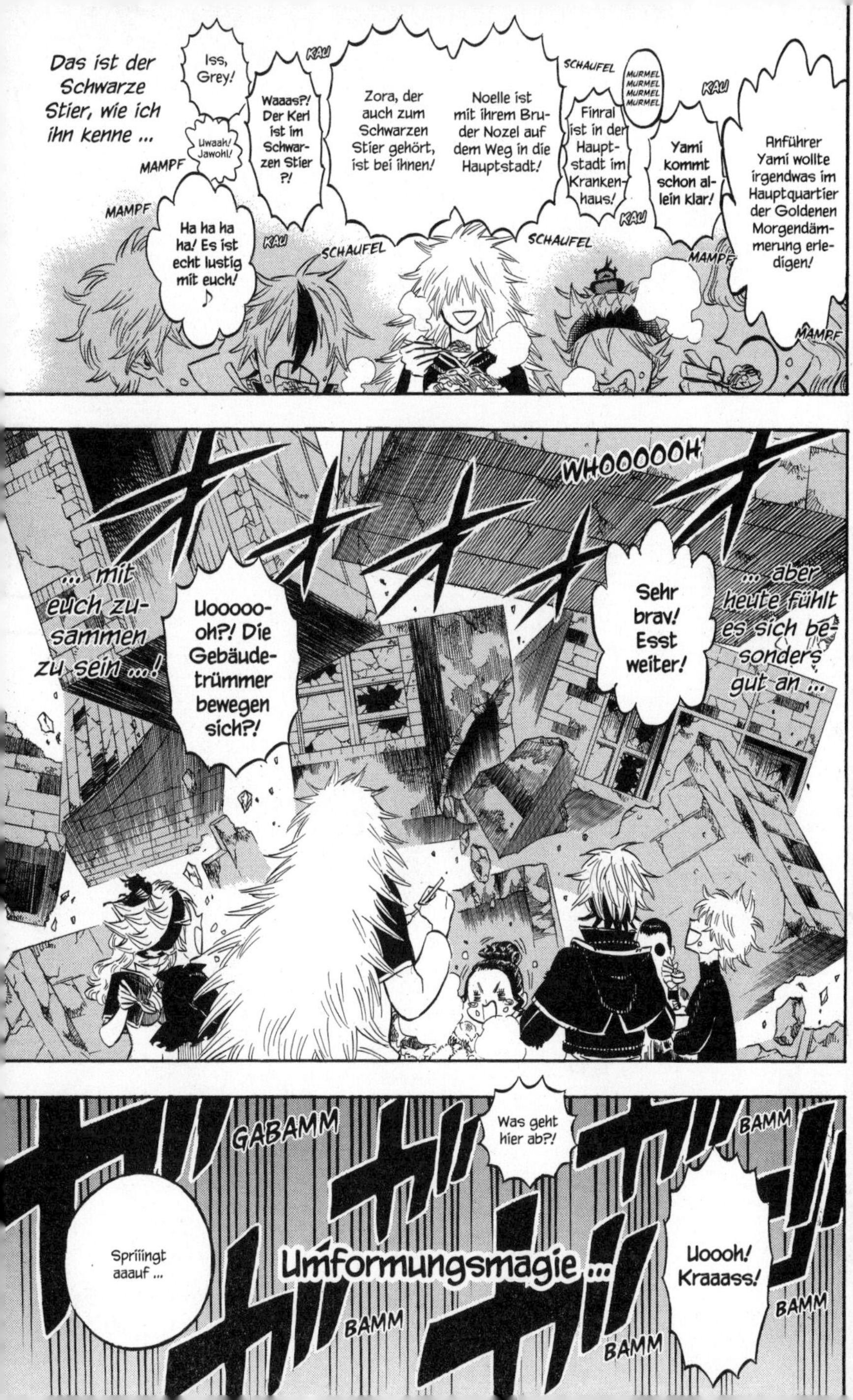

MAMPF
Anführer Yami wollte irgendwas im Hauptquartier der Goldenen Morgendämmerung erledigen!
KAU
Yami kommt schon allein klar!
MURMEL MURMEL MURMEL MURMEL
Finral ist in der Hauptstadt im Krankenhaus!
KAU
SCHAUFEL
Noelle ist mit ihrem Bruder Nozel auf dem Weg in die Hauptstadt!
Zora, der auch zum Schwarzen Stier gehört, ist bei ihnen!
KAU
Waaas?! Der Kerl ist im Schwarzen Stier?!
Iss, Grey!
Uwaah! Jawohl!
MAMPF
Ha ha ha ha! Es ist echt lustig mit euch! ♪
SCHAUFEL
KAU
MAMPF
Das ist der Schwarze Stier, wie ich ihn kenne ...
WHOOOOOH
... aber heute fühlt es sich besonders gut an ...
Sehr brav! Esst weiter!
Uoooooh?! Die Gebäudetrümmer bewegen sich?!
... mit euch zusammen zu sein ...!
BAMM
Uoooh! Kraaass!
BAMM
BAMM
Was geht hier ab?!
GABAMM
Umformungsmagie ...
BAMM
Spriiingt aaauf ...

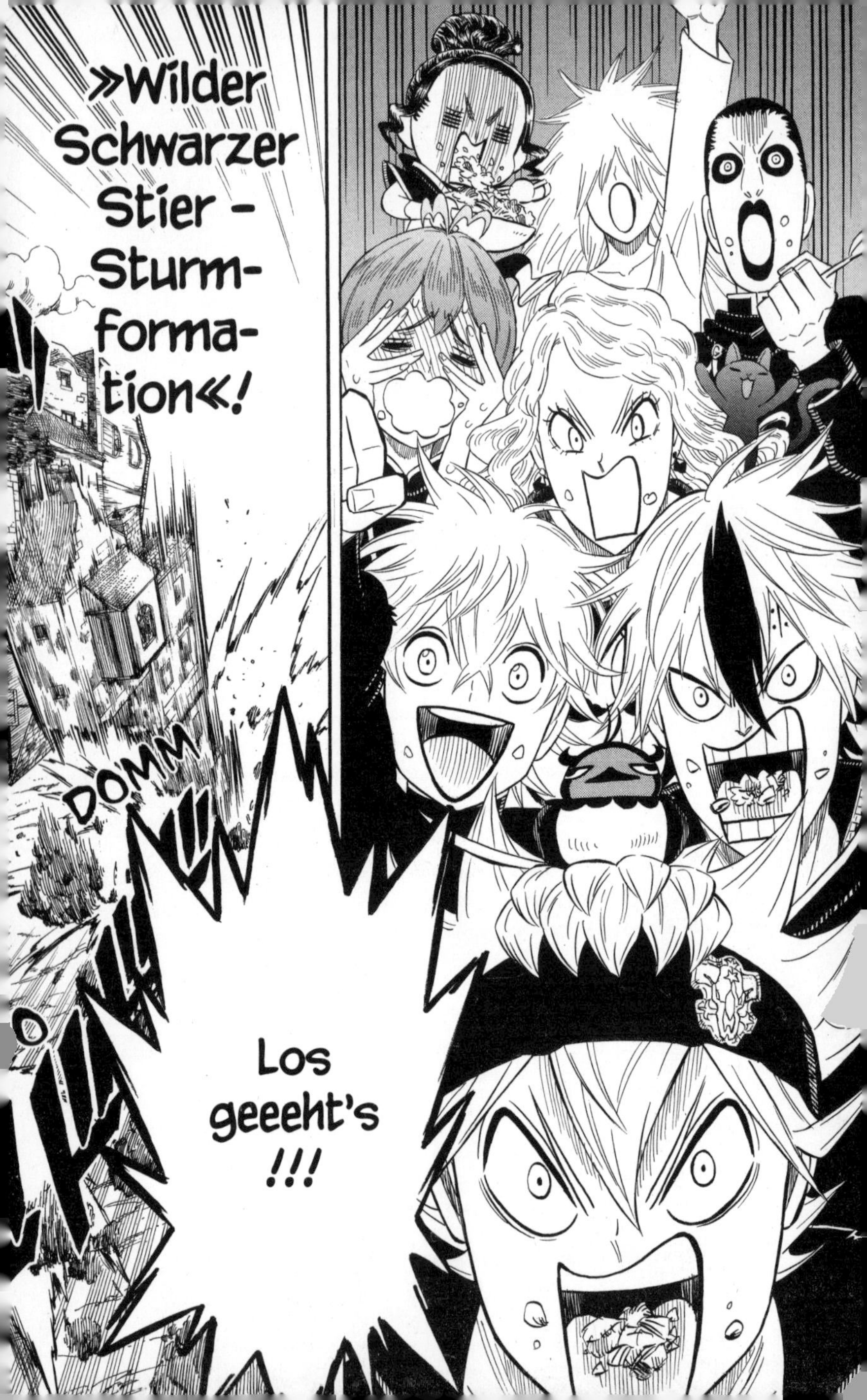
»Wilder Schwarzer Stier - Sturmformation«!
Los geeeht's !!!
DOMM

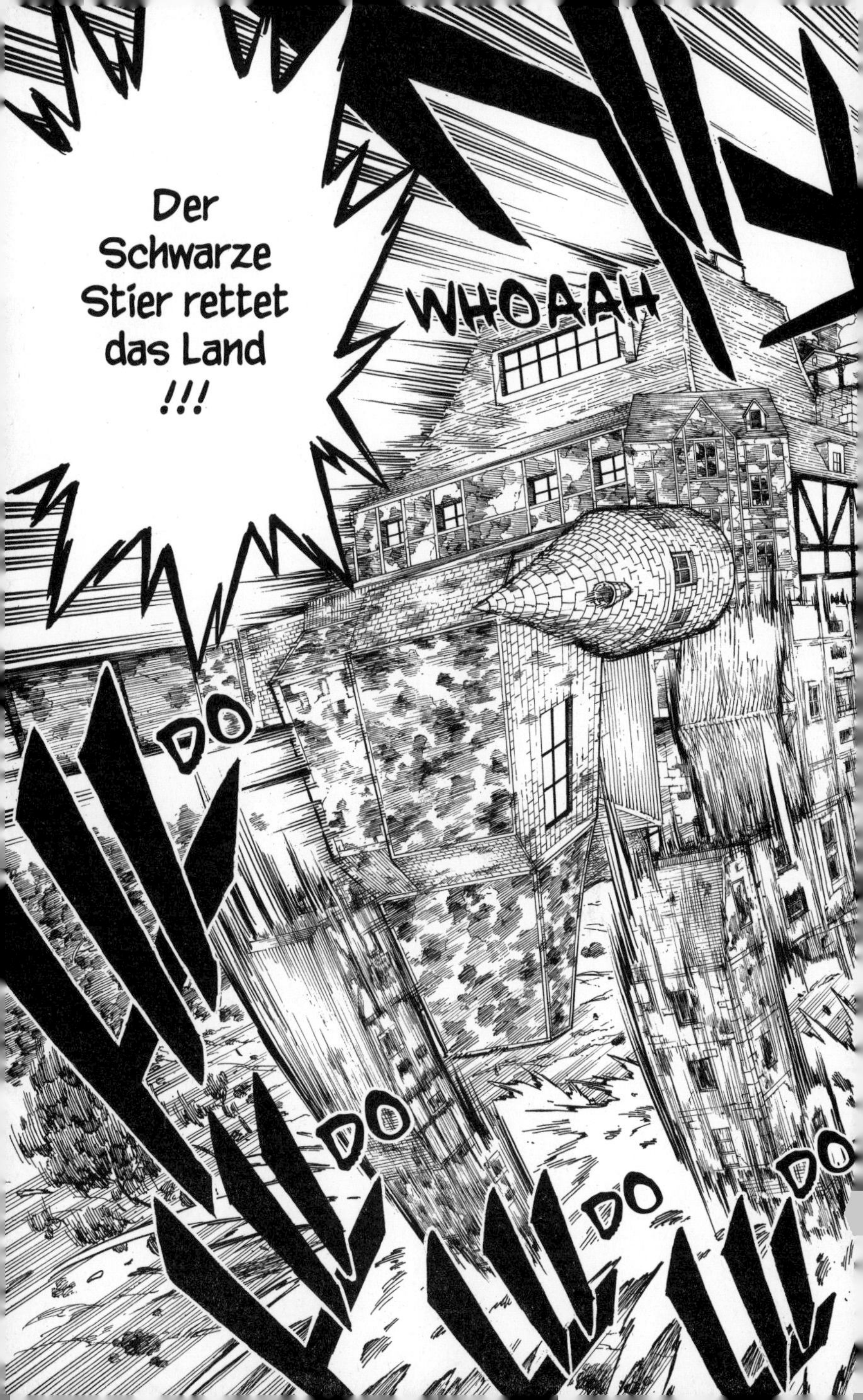
Der Schwarze Stier rettet das Land !!!
WHOAAH
DO
DO
DO
DO
DO

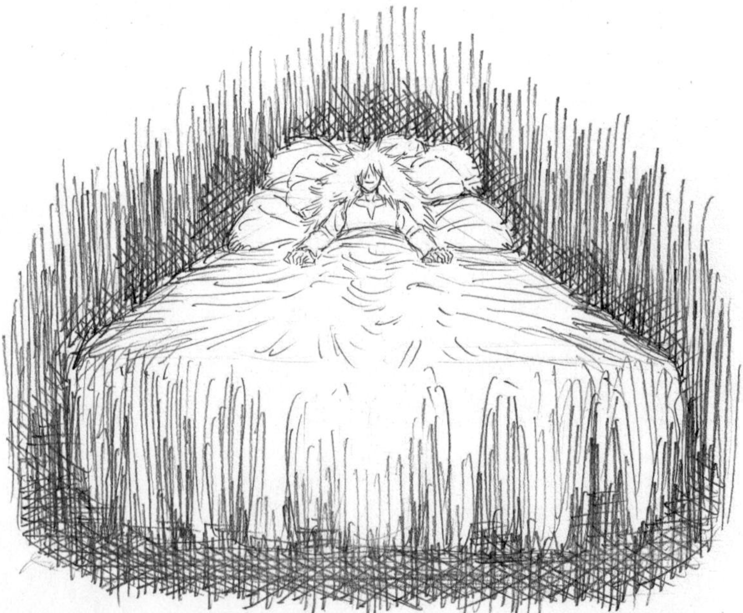

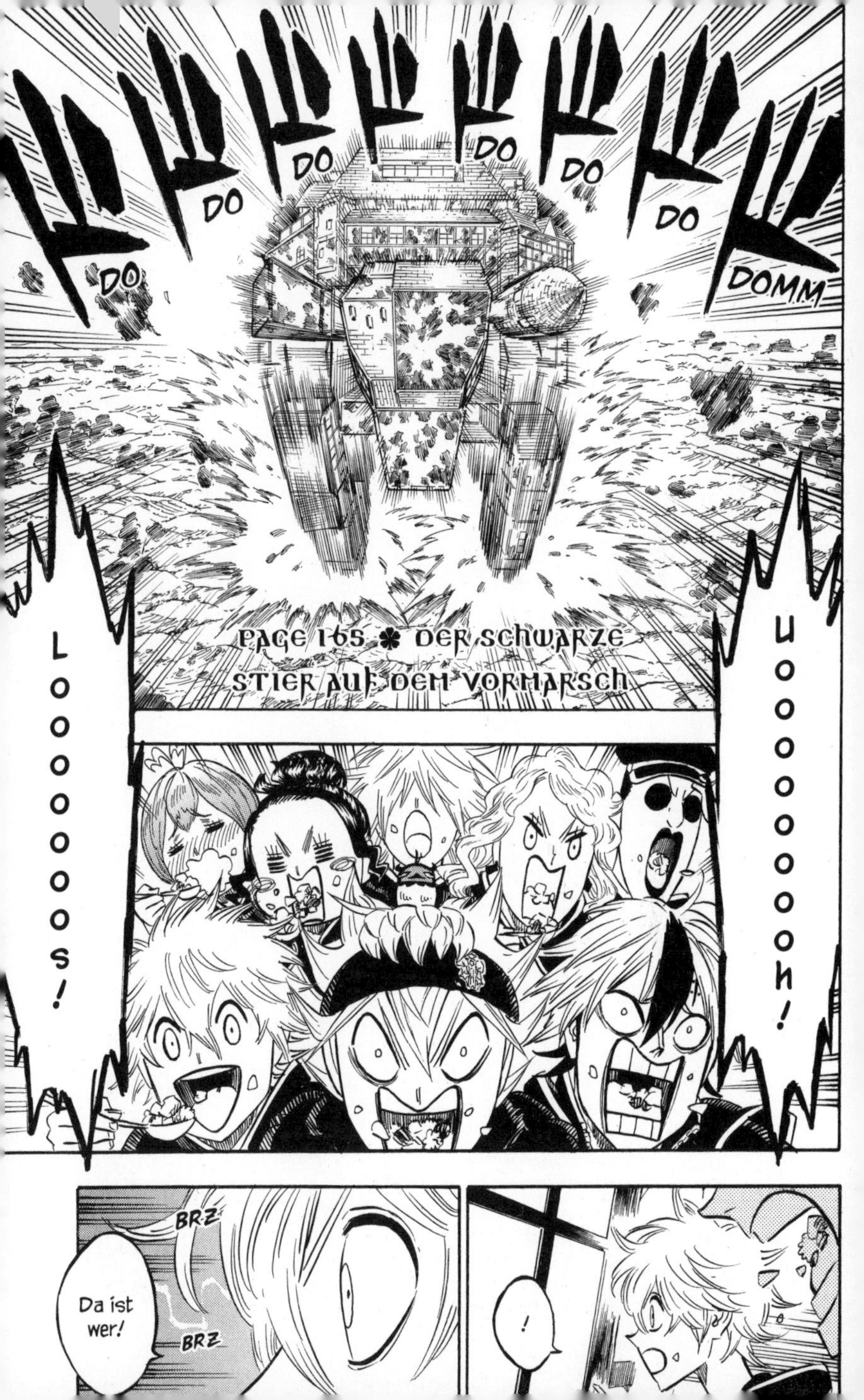
DO
DO
DO
DO
DO
DO
DOMM
PAGE 165 ✤ DER SCHWARZE STIER AUF DEM VORMARSCH
UOOOOOOOOOOh!
LOOOOOOOOS!
BRZ
BRZ
Da ist wer!
!

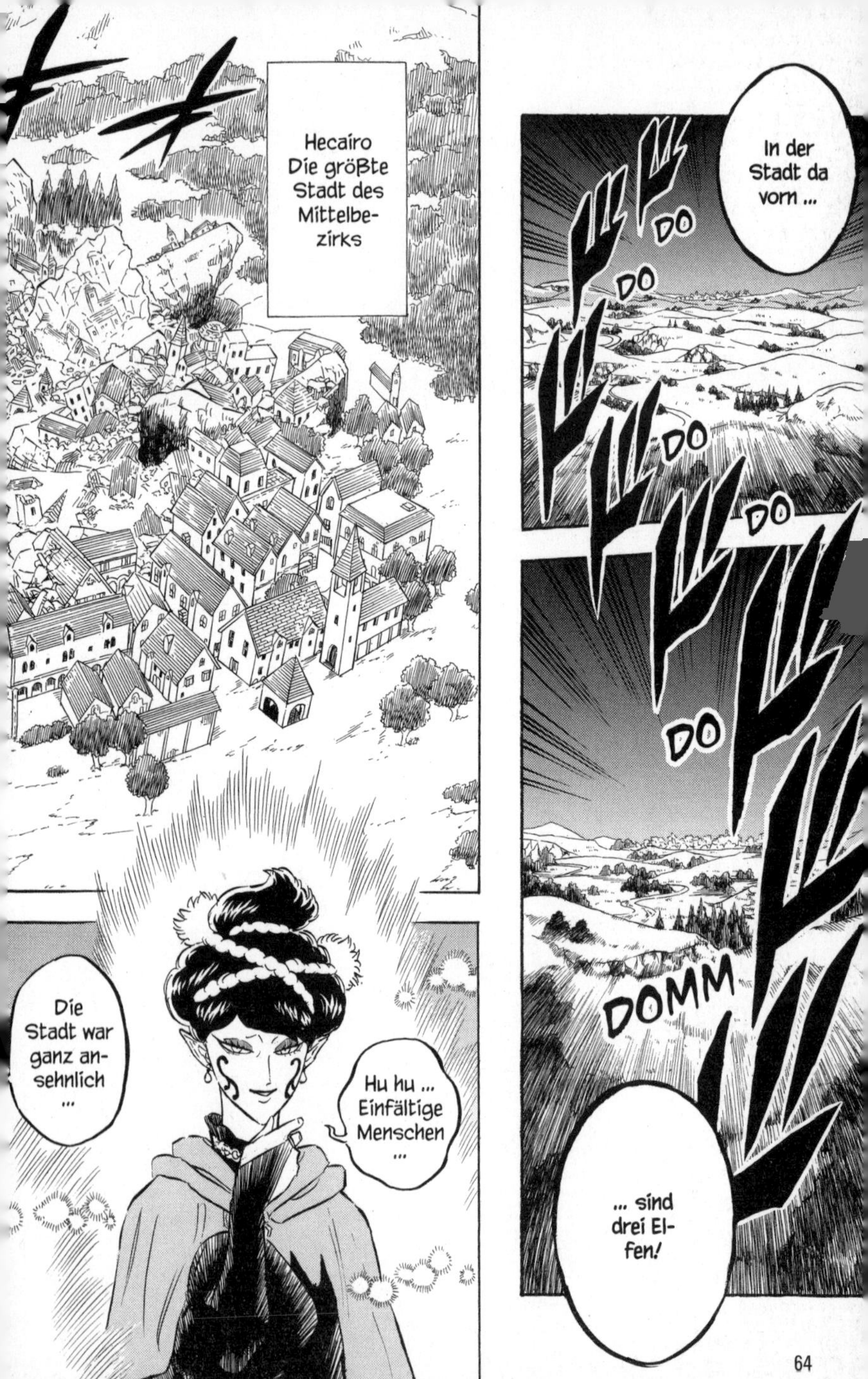
In der Stadt da vorn ...
DO
DO
DO
DO
DO
DOMM
... sind drei Elfen!
Hecairo Die größte Stadt des Mittelbezirks
Die Stadt war ganz ansehnlich ...
Hu hu ... Einfältige Menschen ...

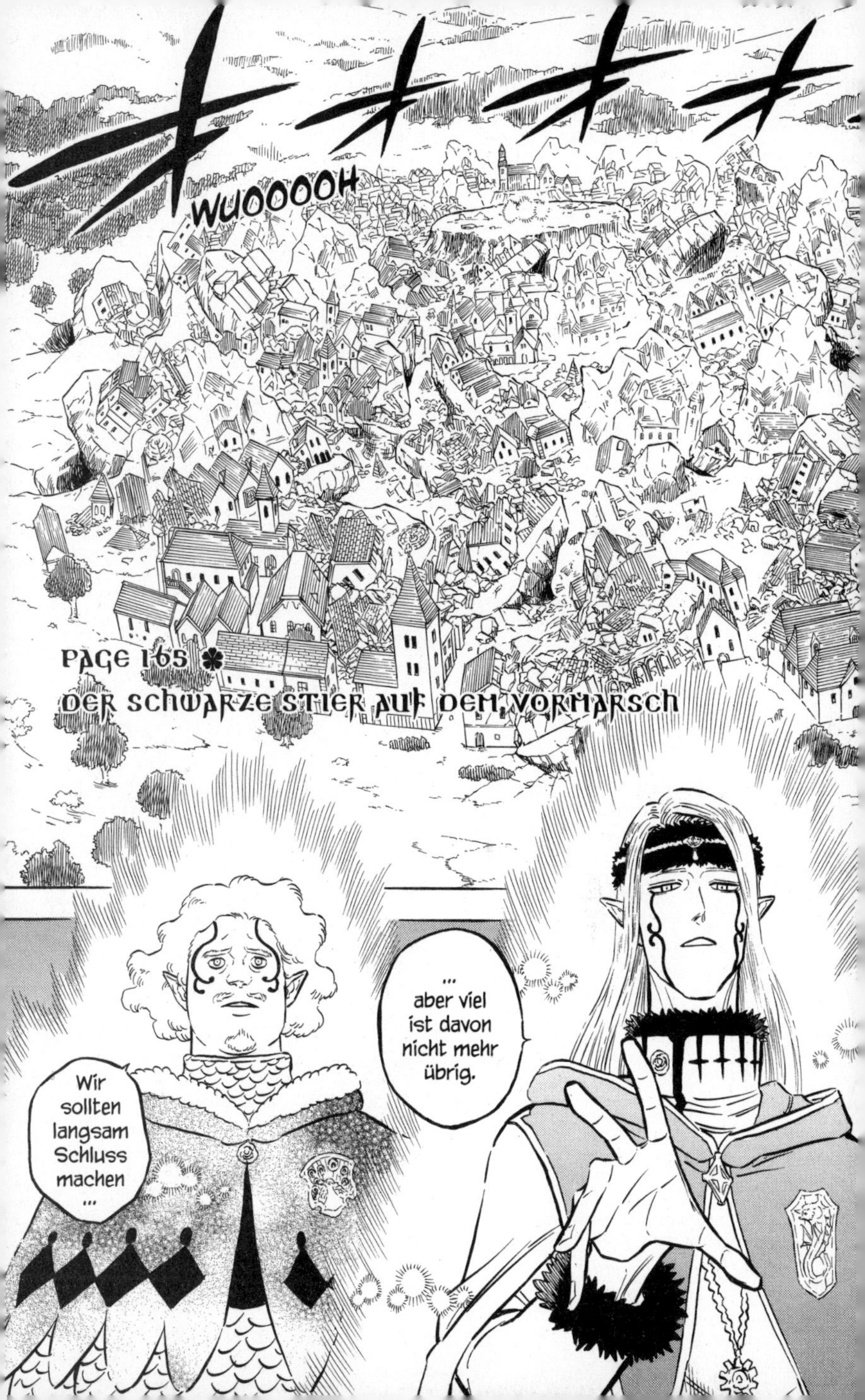
WUOOOOH
PAGE 165
DER SCHWARZE STIER AUF DEM VORMARSCH
... aber viel ist davon nicht mehr übrig.
Wir sollten langsam Schluss machen ...

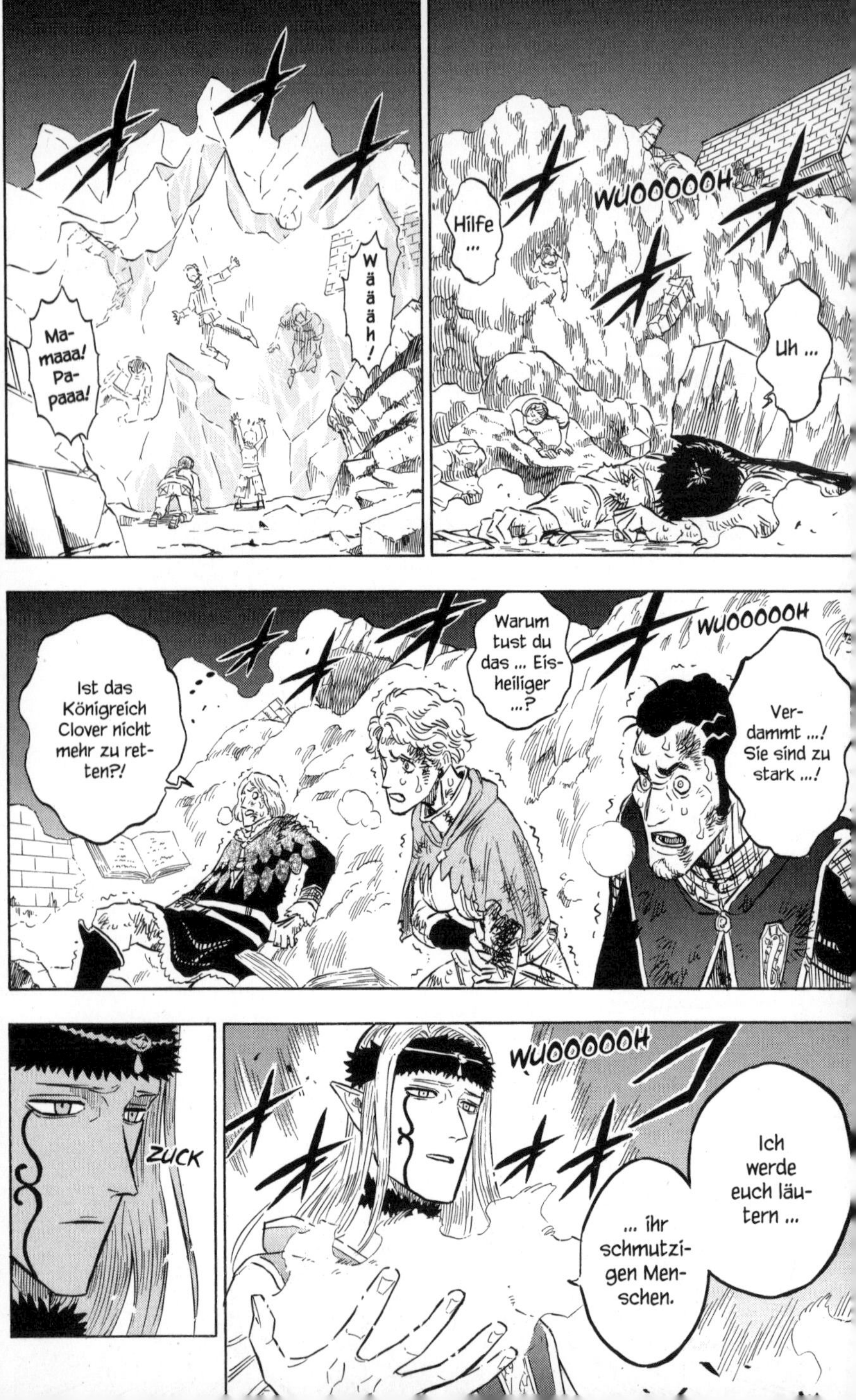

WUOOOOOH
Hilfe ...
Uh ...
Wäääh!
Mamaaa! Papaaa!
WUOOOOOH
Verdammt ...! Sie sind zu stark ...!
Warum tust du das ... Eisheiliger ...?
Ist das Königreich Clover nicht mehr zu retten?!
WUOOOOOH
Ich werde euch läutern ...
... ihr schmutzigen Menschen.
ZUCK

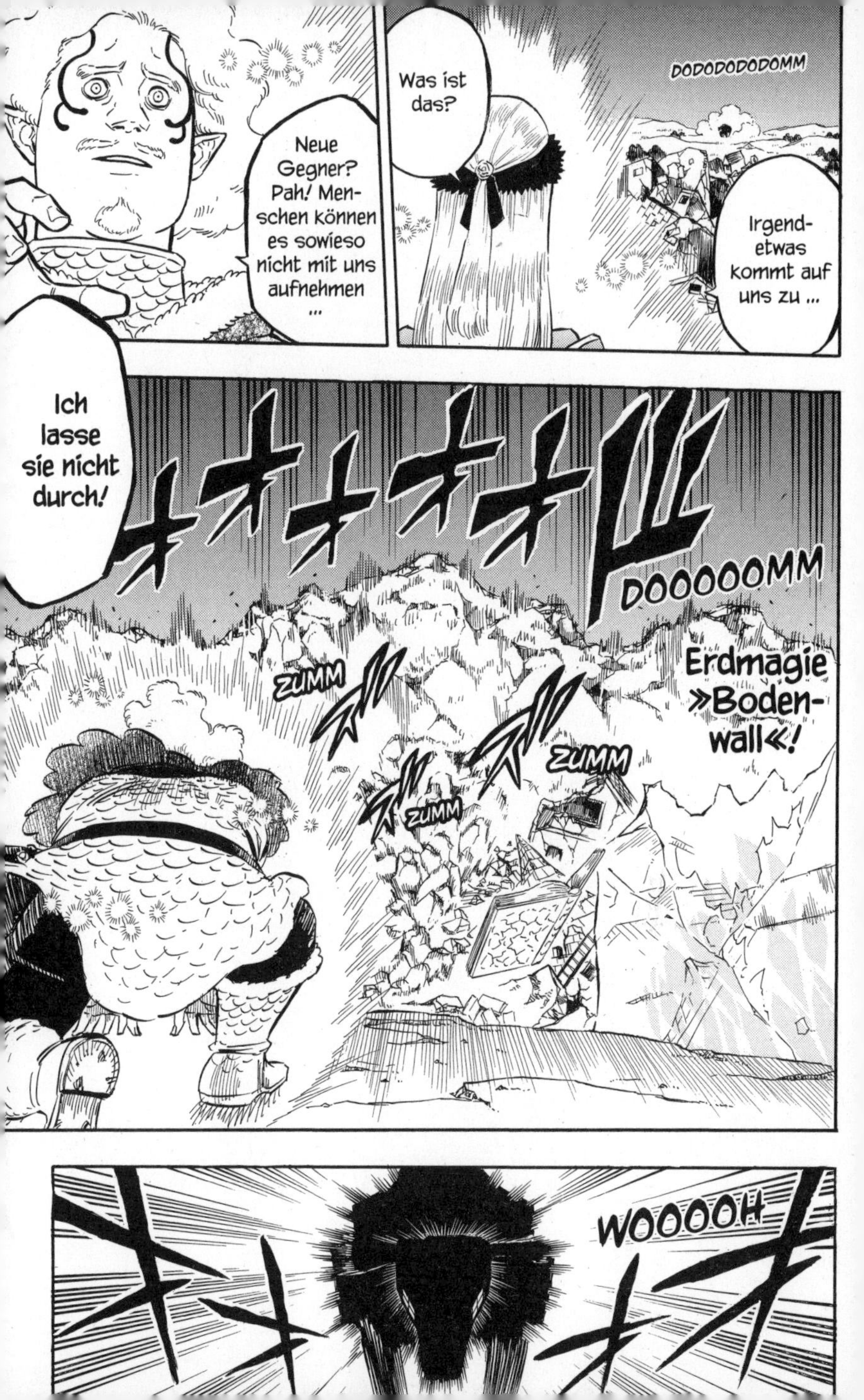
DODODODODOMM
Irgend-
etwas
kommt auf
uns zu ...
Was ist
das?
Neue
Gegner?
Pah! Men-
schen können
es sowieso
nicht mit uns
aufnehmen
...
DOOOOOMM
Erdmagie
»Boden-
wall«!
Ich
lasse
sie nicht
durch!
ZUMM
ZUMM
ZUMM
WOOOOH

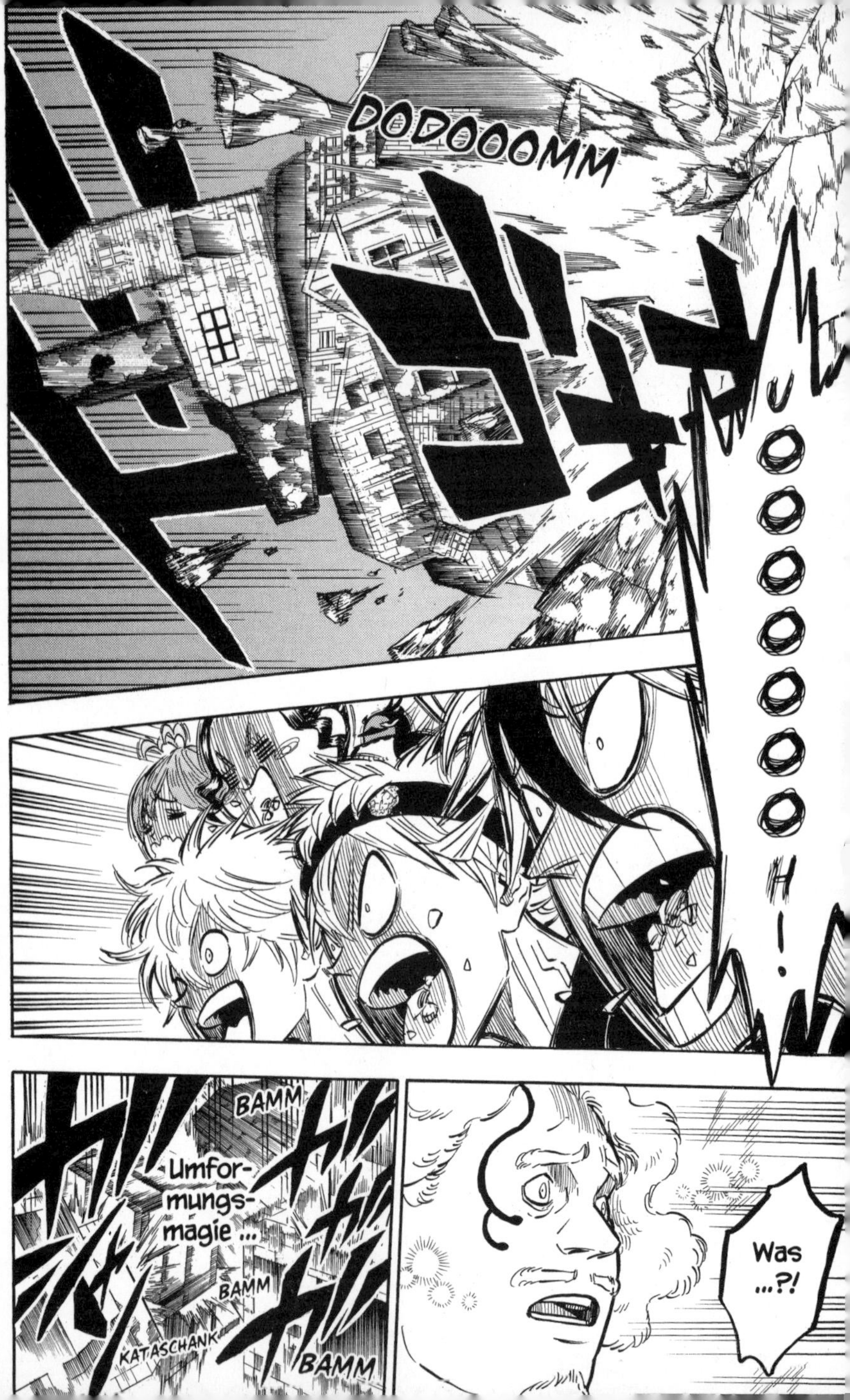

DODOOOMM
UOOOOOOOOOH!
Was ...?!
BAMM
Umfor-
mungs-
magie ...
BAMM
KATASCHANK
BAMM

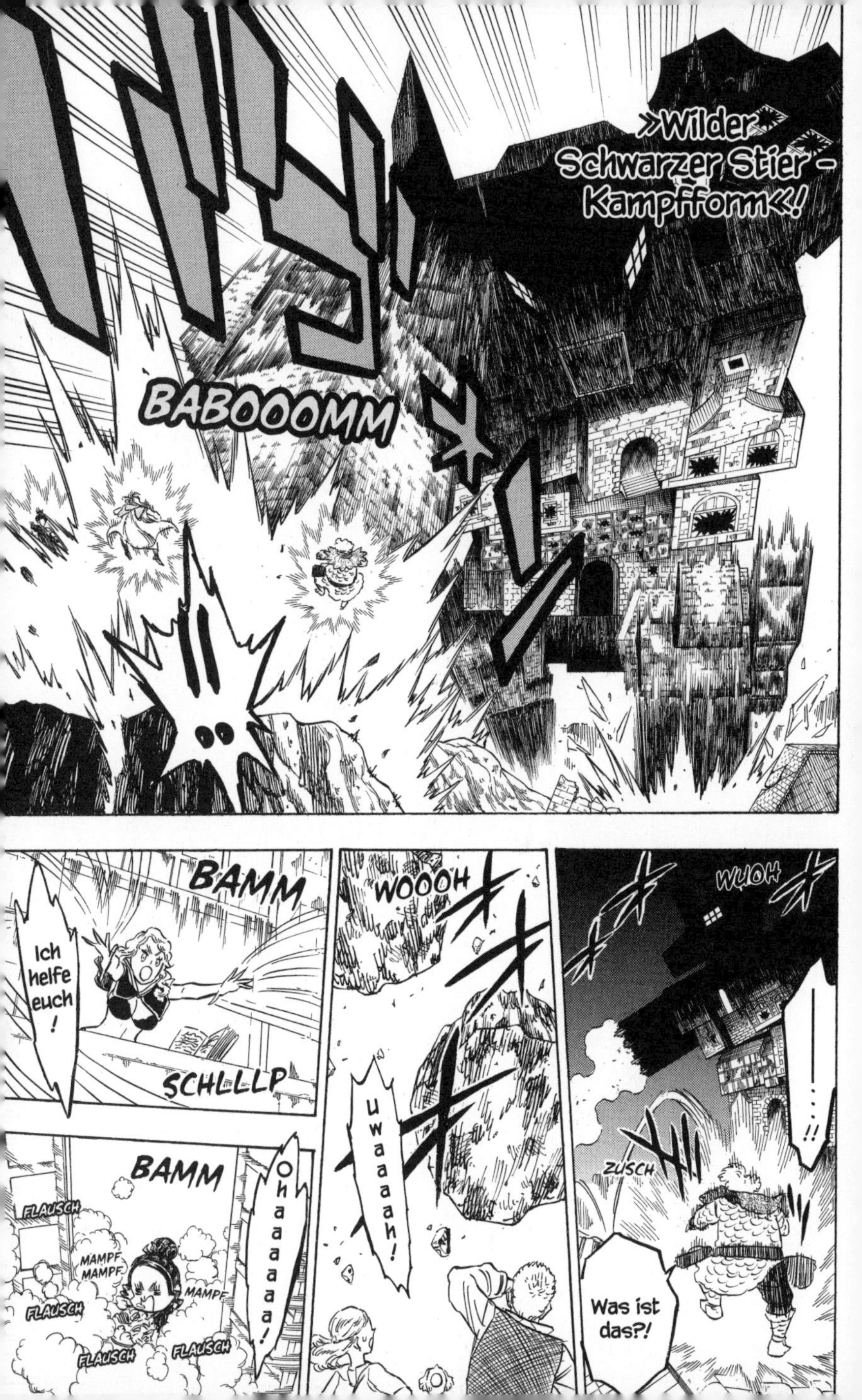
»Wilder Schwarzer Stier - Kampfform«!
BABOOOMM
BAMM
Ich helfe euch!
SCHLLLP
WOOOH
Uwaaaaah!
WUOH
…!!
ZUSCH
Was ist das?!
BAMM
FLAUSCH
MAMPF MAMPF
MAMPF
Ohaaaaaaa!
FLAUSCH
FLAUSCH
FLAUSCH

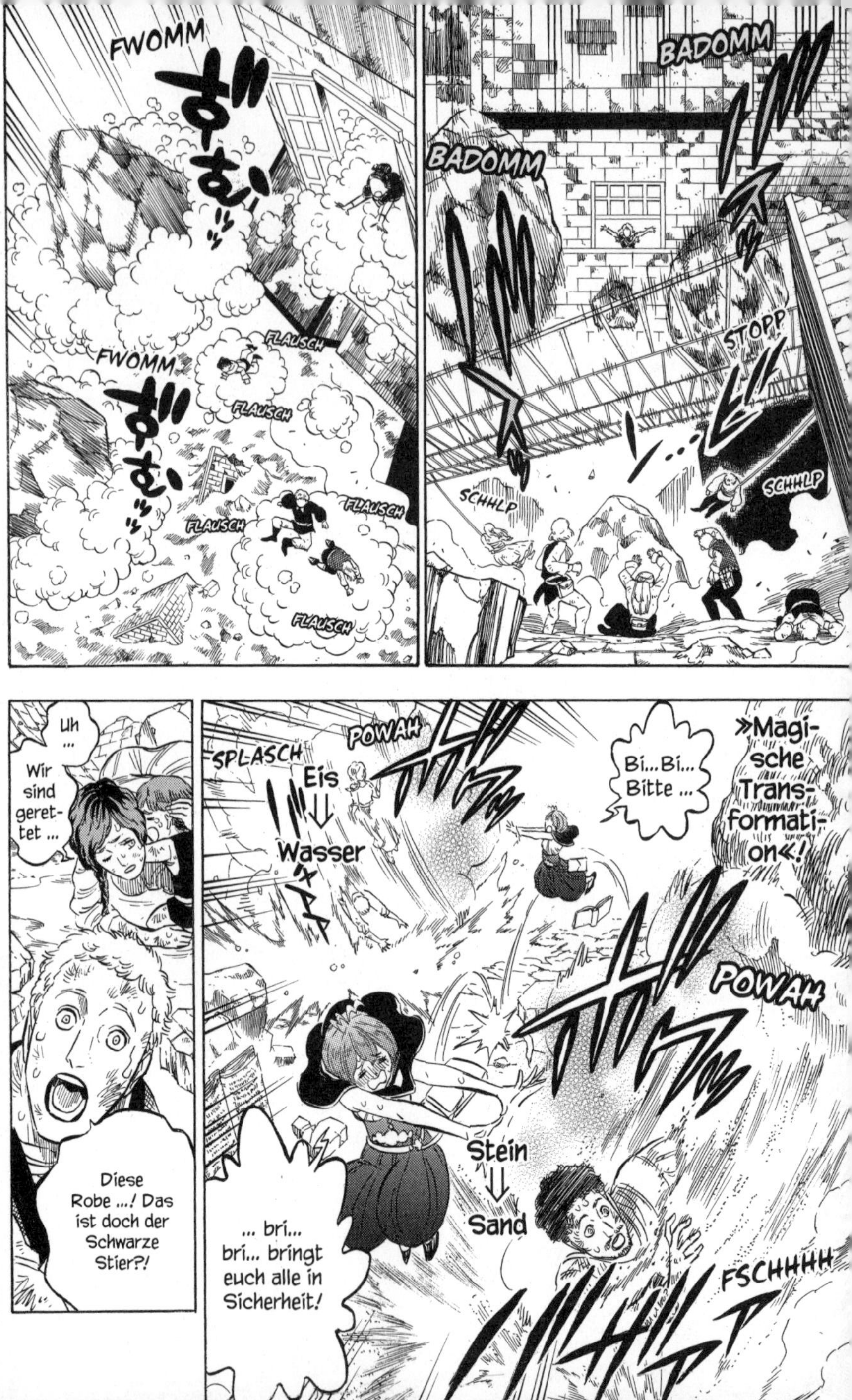
BADOMM
BADOMM
STOPP
SCHHLP
SCHHLP
FWOMM
FLAUSCH
FWOMM
FLAUSCH
FLAUSCH
FLAUSCH
FLAUSCH
»Magische Transformation«!
Bi...Bi... Bitte ...
POWAH
SPLASCH
Eis ⇓ Wasser
POWAH
Stein ⇓ Sand
... bri... bri... bringt euch alle in Sicherheit!
FSCHHHH
Uh ...
Wir sind gerettet ...
Diese Robe ...! Das ist doch der Schwarze Stier?!

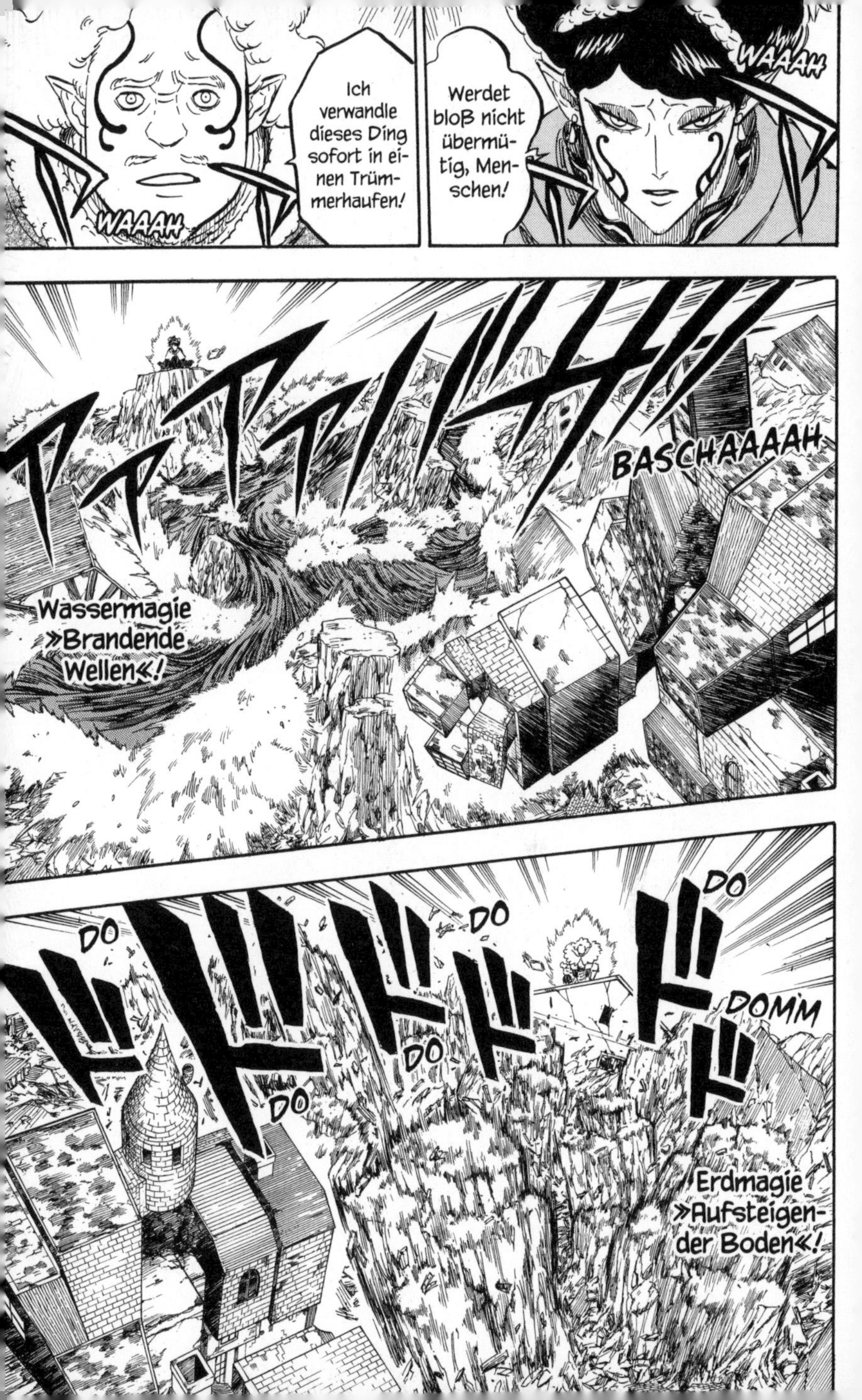
Werdet bloß nicht übermütig, Menschen!
WAAAH
Ich verwandle dieses Ding sofort in einen Trümmerhaufen!
WAAAH
BASCHAAAAH
Wassermagie »Brandende Wellen«!
DO
DO
DOMM
DO
DO
DO
Erdmagie »Aufsteigender Boden«!

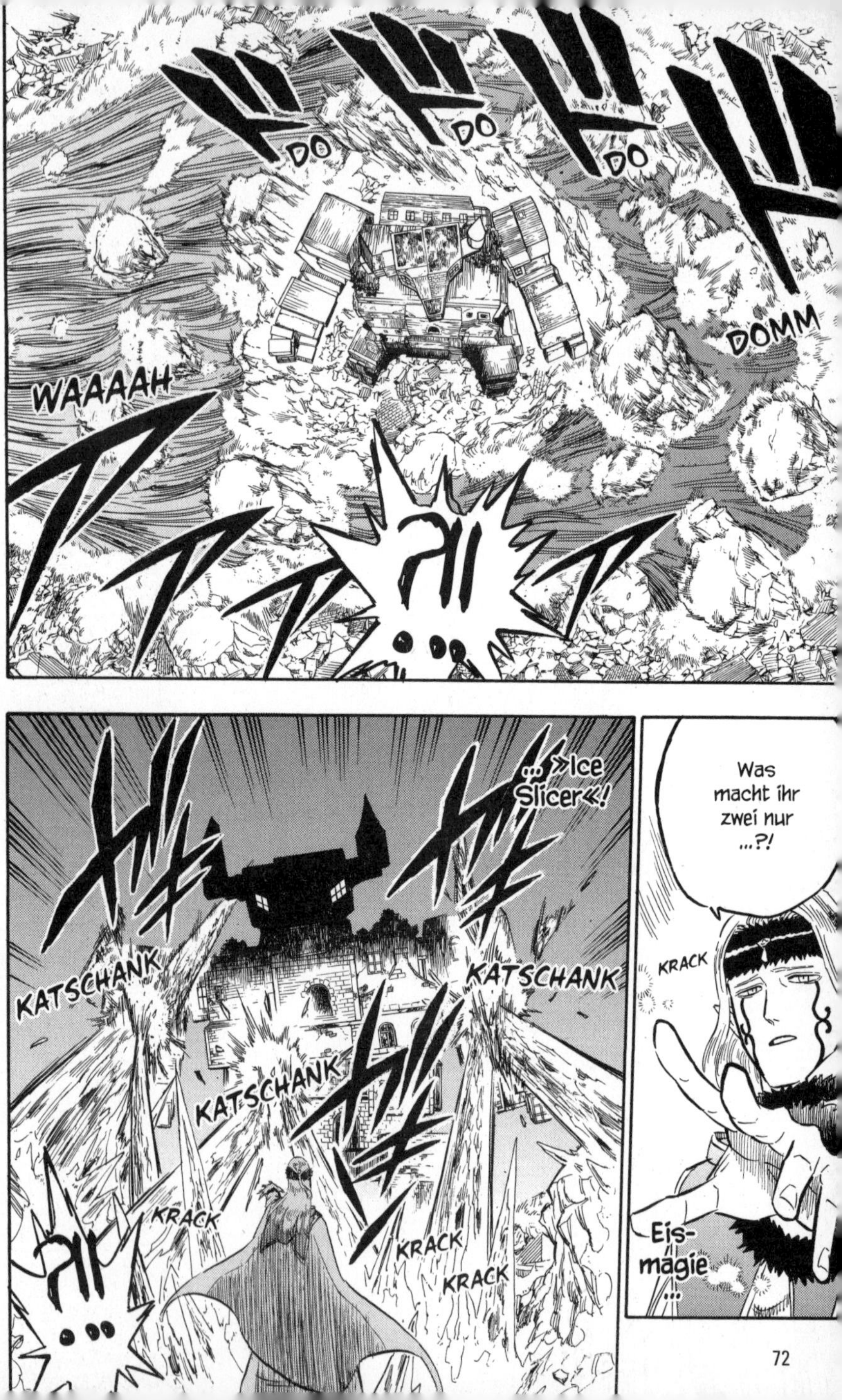
DO
DO
DO
DOMM
WAAAAH
?!
Was macht ihr zwei nur ...?!
KRACK
Eis-magie ...
... »Ice Slicer«!
KATSCHANK
KATSCHANK
KATSCHANK
KRACK
KRACK
KRACK
?!

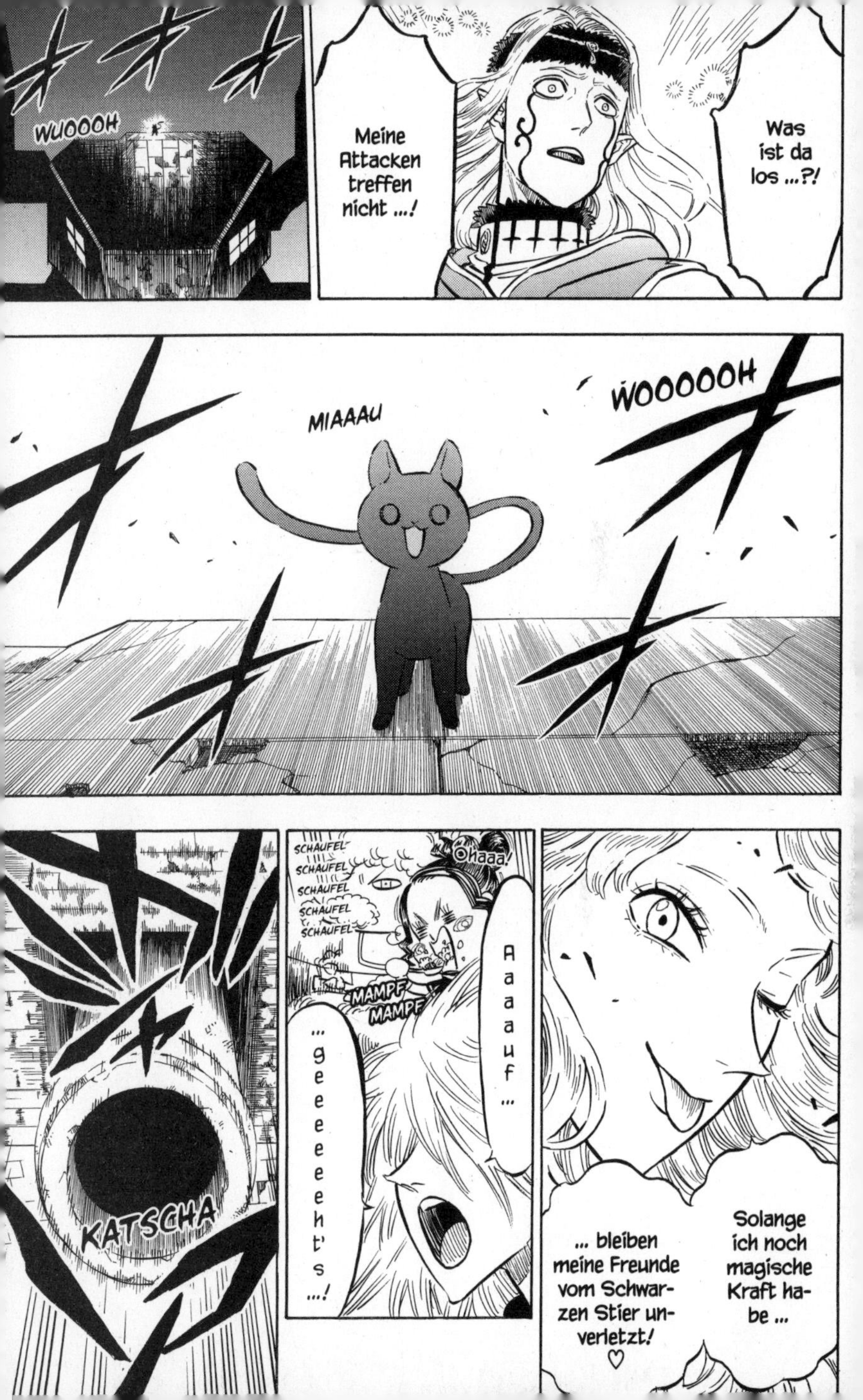
Was ist da los ...?!
Meine Attacken treffen nicht ...!
WUOOOH
WOOOOOH
MIAAAU
Solange ich noch magische Kraft habe ...
... bleiben meine Freunde vom Schwarzen Stier unverletzt! ♡
Aaaauf ...
... geeeeeeeht's ...!
Ohaaa!
SCHAUFEL SCHAUFEL SCHAUFEL SCHAUFEL SCHAUFEL
MAMPF MAMPF
KATSCHA

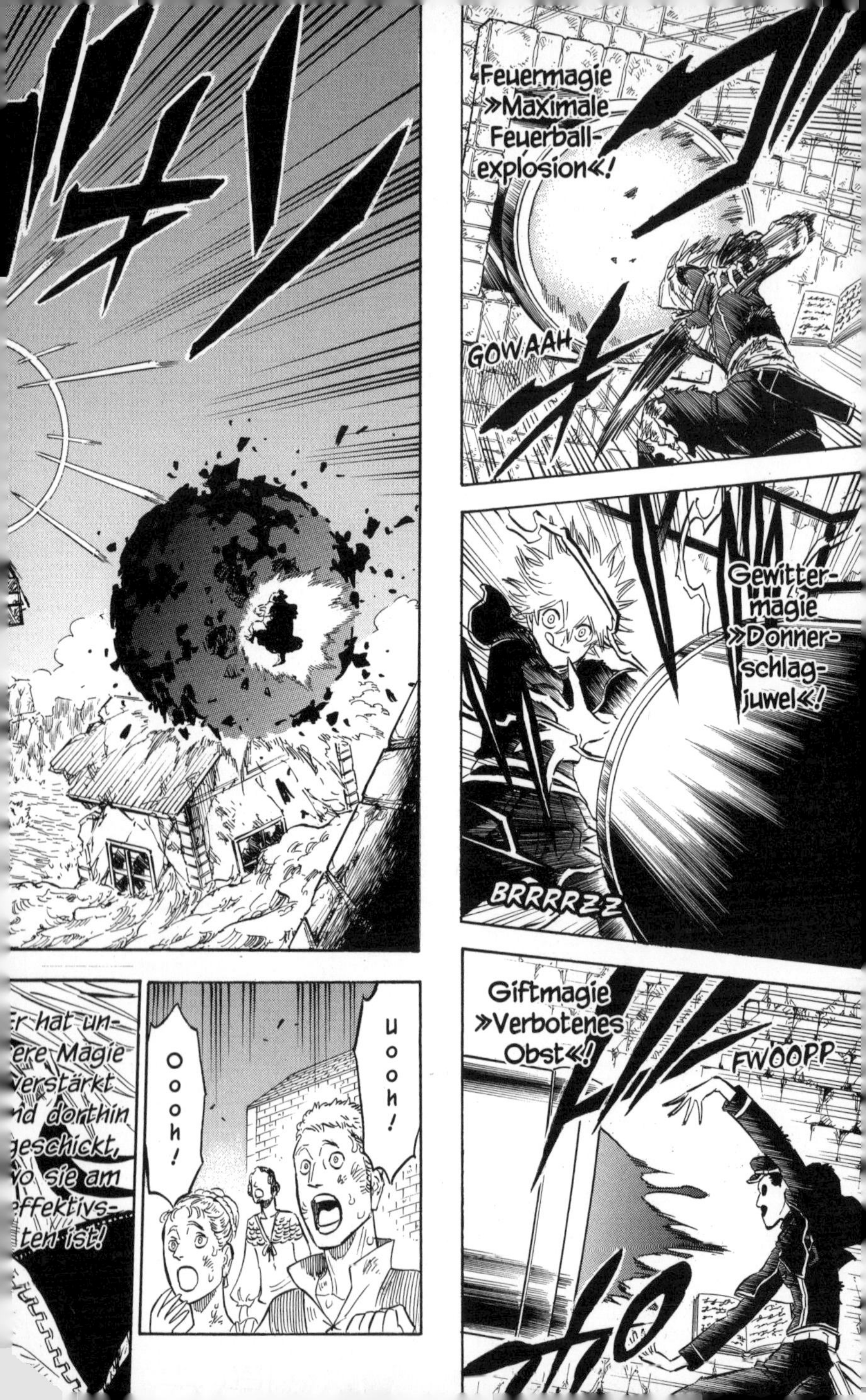

Feuermagie »Maximale Feuerball-explosion«!
GOWAAH
Gewitter-magie »Donner-schlag-juwel«!
BRRRRRZZ
Giftmagie »Verbotenes Obst«!
FWOOPP
Uooh!
Oooh!
Er hat unsere Magie verstärkt und dorthin geschickt, wo sie am effektivsten ist!

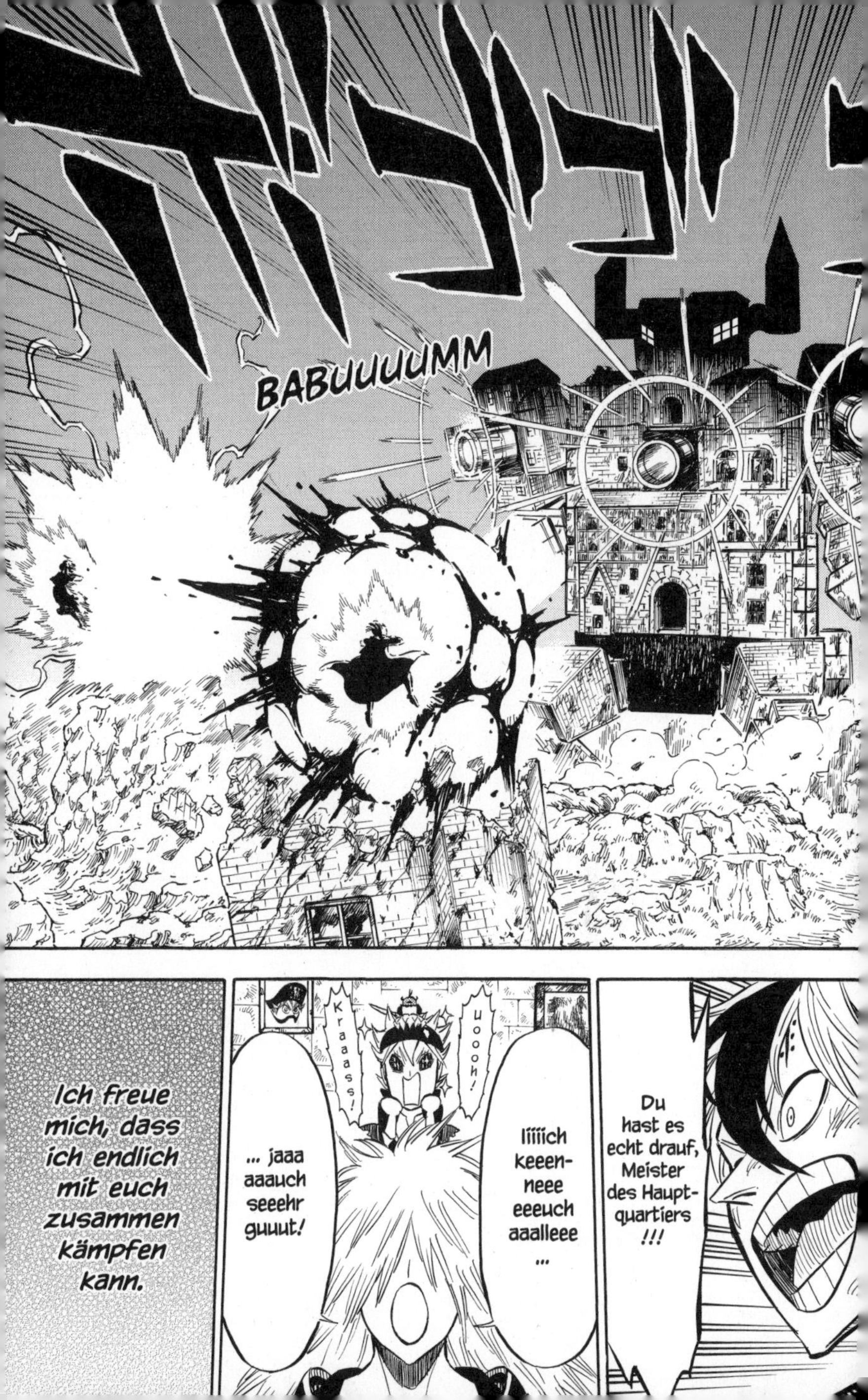
BABUUUUMM
Du hast es echt drauf, Meister des Hauptquartiers !!!
Iiiiich keeen-neee eeeuch aaalleee ...
... jaaa aaauch seeehr guuut!
Kraaass!
Uoooh!
Ich freue mich, dass ich endlich mit euch zusammen kämpfen kann.

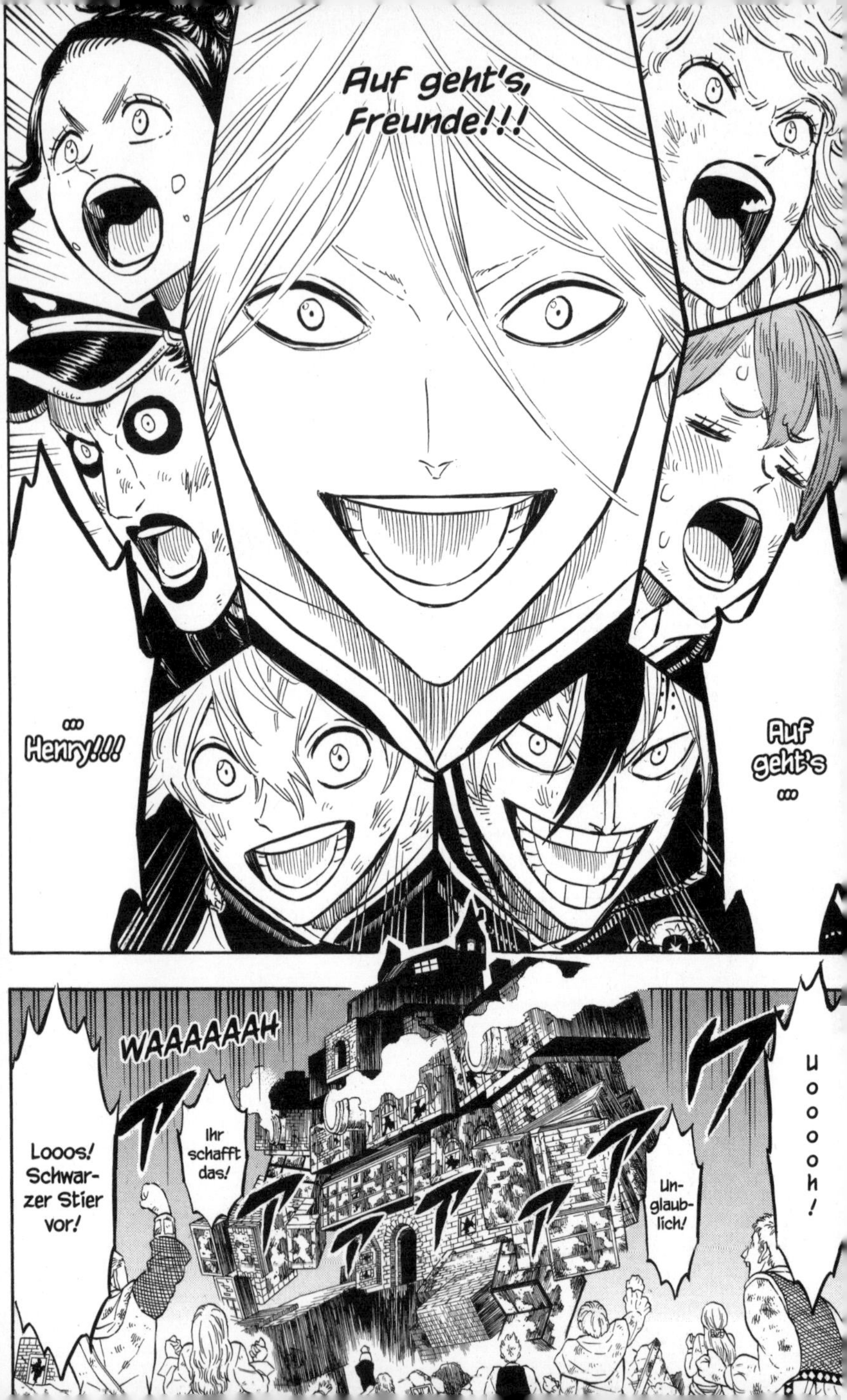
Auf geht's, Freunde!!!
Auf geht's ...
... Henry!!!
WAAAAAAH
Uooooh!
Un-glaub-lich!
Ihr schafft das!
Looos! Schwar-zer Stier vor!

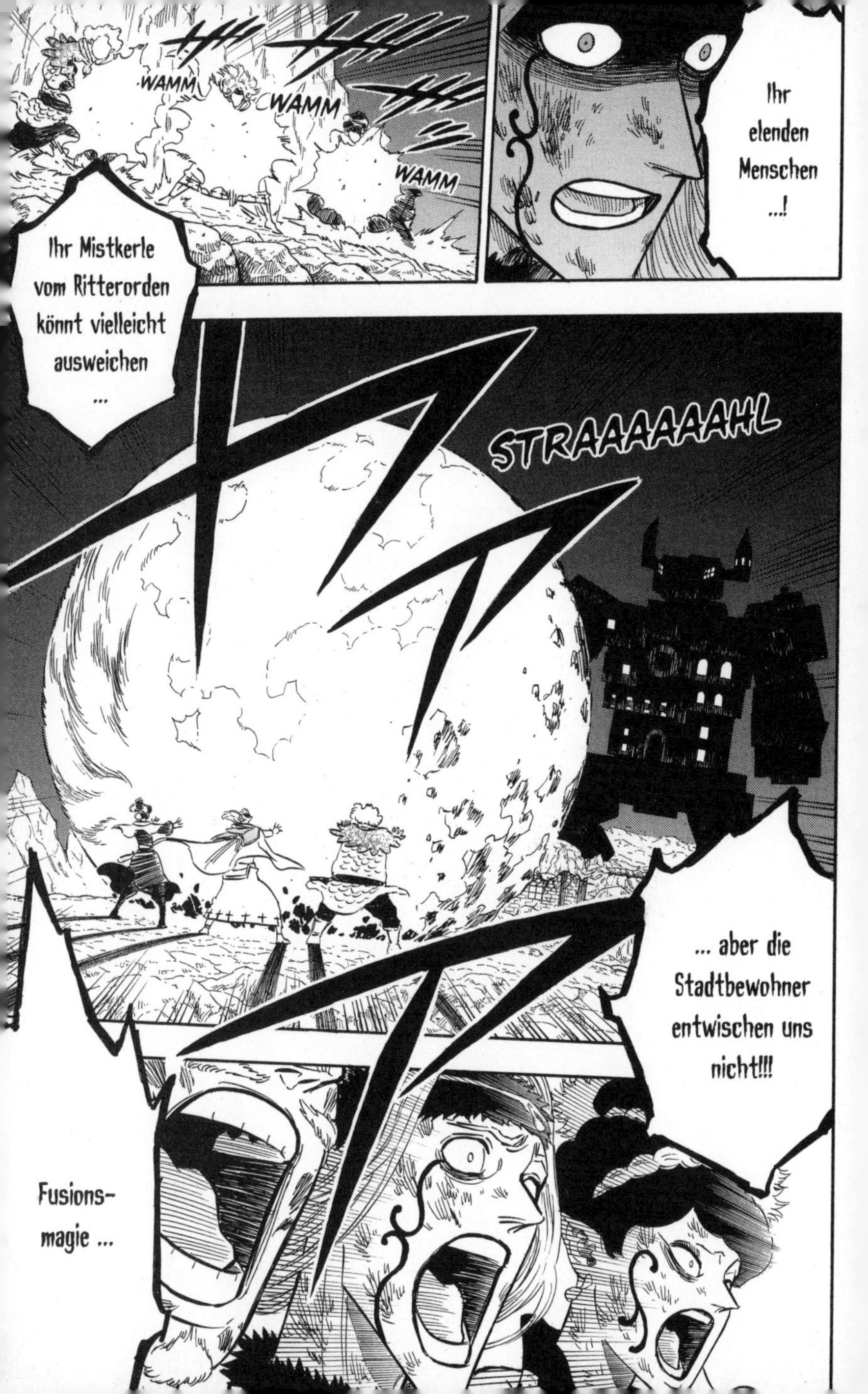
WAMM
WAMM
WAMM
Ihr elenden Menschen ...!
Ihr Mistkerle vom Ritterorden könnt vielleicht ausweichen ...
STRAAAAAAHL
... aber die Stadtbewohner entwischen uns nicht!!!
Fusions-magie ...

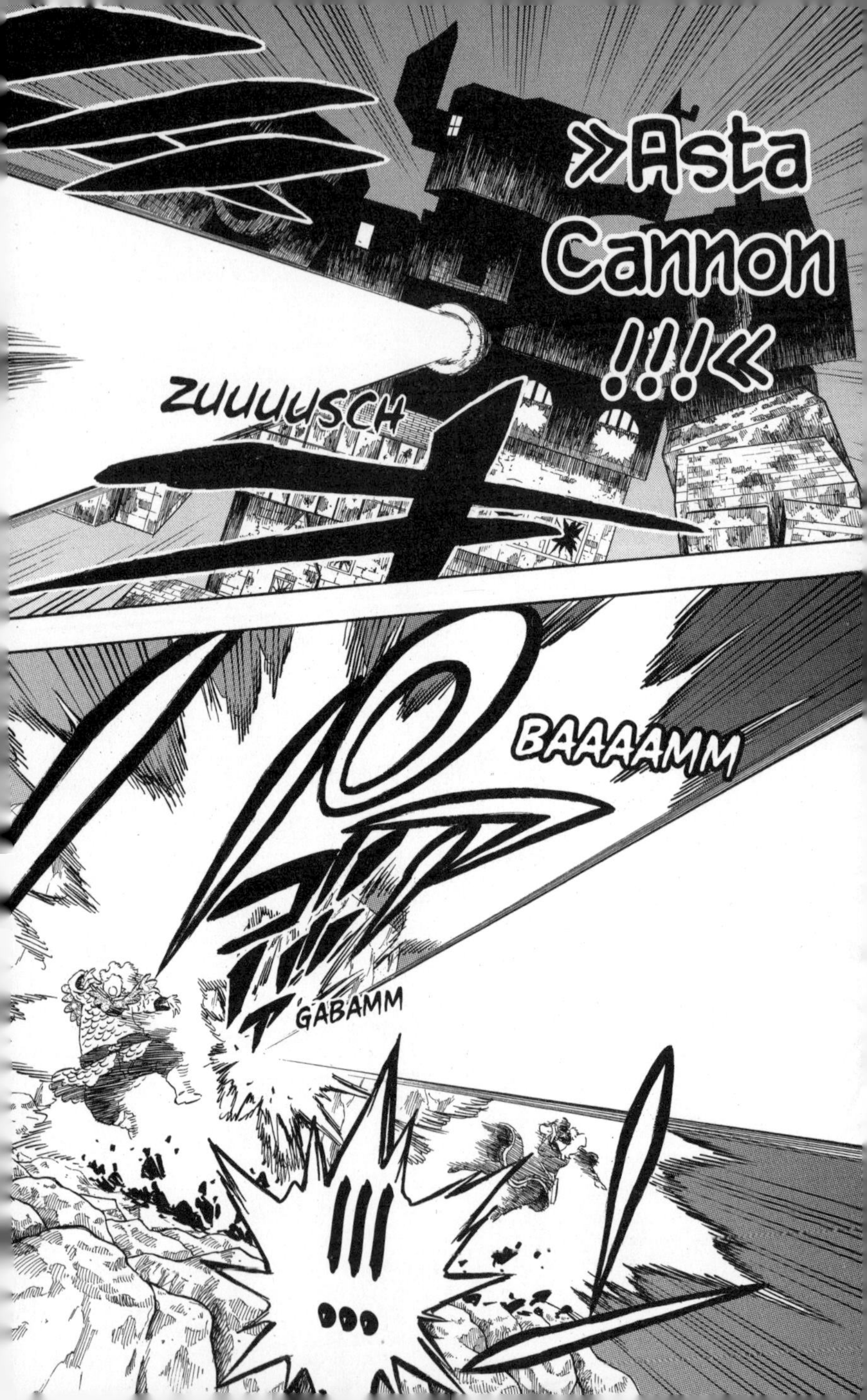

»Asta Cannon !!!«
ZUUUUSCH
BAAAAMM
GABAMM

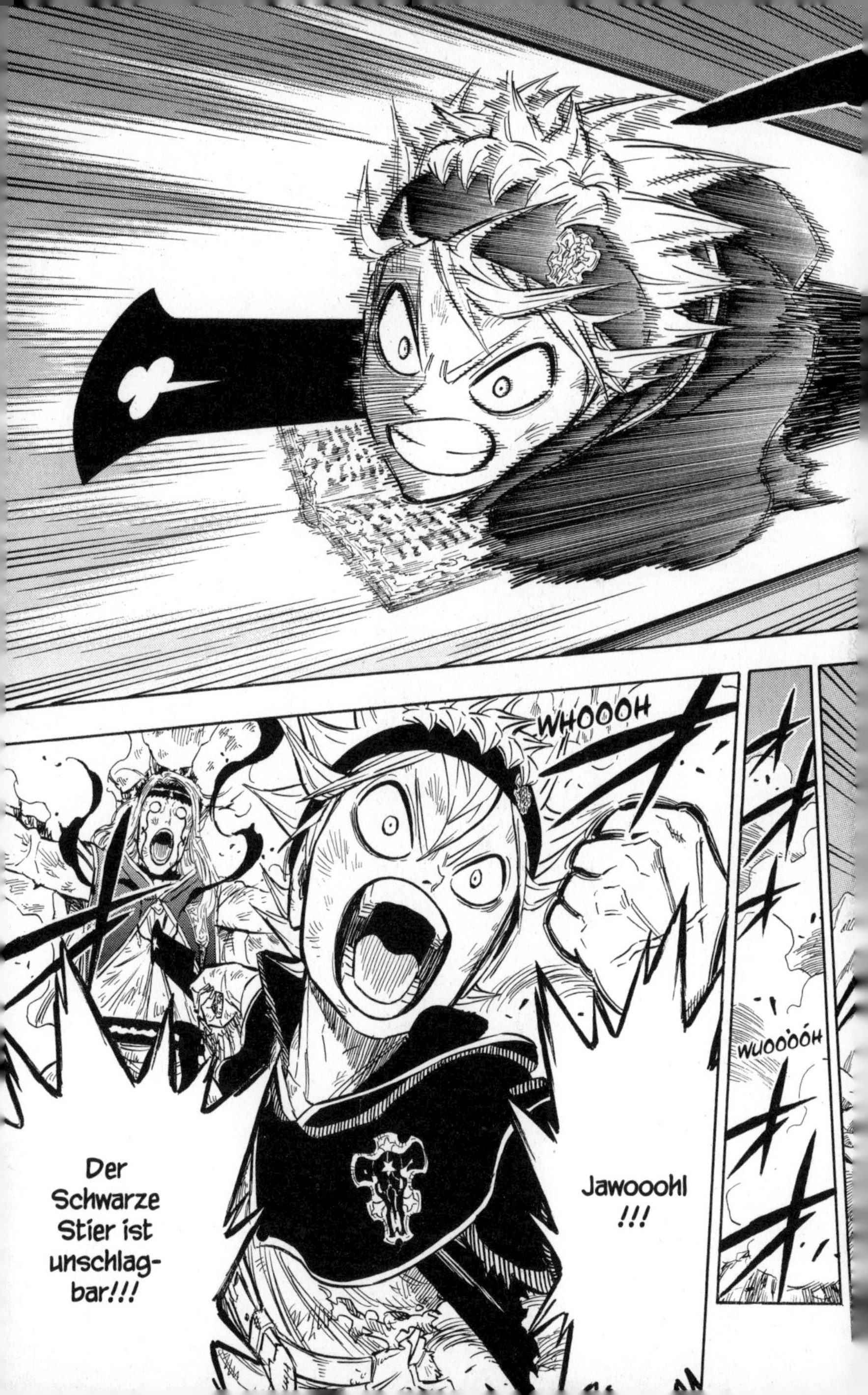
WUOOOOH
WHOOOH
Jawooohl
!!!
Der Schwarze Stier ist unschlag-bar!!!

Hier kommen die restlichen Plätze der Wahl zum beliebtesten Magier!
Diese Plätze wurden im japanischen Magazin *Shonen Jump* nicht abgedruckt, also veröffentliche ich sie hier im Band für euch!
Viel Spaß damit!!

Platz 46	Licht
Platz 47	Yûki Tabata
Platz 48	Fragil Tormenta
Platz 48	Neige
Platz 50	Nebra Silva
Platz 51	En Ringard
Platz 52	Alecdora Sandler
Platz 53	Ladros
Platz 54	Rouge (der rote Faden des Schicksals)
Platz 55	Rades Spirito
Platz 56	Dominante Code
Platz 57	Ehemaliger Redakteur Katayama
Platz 58	Bell
Platz 59	Vetto
Platz 60	Hexenkönigin
Platz 61	Kiato
Platz 62	Hamon Caseus
Platz 63	Valtos
Platz 64	Zara Ideale
Platz 65	Xerx Lügner
Platz 66	Fanzell Kruger
Platz 67	Tetia
Platz 67	Tabatas Hündin Amelie
Platz 69	Orsi (Vater der Kirche in Hage)
Platz 70	Marie Adlai
Platz 71	Cob Portaport
Platz 72	Der Schafskoch
Platz 73	Morgan
Platz 74	Gliss
Platz 74	Die Frau von Herrn Tabata
Platz 76	Ruben
Platz 77	Patri
Platz 78	Der Ordensritter des Lila Schwertwals, der bei der Royal-Knights-Prüfung mit Rob Vites in einem Team war
Platz 78	Der ehemalige Anführer des Lila Schwertwals, der Zara im Orden aufgenommen hat
Platz 80	Der Ordensritter des Lila Schwertwals, der bei der Royal-Knights-Prüfung gegen Kirsch gekämpft hat
Platz 80	Der Ordensritter des Lila Schwertwals, der bei der Royal-Knights-Prüfung zwar nicht gekämpft, aber trotzdem guten Beistand geleistet hat
Platz 80	Gifso (der Hohepriester)
Platz 80	Curtis Wolne
Platz 80	Rob Vites
Platz 80	Owen
Platz 80	Forti Gliss
Platz 80	Rick Cornell
Platz 80	Gueldre Poizot
Platz 80	Schwester Theresa (Theresa Rapual)
Platz 80	Crazy Cyclone
Platz 80	Solids Zopf
Platz 80	Ganz *Black Clover*
Platz 80	Henrys kleine Vögel
Platz 80	Die sprechenden Pilze
Platz 80	Die laufende Schatztruhe mit Eingeweiden aus dem Dungeon

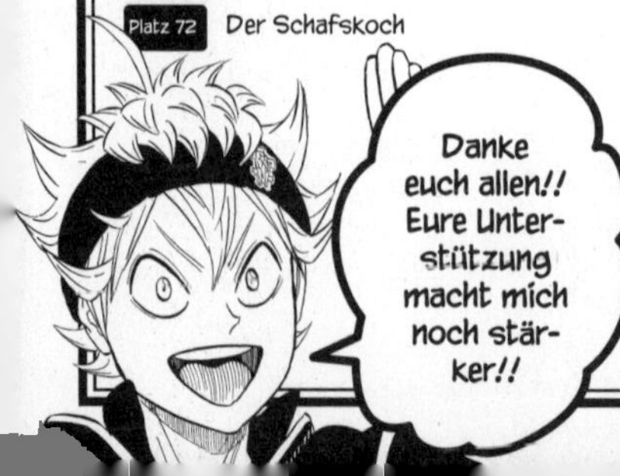

Das waren alle Ergebnisse der Wahl zum beliebtesten *Black Clover*-Charakter! Vielen Dank für eure zahlreichen Einsendungen!

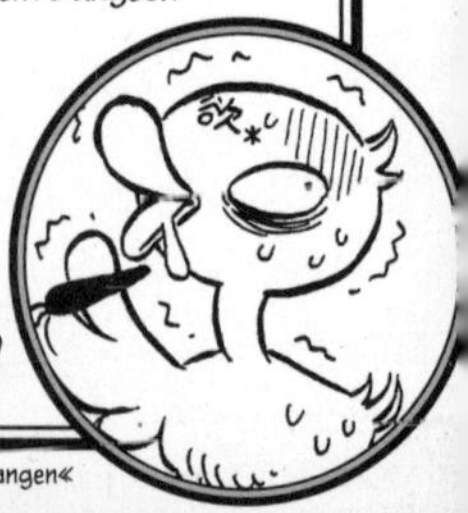

*»Verlangen«

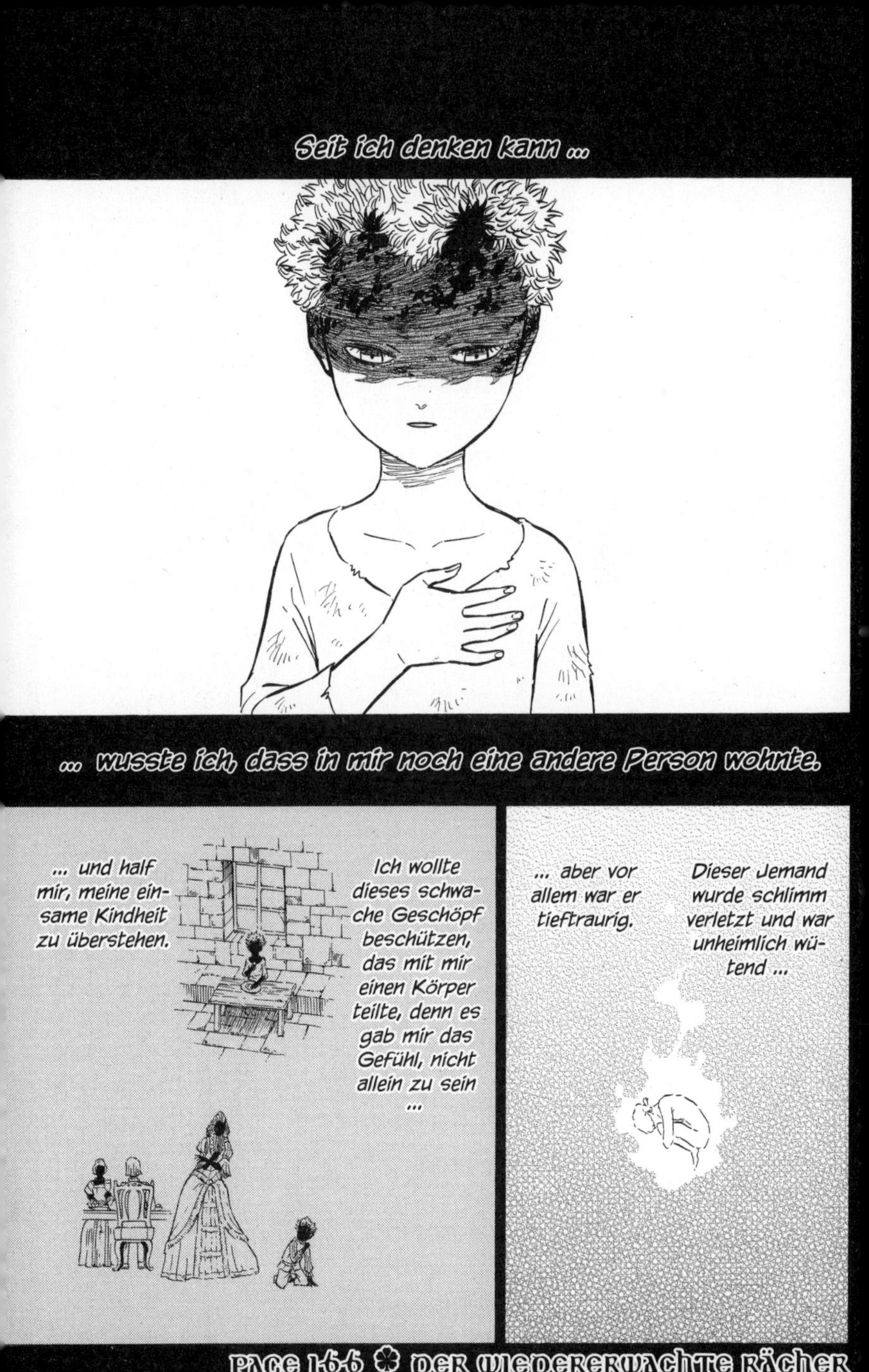

PAGE 166 ✿ DER WIEDERERWACHTE RÄCHER

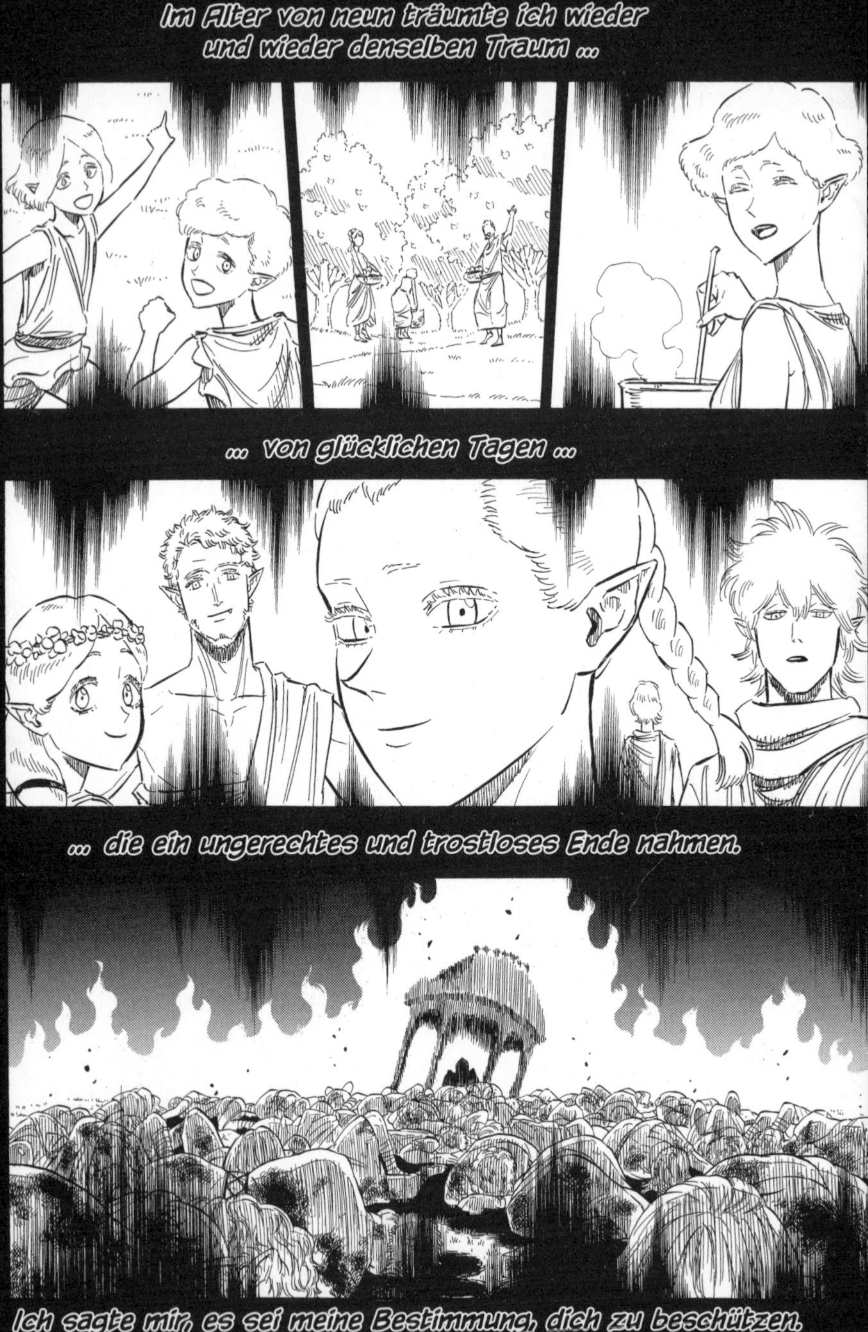
Im Alter von neun träumte ich wieder
und wieder denselben Traum ...
... von glücklichen Tagen ...
... die ein ungerechtes und trostloses Ende nahmen.
Ich sagte mir, es sei meine Bestimmung, dich zu beschützen.

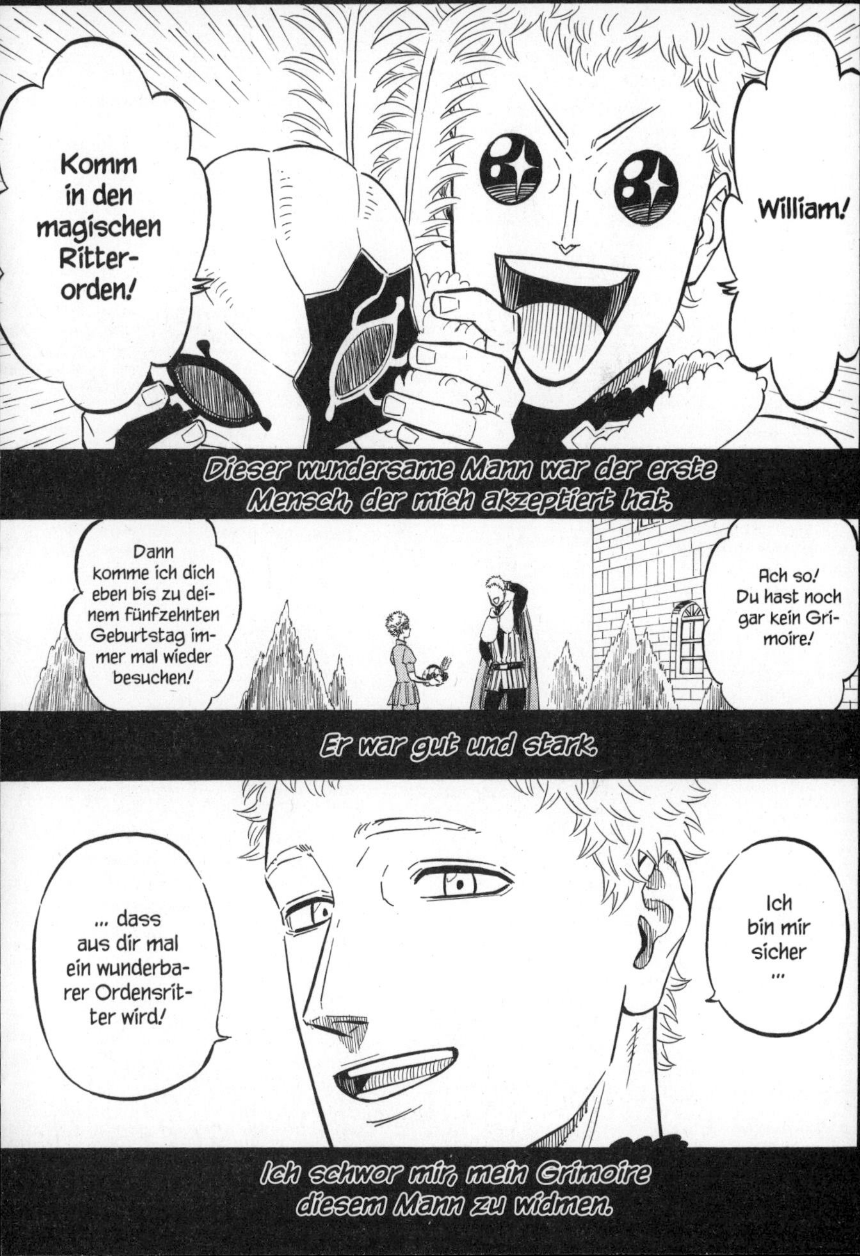
William!
Komm in den magischen Ritter-orden!
Dieser wundersame Mann war der erste Mensch, der mich akzeptiert hat.
Ach so! Du hast noch gar kein Gri-moire!
Dann komme ich dich eben bis zu dei-nem fünfzehnten Geburtstag im-mer mal wieder besuchen!
Er war gut und stark.
Ich bin mir sicher ...
... dass aus dir mal ein wunderba-rer Ordensrit-ter wird!
Ich schwor mir, mein Grimoire diesem Mann zu widmen.

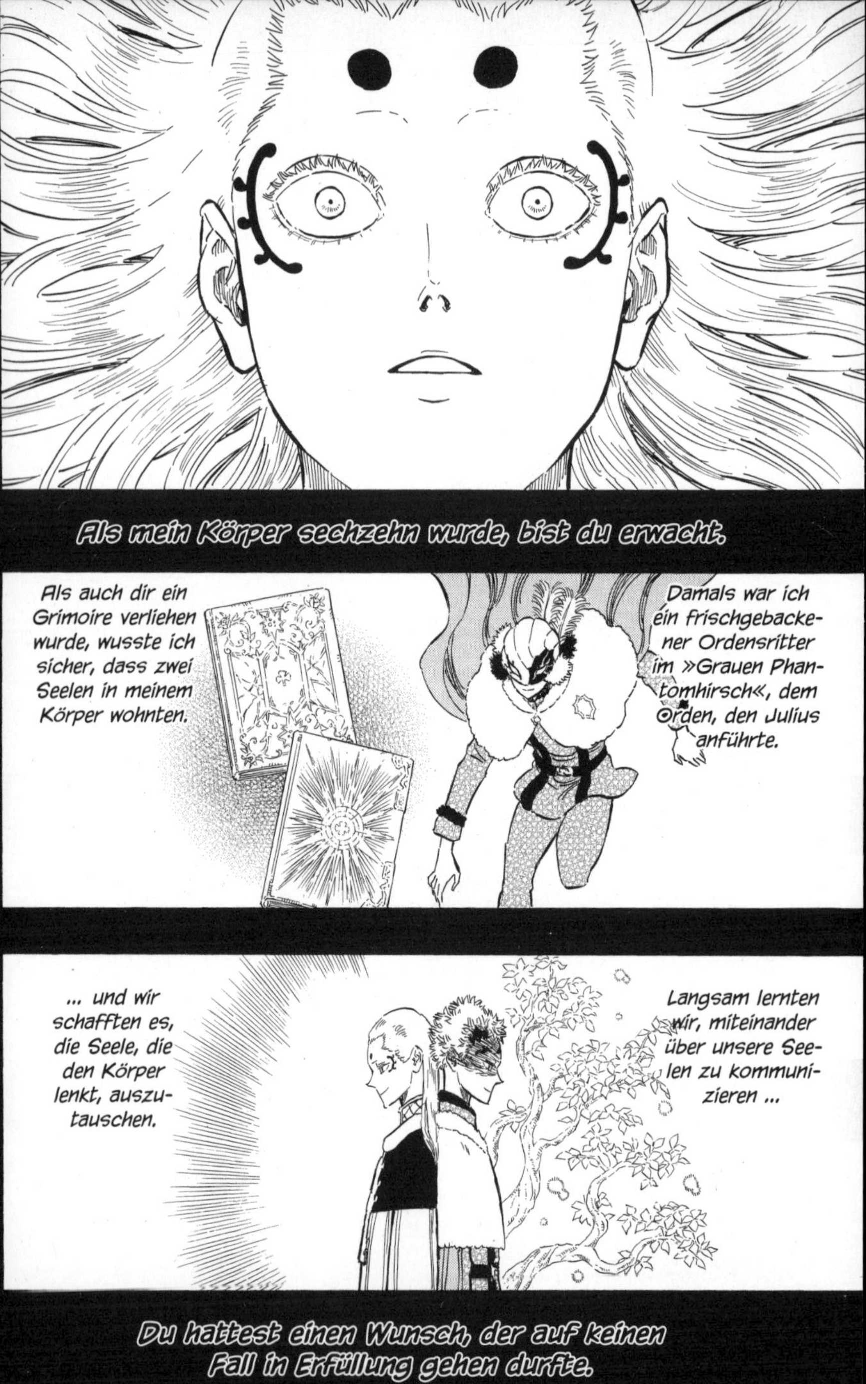
Als mein Körper sechzehn wurde, bist du erwacht.
Damals war ich ein frischgebackener Ordensritter im »Grauen Phantomhirsch«, dem Orden, den Julius anführte.
Als auch dir ein Grimoire verliehen wurde, wusste ich sicher, dass zwei Seelen in meinem Körper wohnten.
Langsam lernten wir, miteinander über unsere Seelen zu kommunizieren ...
... und wir schafften es, die Seele, die den Körper lenkt, auszutauschen.
Du hattest einen Wunsch, der auf keinen Fall in Erfüllung gehen durfte.

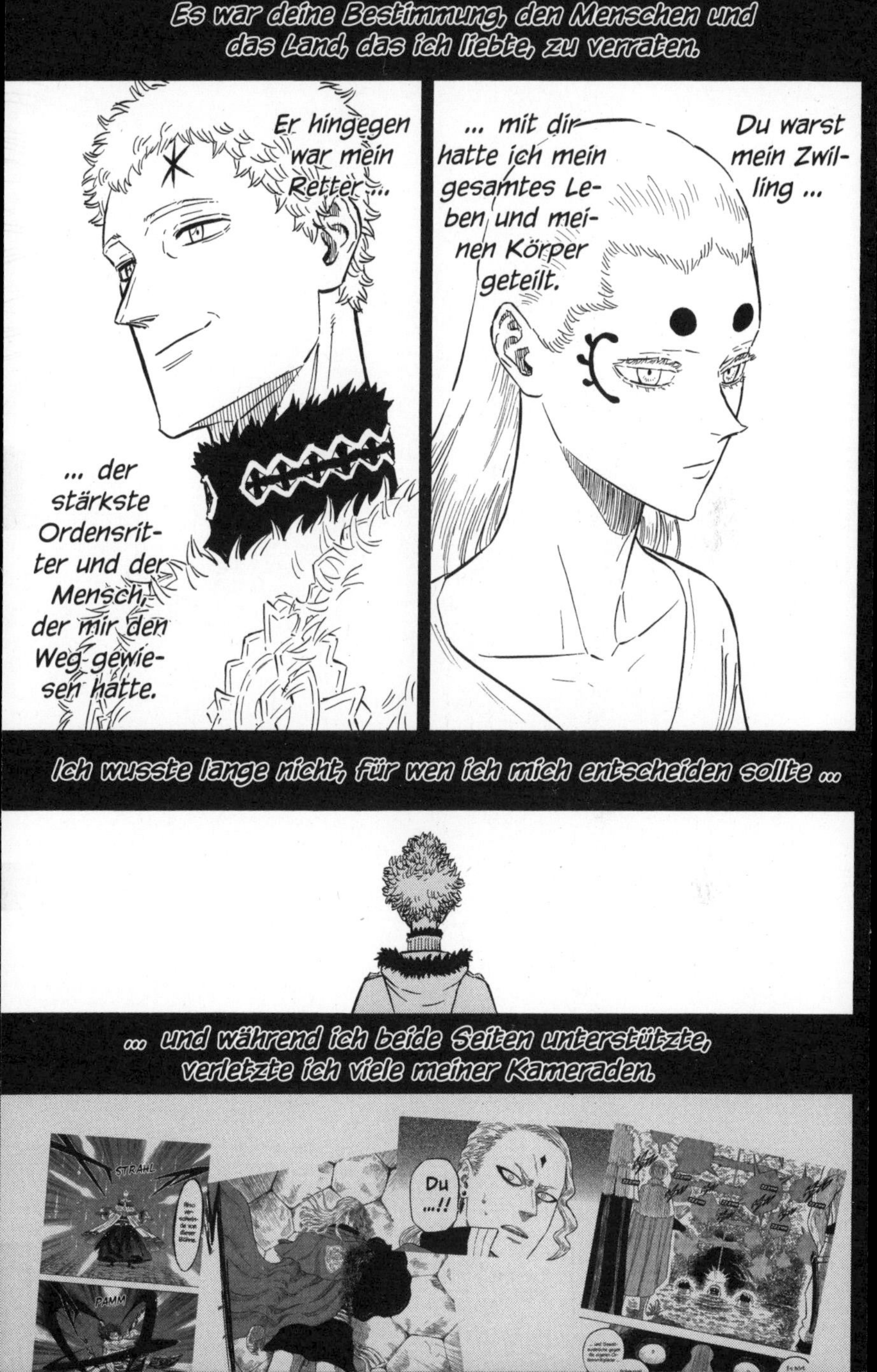
Es war deine Bestimmung, den Menschen und das Land, das ich liebte, zu verraten.
Du warst mein Zwilling ...
... mit dir hatte ich mein gesamtes Leben und meinen Körper geteilt.
Er hingegen war mein Retter ...
... der stärkste Ordensritter und der Mensch, der mir den Weg gewiesen hatte.
Ich wusste lange nicht, für wen ich mich entscheiden sollte ...
... und während ich beide Seiten unterstützte, verletzte ich viele meiner Kameraden.
Du ...!!
STRAHL
PAMM

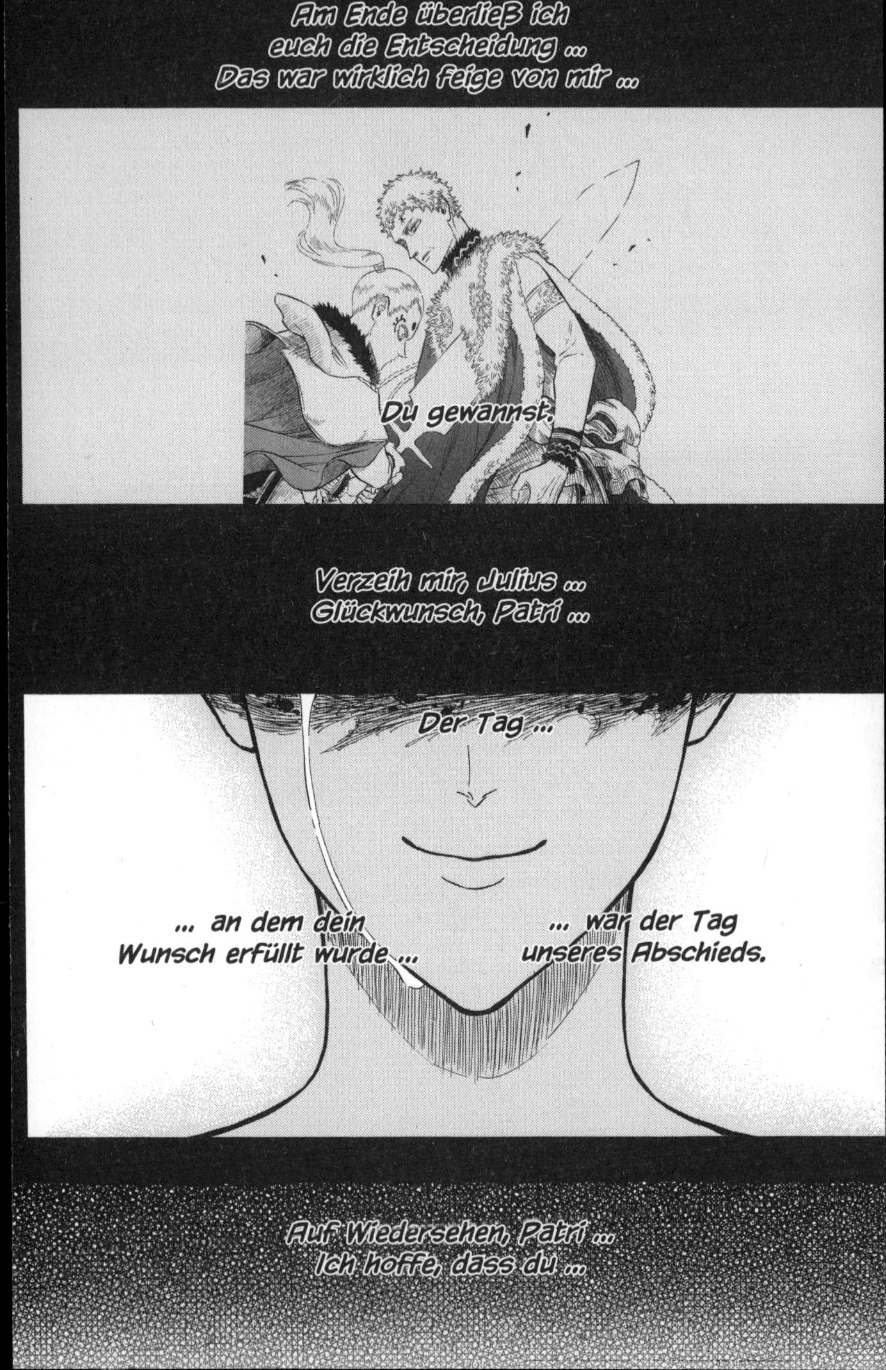
Am Ende überließ ich euch die Entscheidung ... Das war wirklich feige von mir ...
Du gewannst.
Verzeih mir, Julius ... Glückwunsch, Patri ...
Der Tag ...
... an dem dein Wunsch erfüllt wurde ...
... war der Tag unseres Abschieds.
Auf Wiedersehen, Patri ... Ich hoffe, dass du ...

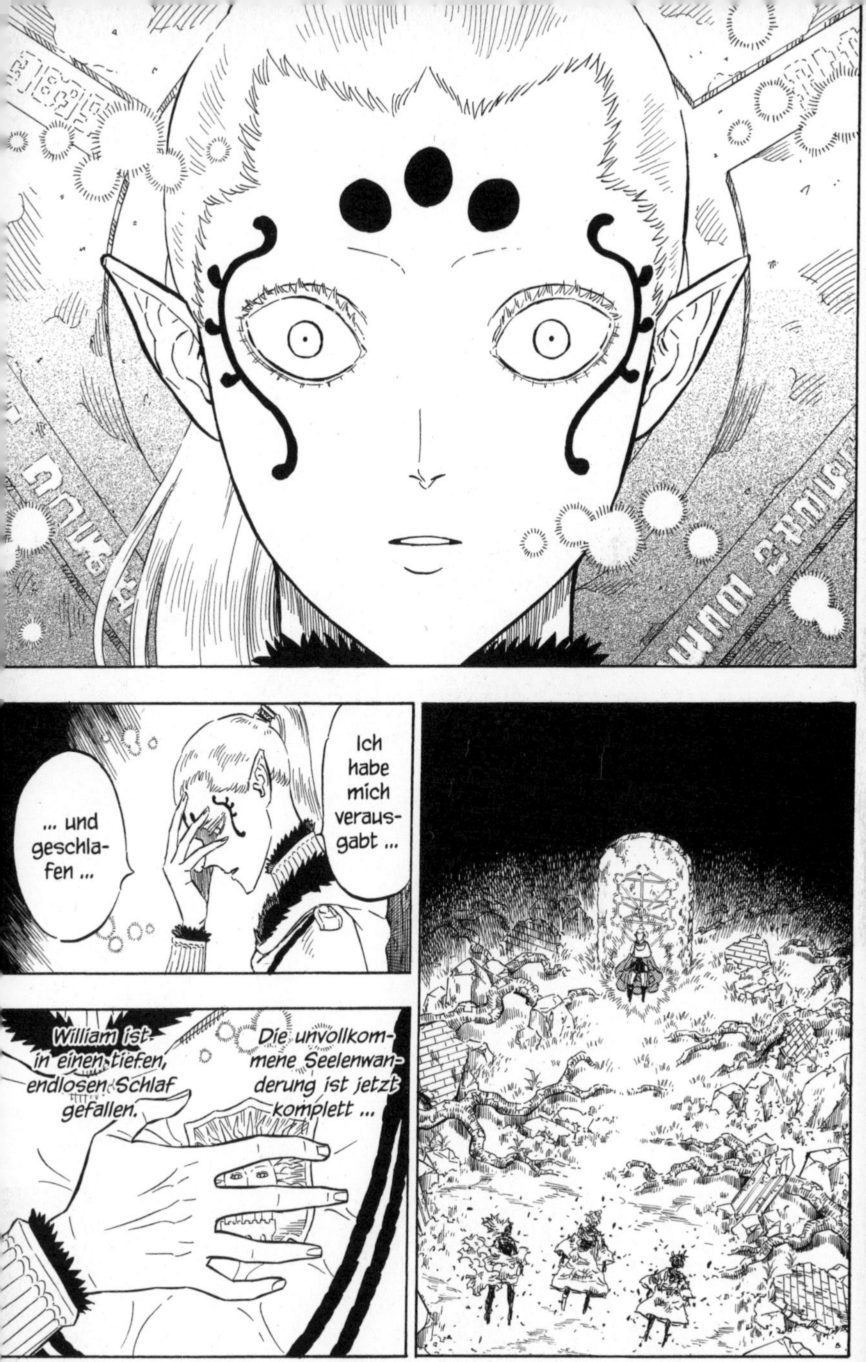
Ich habe mich verausgabt ...
... und geschlafen ...
Die unvollkommene Seelenwanderung ist jetzt komplett ...
William ist in einen tiefen, endlosen Schlaf gefallen.

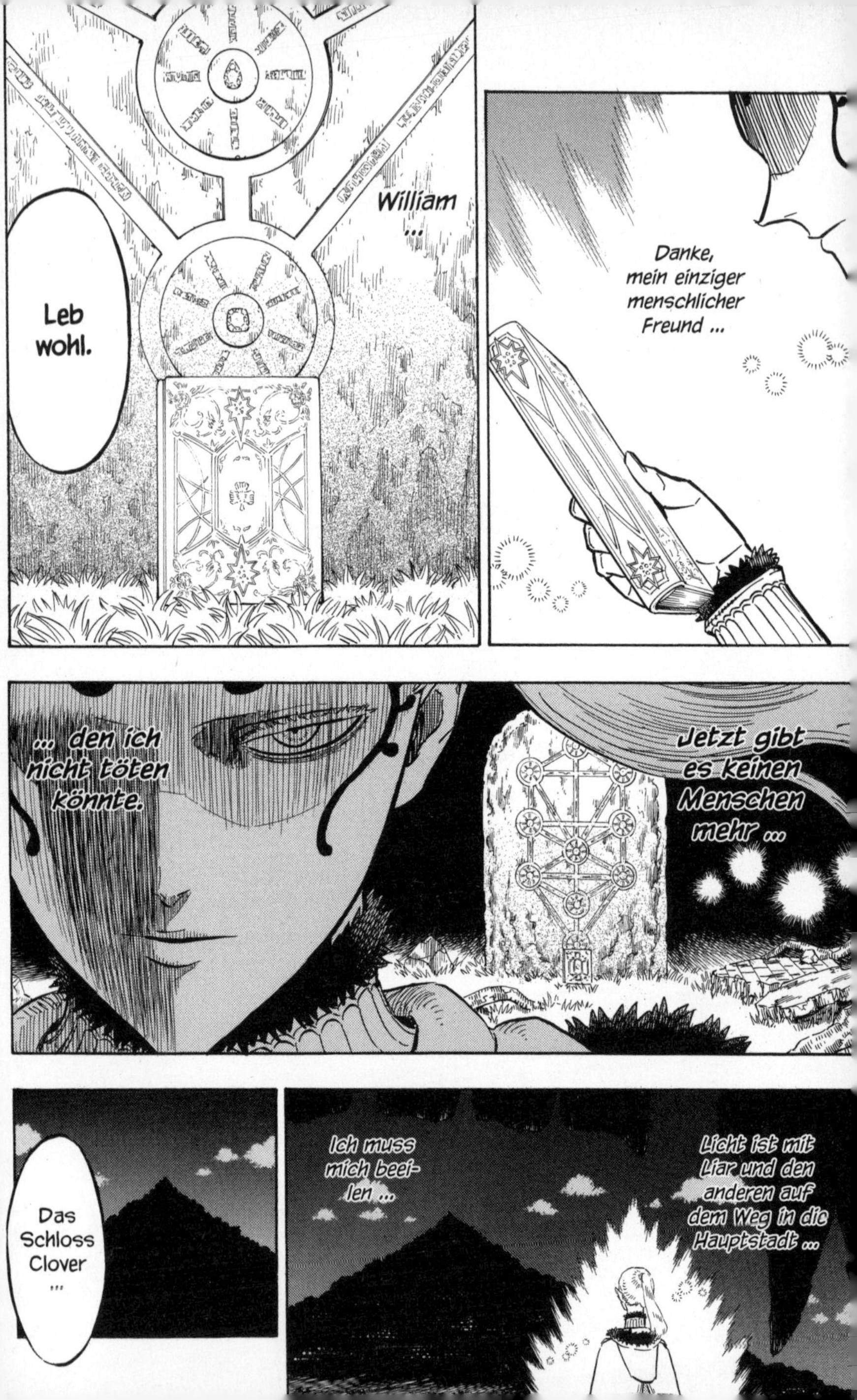
Danke, mein einziger menschlicher Freund ...
William ...
Leb wohl.
Jetzt gibt es keinen Menschen mehr ...
... den ich nicht töten könnte.
Licht ist mit Liar und den anderen auf dem Weg in die Hauptstadt ...
Ich muss mich beei-len ...
Das Schloss Clover ...

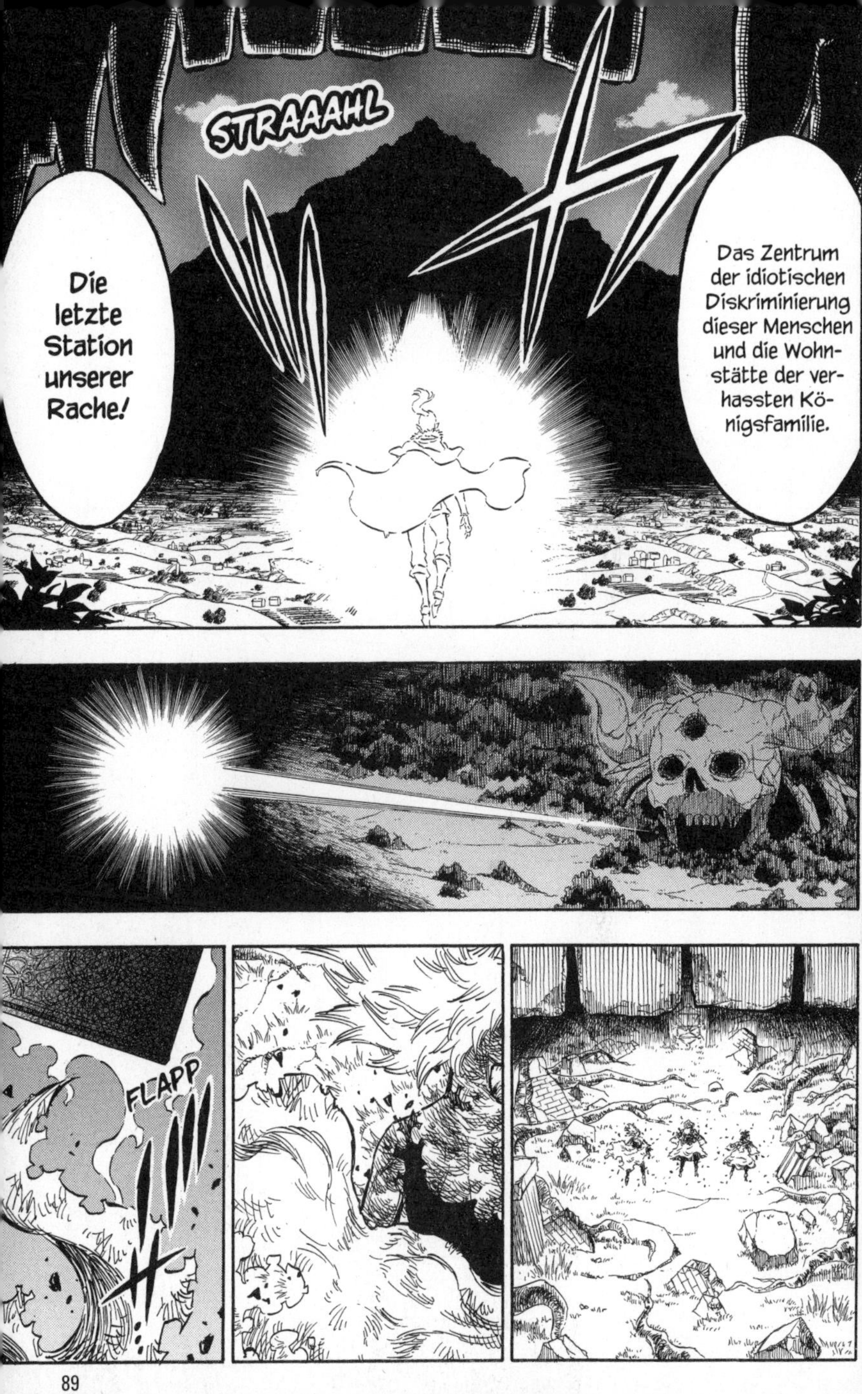
Das Zentrum der idiotischen Diskriminierung dieser Menschen und die Wohnstätte der verhassten Königsfamilie.
STRAAAHL
Die letzte Station unserer Rache!
FLAPP

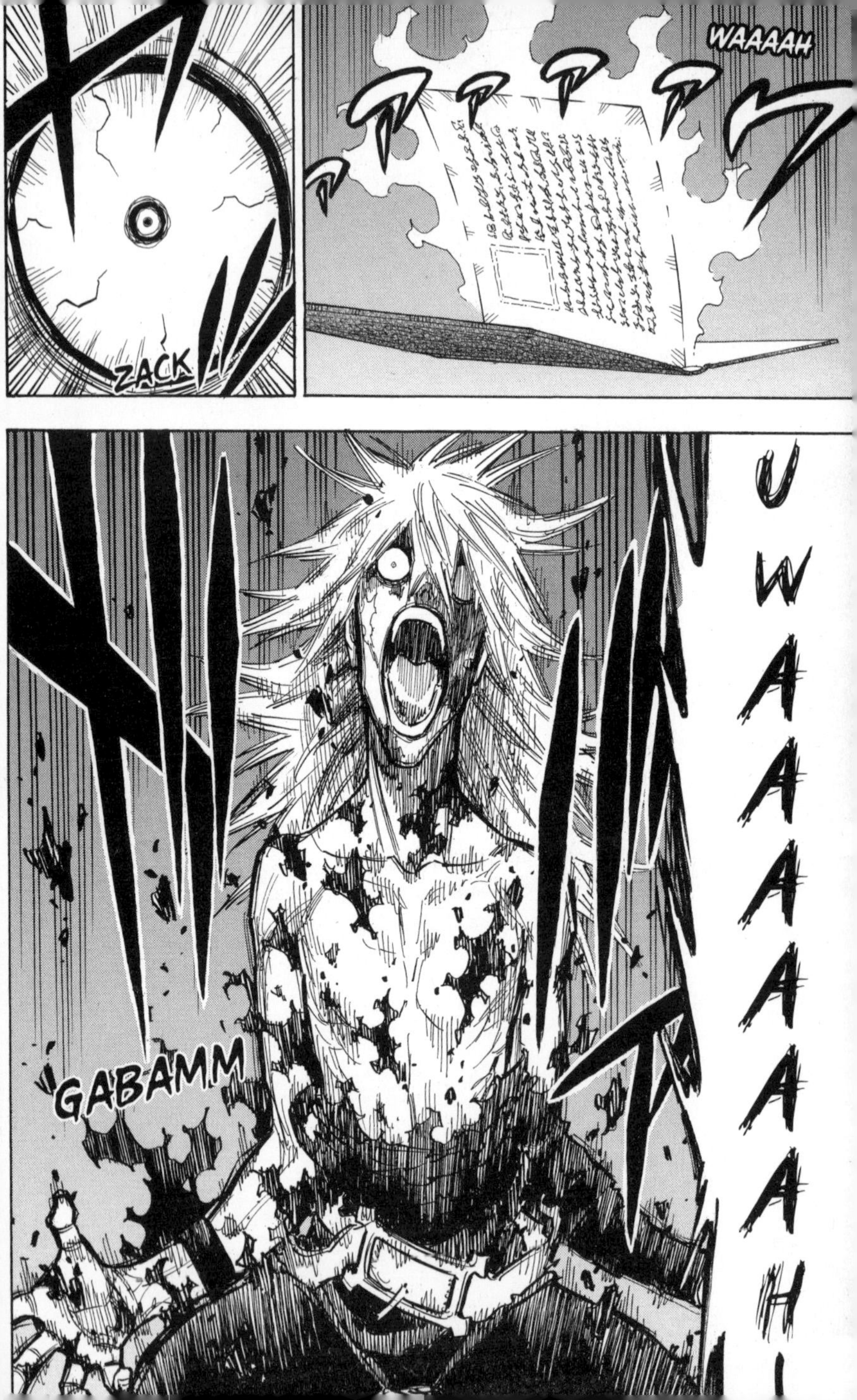
ZACK
WAAAAH
GABAMM
UWAAAAAAAAAAH!

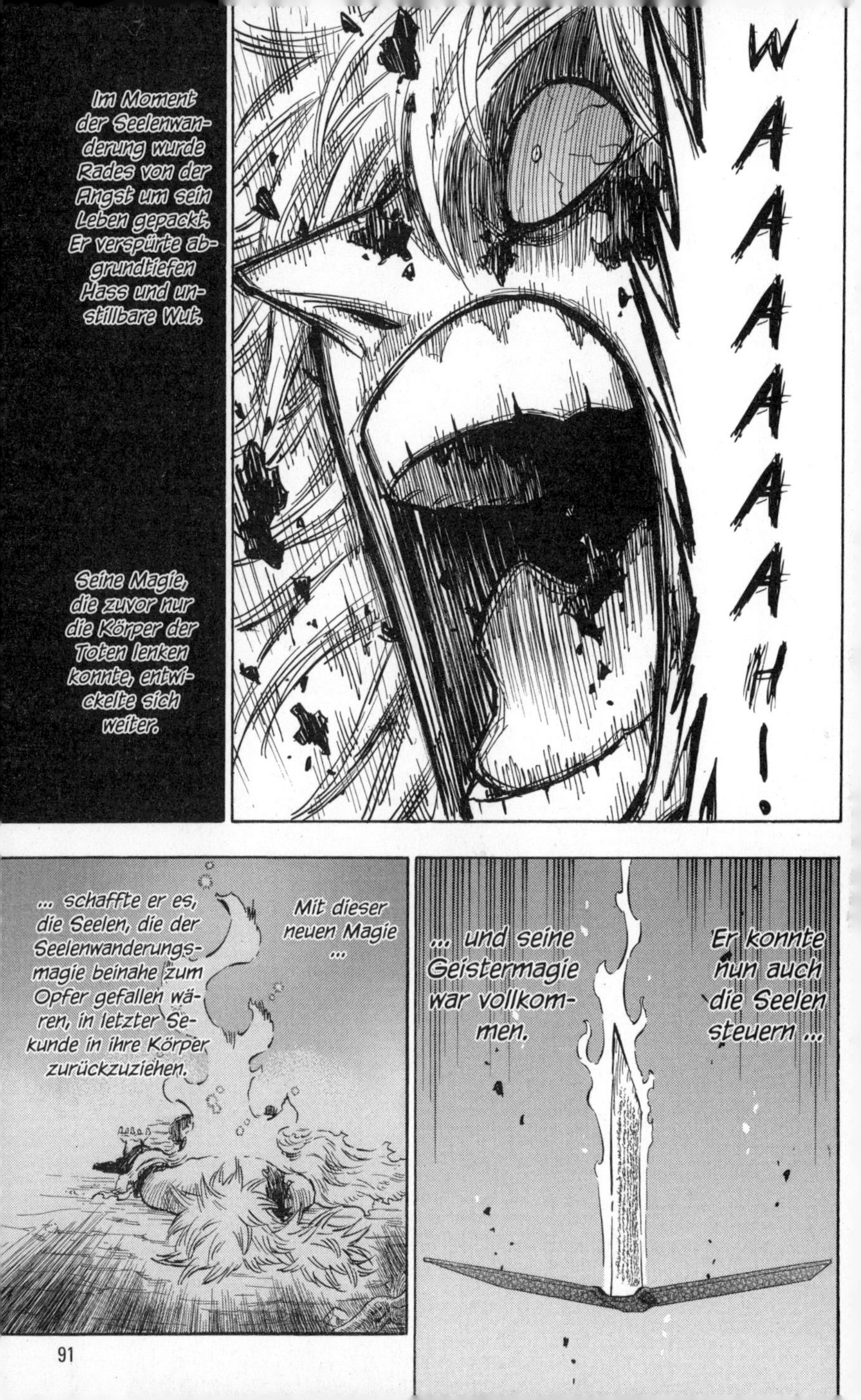
Im Moment der Seelenwanderung wurde Rades von der Angst um sein Leben gepackt. Er verspürte abgrundtiefen Hass und unstillbare Wut.
Seine Magie, die zuvor nur die Körper der Toten lenken konnte, entwickelte sich weiter.
WAAAAAAAH!
Er konnte nun auch die Seelen steuern ...
... und seine Geistermagie war vollkommen.
Mit dieser neuen Magie ...
... schaffte er es, die Seelen, die der Seelenwanderungsmagie beinahe zum Opfer gefallen wären, in letzter Sekunde in ihre Körper zurückzuziehen.

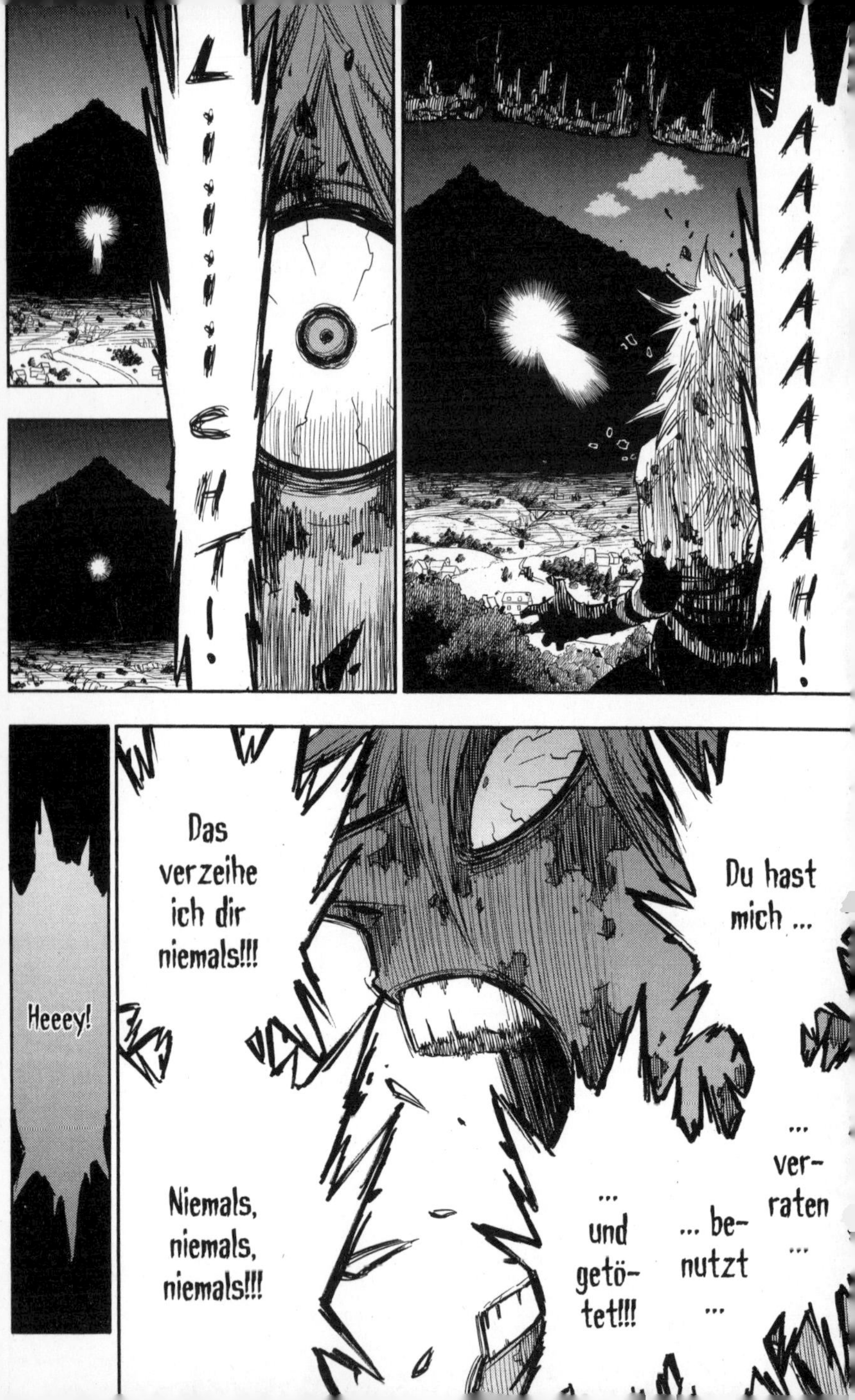
AAAAAAAAH!
LIIIICHT!
Du hast mich ...
... verraten ...
... benutzt ...
... und getötet!!!
Das verzeihe ich dir niemals!!!
Niemals, niemals, niemals!!!
Heeey!

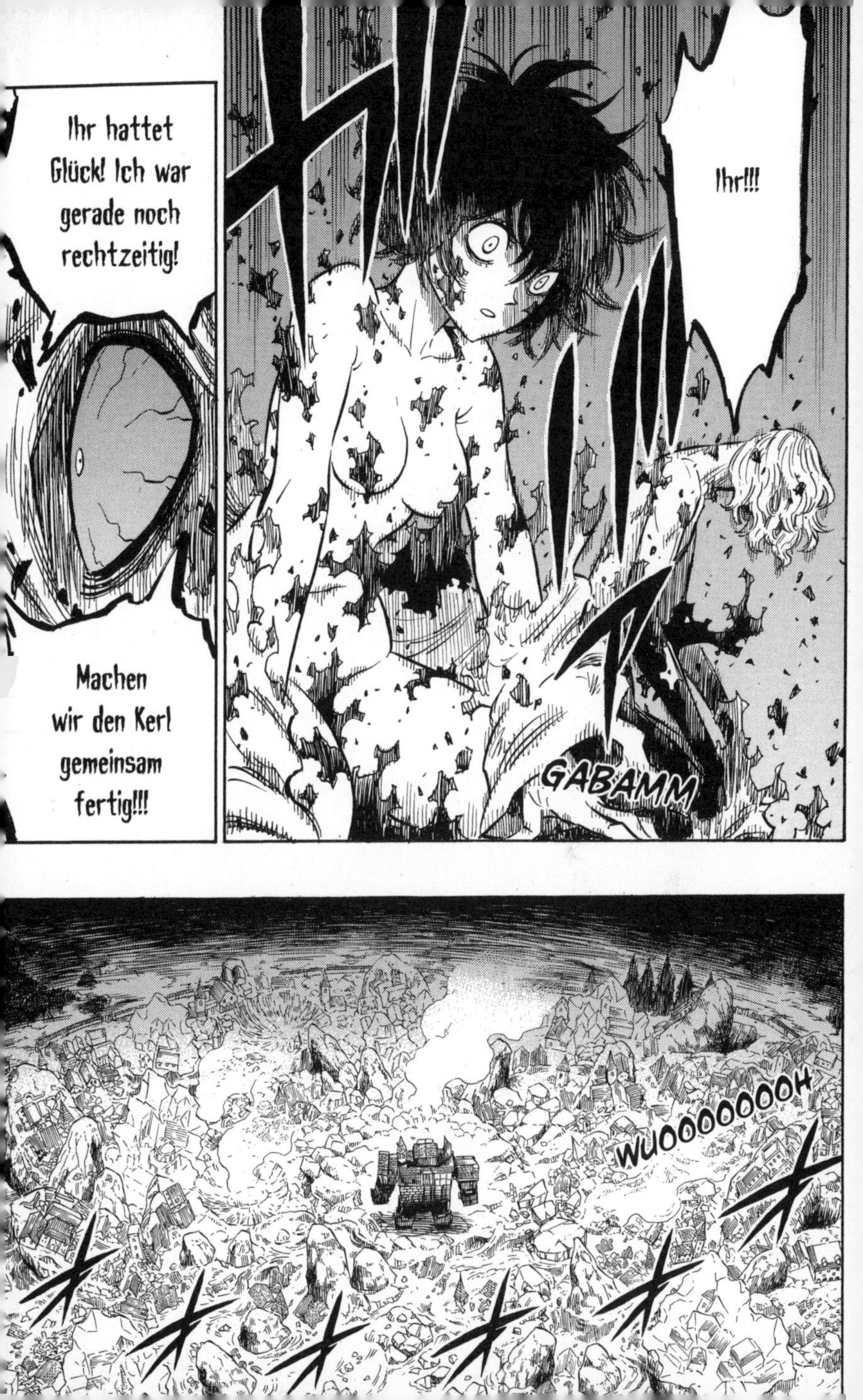
Ihr!!!
Ihr hattet Glück! Ich war gerade noch rechtzeitig!
Machen wir den Kerl gemeinsam fertig!!!
GABAMM
WUOOOOOOOOH

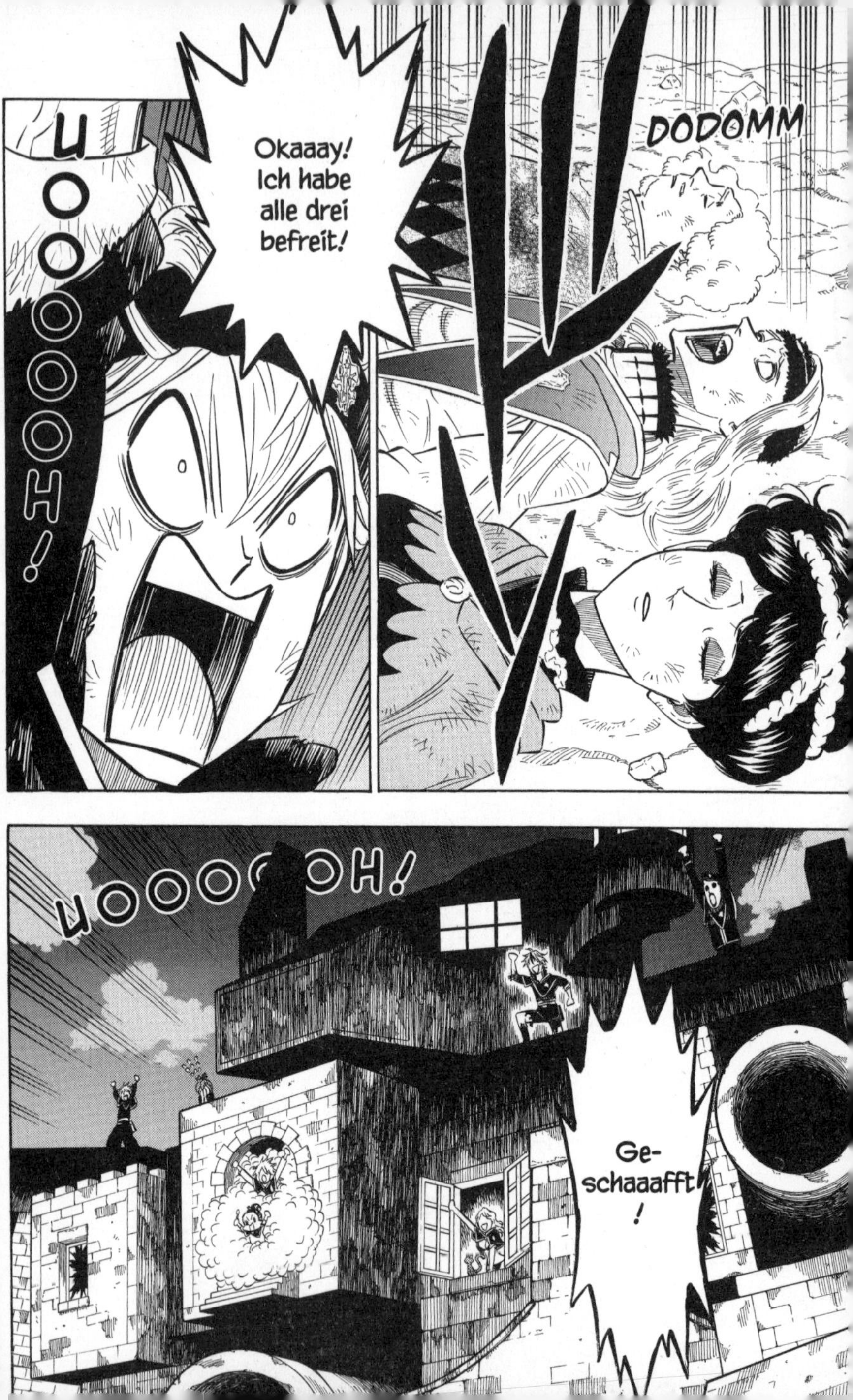

DODOMM
Okaaay! Ich habe alle drei befreit!
UOOOOOOOH!
UOOOOOOH!
Ge-schaaafft!

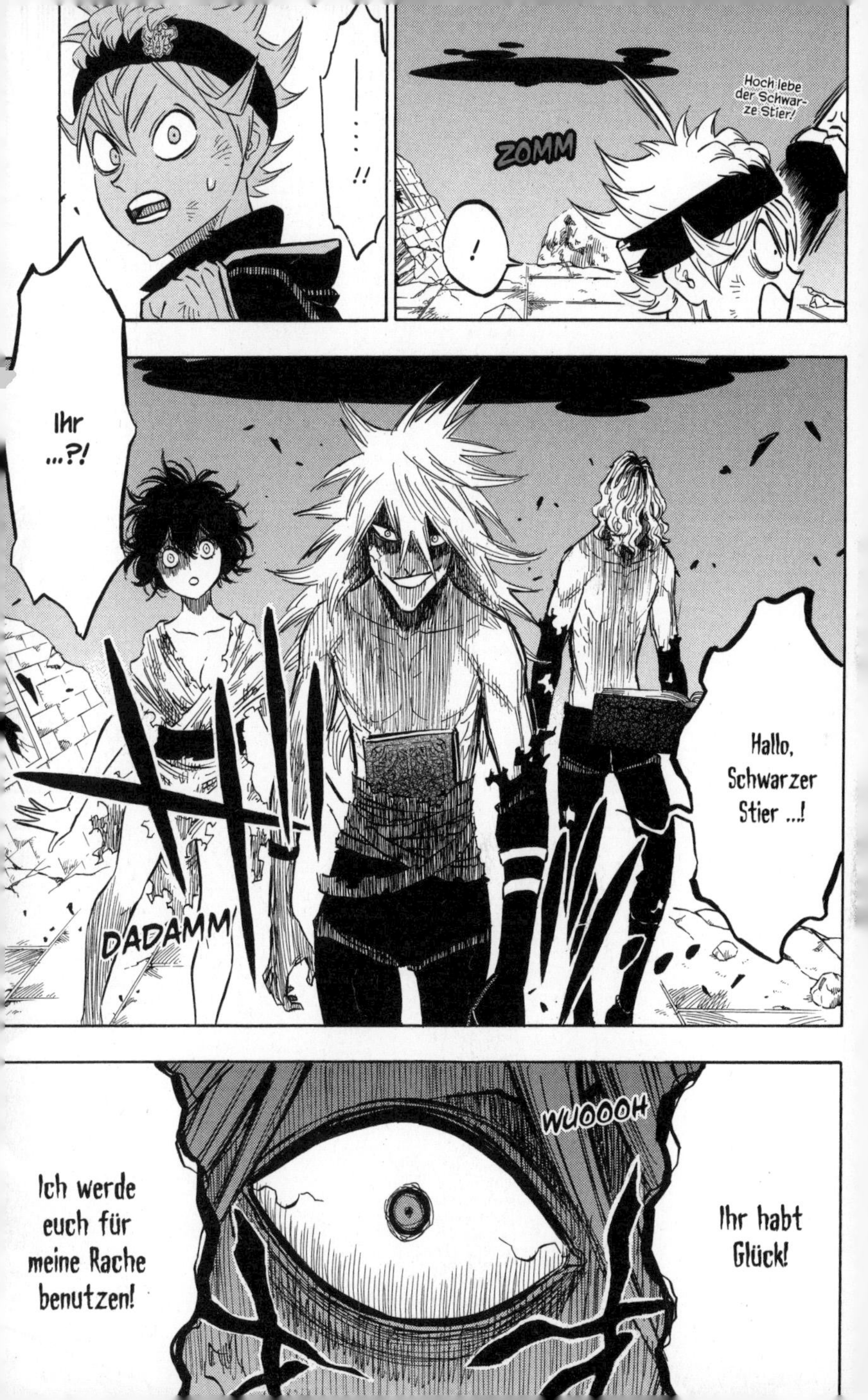
Hoch lebe der Schwarze Stier!
ZOMM
!
...!!
Ihr ...?!
Hallo, Schwarzer Stier ...!
DADAMM
WUOOOH
Ihr habt Glück!
Ich werde euch für meine Rache benutzen!

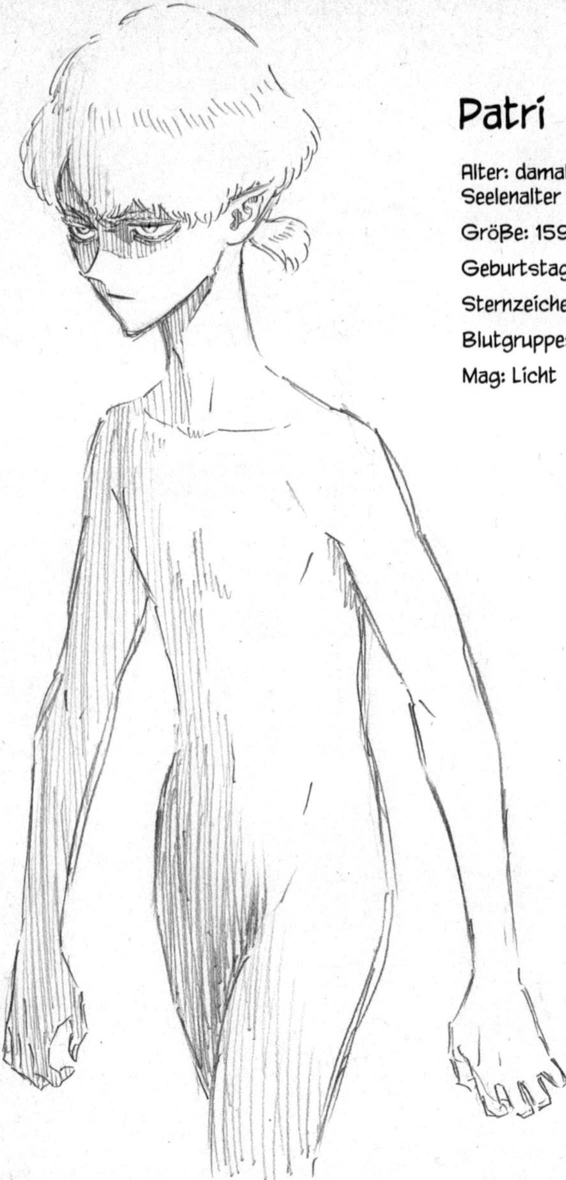

Patri

Alter: damals 15, momentanes Seelenalter 25

Größe: 159 cm

Geburtstag: 24. Dezember

Sternzeichen: Steinbock

Blutgruppe: A

Mag: Licht

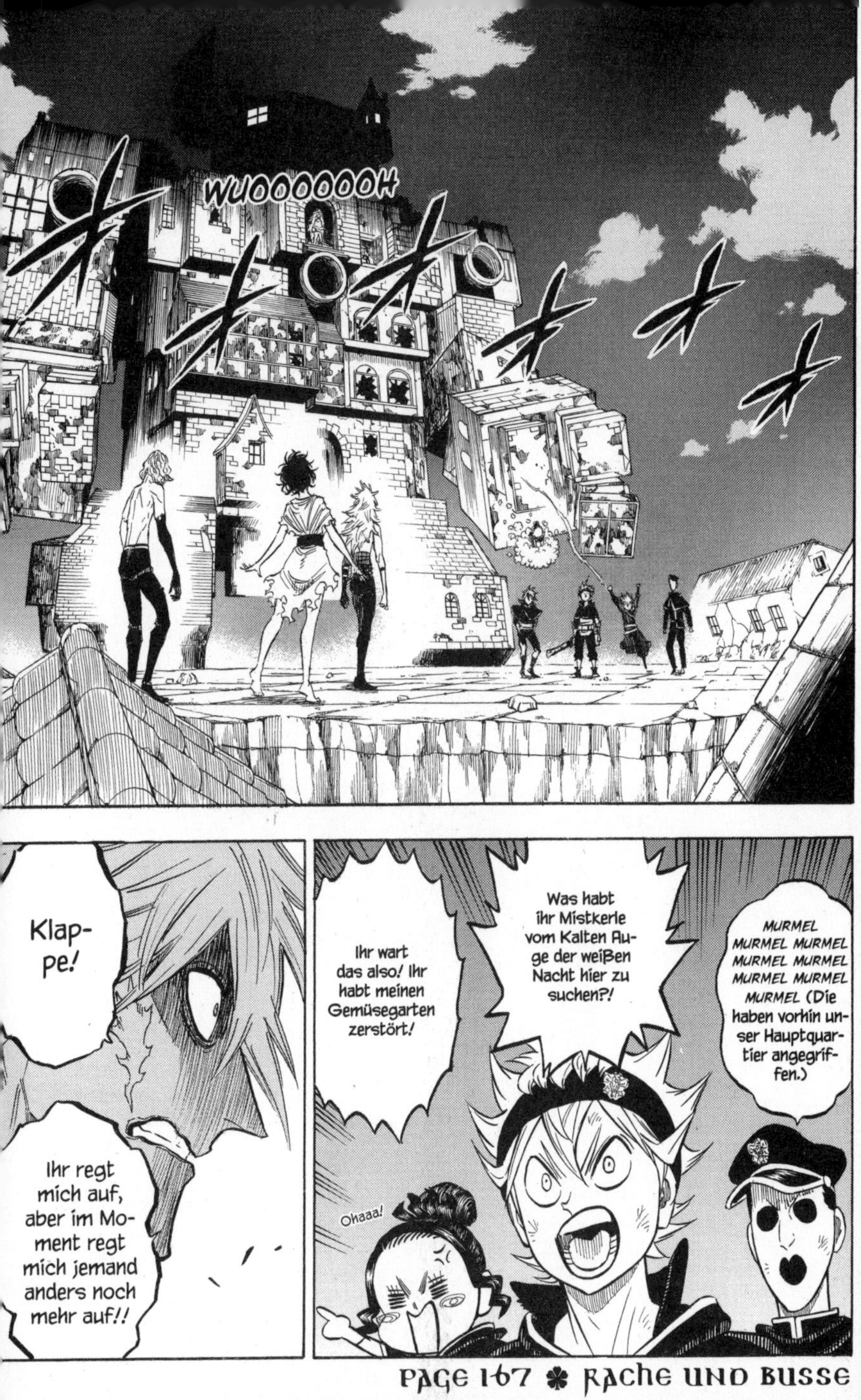

PAGE 167 ✤ RACHE UND BUSSE

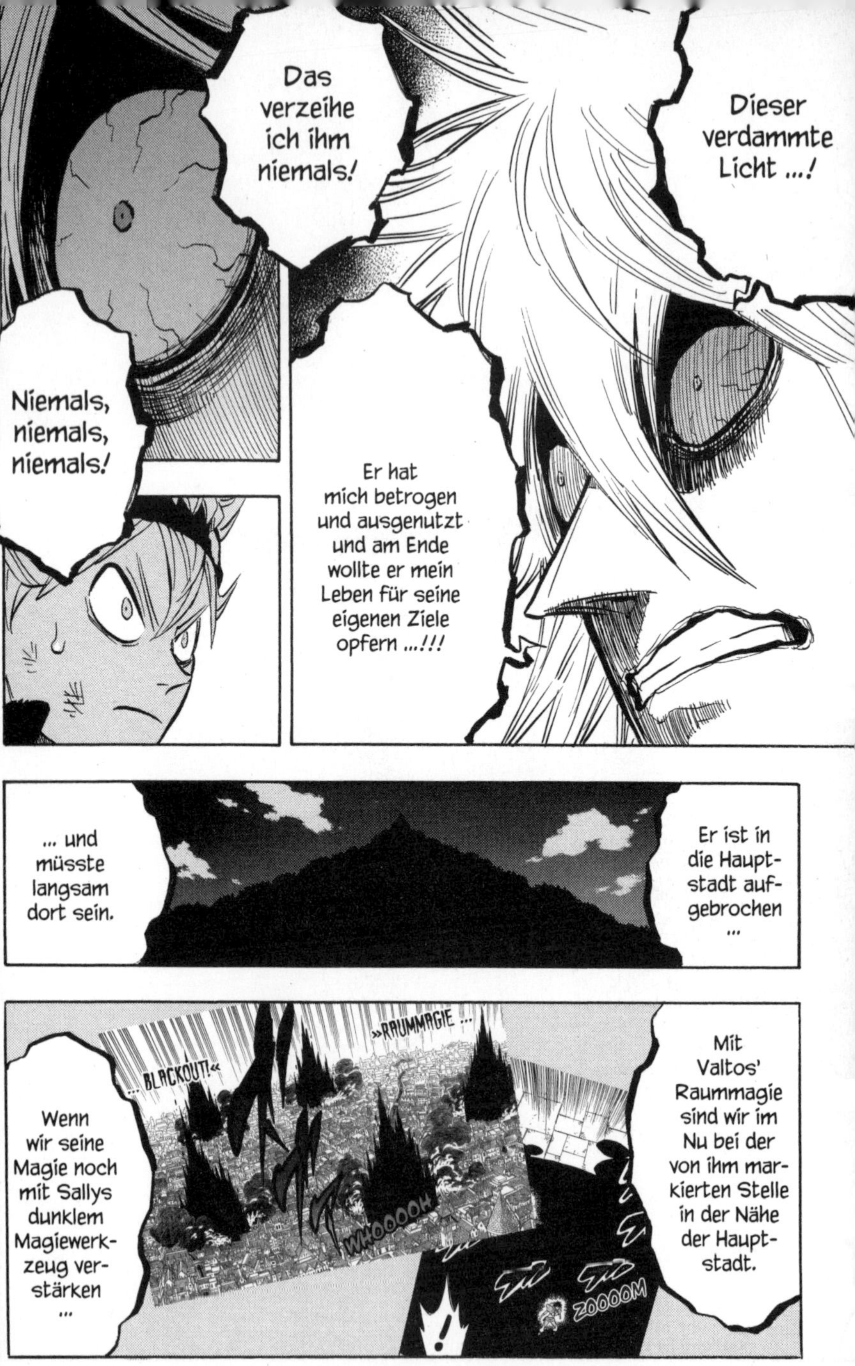
Dieser verdammte Licht ...!
Das verzeihe ich ihm niemals!
Er hat mich betrogen und ausgenutzt und am Ende wollte er mein Leben für seine eigenen Ziele opfern ...!!!
Niemals, niemals, niemals!
Er ist in die Hauptstadt aufgebrochen ...
... und müsste langsam dort sein.
Mit Valtos' Raummagie sind wir im Nu bei der von ihm markierten Stelle in der Nähe der Hauptstadt.
»RAUMMAGIE ...
... BLACKOUT!«
WHOOOOH
ZOOOOM
Wenn wir seine Magie noch mit Sallys dunklem Magiewerkzeug verstärken ...

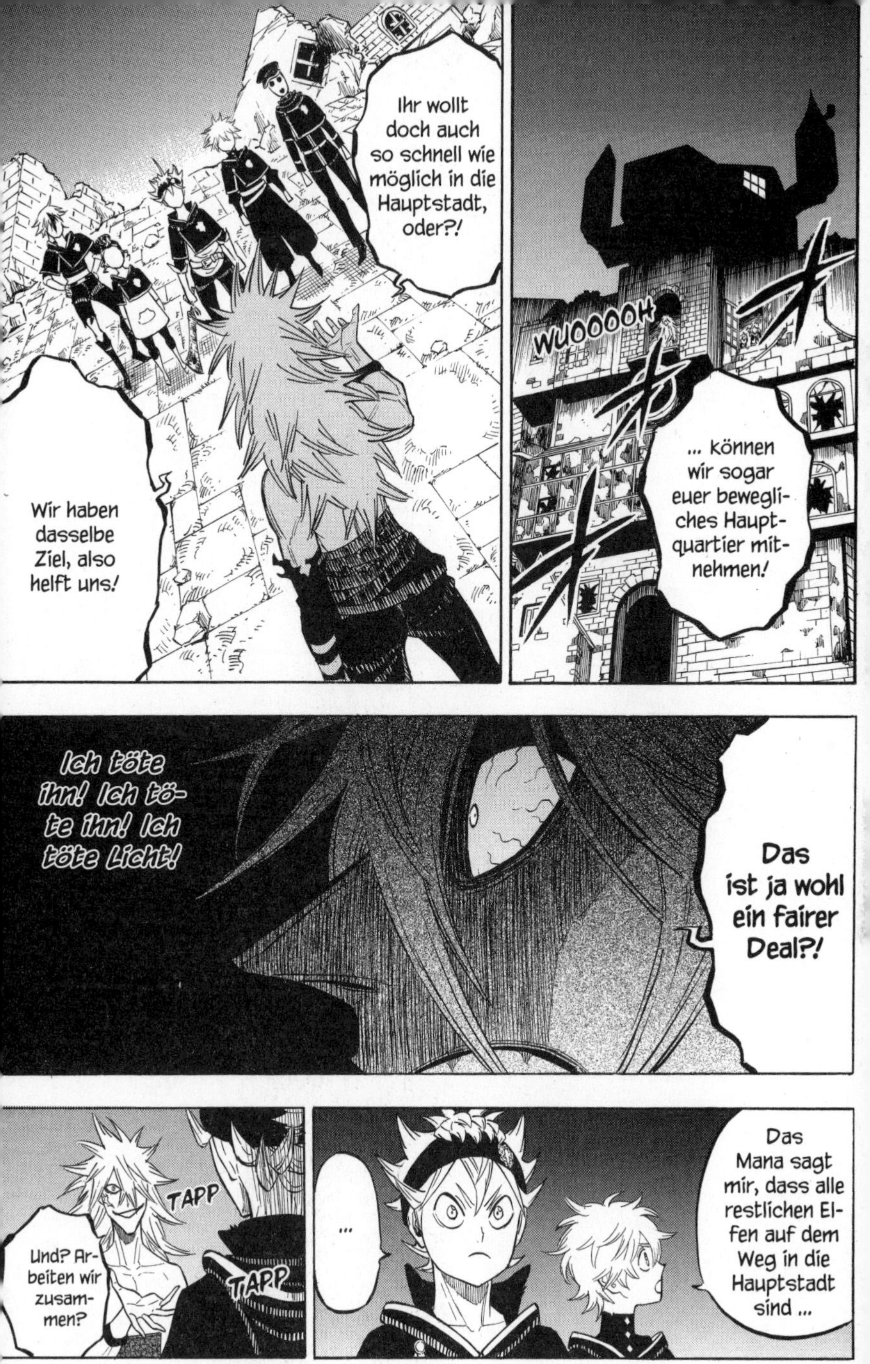
Ihr wollt doch auch so schnell wie möglich in die Hauptstadt, oder?!
Wir haben dasselbe Ziel, also helft uns!
WUOOOOH
... können wir sogar euer bewegliches Hauptquartier mitnehmen!
Das ist ja wohl ein fairer Deal?!
Ich töte ihn! Ich töte ihn! Ich töte Licht!
Das Mana sagt mir, dass alle restlichen Elfen auf dem Weg in die Hauptstadt sind ...
...
TAPP
TAPP
Und? Arbeiten wir zusammen?

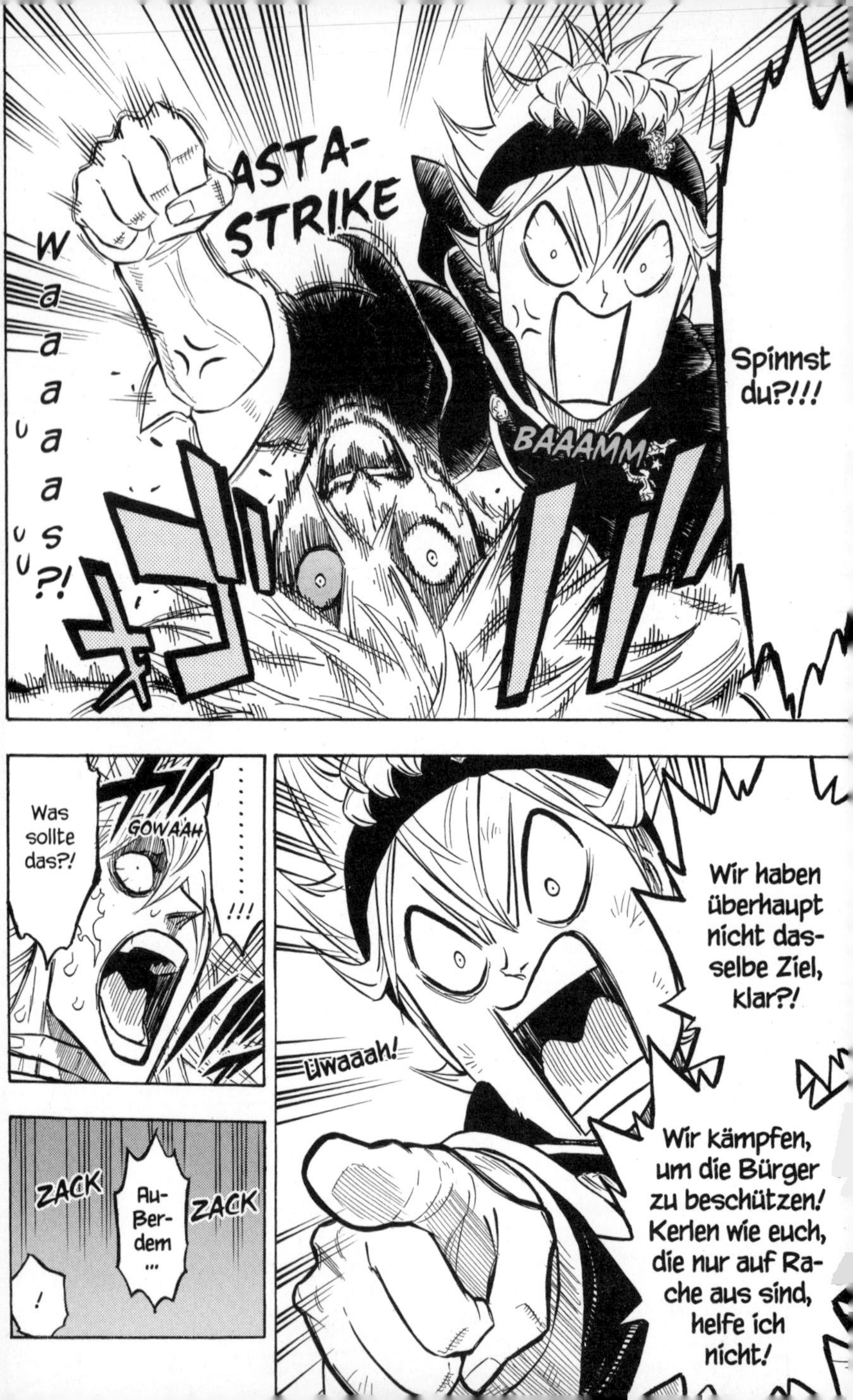

ASTA-STRIKE
BAAAMM
Spinnst du?!!!
Waaaaaas?!
Wir haben überhaupt nicht dasselbe Ziel, klar?!
Uwaaah!
GOWAAH
!!!
Was sollte das?!
Wir kämpfen, um die Bürger zu beschützen! Kerlen wie euch, die nur auf Rache aus sind, helfe ich nicht!
ZACK
ZACK
Außerdem ...
!

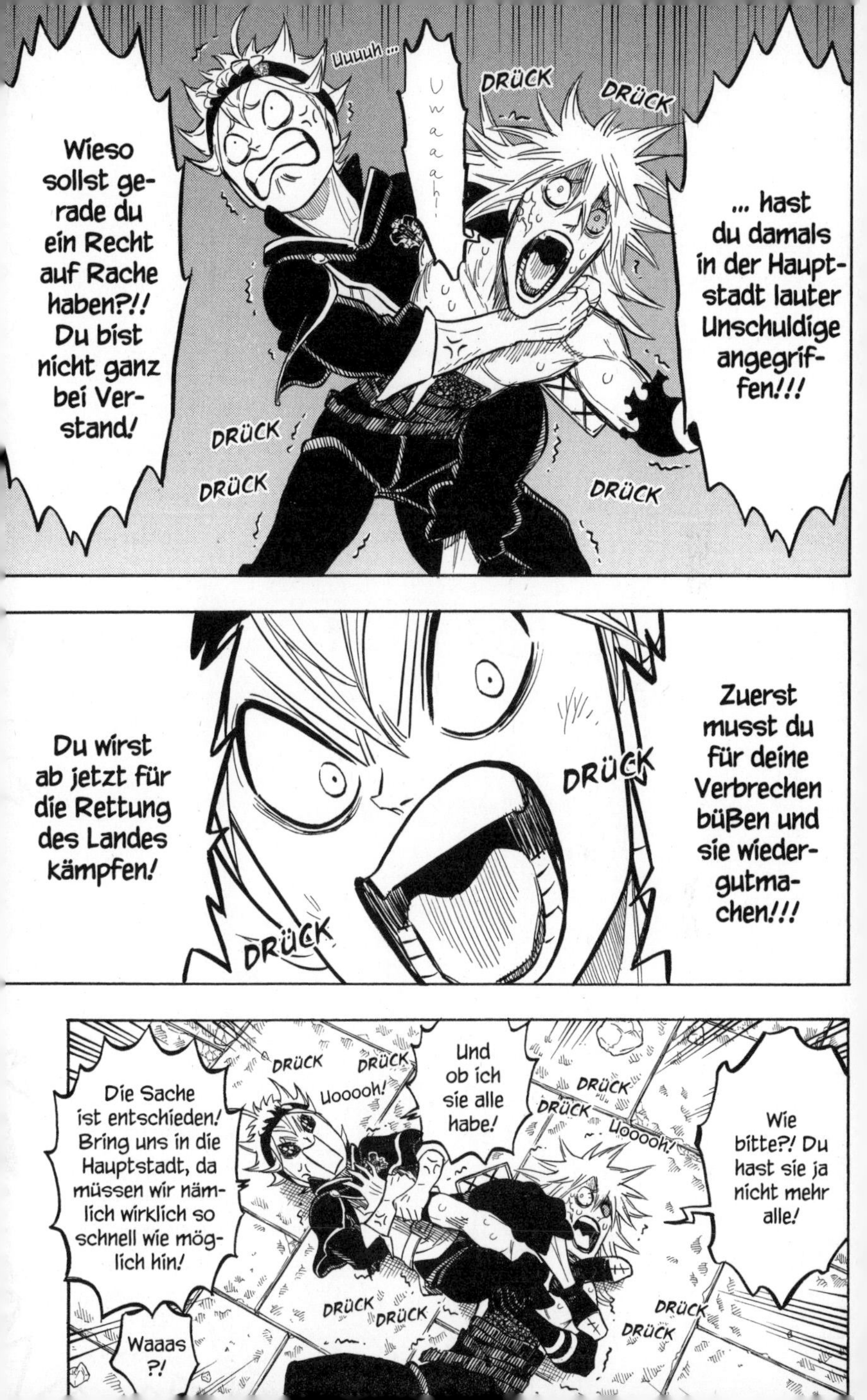
Uuuuh ...
Uwaaah!
DRÜCK DRÜCK
... hast du damals in der Hauptstadt lauter Unschuldige angegriffen!!!
Wieso sollst gerade du ein Recht auf Rache haben?!! Du bist nicht ganz bei Verstand!
DRÜCK DRÜCK DRÜCK
Zuerst musst du für deine Verbrechen büßen und sie wiedergutmachen!!!
DRÜCK
Du wirst ab jetzt für die Rettung des Landes kämpfen!
DRÜCK
DRÜCK DRÜCK
Uooooh!
Wie bitte?! Du hast sie ja nicht mehr alle!
Und ob ich sie alle habe!
DRÜCK DRÜCK
Uooooh!
Die Sache ist entschieden! Bring uns in die Hauptstadt, da müssen wir nämlich wirklich so schnell wie möglich hin!
DRÜCK DRÜCK DRÜCK DRÜCK
Waaas?!

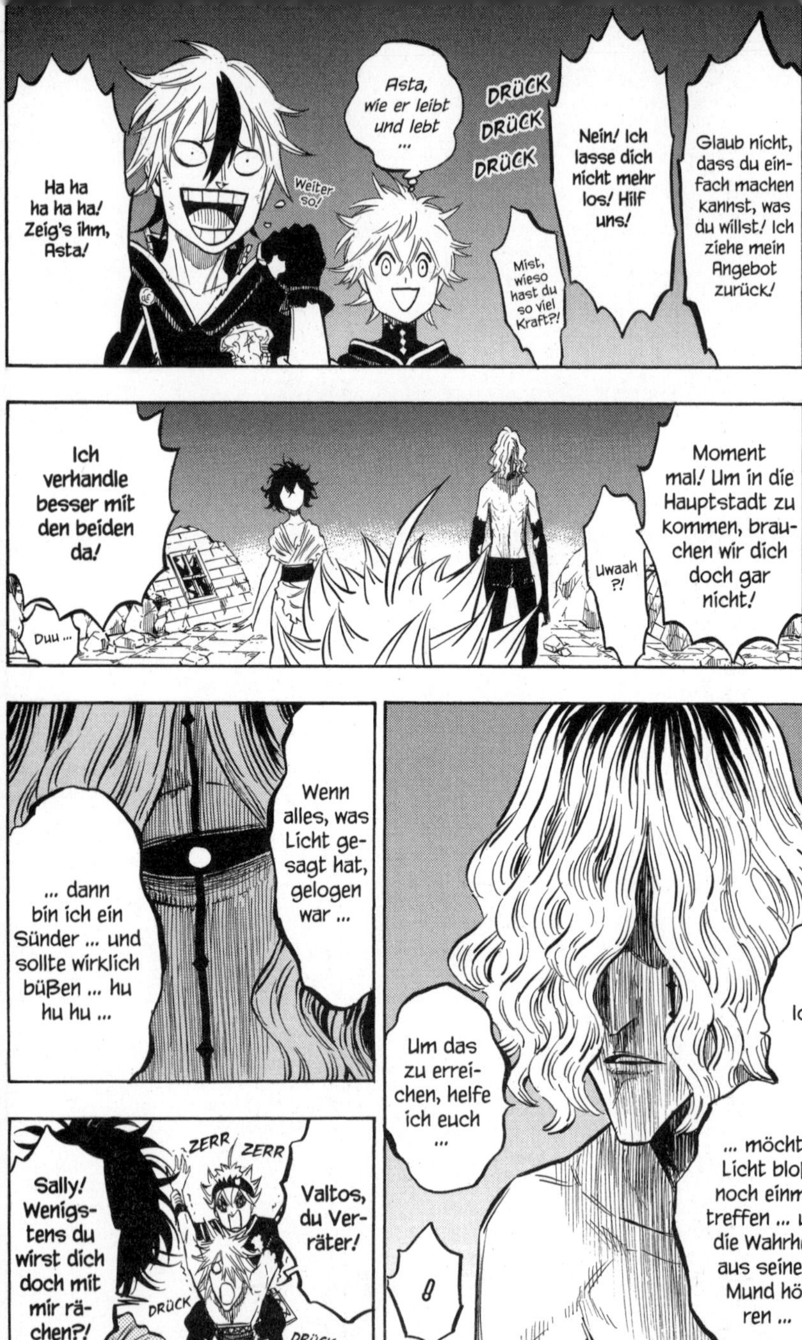
Glaub nicht, dass du einfach machen kannst, was du willst! Ich ziehe mein Angebot zurück!
Nein! Ich lasse dich nicht mehr los! Hilf uns!
Mist, wieso hast du so viel Kraft?!
DRÜCK DRÜCK DRÜCK
Asta, wie er leibt und lebt ...
Weiter so!
Ha ha ha ha ha! Zeig's ihm, Asta!
Moment mal! Um in die Hauptstadt zu kommen, brauchen wir dich doch gar nicht!
Uwaah ?!
Ich verhandle besser mit den beiden da!
Duu ...
Ich ...
... möchte Licht bloß noch einmal treffen ... und die Wahrheit aus seinem Mund hören ...
Um das zu erreichen, helfe ich euch ...
!
Wenn alles, was Licht gesagt hat, gelogen war ...
... dann bin ich ein Sünder ... und sollte wirklich büßen ... hu hu hu ...
ZERR ZERR
Valtos, du Verräter!
Sally! Wenigstens du wirst dich doch mit mir rächen?!
DRÜCK
DRÜCK

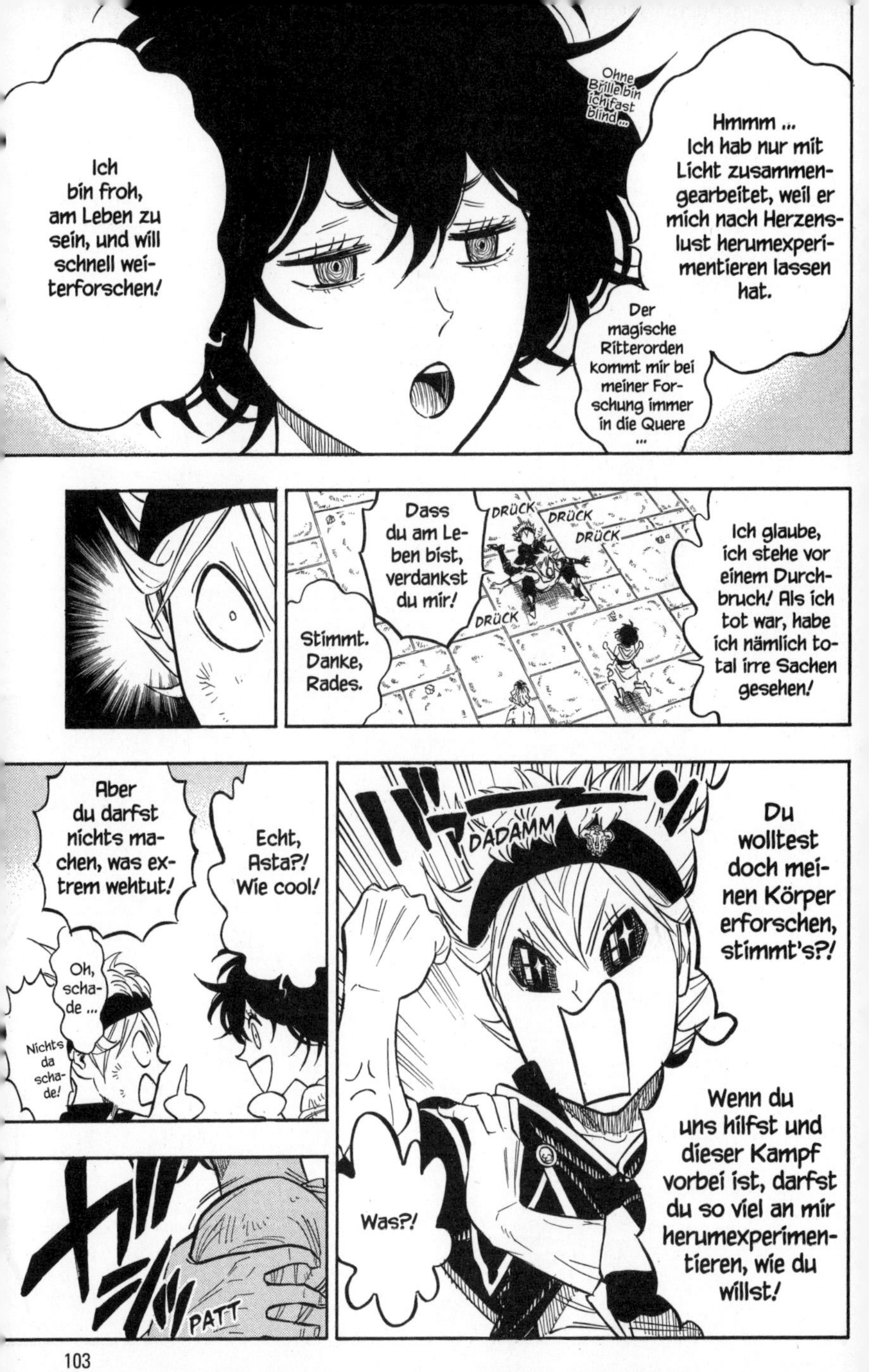
Ohne Brille bin ich fast blind ...
Hmmm ... Ich hab nur mit Licht zusammengearbeitet, weil er mich nach Herzenslust herumexperimentieren lassen hat.
Der magische Ritterorden kommt mir bei meiner Forschung immer in die Quere ...
Ich bin froh, am Leben zu sein, und will schnell weiterforschen!
Ich glaube, ich stehe vor einem Durchbruch! Als ich tot war, habe ich nämlich total irre Sachen gesehen!
DRÜCK DRÜCK DRÜCK DRÜCK
Dass du am Leben bist, verdankst du mir!
Stimmt. Danke, Rades.
Du wolltest doch meinen Körper erforschen, stimmt's?!
DADAMM
Wenn du uns hilfst und dieser Kampf vorbei ist, darfst du so viel an mir herumexperimentieren, wie du willst!
Was?!
Echt, Asta?! Wie cool!
Aber du darfst nichts machen, was extrem wehtut!
Oh, schade ...
Nichts da schade!
PATT

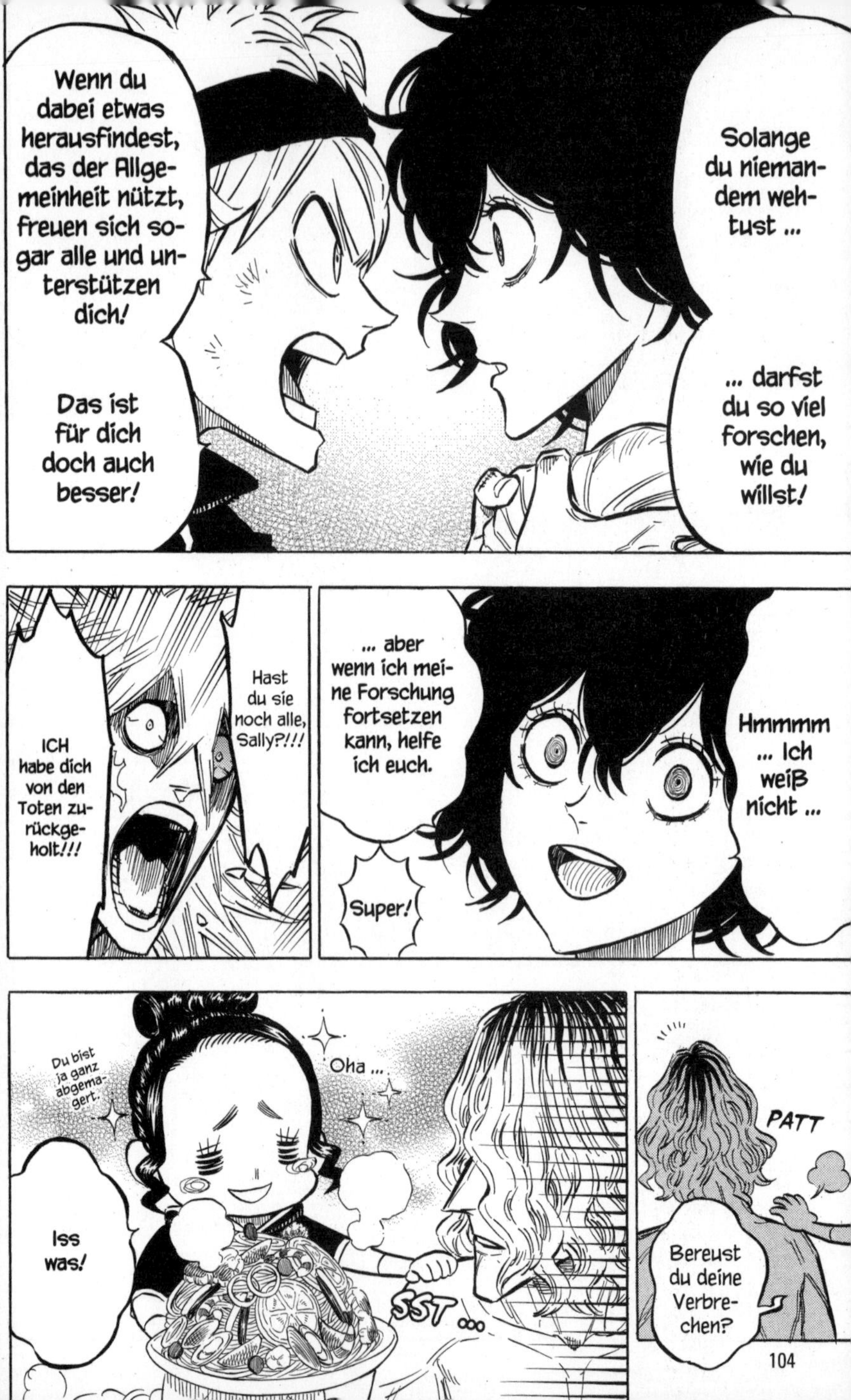
Solange du niemandem wehtust ...
... darfst du so viel forschen, wie du willst!
Wenn du dabei etwas herausfindest, das der Allgemeinheit nützt, freuen sich sogar alle und unterstützen dich!
Das ist für dich doch auch besser!
Hmmmm ... Ich weiß nicht ...
... aber wenn ich meine Forschung fortsetzen kann, helfe ich euch.
Super!
Hast du sie noch alle, Sally?!!!
ICH habe dich von den Toten zurückgeholt!!!
PATT
Bereust du deine Verbrechen?
SST ...
Oha ...
Du bist ja ganz abgemagert.
Iss was!

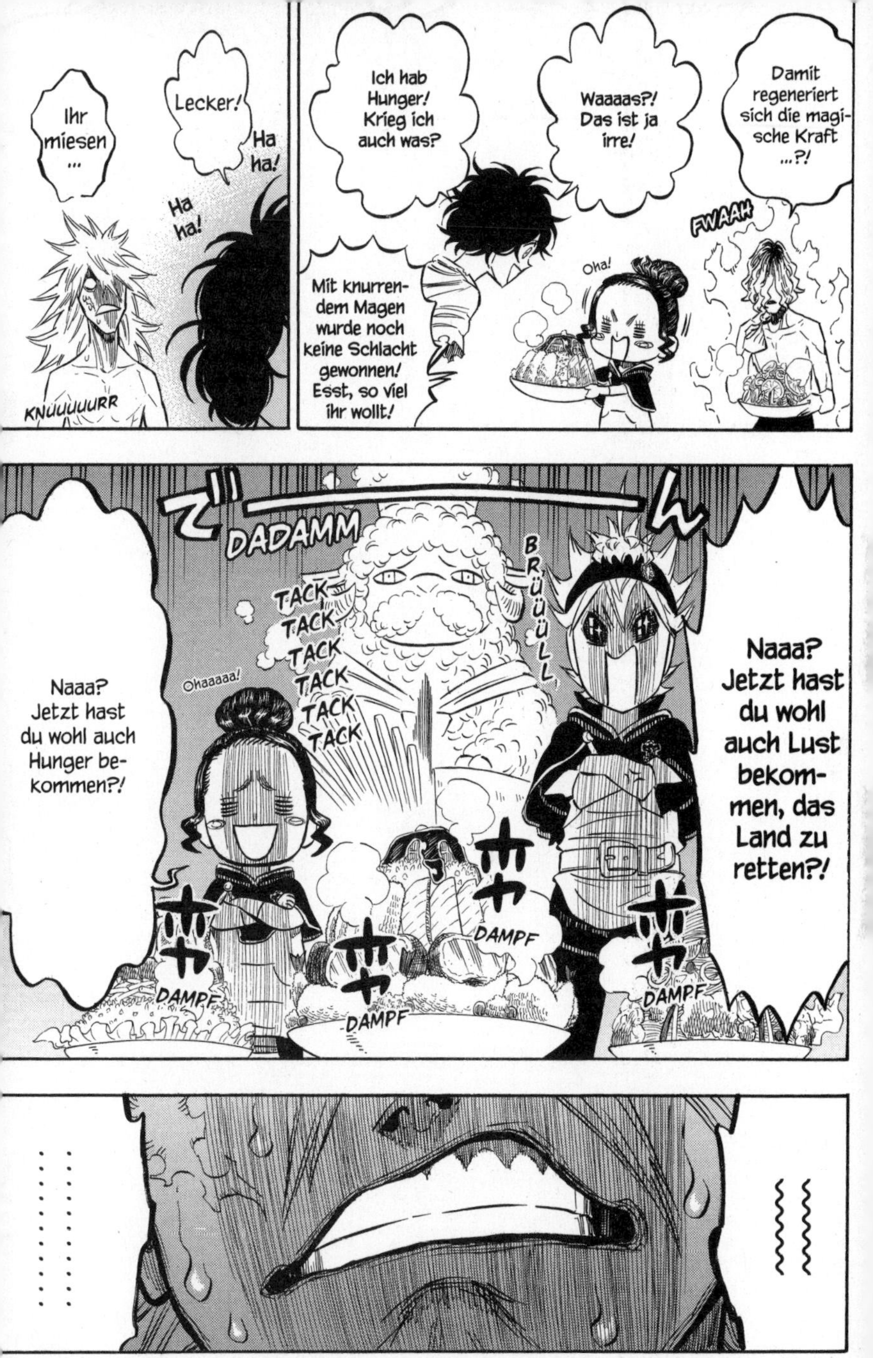
Damit regeneriert sich die magische Kraft ...?!
FWAAH
Waaaas?! Das ist ja irre!
Oha!
Ich hab Hunger! Krieg ich auch was?
Mit knurrendem Magen wurde noch keine Schlacht gewonnen! Esst, so viel ihr wollt!
Lecker!
Ha ha!
Ha ha!
Ihr miesen ...
KNUUUUURR
DADAMM
BRÜÜÜLL
TACK
TACK
TACK
TACK
TACK
TACK
Naaa? Jetzt hast du wohl auch Lust bekommen, das Land zu retten?!
Ohaaaaa!
Naaa? Jetzt hast du wohl auch Hunger bekommen?!
DAMPF
DAMPF
DAMPF
DAMPF

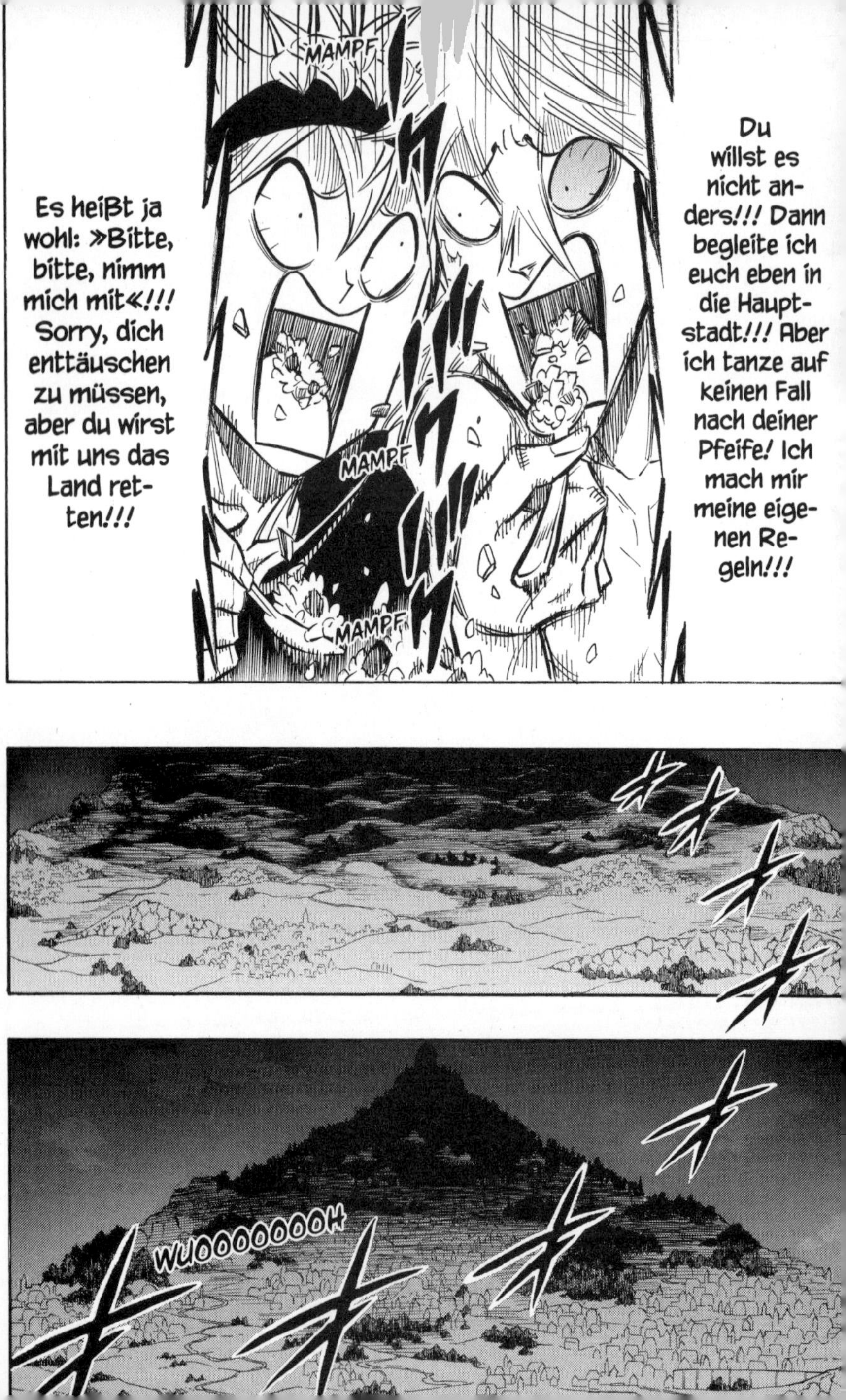

MAMPF
Du willst es nicht anders!!! Dann begleite ich euch eben in die Hauptstadt!!! Aber ich tanze auf keinen Fall nach deiner Pfeife! Ich mach mir meine eigenen Regeln!!!
Es heißt ja wohl: »Bitte, bitte, nimm mich mit«!!! Sorry, dich enttäuschen zu müssen, aber du wirst mit uns das Land retten!!!
MAMPF
MAMPF
WUOOOOOOOOH

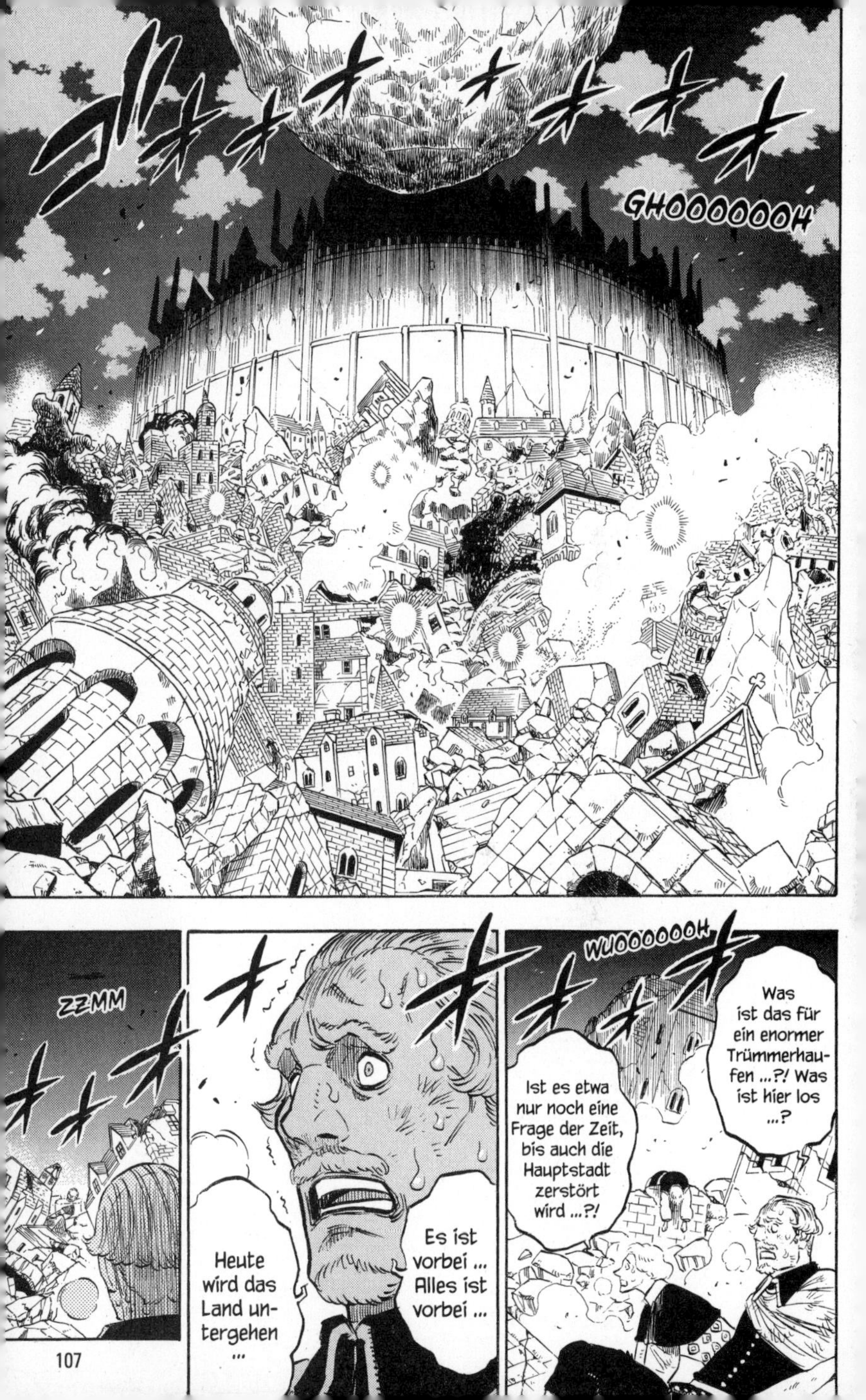
GHOOOOOOOH
WUOOOOOOOH
Was ist das für ein enormer Trümmerhaufen ...?! Was ist hier los ...?
Ist es etwa nur noch eine Frage der Zeit, bis auch die Hauptstadt zerstört wird ...?!
Es ist vorbei ... Alles ist vorbei ...
Heute wird das Land untergehen ...
ZZMM

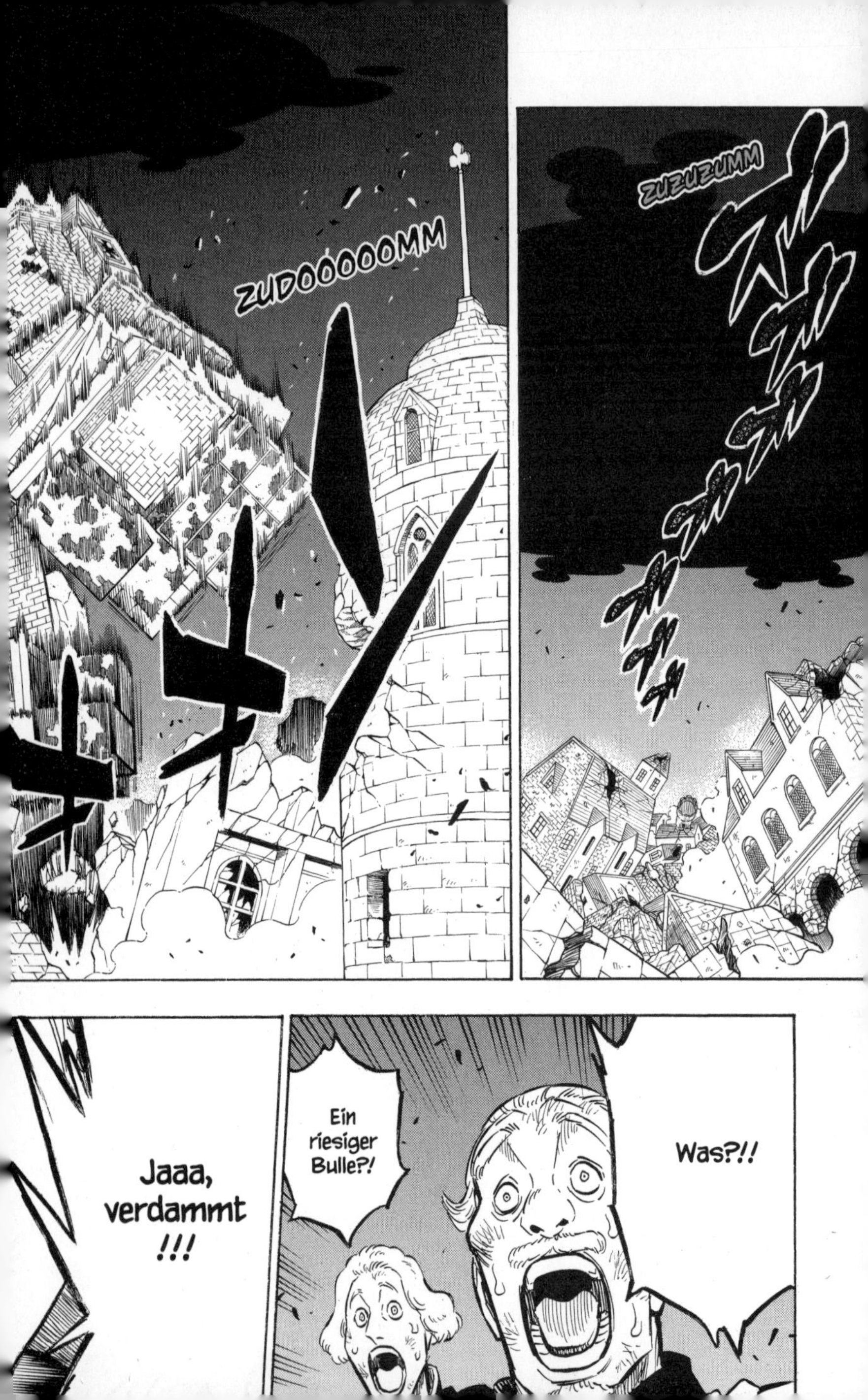
ZUZUZUMM
ZUDOOOOOMM
Was?!!
Ein riesiger Bulle?!
Jaaa, verdammt !!!

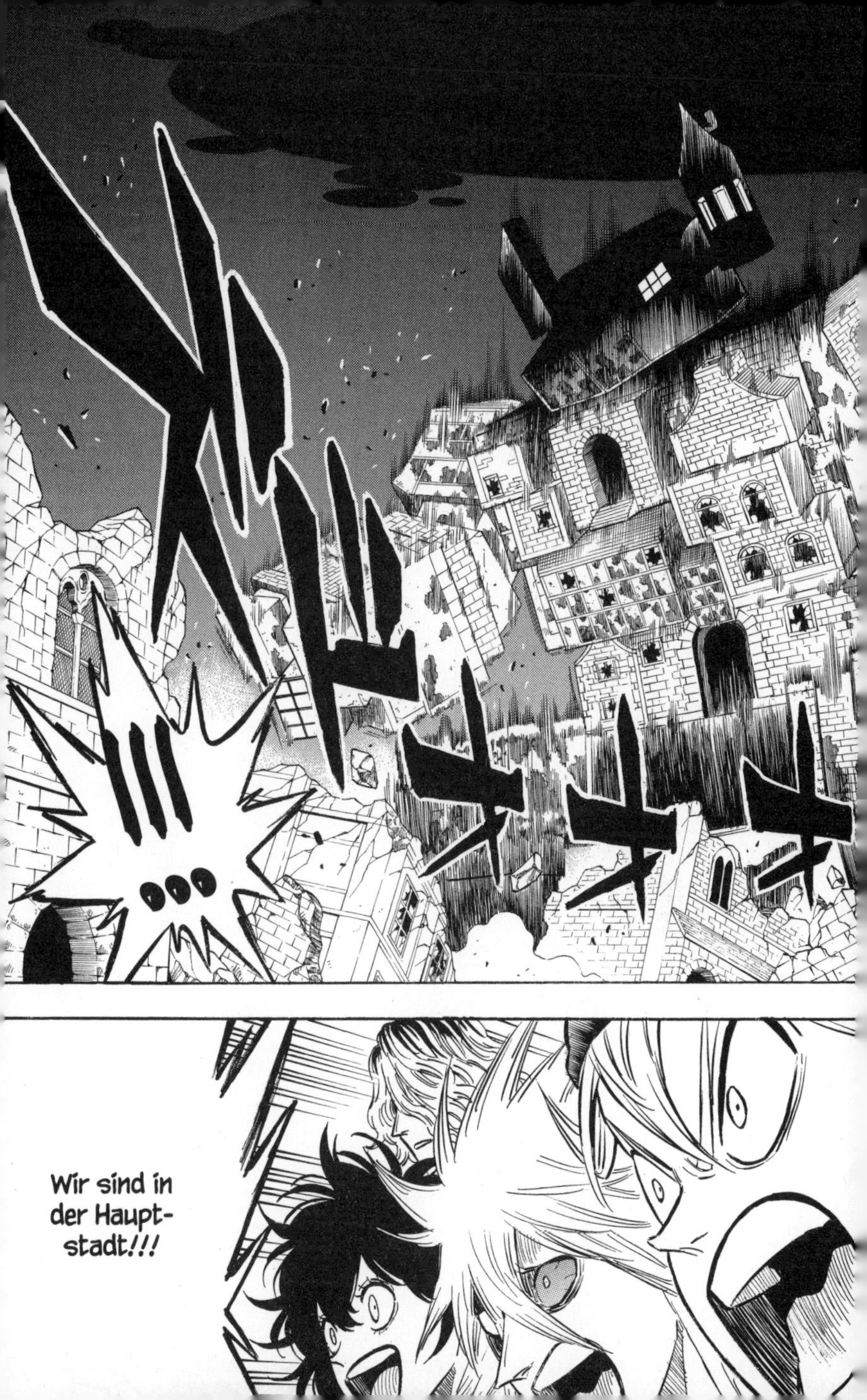
Wir sind in der Haupt-stadt!!!

DER FRAGEORDEN

Liebe Leser, guten Tag! Guten Abend! Guten Morgen! Hier kommt wieder der Bereich mit Leserfragen. Dieses Mal zeigen uns die Ordensanführer viele neue Seiten von sich selbst!

Frage: Auf was für einen Typ Frau oder Mann stehen die derzeitigen Ordensanführer (inklusive Fuegoleon)? (von REi aus Nagano)

Antwort: *Yami hat die Frage schon im »Frageorden« in Band 12 beantwortet! Ihr könnt es dort nachlesen!

William

»Gut gelaunte Damen, die sich nicht an meiner Maske stören ...«

Nozel

»Würdevolle, starke Frauen, die zum Gedeihen des Hauses Silva beitragen ...«

Jack

»Ha ha! Ich weiß doch genau, dass du in Wirklichkeit bloß ein mürrischer Perversling bist, Silberheini! Ich stehe übrigens auf Frauen, die ich gut zerreiß... äh ... ich meine, gut aufreißen kann!«

Charlotte

»Hmpf! Was für eine dumme Frage! Ich habe keinen Typ Mann! (Ich kann unmöglich zugeben, dass ich auf Männer wie Yami stehe. Aaaaah!)«

Rill

»Mädchen, die meine Kreativität stimulieren!«

Dorothy

»Schnarch Schnarch Schnaschnaarch Schnaaarch Schnaaarch.«

Kaiser

»Fräulein Dorothy, ich verstehe kein Wort von dem, was Sie da von sich geben. Ich liebe Frauen, bei denen ich zur Ruhe komme, mit anderen Worten, meine Gattin!«

Mereoleona

»Männer, die bei einem Kampf mit mir nicht krepieren.«

Fuegoleon

»Schwester ... Diese Bedingung ist ganz schön schwer zu erfüllen. Ich mag Frauen, die Energie haben und sich allen Herausforderungen mutig stellen!«

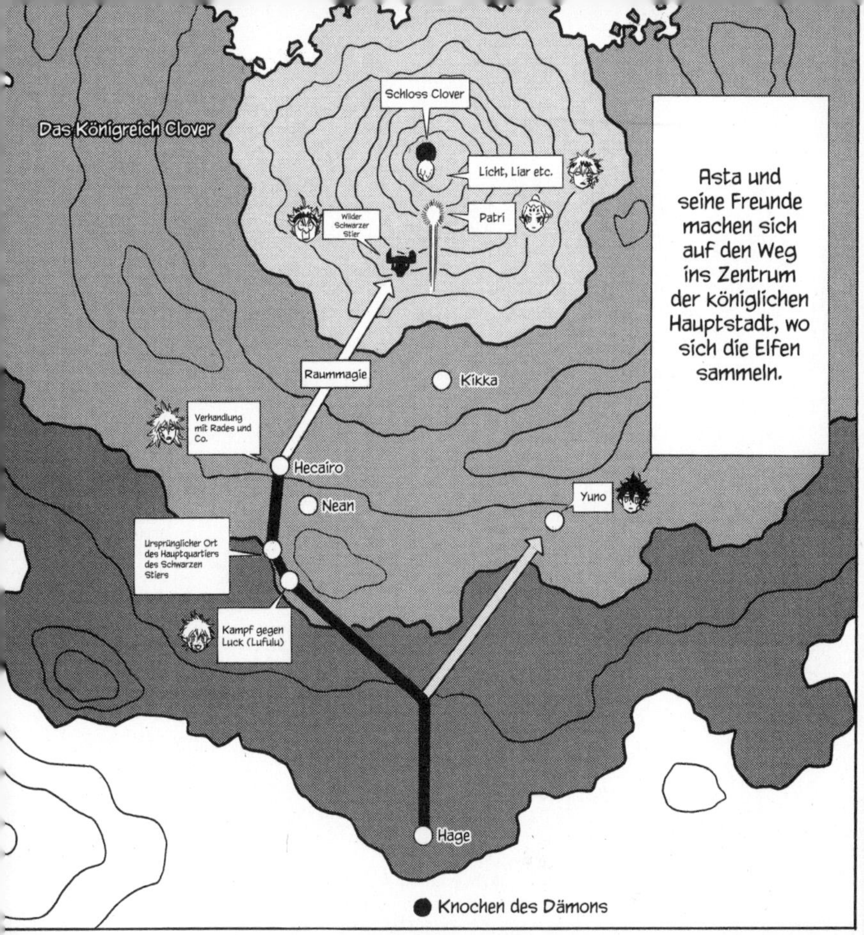

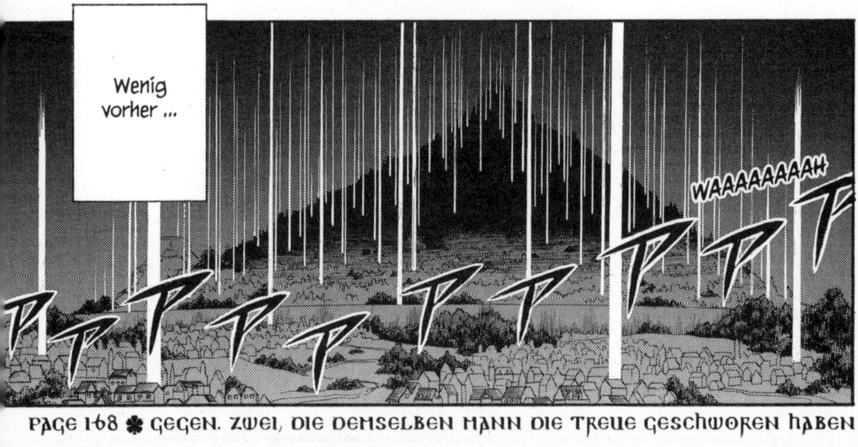

PAGE 168 ✿ GEGEN. ZWEI, DIE DEMSELBEN MANN DIE TREUE GESCHWOREN HABEN

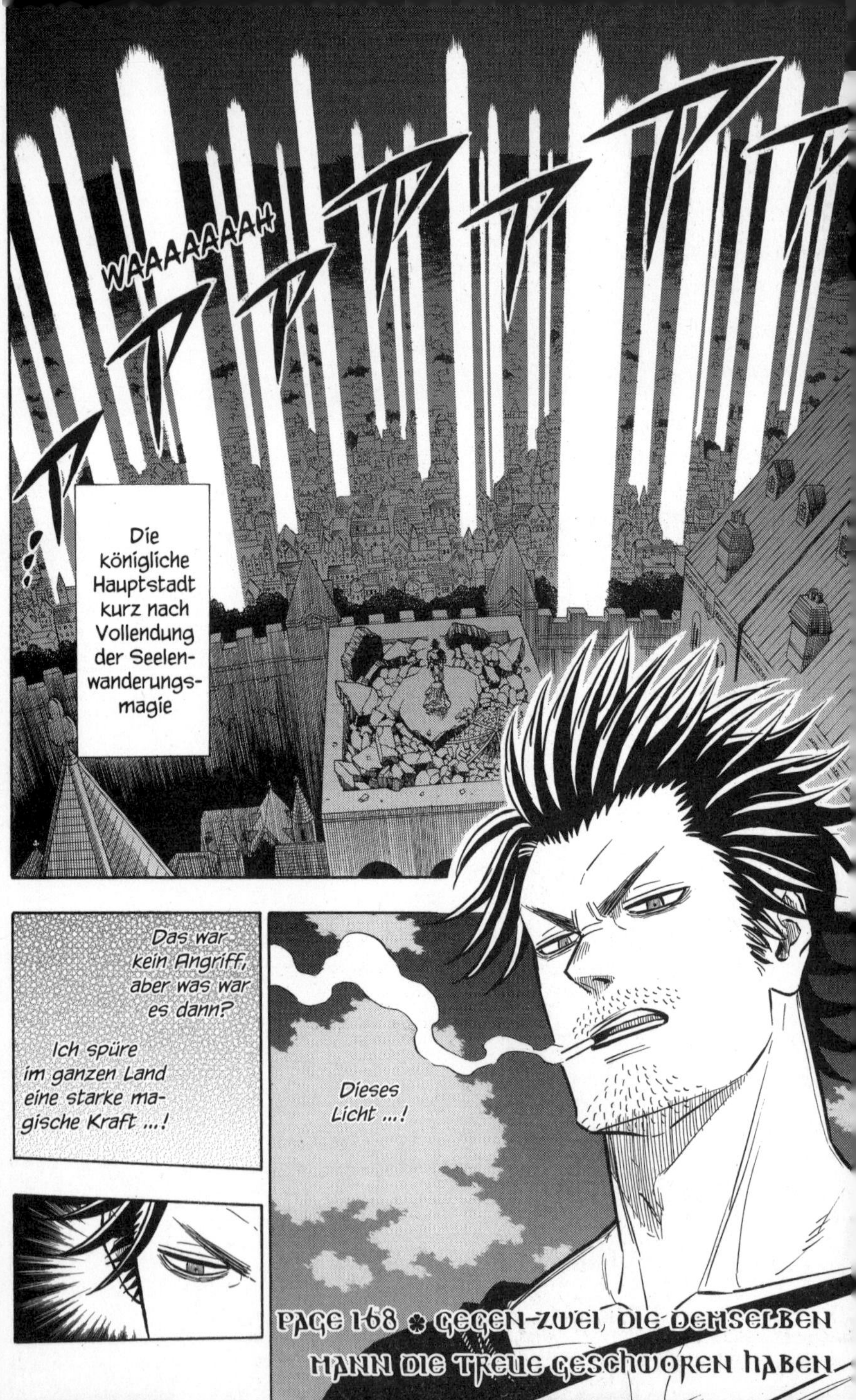
WAAAAAAAAH
Die königliche Hauptstadt kurz nach Vollendung der Seelen-wanderungs-magie
Dieses Licht ...!
Das war kein Angriff, aber was war es dann?
Ich spüre im ganzen Land eine starke magische Kraft ...!
PAGE 168 ✿ GEGEN ZWEI, DIE DEMSELBEN MANN DIE TREUE GESCHWOREN HABEN

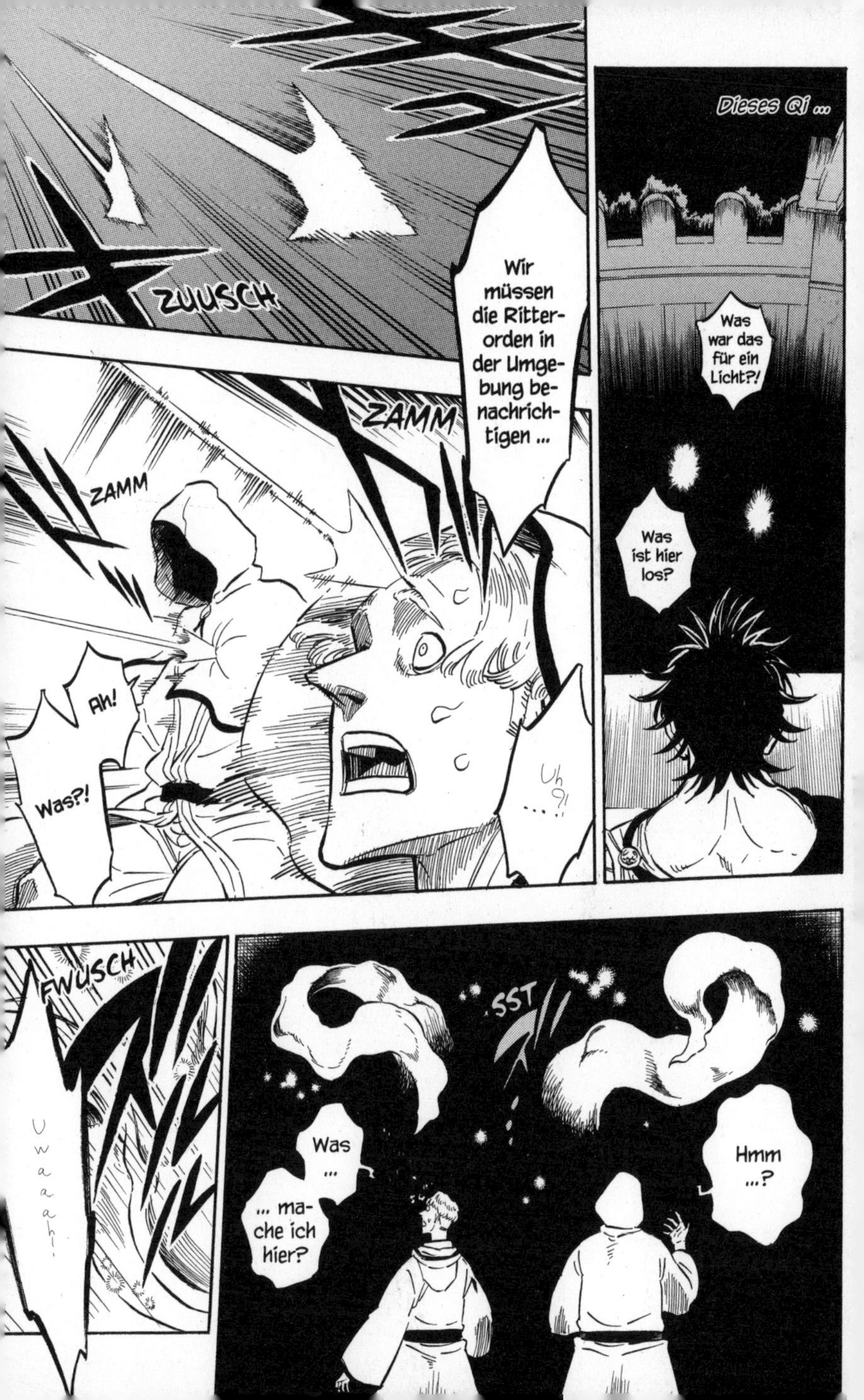
Dieses Qi ...
Was war das für ein Licht?!
Was ist hier los?
ZUUSCH
Wir müssen die Ritterorden in der Umgebung benachrichtigen ...
ZAMM
ZAMM
Uh ?!
Ah!
Was?!
SST
Hmm ...?
Was ...
... mache ich hier?
FWUSCH
Uwaaah!

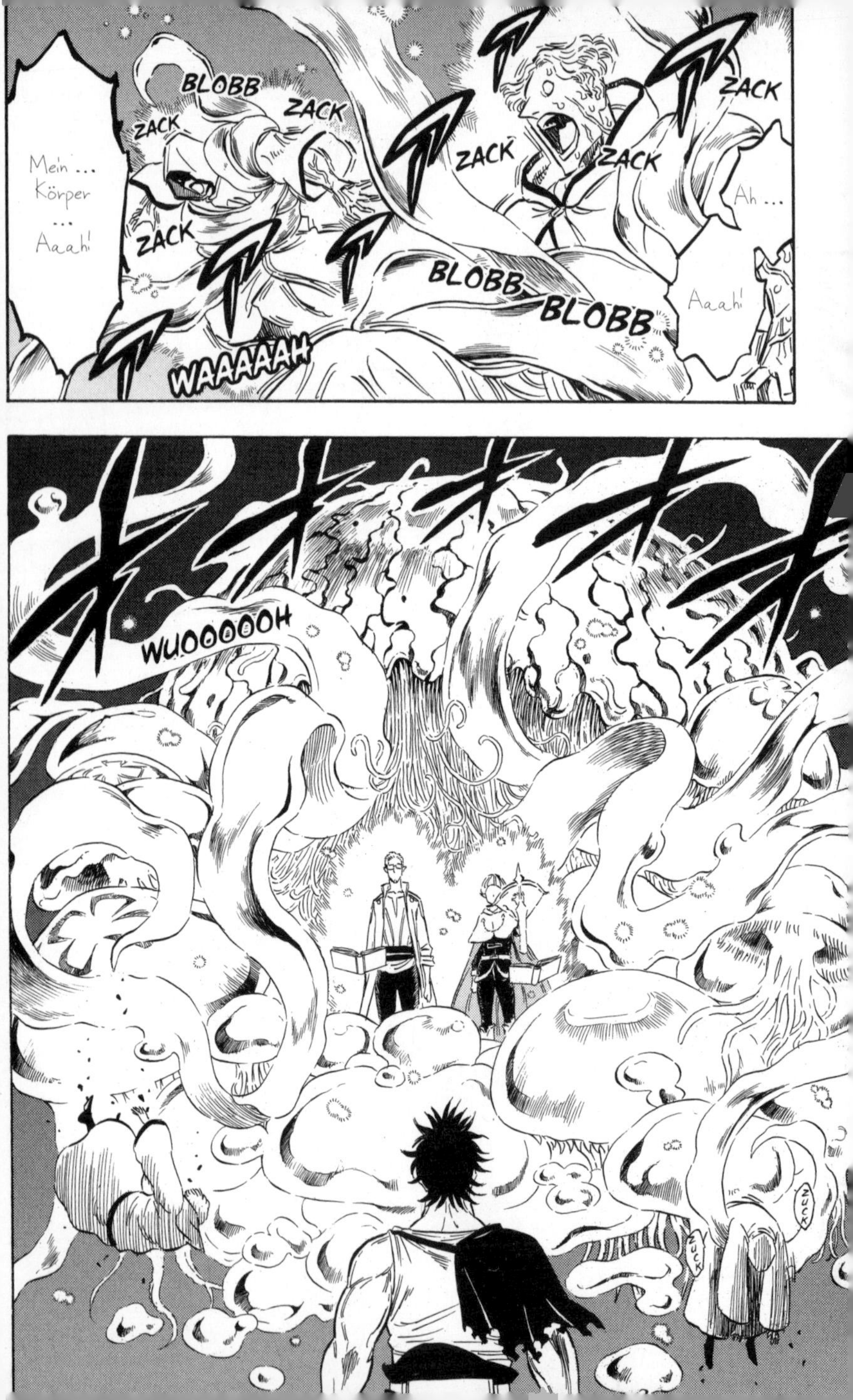
Mein ... Körper ... Aaah!
BLOBB
ZACK
ZACK
ZACK
ZACK
ZACK
ZACK
ZACK
Ah ...
BLOBB
BLOBB
Aaah!
WAAAAAH
WUOOOOOH
ZUCK
ZUCK

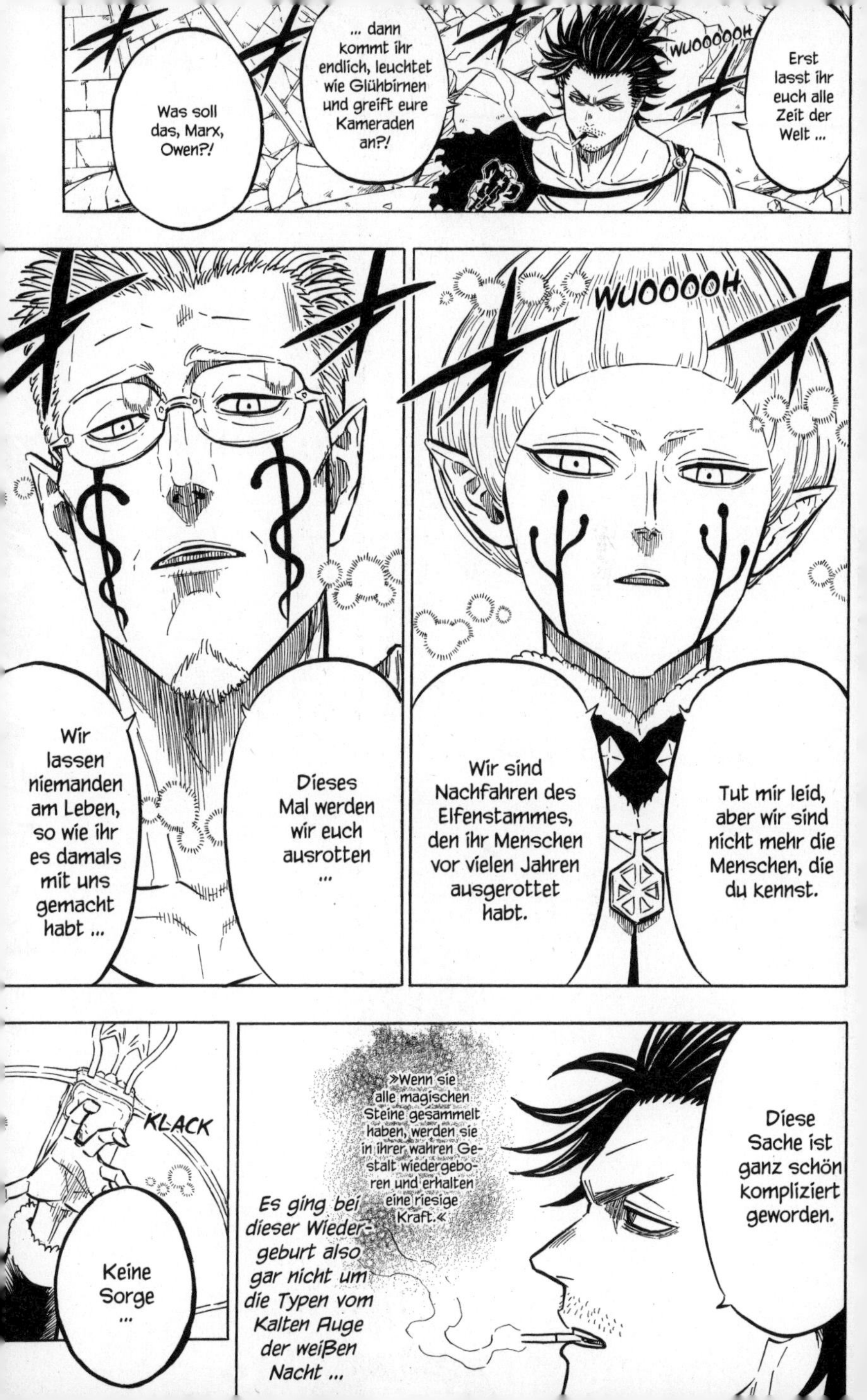
WUOOOOOH
Erst lasst ihr euch alle Zeit der Welt ...
... dann kommt ihr endlich, leuchtet wie Glühbirnen und greift eure Kameraden an?!
Was soll das, Marx, Owen?!
WUOOOOH
Tut mir leid, aber wir sind nicht mehr die Menschen, die du kennst.
Wir sind Nachfahren des Elfenstammes, den ihr Menschen vor vielen Jahren ausgerottet habt.
Dieses Mal werden wir euch ausrotten ...
Wir lassen niemanden am Leben, so wie ihr es damals mit uns gemacht habt ...
Diese Sache ist ganz schön kompliziert geworden.
»Wenn sie alle magischen Steine gesammelt haben, werden sie in ihrer wahren Gestalt wiedergeboren und erhalten eine riesige Kraft.«
Es ging bei dieser Wiedergeburt also gar nicht um die Typen vom Kalten Auge der weißen Nacht ...
KLACK
Keine Sorge ...

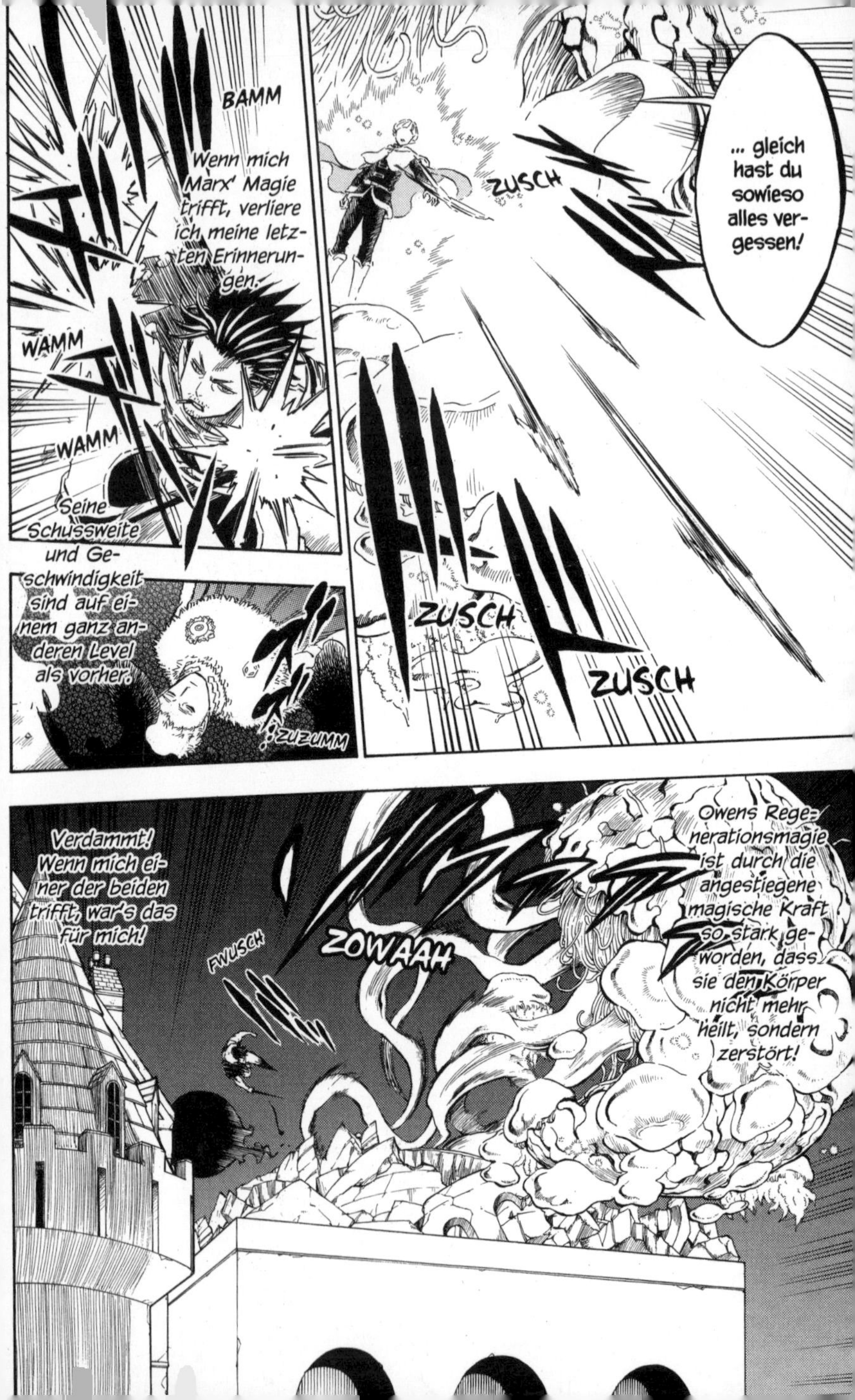

... gleich hast du sowieso alles vergessen!
ZUSCH
BAMM
Wenn mich Marx' Magie trifft, verliere ich meine letzten Erinnerungen.
WAMM
WAMM
ZUSCH
ZUSCH
Seine Schussweite und Geschwindigkeit sind auf einem ganz anderen Level als vorher.
ZUZUMM
Owens Regenerationsmagie ist durch die angestiegene magische Kraft so stark geworden, dass sie den Körper nicht mehr heilt, sondern zerstört!
ZOWAAH
FWUSCH
Verdammt! Wenn mich einer der beiden trifft, war's das für mich!

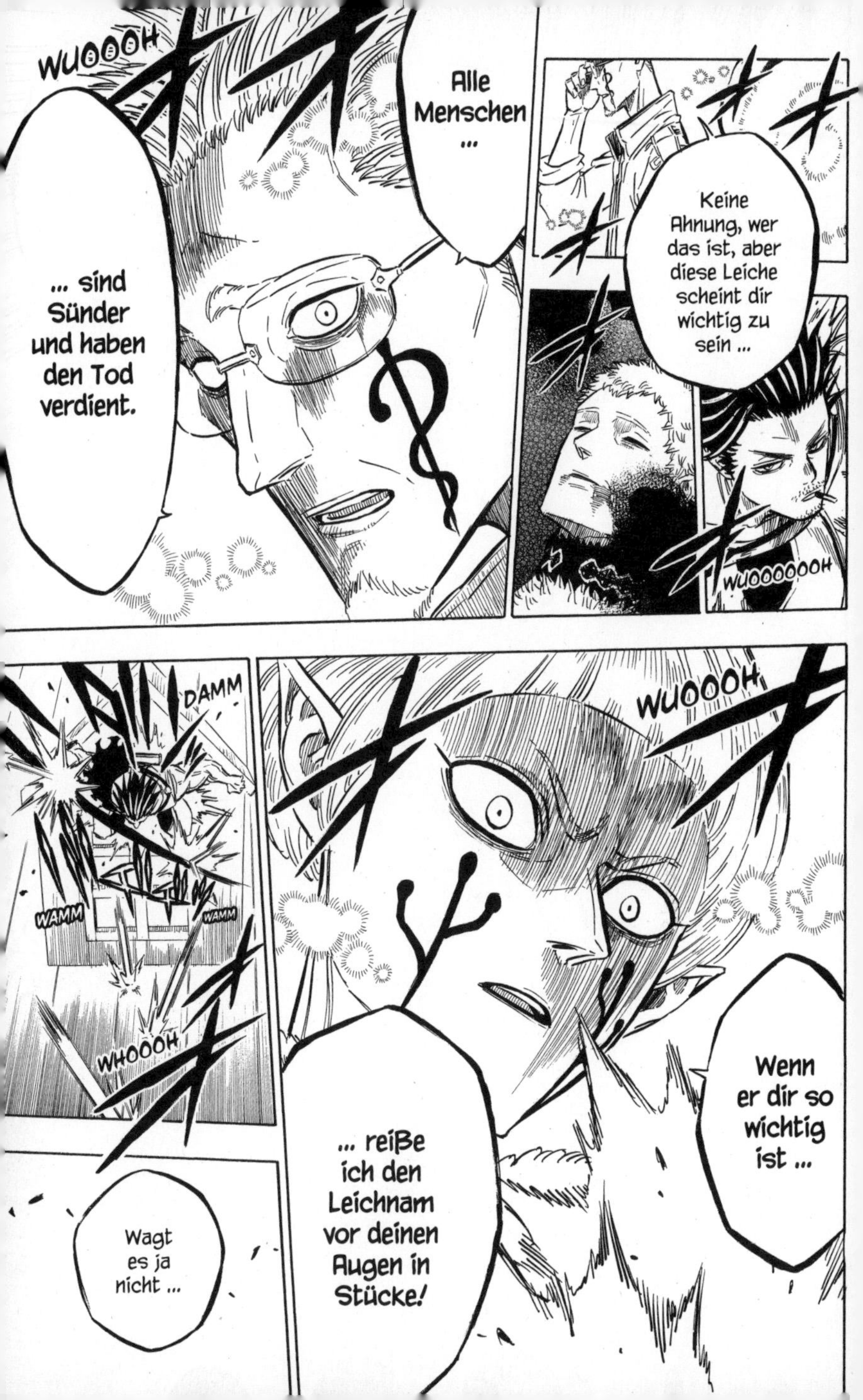
Keine Ahnung, wer das ist, aber diese Leiche scheint dir wichtig zu sein ...
WUOOOOOOH
WUOOOH
Alle Menschen ...
... sind Sünder und haben den Tod verdient.
WUOOOH
Wenn er dir so wichtig ist ...
... reiße ich den Leichnam vor deinen Augen in Stücke!
DAMM
WAMM
WAMM
WHOOOH
Wagt es ja nicht ...

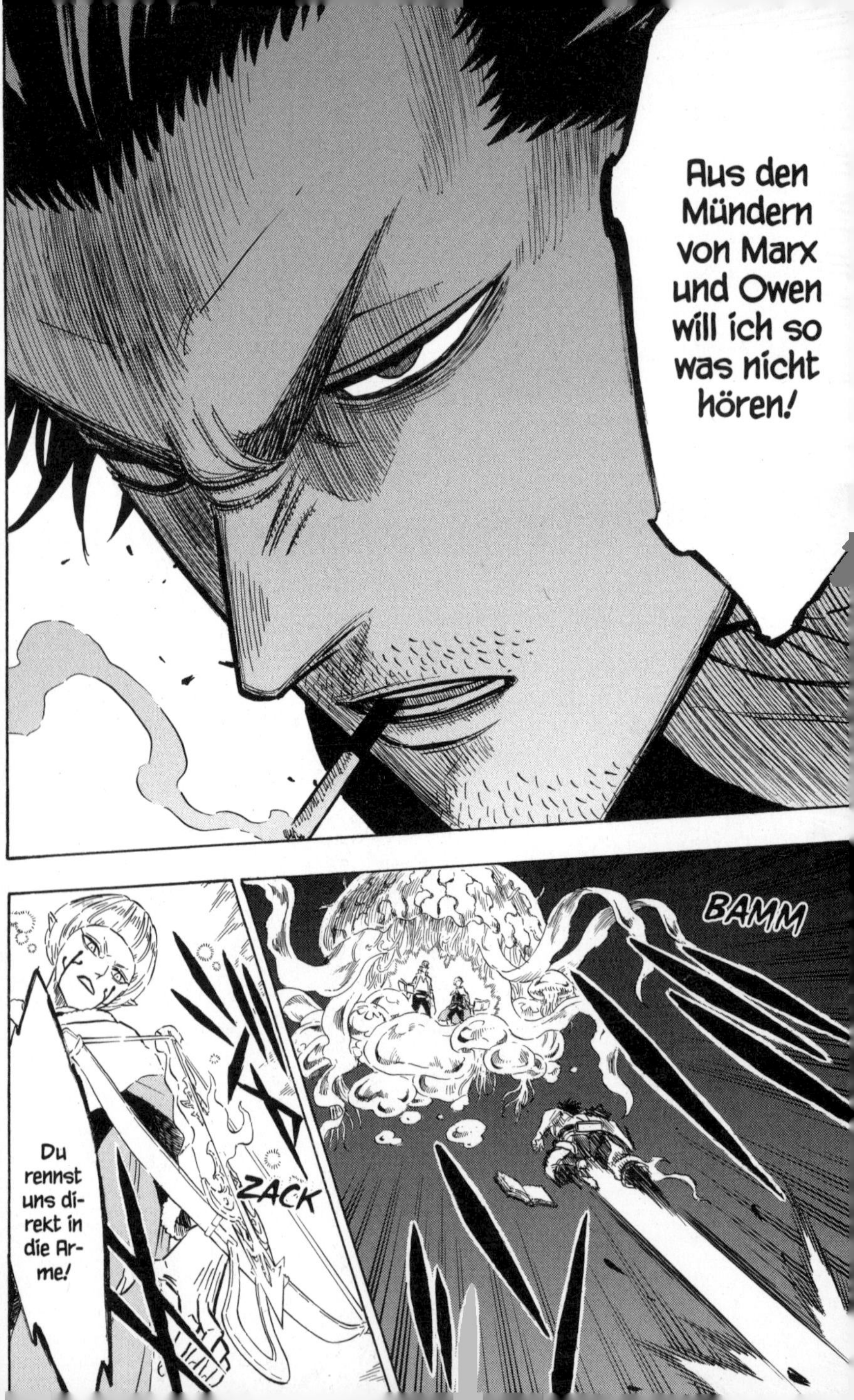
Aus den Mündern von Marx und Owen will ich so was nicht hören!
BAMM
ZACK
Du rennst uns direkt in die Arme!

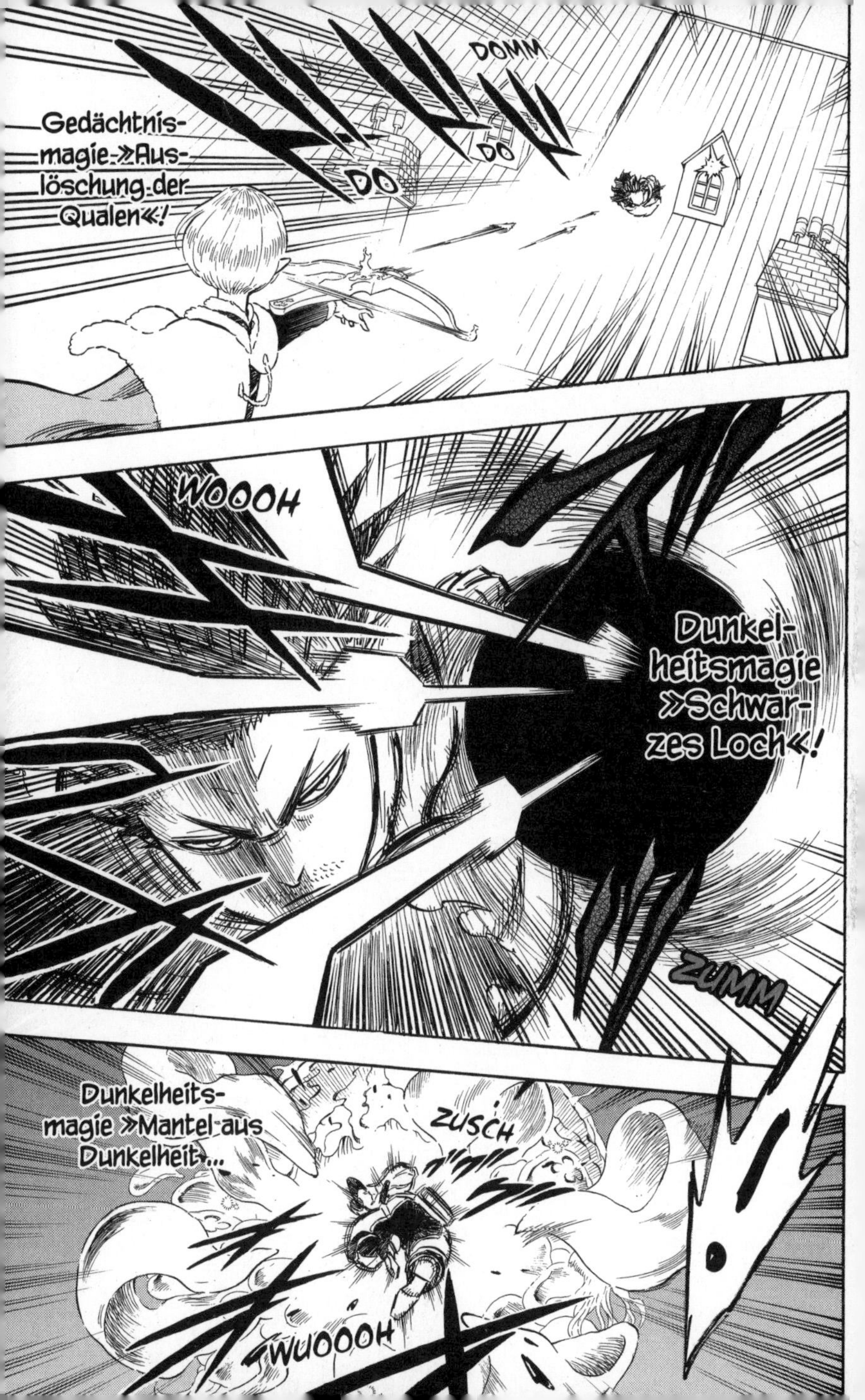
DOMM
DO
DO
Gedächtnismagie »Auslöschung der Qualen«!
WOOOH
Dunkelheitsmagie »Schwarzes Loch«!
ZUMM
Dunkelheitsmagie »Mantel aus Dunkelheit ...
ZUSCH
WUOOOH

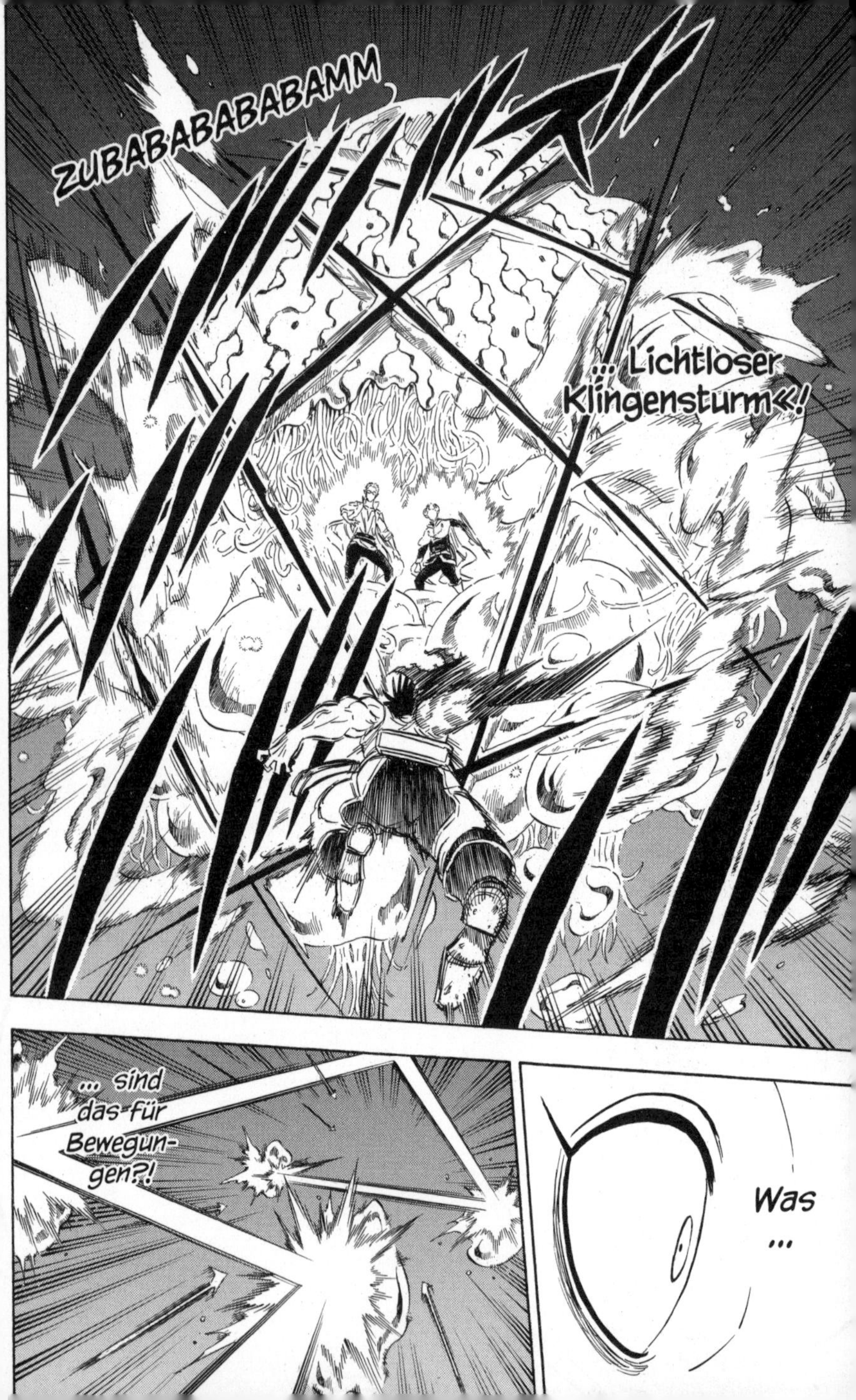
ZUBABABABABAMM
... Lichtloser Klingensturm«!
Was ...
... sind das für Bewegungen?!

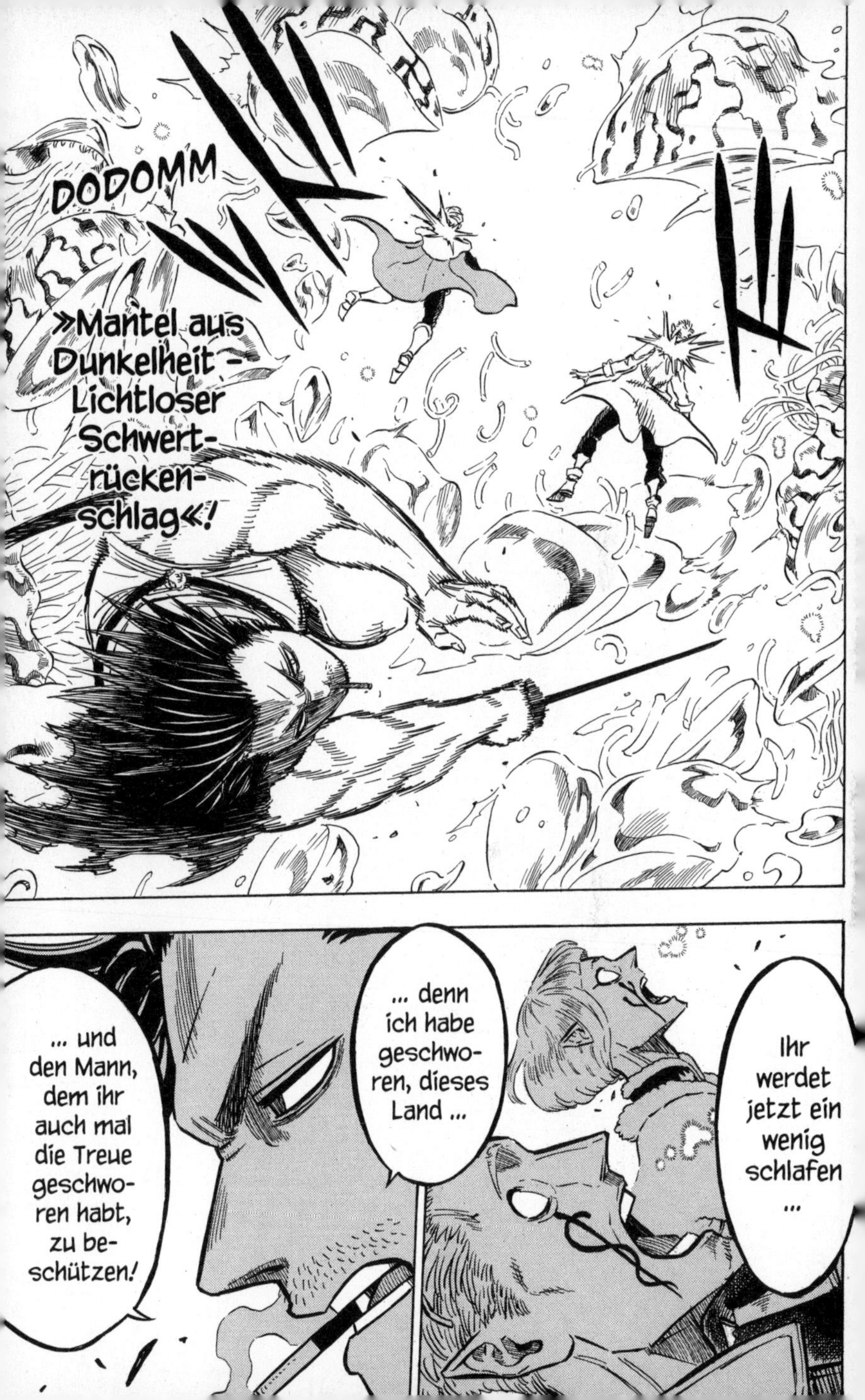

DODOMM
»Mantel aus Dunkelheit – Lichtloser Schwertrückenschlag«!
Ihr werdet jetzt ein wenig schlafen ...
... denn ich habe geschworen, dieses Land ...
... und den Mann, dem ihr auch mal die Treue geschworen habt, zu beschützen!

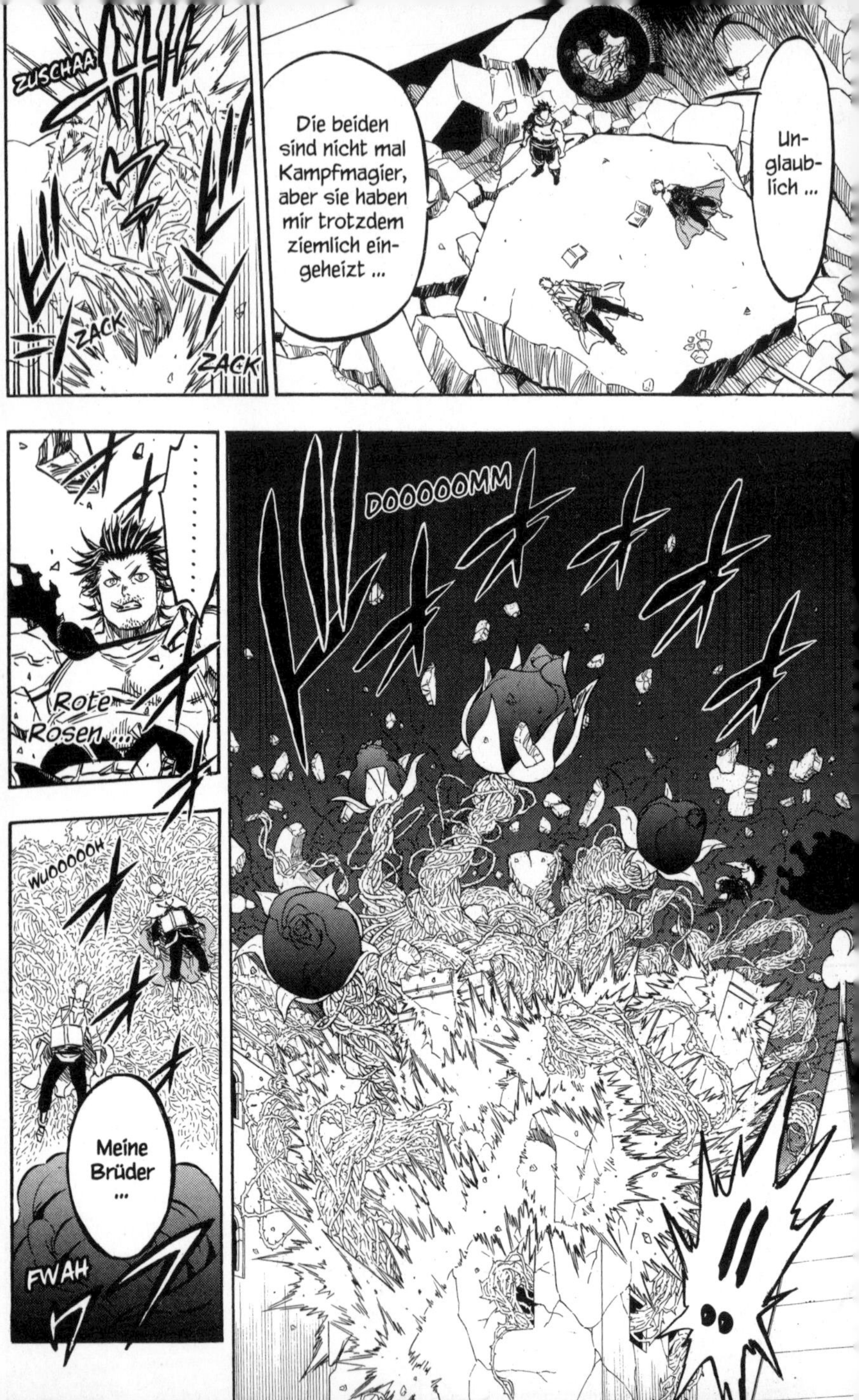
Un-
glaub-
lich ...
Die beiden
sind nicht mal
Kampfmagier,
aber sie haben
mir trotzdem
ziemlich ein-
geheizt ...
ZUSCHAA
ZACK
ZACK
Rote
Rosen ...
DOOOOOMM
WUOOOOOH
Meine
Brüder
...
FWAH

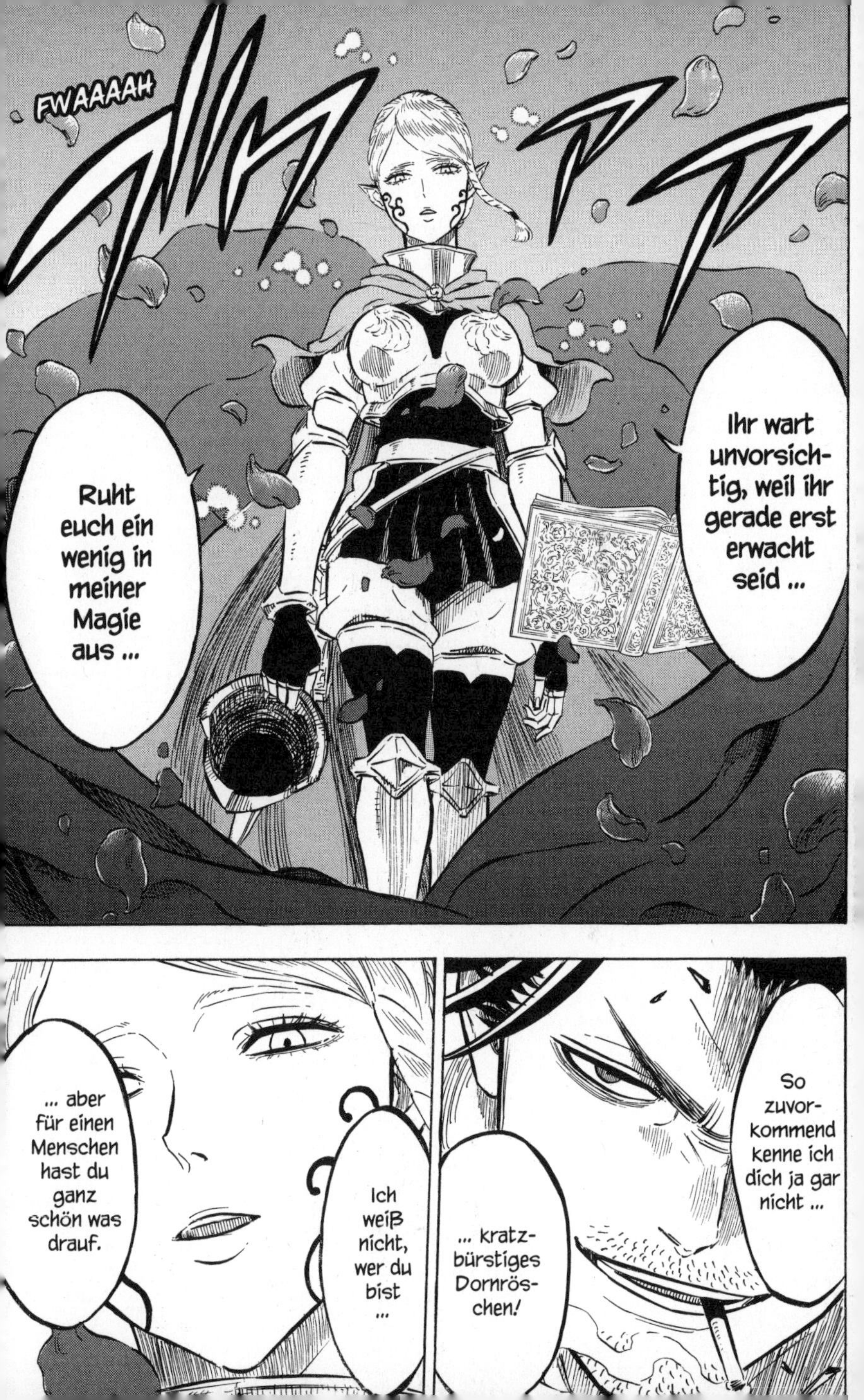
FWAAAAH
Ihr wart unvorsichtig, weil ihr gerade erst erwacht seid ...
Ruht euch ein wenig in meiner Magie aus ...
So zuvorkommend kenne ich dich ja gar nicht ...
... kratzbürstiges Dornröschen!
Ich weiß nicht, wer du bist ...
... aber für einen Menschen hast du ganz schön was drauf.

Der Schwarz-Weisse Bilderorden Nr. 1

Noelle hat sich hübsch gemacht.

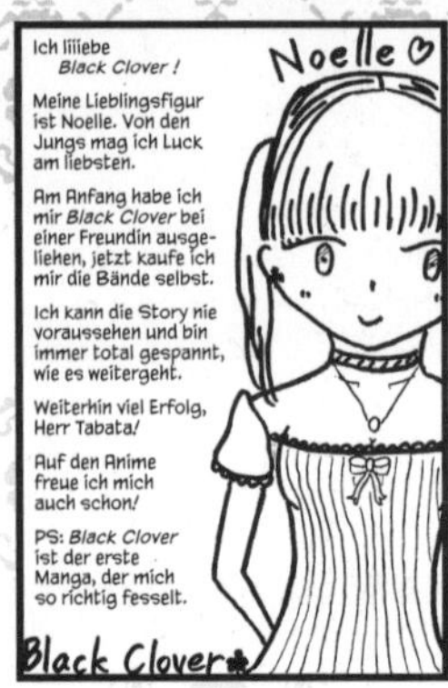

Lanze des Donnergottes aus Hokkaido

Asta blickt unverwandt nach vorn!

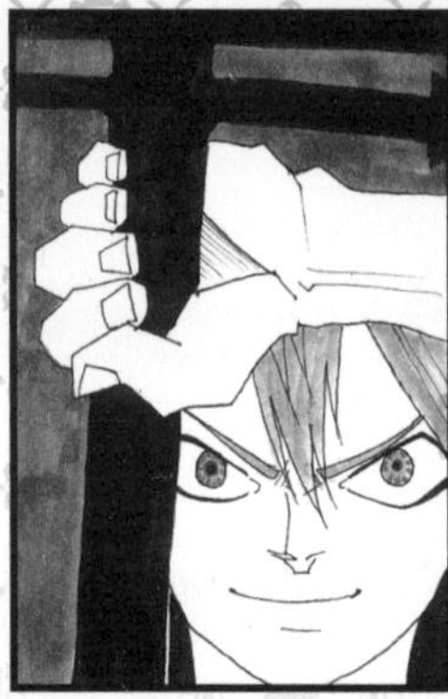

Kensaku Nakamura aus Kyoto

In diesem Bereich werden Leserzeichnungen abgedruckt! Ich freue mich jedes Mal über eure zahlreichen Einsendungen!

Daidai Tanaka aus Saitama

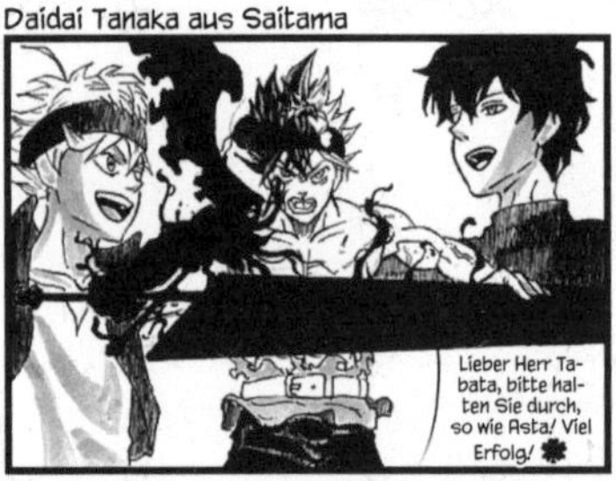

Sie kämpfen auch heute weiter für ihren Traum!

Der superstarke König der Magier mit seinem besonderen Grimoire.

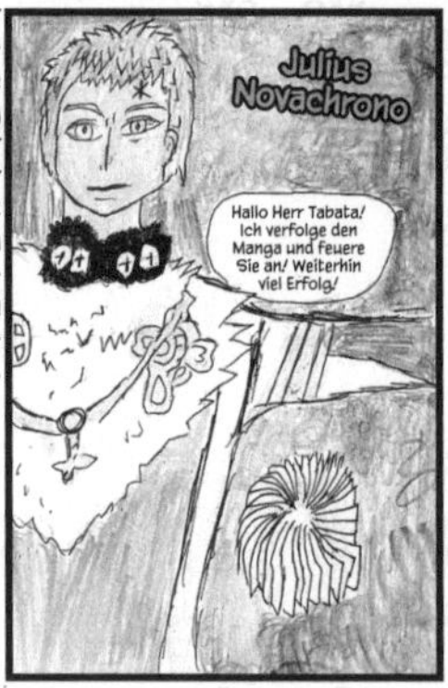

Chihiro Suzuki aus Shizuoka

Der feurige Anführer des Schwarzen Stiers!

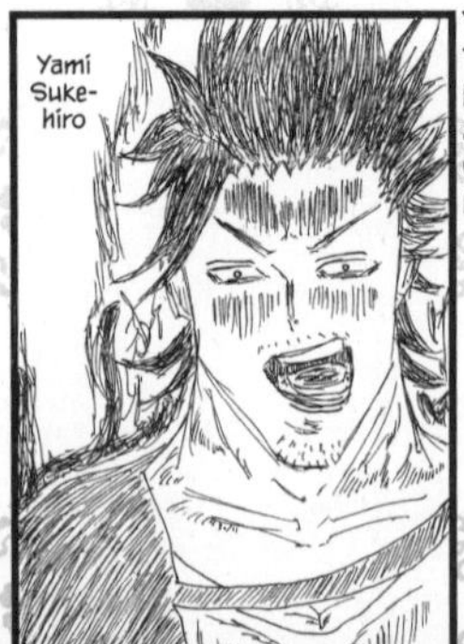

Yuya Takagi aus Osaka

Reisfink aus Kanagawa

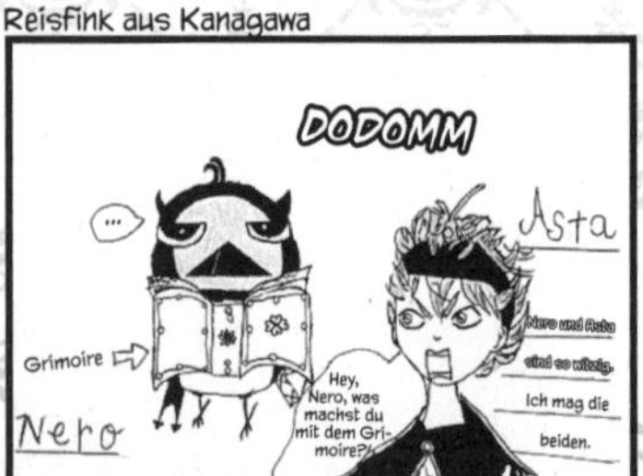

Der Vogel des Glücks …?

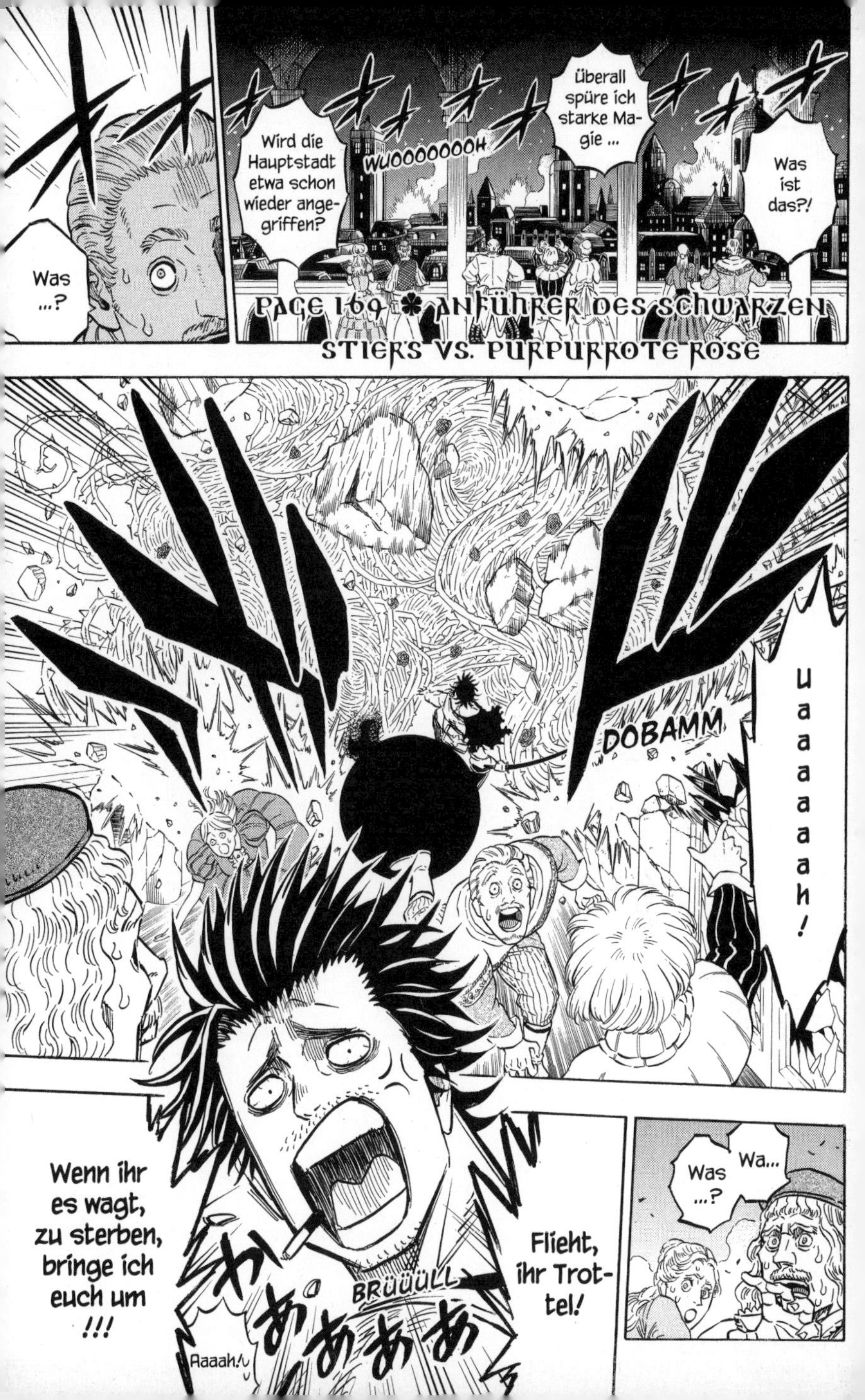
Was ist das?!
Überall spüre ich starke Magie ...
WUOOOOOOOH
Wird die Hauptstadt etwa schon wieder angegriffen?
Was ...?
PAGE 169 ✽ ANFÜHRER DES SCHWARZEN STIERS VS. PURPURROTE ROSE
Uaaaaaaaah!
DOBAMM
Wa...
Was ...?
Flieht, ihr Trottel!
Wenn ihr es wagt, zu sterben, bringe ich euch um !!!
BRÜÜÜLL
Aaaah!

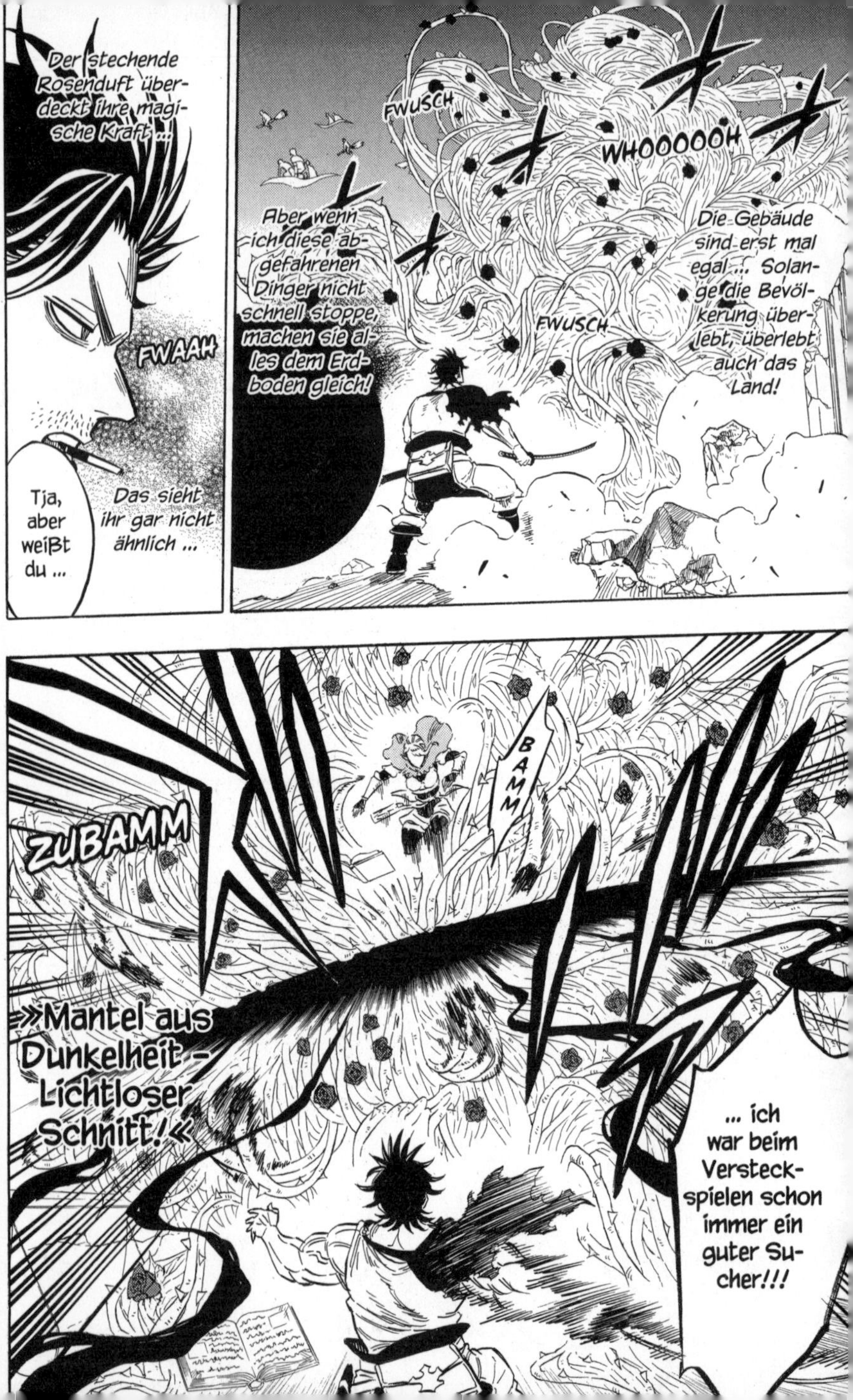
WHOOOOOH
FWUSCH
Die Gebäude sind erst mal egal ... Solange die Bevölkerung überlebt, überlebt auch das Land!
FWUSCH
Aber wenn ich diese abgefahrenen Dinger nicht schnell stoppe, machen sie alles dem Erdboden gleich!
Der stechende Rosenduft überdeckt ihre magische Kraft ...
FWAAH
Das sieht ihr gar nicht ähnlich ...
Tja, aber weißt du ...
BAMM
... ich war beim Versteckspielen schon immer ein guter Sucher!!!
ZUBAMM
»Mantel aus Dunkelheit – Lichtloser Schnitt!«

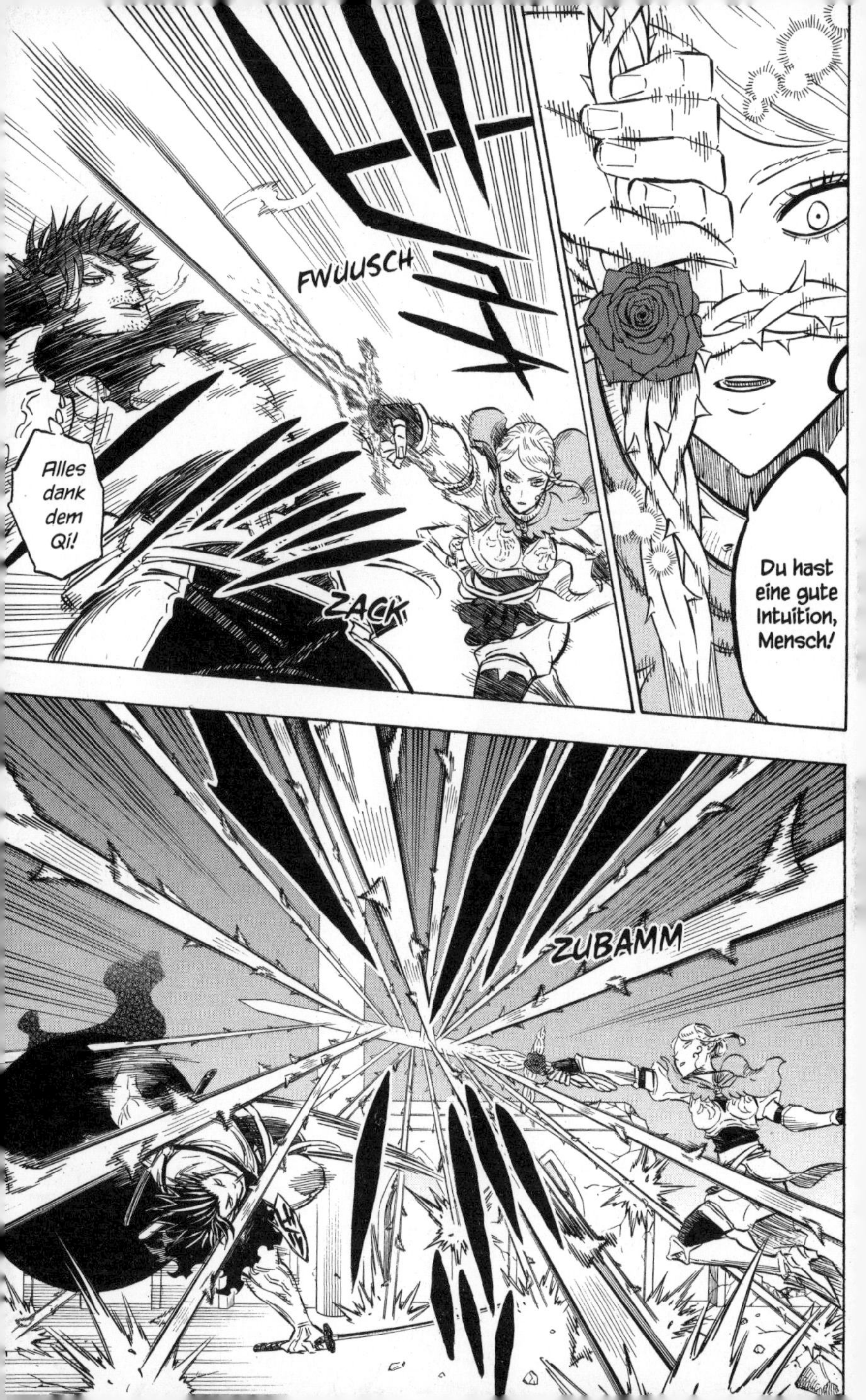
Du hast eine gute Intuition, Mensch!
FWUUSCH
Alles dank dem Qi!
ZACK
ZUBAMM

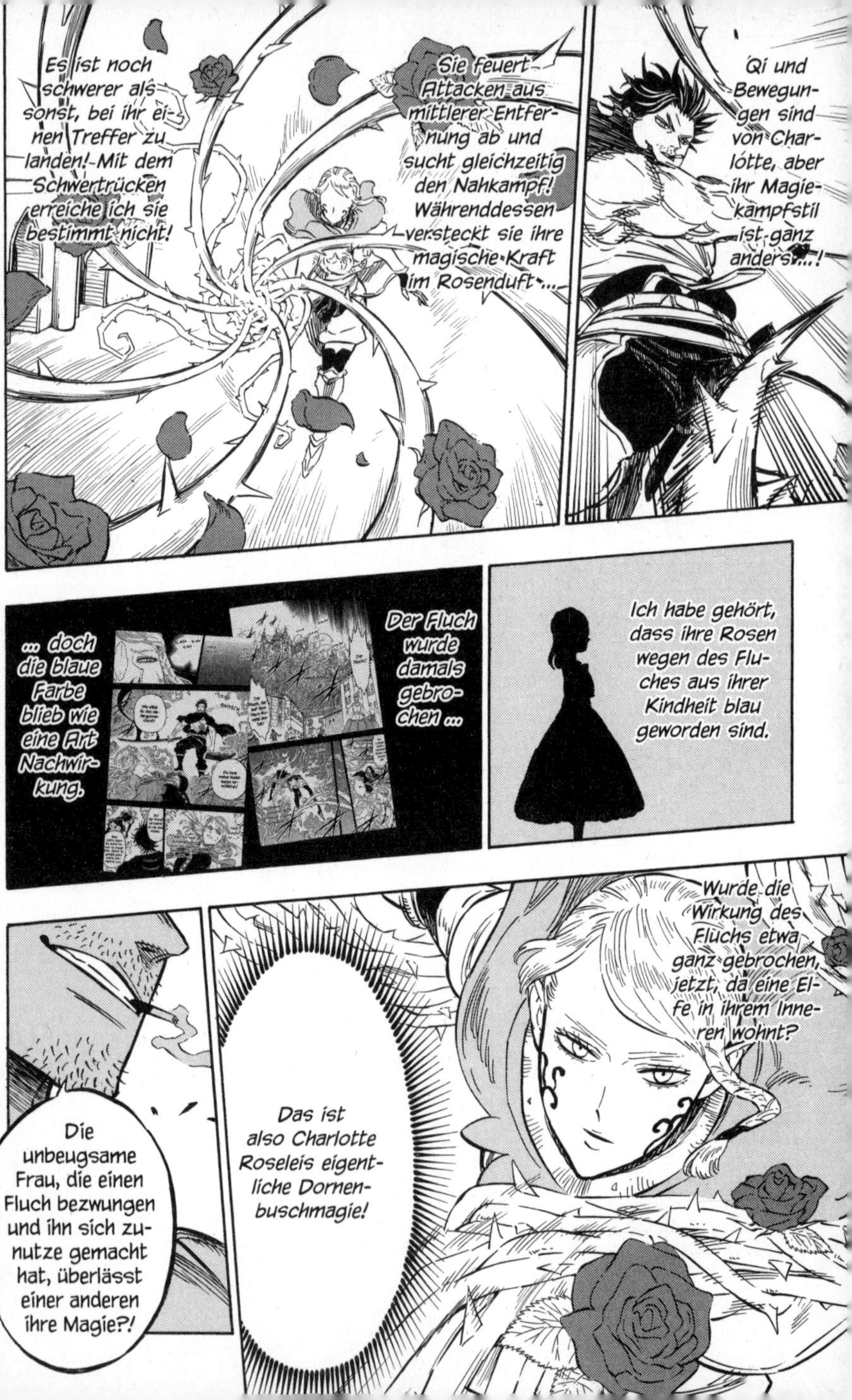

Qi und Bewegungen sind von Charlotte, aber ihr Magiekampfstil ist ganz anders ...!
Sie feuert Attacken aus mittlerer Entfernung ab und sucht gleichzeitig den Nahkampf! Währenddessen versteckt sie ihre magische Kraft im Rosenduft ...
Es ist noch schwerer als sonst, bei ihr einen Treffer zu landen! Mit dem Schwertrücken erreiche ich sie bestimmt nicht!
Ich habe gehört, dass ihre Rosen wegen des Fluches aus ihrer Kindheit blau geworden sind.
Der Fluch wurde damals gebrochen ...
... doch die blaue Farbe blieb wie eine Art Nachwirkung.
Wurde die Wirkung des Fluchs etwa ganz gebrochen, jetzt, da eine Elfe in ihrem Inneren wohnt?
Das ist also Charlotte Roseleis eigentliche Dornenbuschmagie!
Die unbeugsame Frau, die einen Fluch bezwungen und ihn sich zunutze gemacht hat, überlässt einer anderen ihre Magie?!

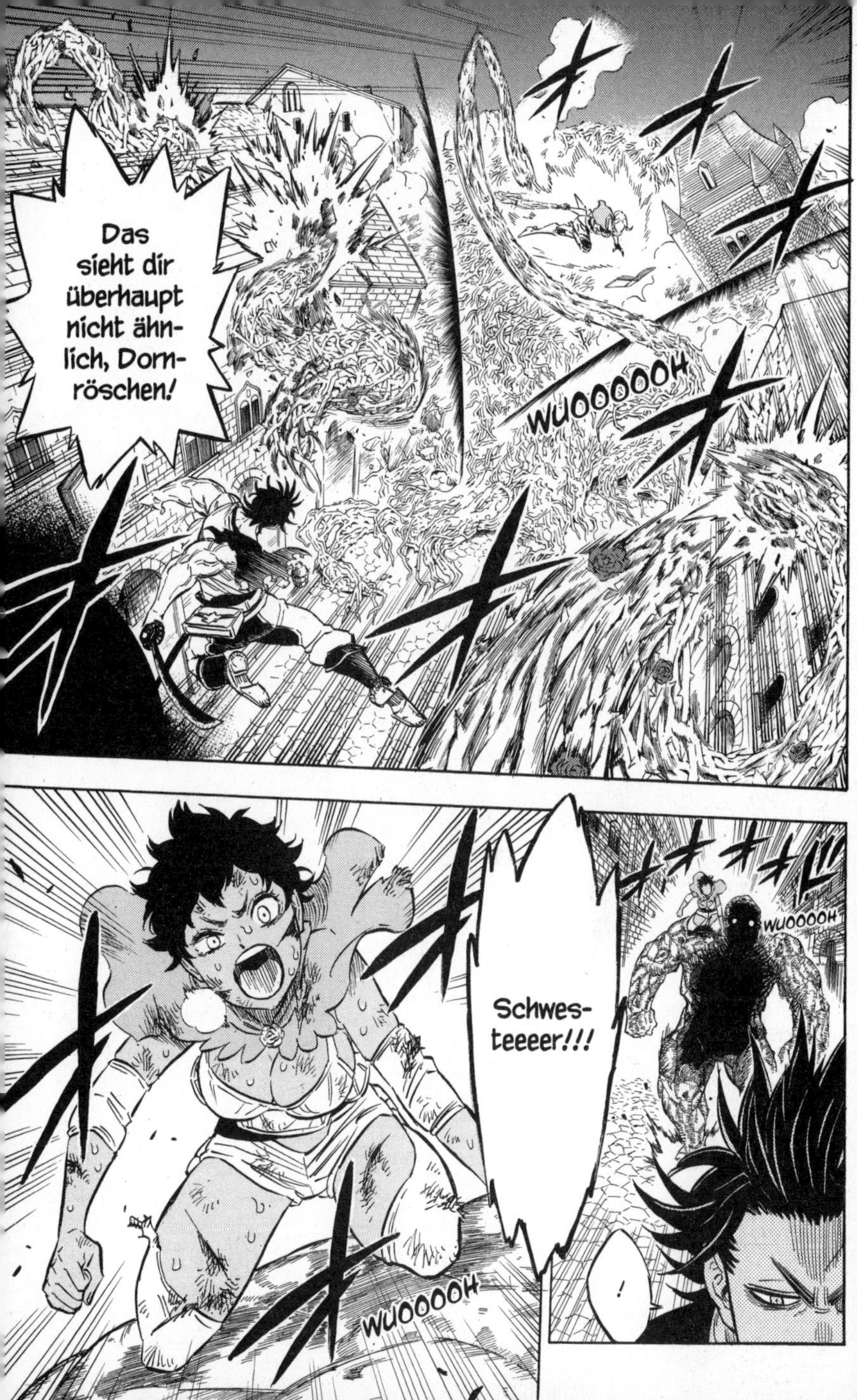
WUOOOOOH
Das sieht dir überhaupt nicht ähnlich, Dornröschen!
WUOOOOH
!
Schwes-teeeer!!!
WUOOOOH

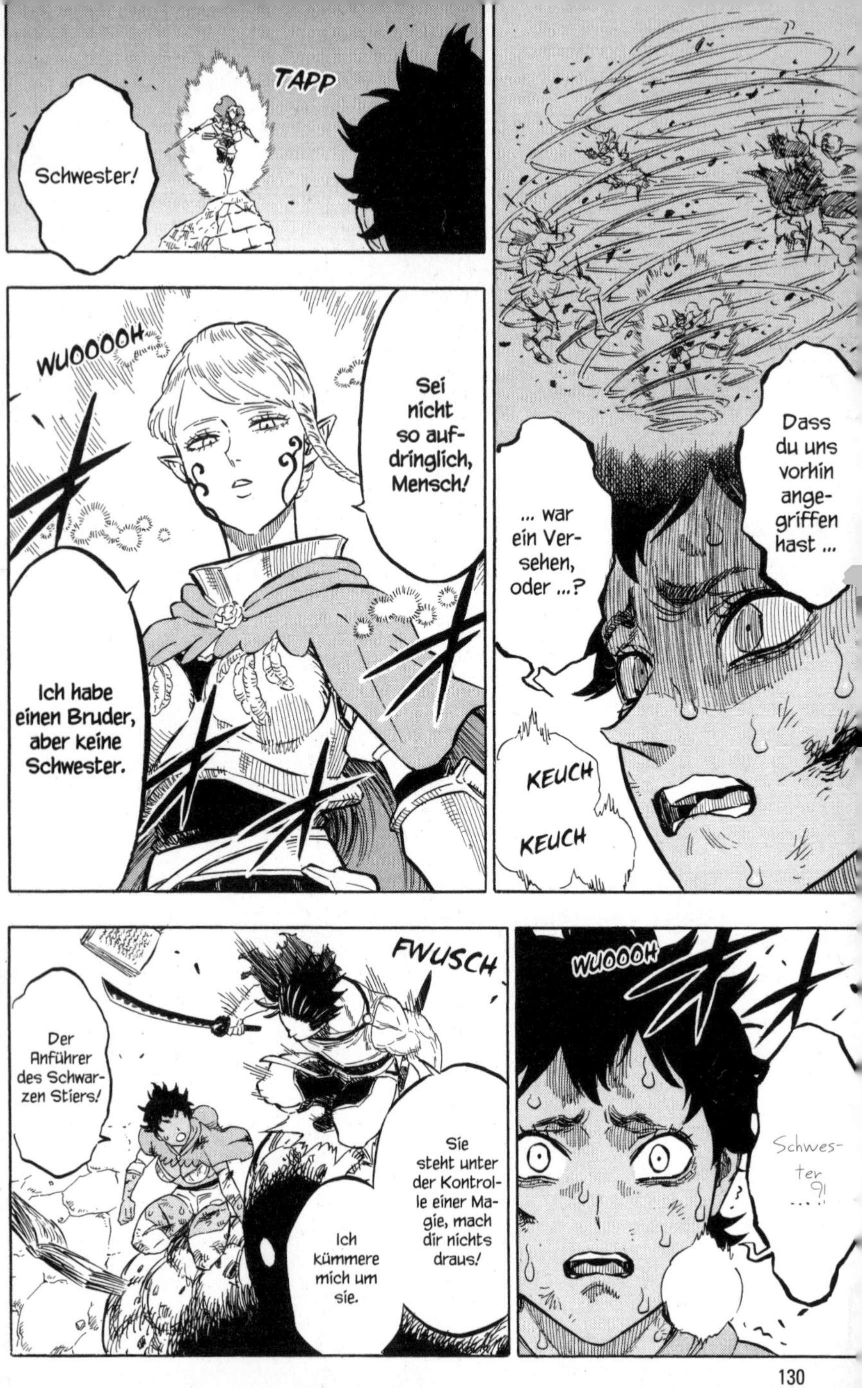

Dass du uns vorhin angegriffen hast ...
... war ein Versehen, oder ...?
KEUCH
KEUCH
TAPP
Schwester!
WUOOOOH
Sei nicht so aufdringlich, Mensch!
Ich habe einen Bruder, aber keine Schwester.
WUOOOH
Schwester ...?!
FWUSCH
Sie steht unter der Kontrolle einer Magie, mach dir nichts draus!
Ich kümmere mich um sie.
Der Anführer des Schwarzen Stiers!

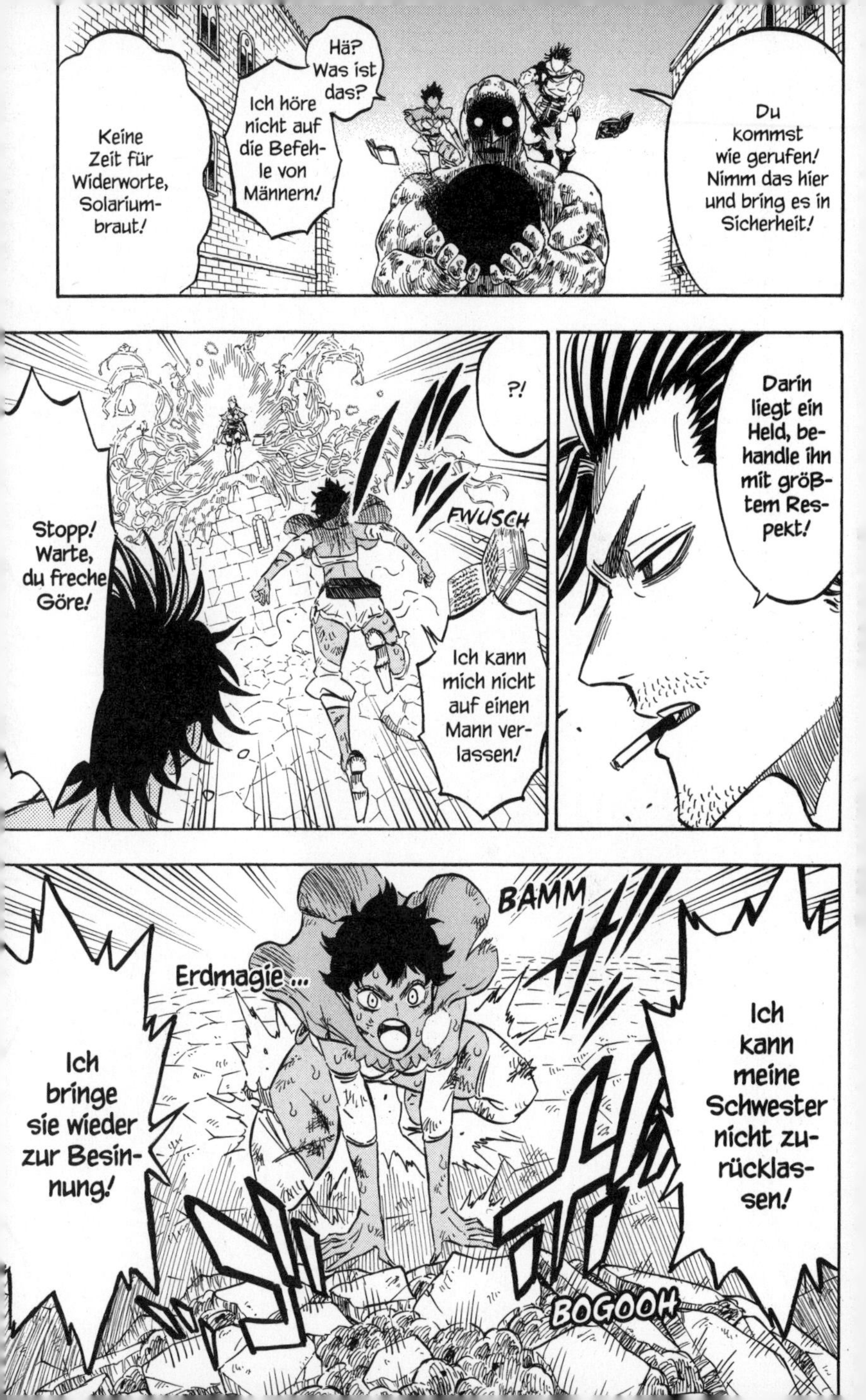

Du kommst wie gerufen! Nimm das hier und bring es in Sicherheit!
Hä? Was ist das?
Ich höre nicht auf die Befehle von Männern!
Keine Zeit für Widerworte, Solariumbraut!
Darin liegt ein Held, behandle ihn mit größtem Respekt!
?!
FWUSCH
Ich kann mich nicht auf einen Mann verlassen!
Stopp! Warte, du freche Göre!
BAMM
Ich kann meine Schwester nicht zurücklassen!
Erdmagie ...
Ich bringe sie wieder zur Besinnung!
BOGOOH

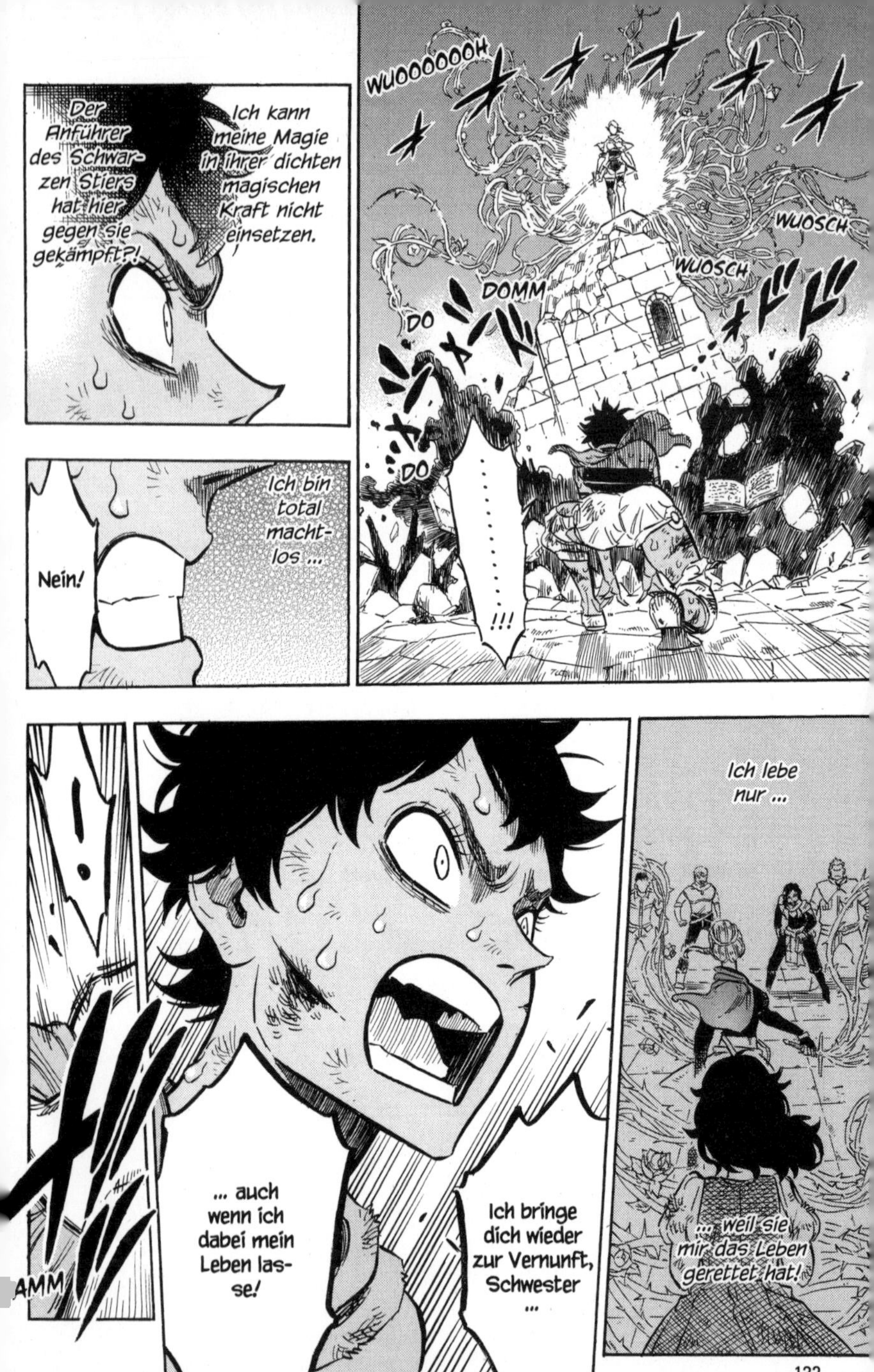
WUOOOOOOH
WUOSCH
WUOSCH
DOMM
DO
DO
!!!
Ich kann meine Magie in ihrer dichten magischen Kraft nicht einsetzen.
Der Anführer des Schwarzen Stiers hat hier gegen sie gekämpft?!
Ich bin total machtlos ...
Nein!
Ich lebe nur ...
... weil sie mir das Leben gerettet hat!
Ich bringe dich wieder zur Vernunft, Schwester ...
... auch wenn ich dabei mein Leben lasse!
AMM

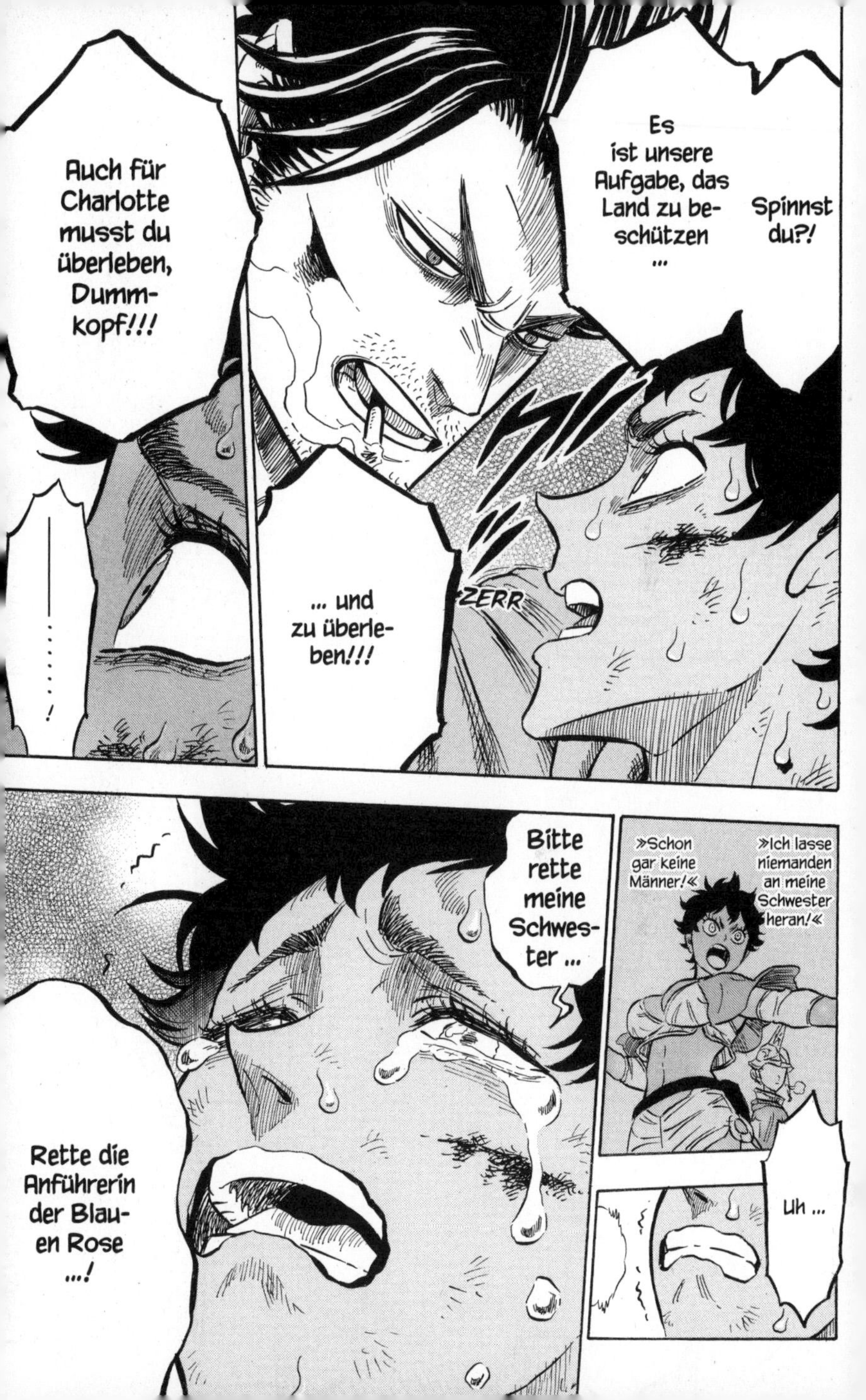
Spinnst du?!
Es ist unsere Aufgabe, das Land zu beschützen ...
... und zu überleben!!!
ZERR
Auch für Charlotte musst du überleben, Dummkopf!!!
......!
»Ich lasse niemanden an meine Schwester heran!«
»Schon gar keine Männer!«
Uh ...
Bitte rette meine Schwester ...
Rette die Anführerin der Blauen Rose ...!

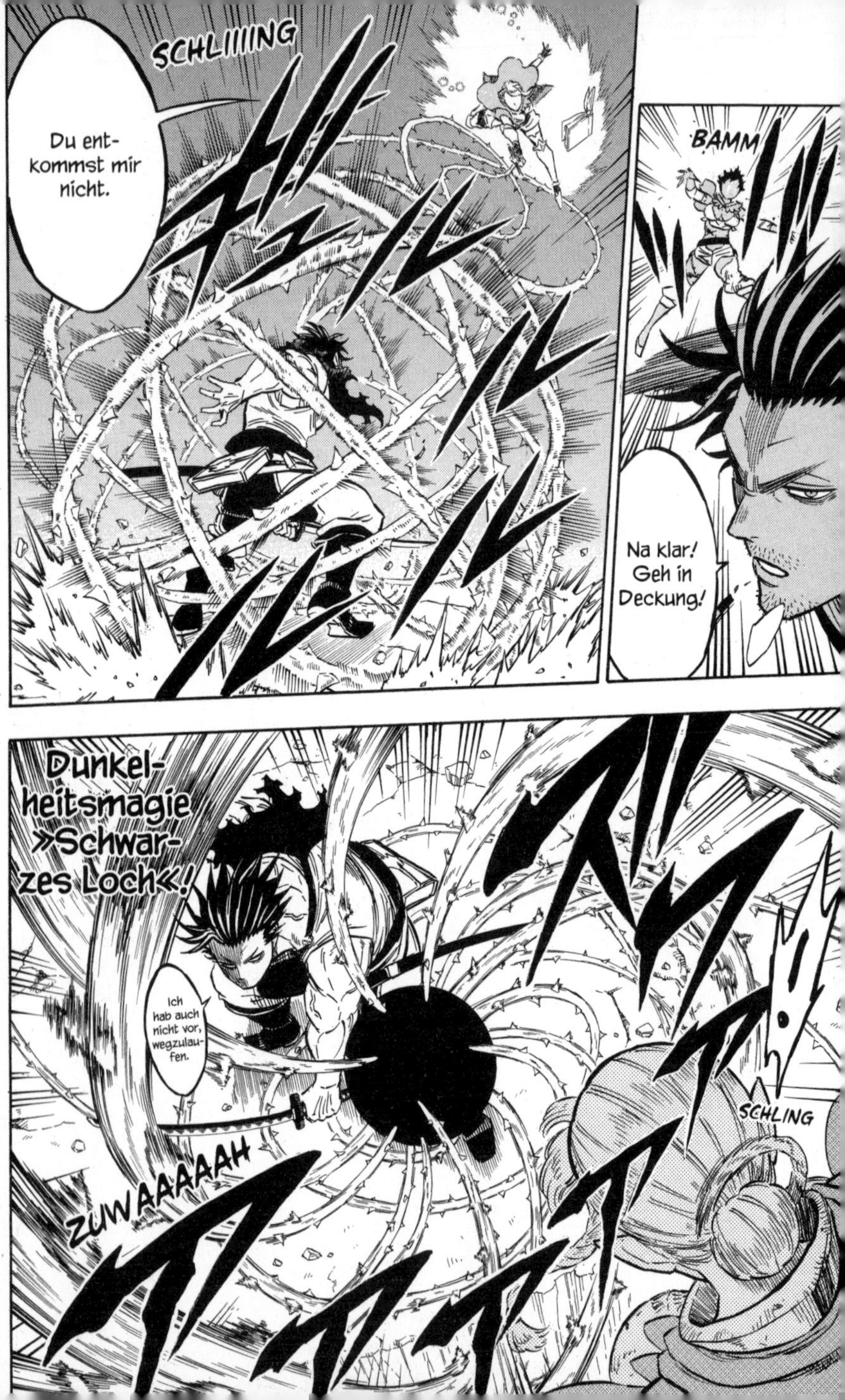
BAMM
Na klar! Geh in Deckung!
SCHLIIIING
Du entkommst mir nicht.
Dunkelheitsmagie »Schwarzes Loch«!
Ich hab auch nicht vor, wegzulaufen.
SCHLING
ZUWAAAAAAH

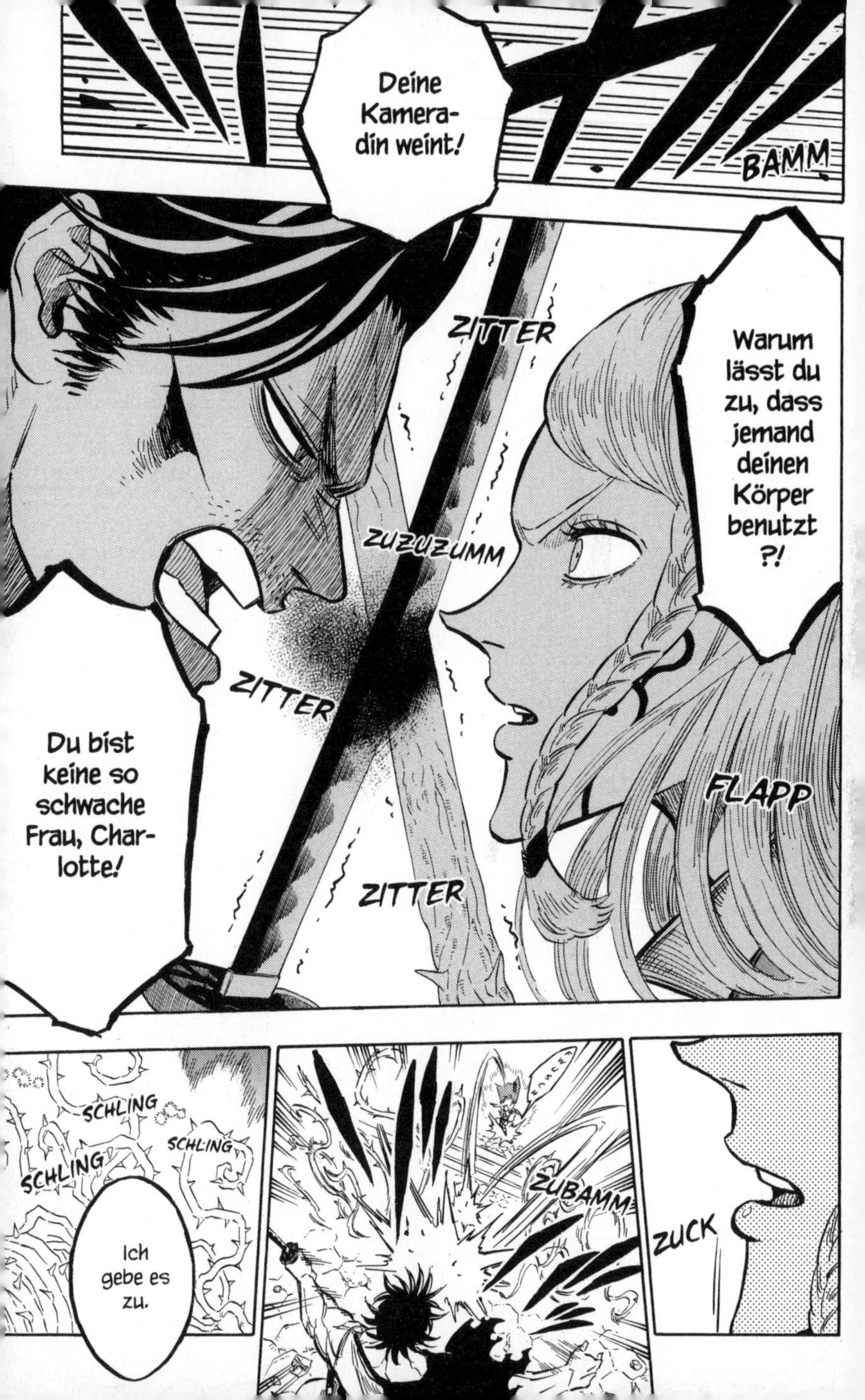

Deine Kamera-din weint!
BAMM
Warum lässt du zu, dass jemand deinen Körper benutzt?!
ZITTER
ZUZUZUMM
ZITTER
Du bist keine so schwache Frau, Char-lotte!
FLAPP
ZITTER
ZUCK
ZUBAMM
SCHLING
SCHLING
SCHLING
Ich gebe es zu.

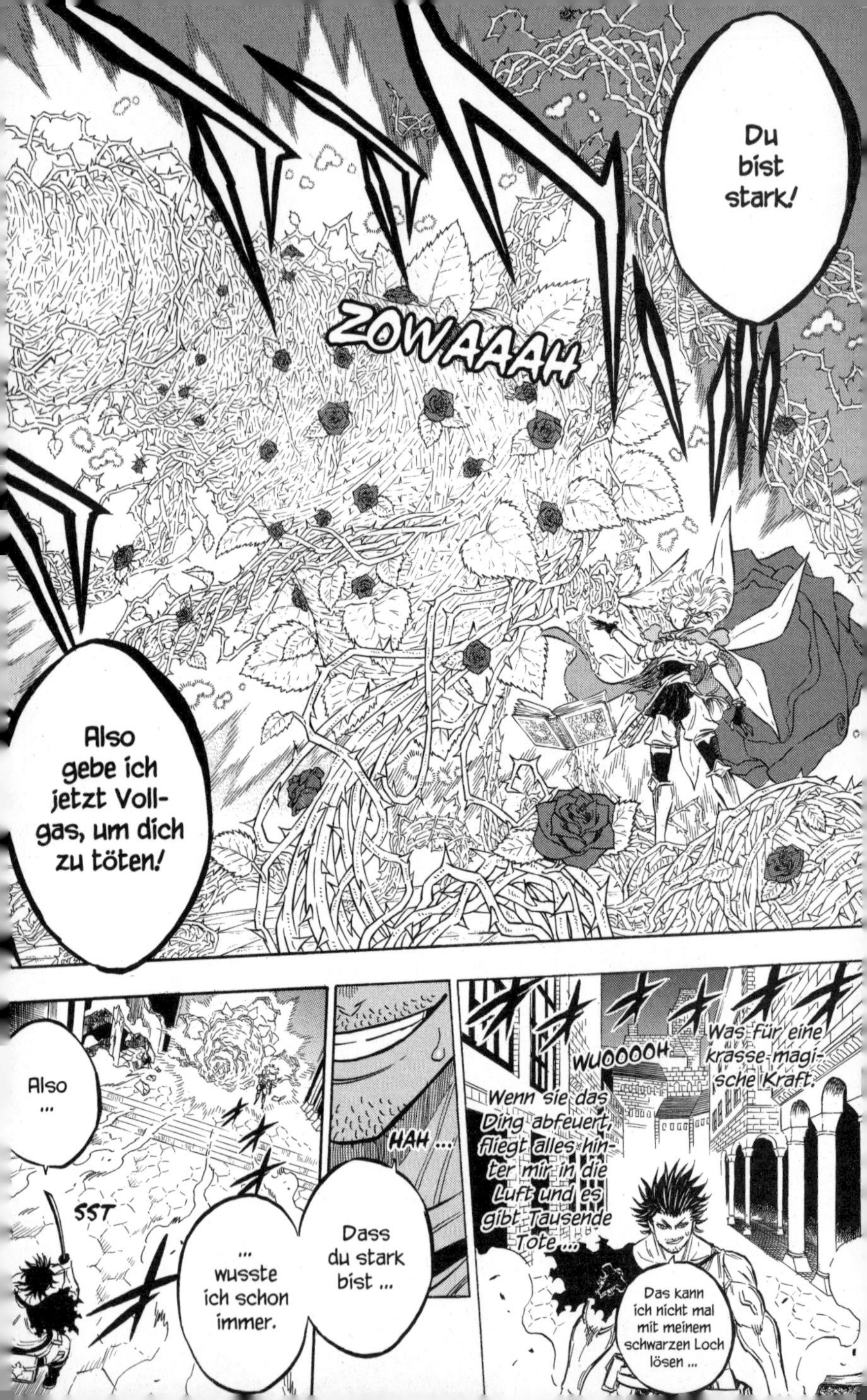
Du bist stark!
ZOWAAAH
Also gebe ich jetzt Voll-gas, um dich zu töten!
Was für eine krasse magi-sche Kraft.
WUOOOOH
Wenn sie das Ding abfeuert, fliegt alles hin-ter mir in die Luft und es gibt Tausende Tote ...
Das kann ich nicht mal mit meinem schwarzen Loch lösen ...
HAH ...
Dass du stark bist ...
... wusste ich schon immer.
Also ...
SST

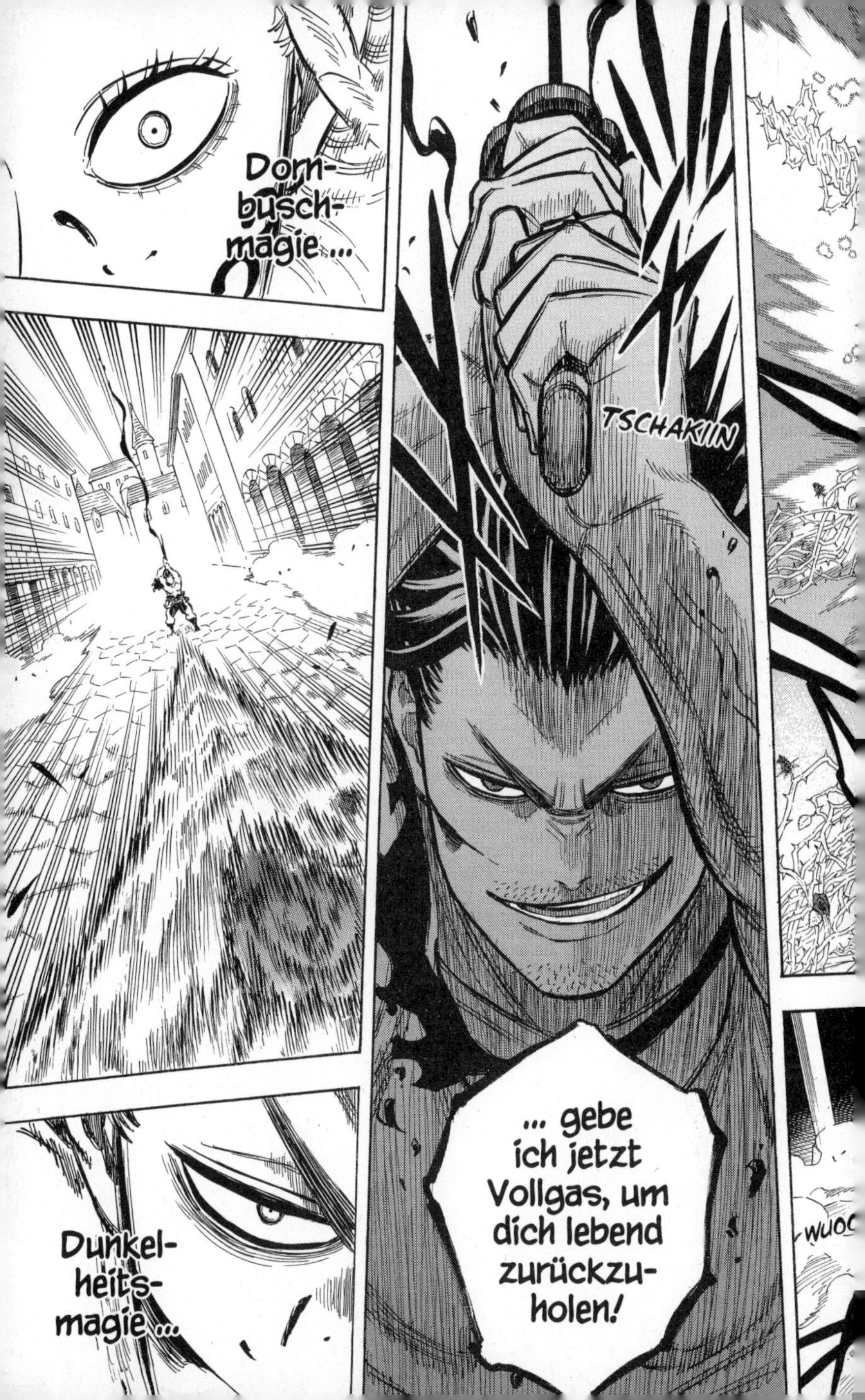
TSCHAKIIN
... gebe ich jetzt Vollgas, um dich lebend zurückzuholen!
Dornbusch-magie ...
Dunkelheits-magie ...

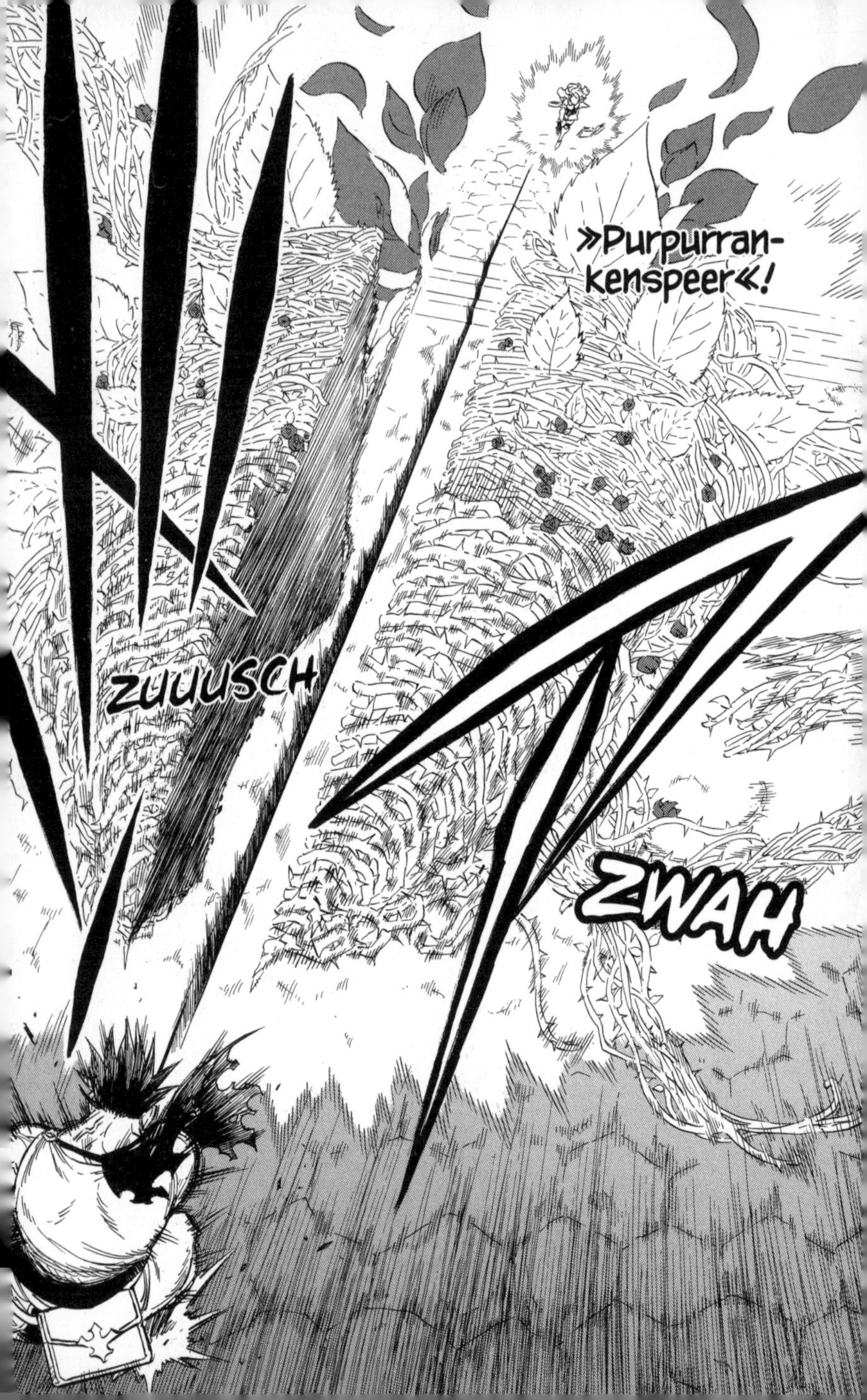
»Purpurrankenspeer«!
ZUUUSCH
ZWAH

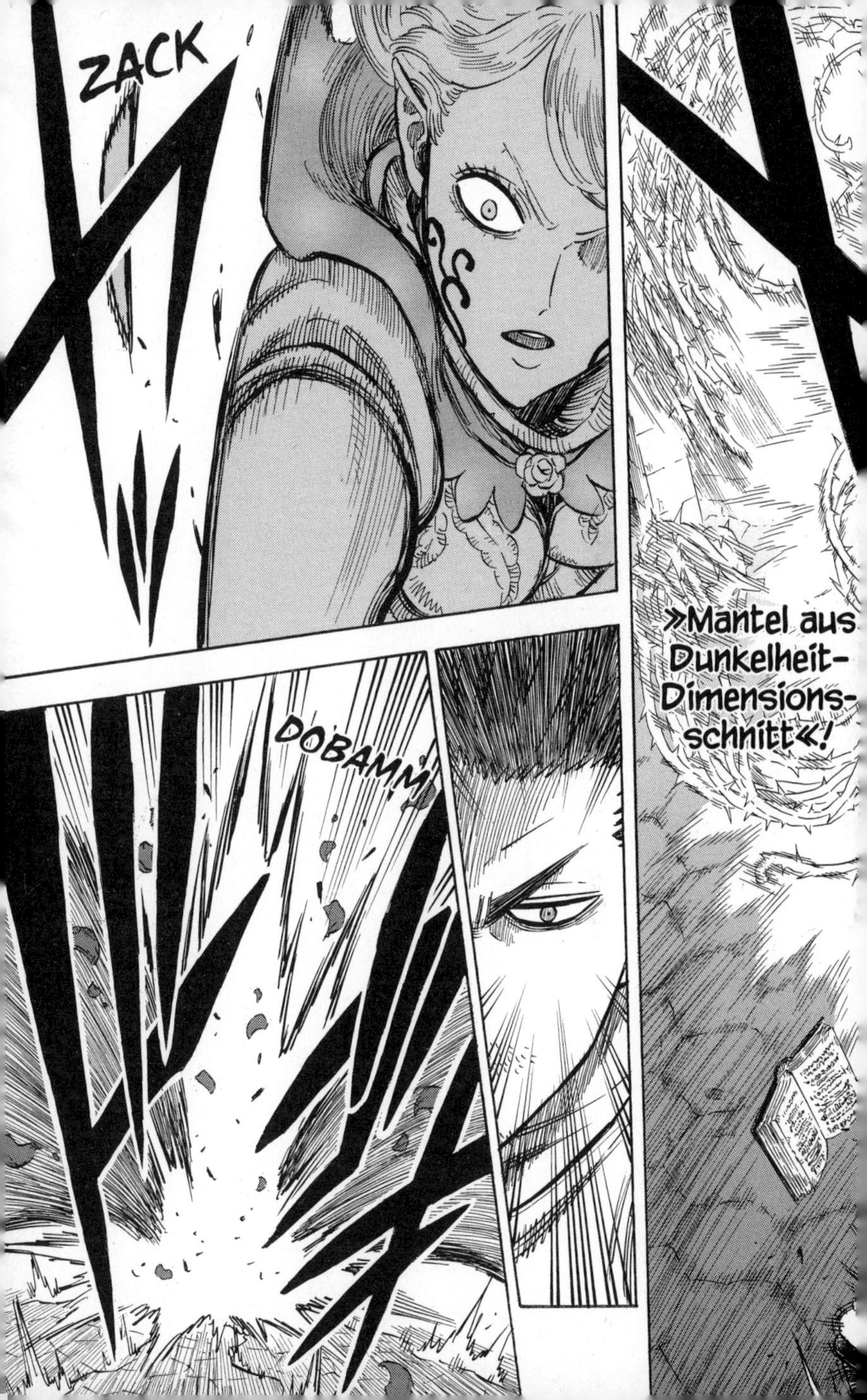
ZACK
»Mantel aus Dunkelheit-Dimensionsschnitt«!
DOBAMM

DER SCHWARZ-WEISSE BILDERORDEN NR. 2

Wo amüsiere ich mich heute?

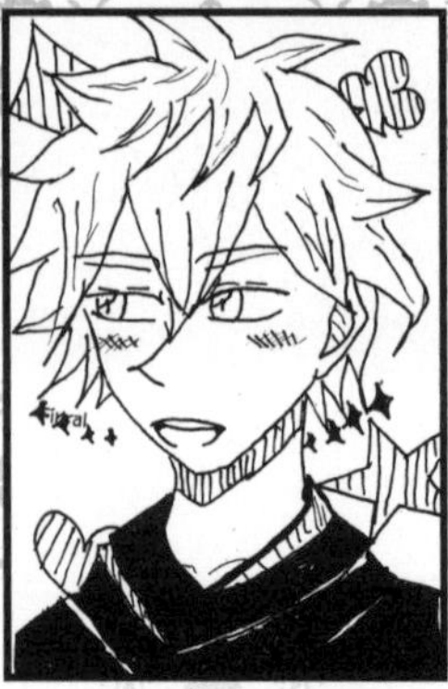

Aoi Sawahoku aus Osaka

Grins! Hübsches Lächeln, Asta!

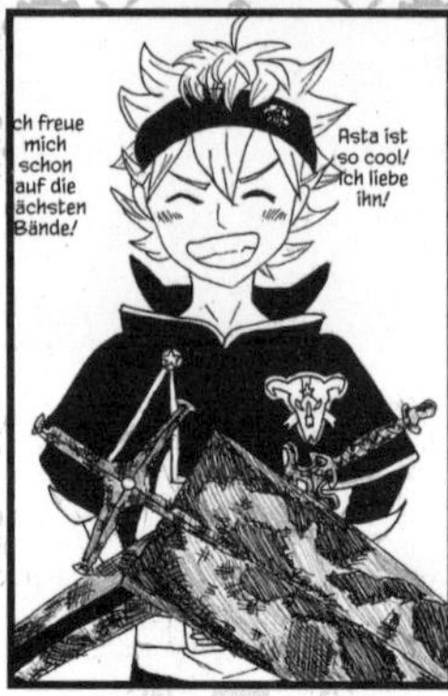

Sai Hazuki aus Hyogo

Zoras verwegenes Grinsen

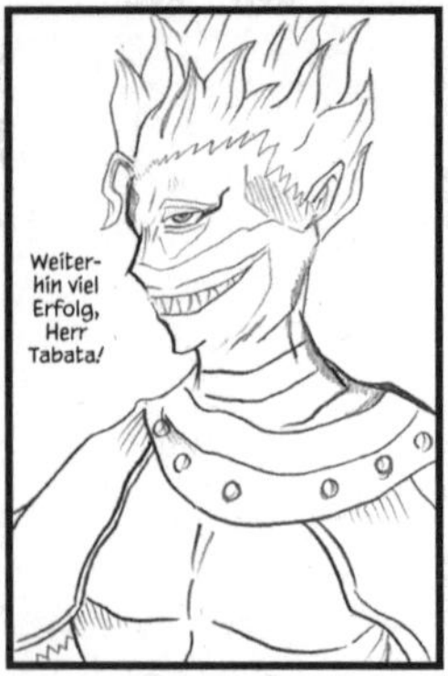

KAZU aus Kagawa

Zwei Ritter aus dem Grauen Phantomhirsch

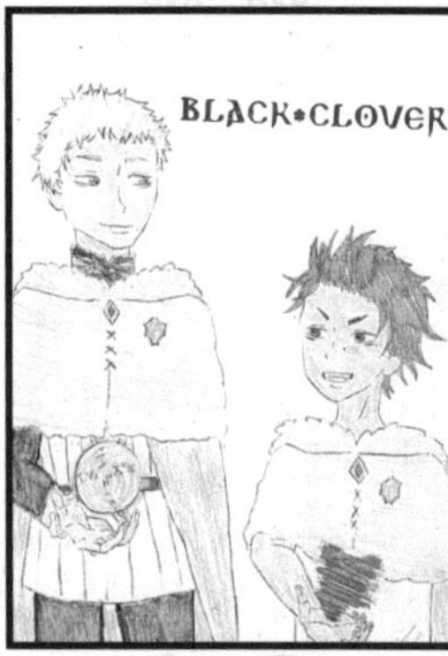

Yuiko aus Aichi

Motohiro Kurosumi aus Okayama

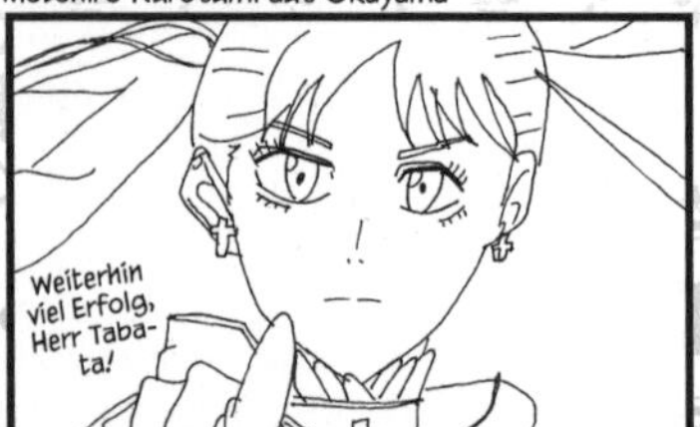

Noelle strengt sich immer so sehr an!

Tanz deinen seltsamen Tanz, Charmy!

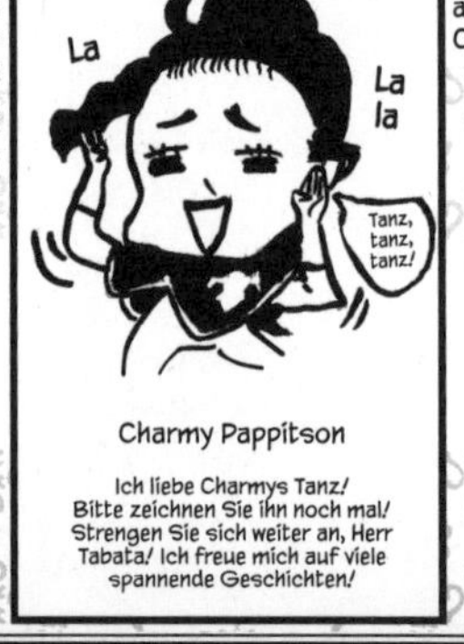

G-Pen aus Chiba

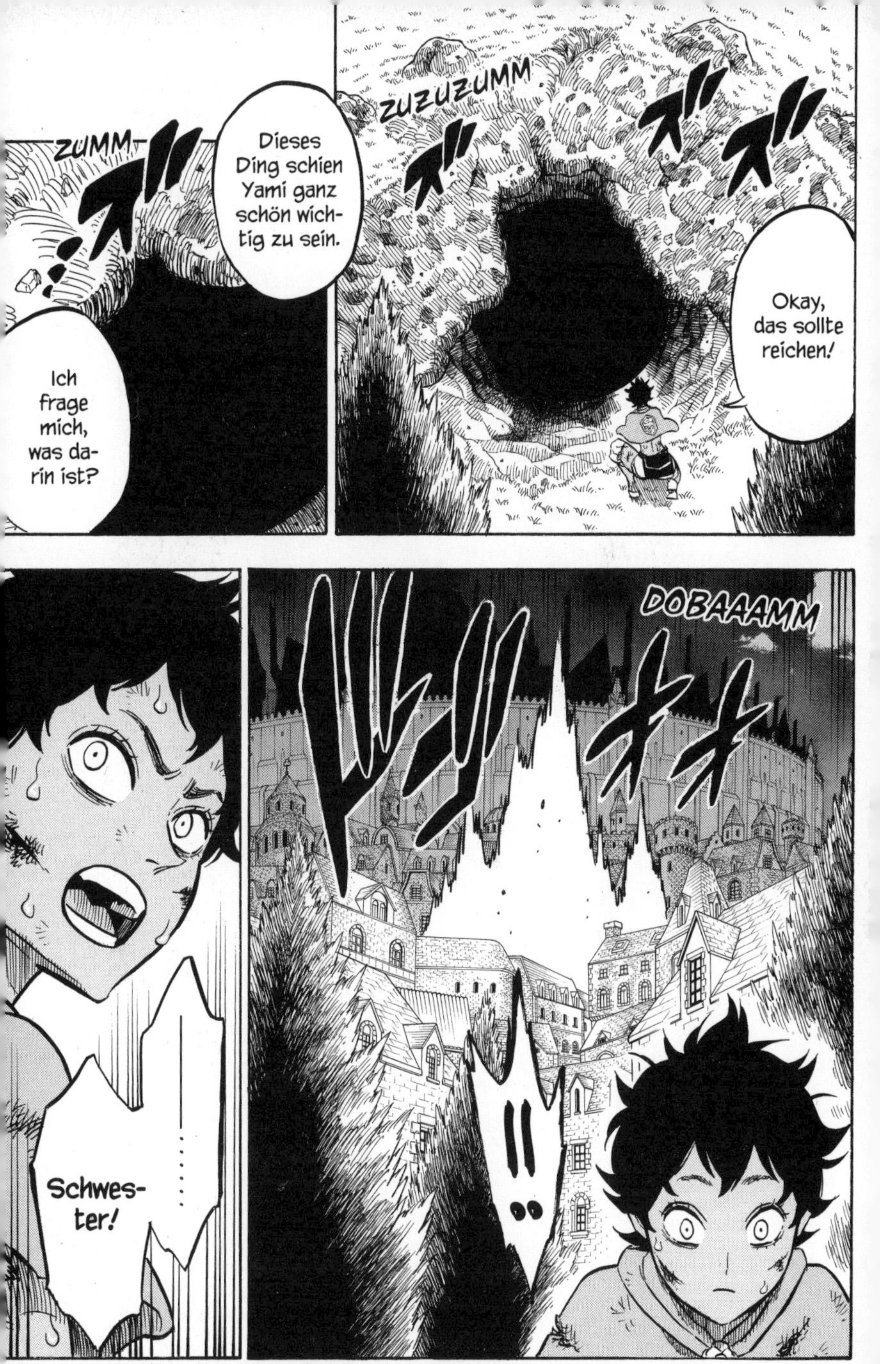

PAGE 170 ♣ DIE ABTRÜNNIGEN ERGREIFEN IHRE CHANCE

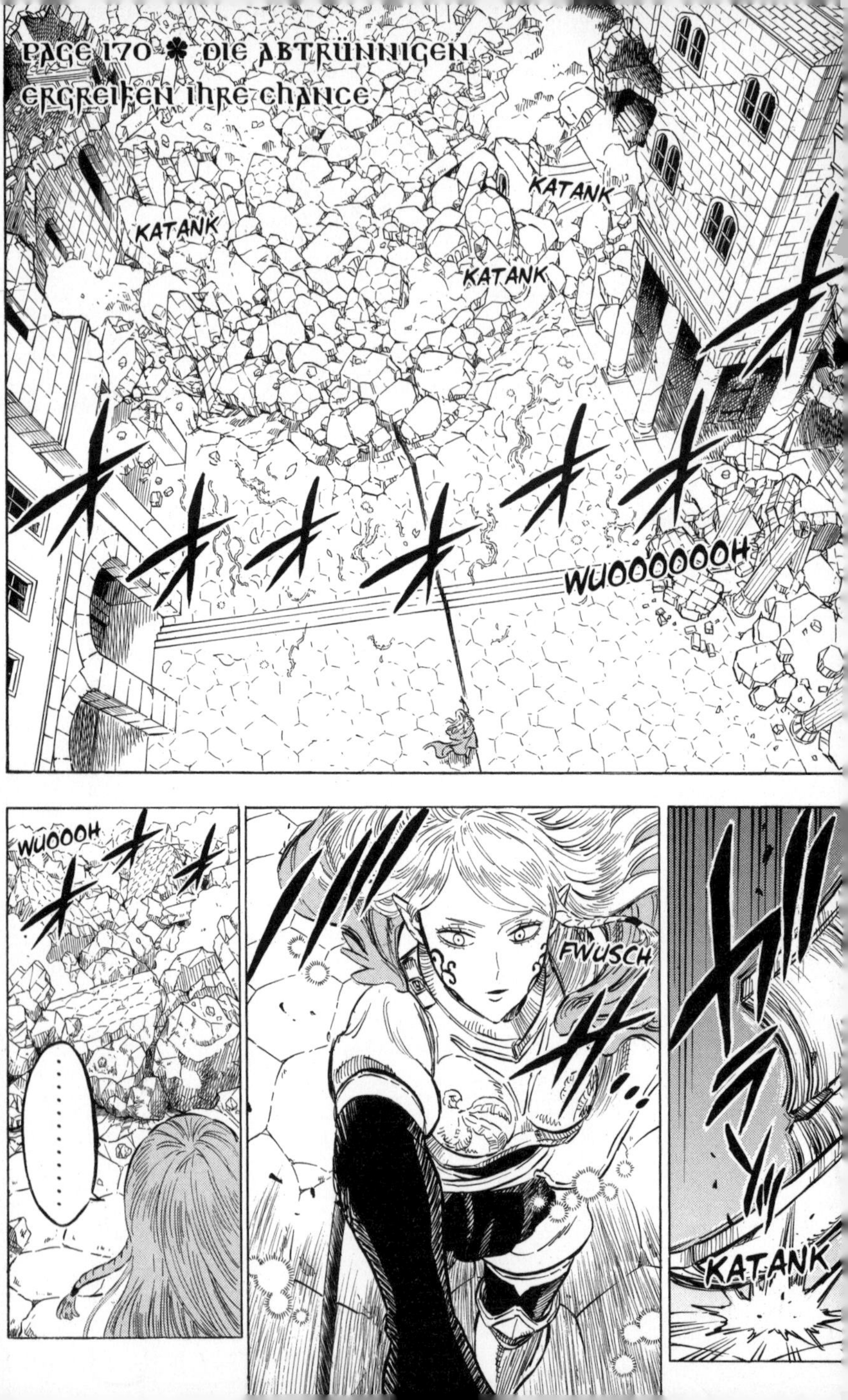
PAGE 170 ✽ DIE ABTRÜNNIGEN ERGREIFEN IHRE CHANCE
KATANK
KATANK
KATANK
WUOOOOOOH
KATANK
FWUSCH
WUOOOH
……

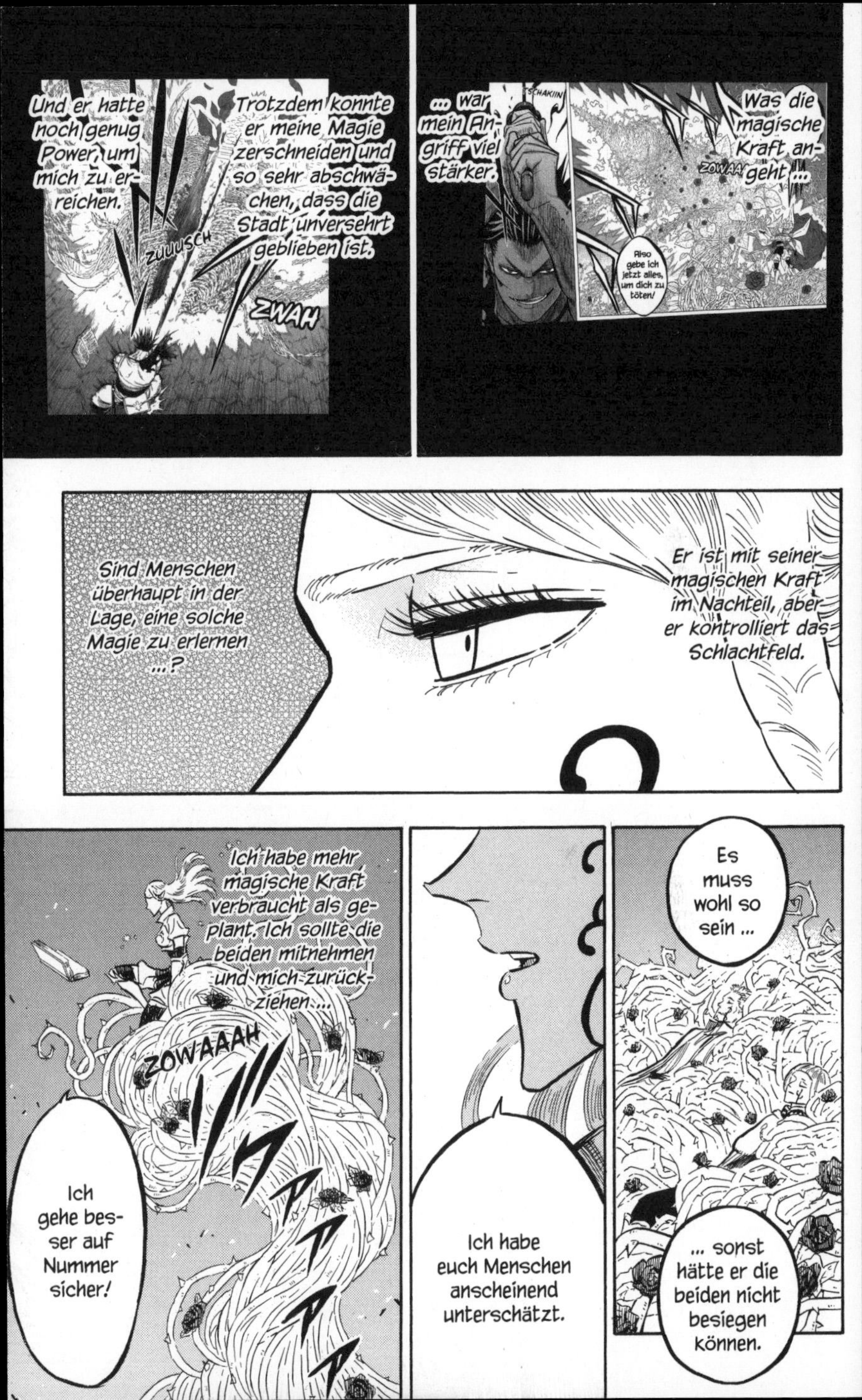
Was die magische Kraft angeht ...
ZOWAA
... war mein Angriff viel stärker.
SCHAKIIN
Also gebe ich jetzt alles, um dich zu töten!
Trotzdem konnte er meine Magie zerschneiden und so sehr abschwächen, dass die Stadt unversehrt geblieben ist.
Und er hatte noch genug Power, um mich zu erreichen.
ZUUUSCH
ZWAH
Er ist mit seiner magischen Kraft im Nachteil, aber er kontrolliert das Schlachtfeld.
Sind Menschen überhaupt in der Lage, eine solche Magie zu erlernen ...?
Es muss wohl so sein ...
... sonst hätte er die beiden nicht besiegen können.
Ich habe euch Menschen anscheinend unterschätzt.
Ich habe mehr magische Kraft verbraucht als geplant. Ich sollte die beiden mitnehmen und mich zurückziehen ...
ZOWAAAH
Ich gehe besser auf Nummer sicher!

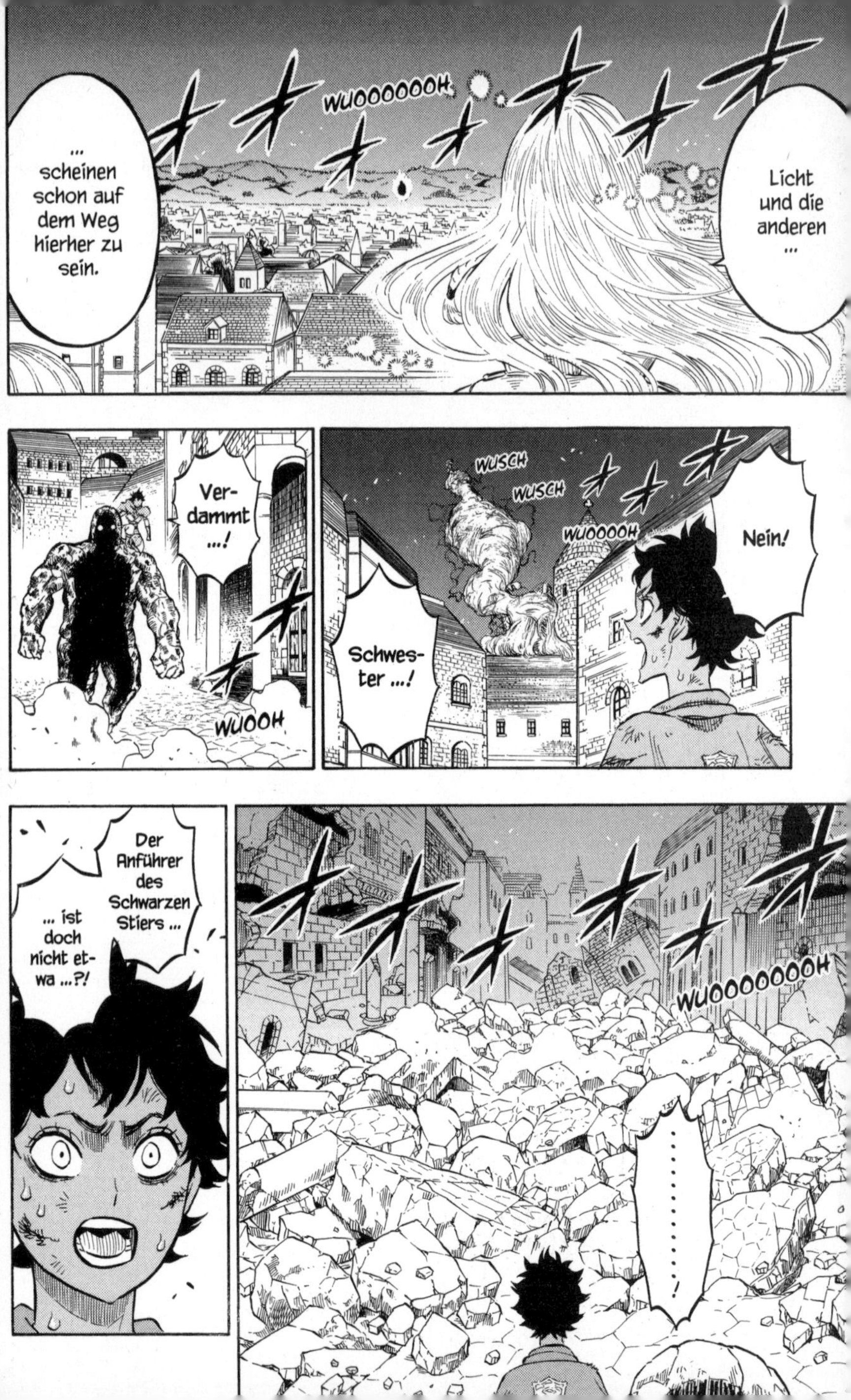
WUOOOOOOH
Licht und die anderen ...
... scheinen schon auf dem Weg hierher zu sein.
WUSCH
WUSCH
WUOOOOH
Nein!
Schwester ...!
Verdammt ...!
WUOOH
WUOOOOOOOH
......!
Der Anführer des Schwarzen Stiers ...
... ist doch nicht etwa ...?!

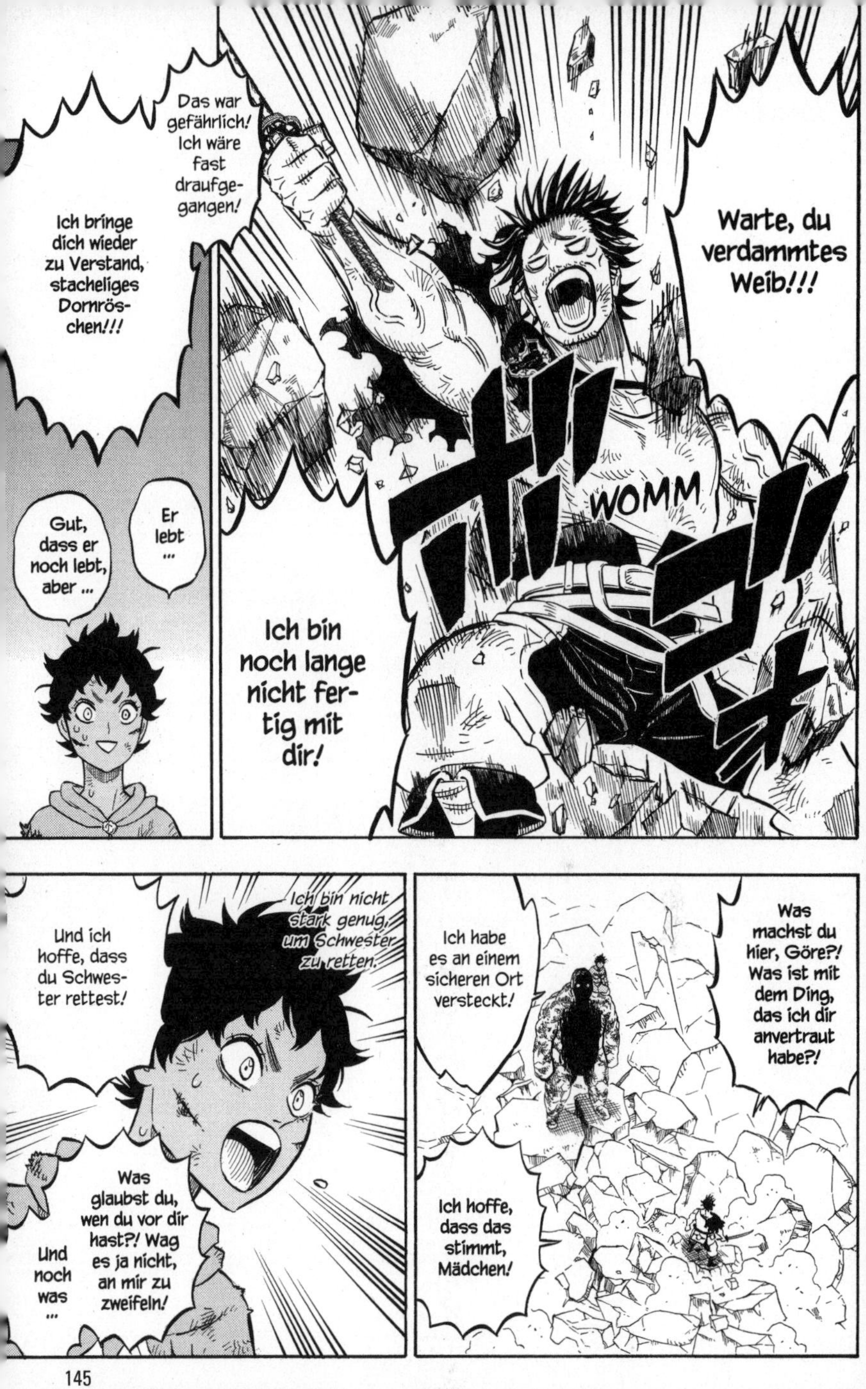
Warte, du verdammtes Weib!!!
WOMM
Ich bin noch lange nicht fertig mit dir!
Das war gefährlich! Ich wäre fast draufgegangen!
Ich bringe dich wieder zu Verstand, stacheliges Dornröschen!!!
Er lebt ...
Gut, dass er noch lebt, aber ...
Was machst du hier, Göre?! Was ist mit dem Ding, das ich dir anvertraut habe?!
Ich habe es an einem sicheren Ort versteckt!
Ich hoffe, dass das stimmt, Mädchen!
Ich bin nicht stark genug, um Schwester zu retten.
Und ich hoffe, dass du Schwester rettest!
Was glaubst du, wen du vor dir hast?! Wag es ja nicht, an mir zu zweifeln!
Und noch was ...

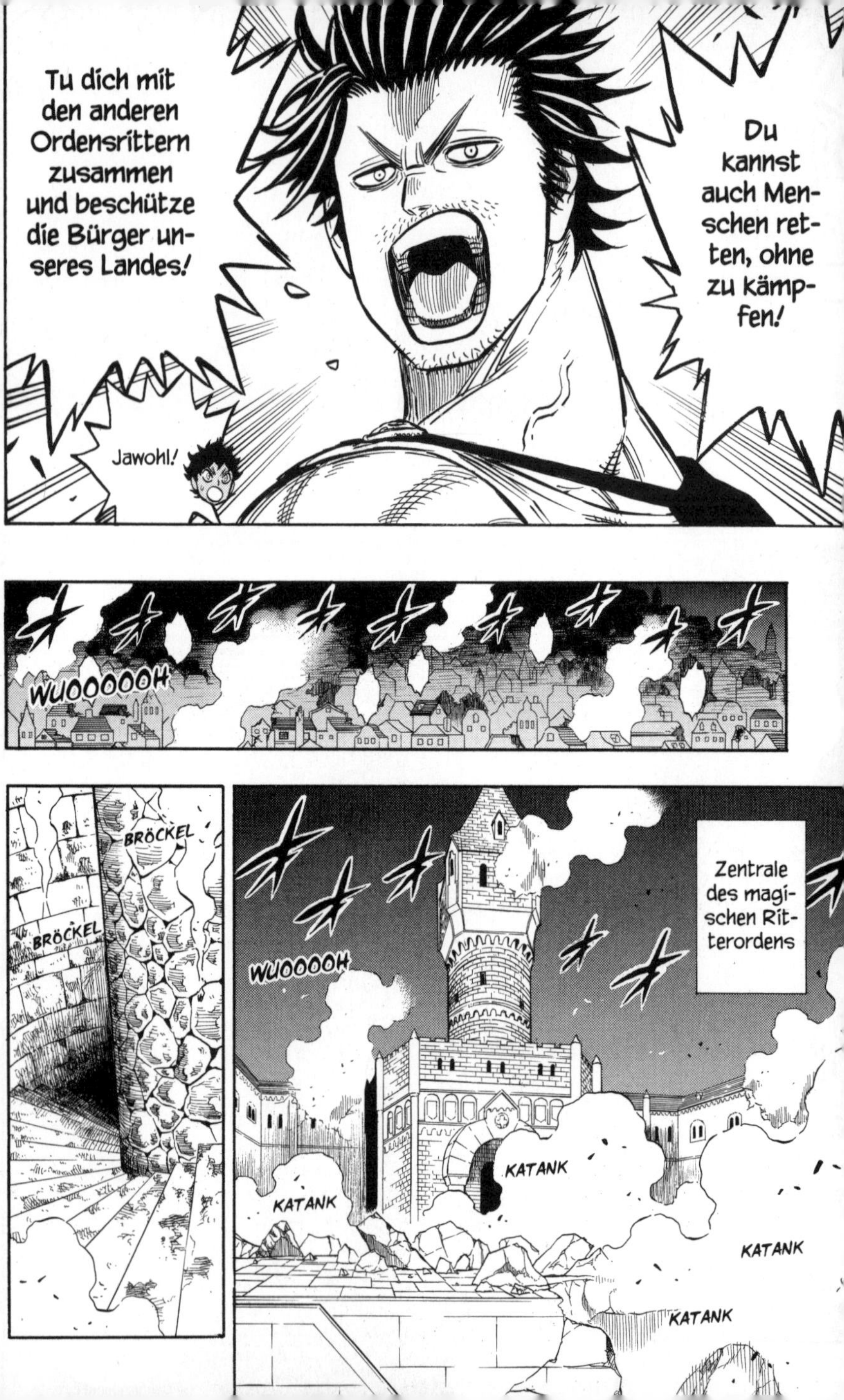
Du kannst auch Menschen retten, ohne zu kämpfen!
Tu dich mit den anderen Ordensrittern zusammen und beschütze die Bürger unseres Landes!
Jawohl!
WUOOOOOH
Zentrale des magischen Ritterordens
WUOOOOH
KATANK
KATANK
KATANK
KATANK
BRÖCKEL
BRÖCKEL

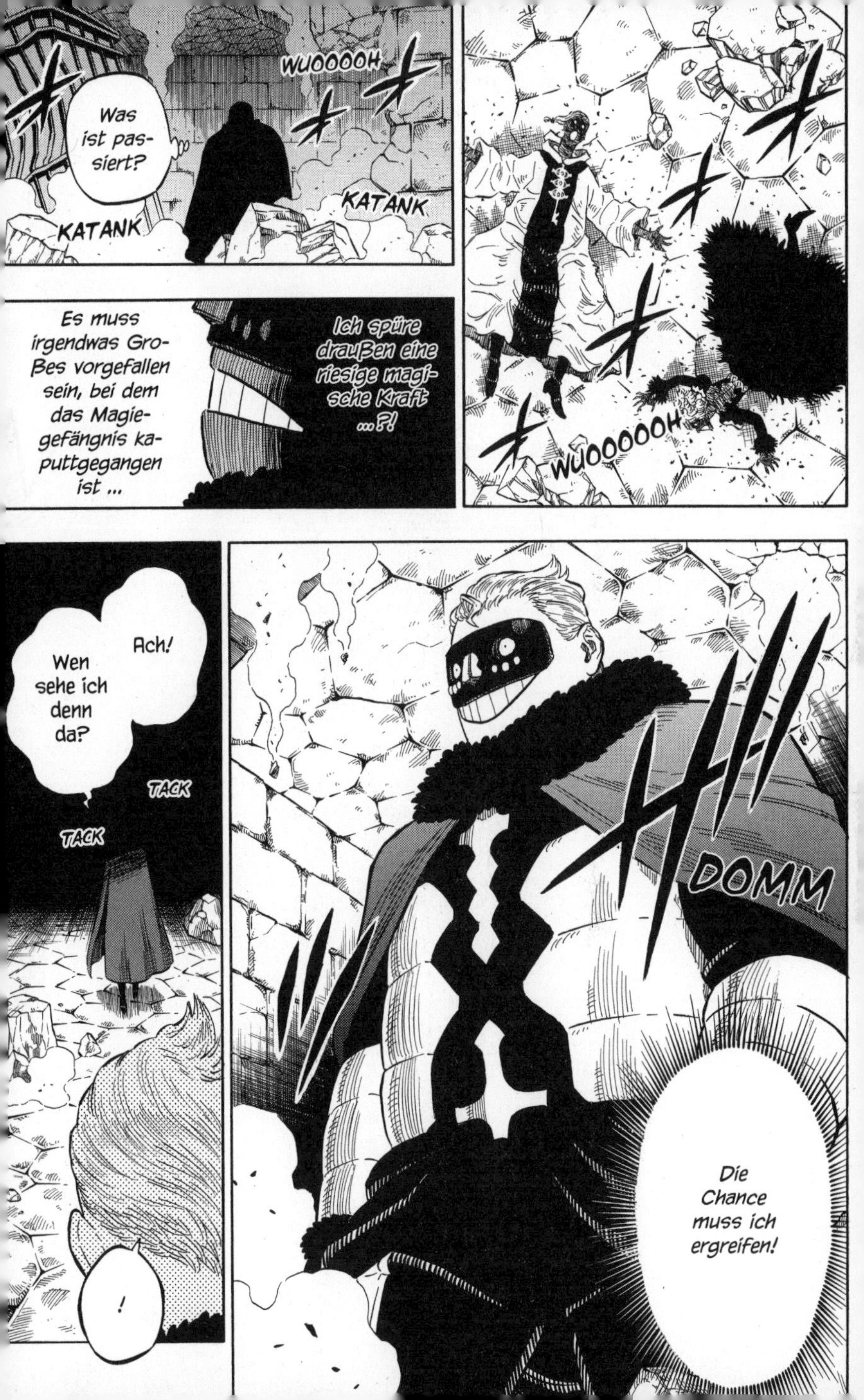

WUOOOOOH
WUOOOOH
KATANK
Was ist passiert?
KATANK
Ich spüre draußen eine riesige magische Kraft ...?!
Es muss irgendwas Großes vorgefallen sein, bei dem das Magiegefängnis kaputtgegangen ist ...
DOMM
Die Chance muss ich ergreifen!
Ach! Wen sehe ich denn da?
TACK
TACK
!

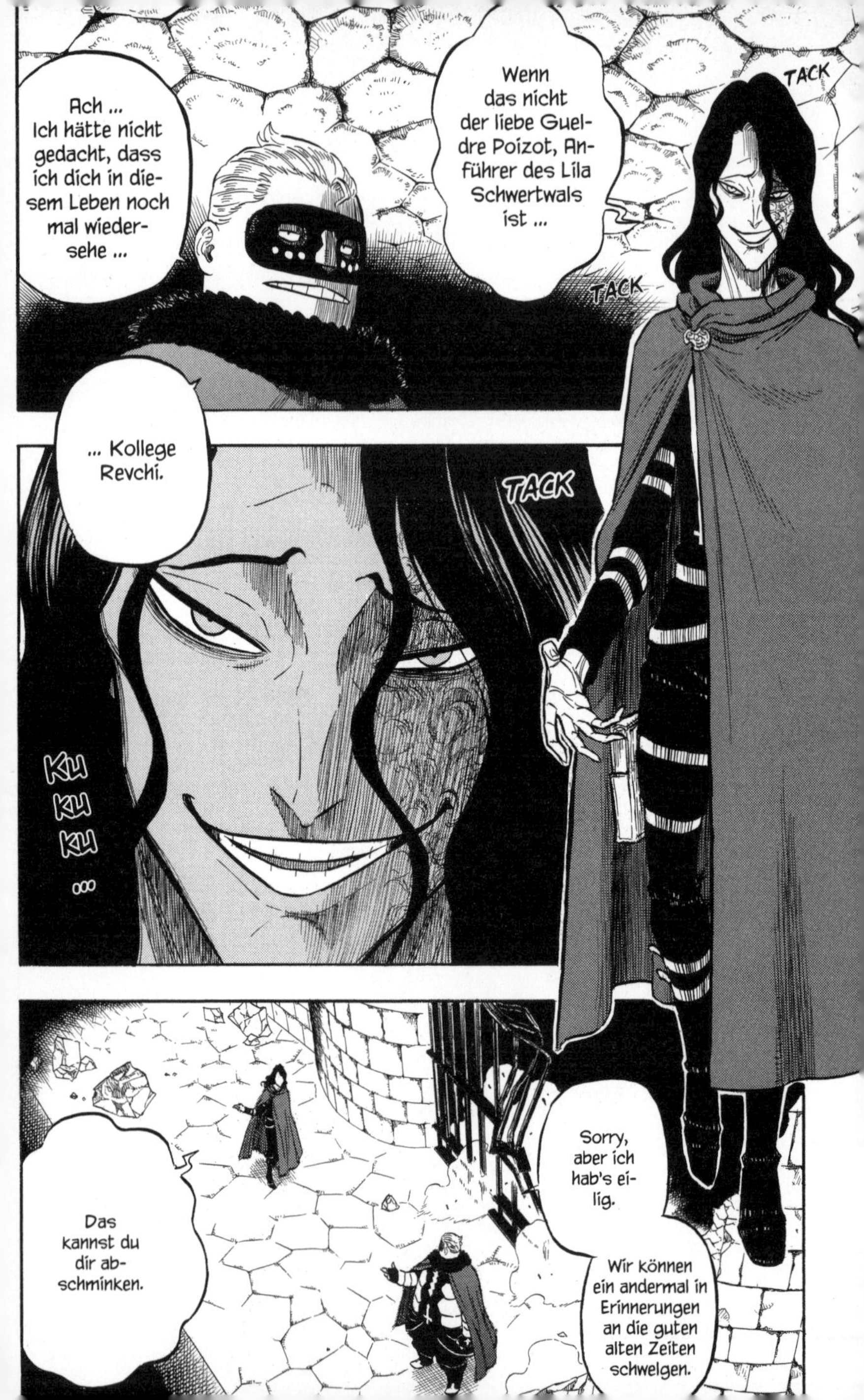
TACK
Wenn das nicht der liebe Gueldre Poizot, Anführer des Lila Schwertwals ist ...
TACK
Ach ... Ich hätte nicht gedacht, dass ich dich in diesem Leben nochmal wiedersehe ...
TACK
... Kollege Revchi.
KU KU KU ...
Sorry, aber ich hab's eilig.
Wir können ein andermal in Erinnerungen an die guten alten Zeiten schwelgen.
Das kannst du dir abschminken.

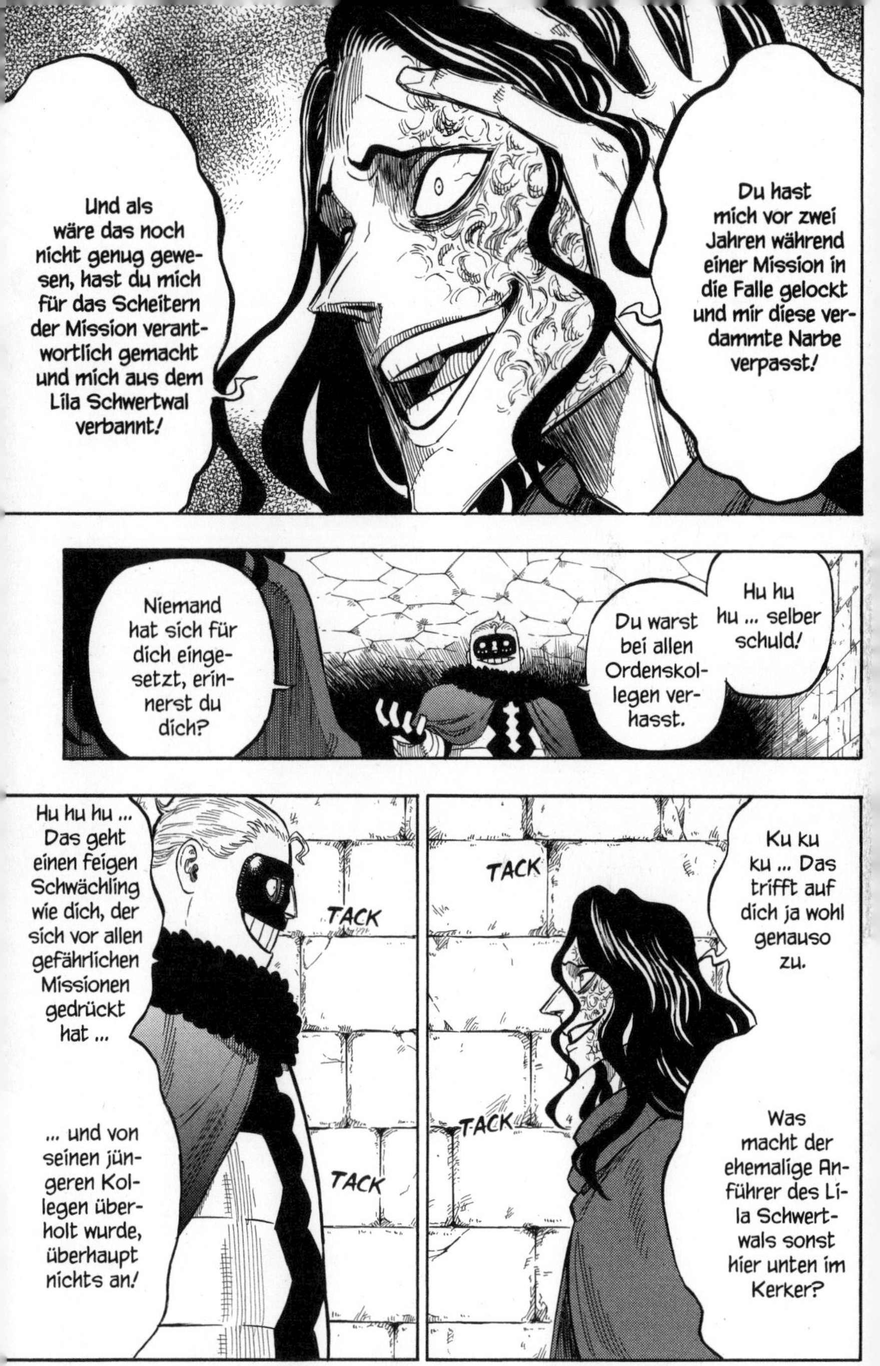

Du hast mich vor zwei Jahren während einer Mission in die Falle gelockt und mir diese verdammte Narbe verpasst!
Und als wäre das noch nicht genug gewesen, hast du mich für das Scheitern der Mission verantwortlich gemacht und mich aus dem Lila Schwertwal verbannt!
Hu hu hu ... selber schuld!
Du warst bei allen Ordenskollegen verhasst.
Niemand hat sich für dich eingesetzt, erinnerst du dich?
TACK
TACK
TACK
TACK
Ku ku ku ... Das trifft auf dich ja wohl genauso zu.
Was macht der ehemalige Anführer des Lila Schwertwals sonst hier unten im Kerker?
Hu hu hu ... Das geht einen feigen Schwächling wie dich, der sich vor allen gefährlichen Missionen gedrückt hat ...
... und von seinen jüngeren Kollegen überholt wurde, überhaupt nichts an!

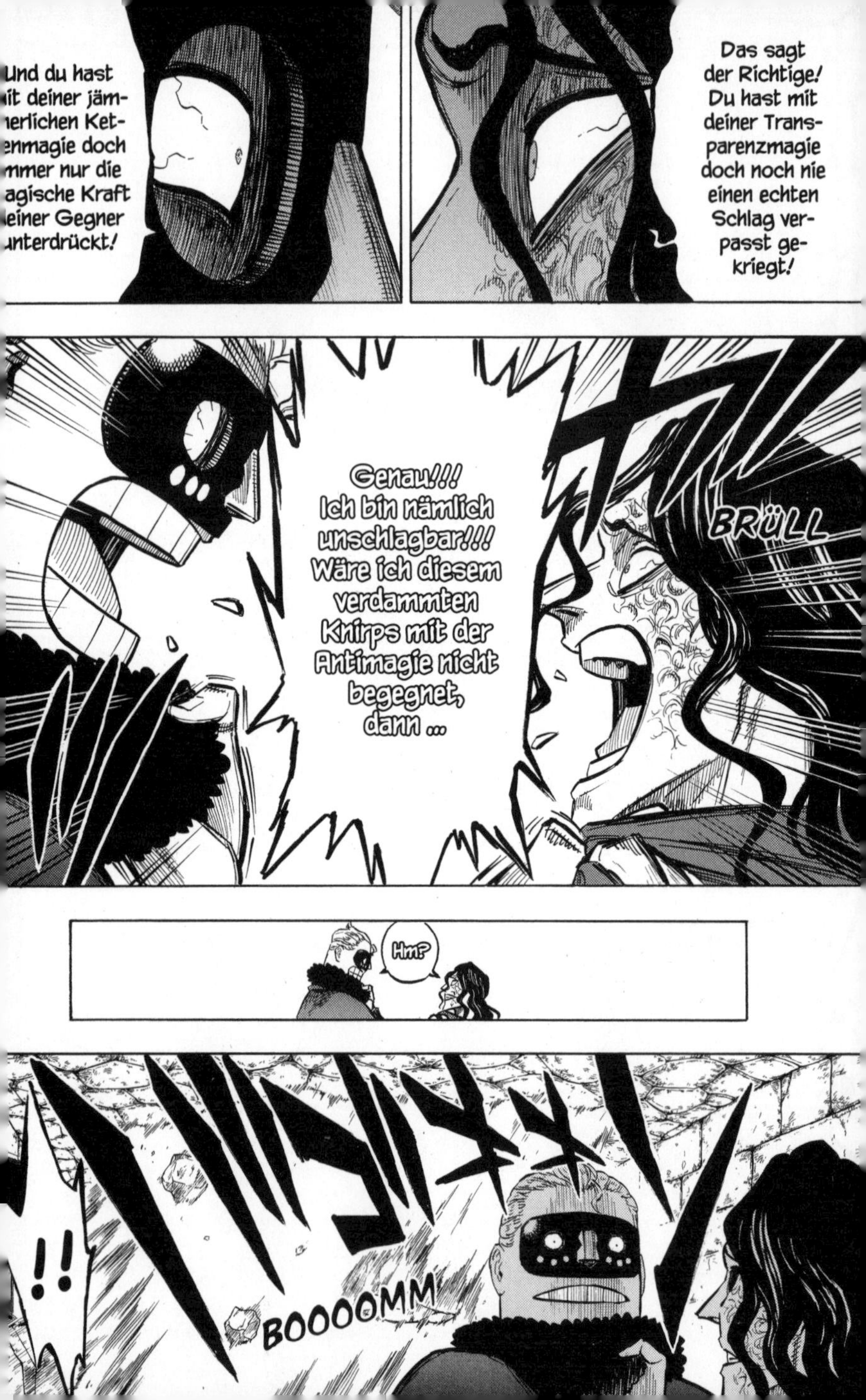
Das sagt der Richtige! Du hast mit deiner Transparenzmagie doch noch nie einen echten Schlag verpasst gekriegt!
Und du hast it deiner jämmerlichen Ketenmagie doch mmer nur die agische Kraft einer Gegner unterdrückt!
BRÜLL
Genau!!! Ich bin nämlich unschlagbar!!! Wäre ich diesem verdammten Knirps mit der Antimagie nicht begegnet, dann ...
Hm?
BOOOOMM
!!

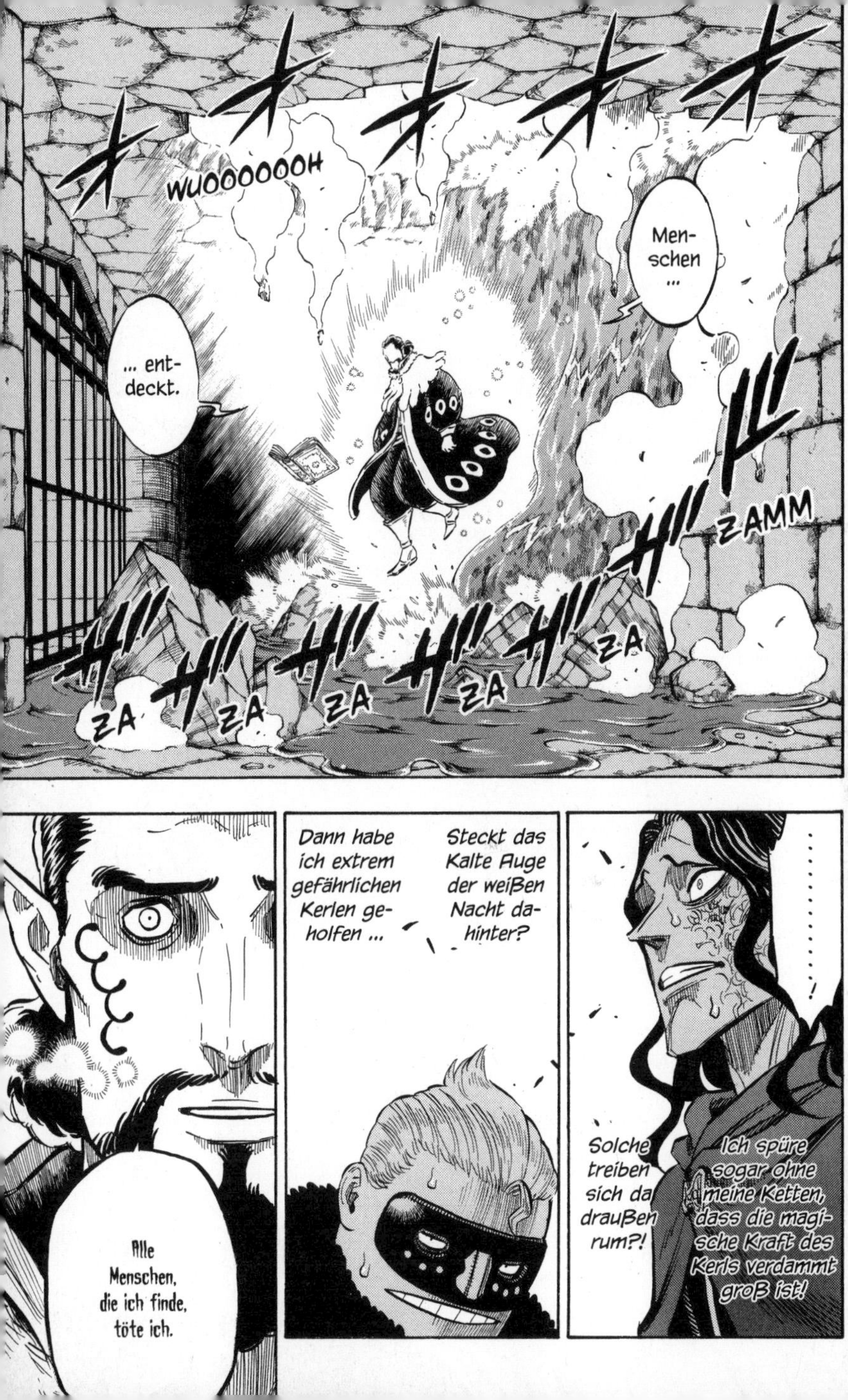
WUOOOOOOH
Men-schen ...
... ent-deckt.
ZAMM
ZA
ZA
ZA
ZA
ZA
ZA
Ich spüre sogar ohne meine Ketten, dass die magische Kraft des Kerls verdammt groß ist!
Solche treiben sich da draußen rum?!
Steckt das Kalte Auge der weißen Nacht dahinter?
Dann habe ich extrem gefährlichen Kerlen geholfen ...
Alle Menschen, die ich finde, töte ich.

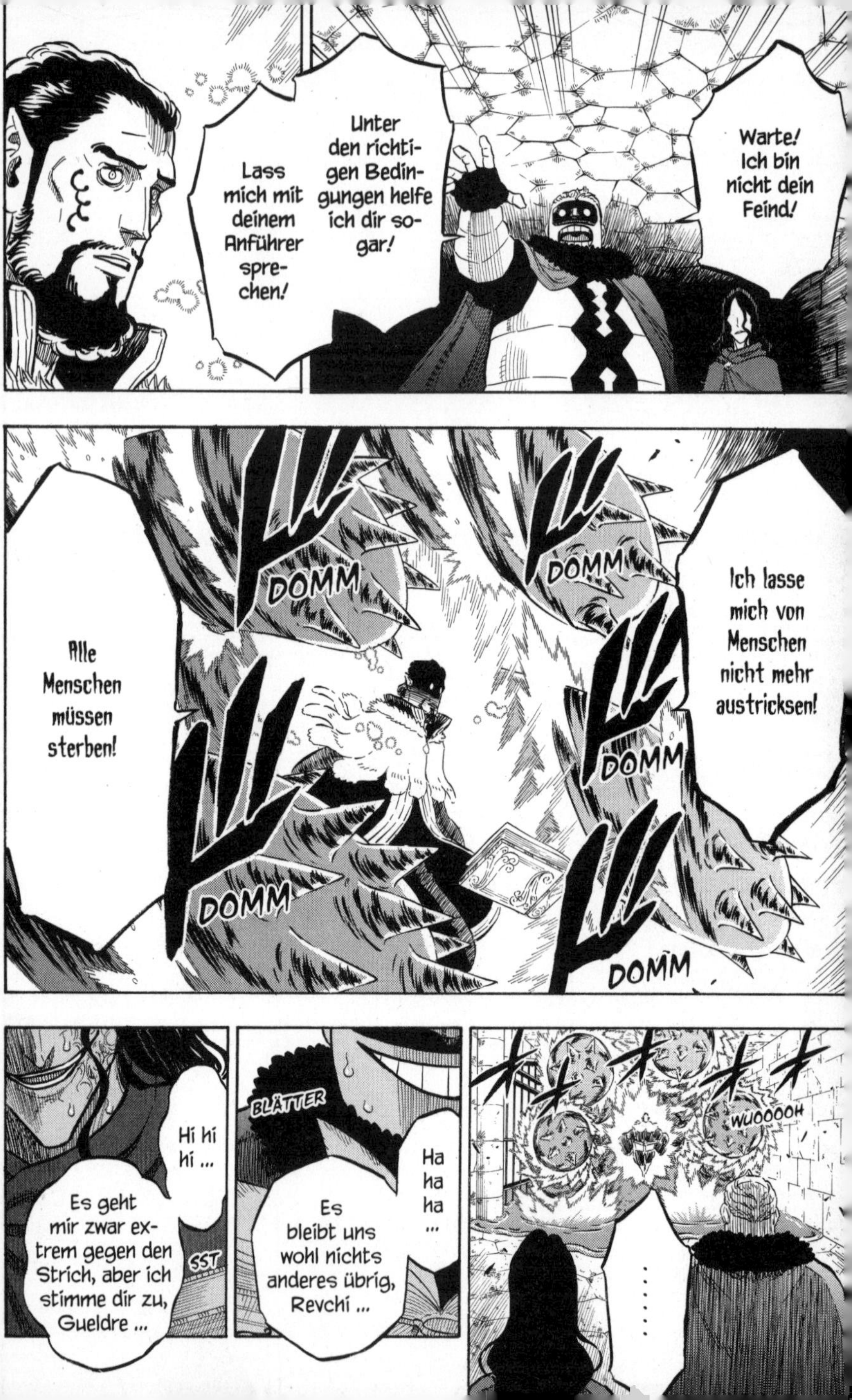

Warte! Ich bin nicht dein Feind!
Unter den richtigen Bedingungen helfe ich dir sogar!
Lass mich mit deinem Anführer sprechen!
Ich lasse mich von Menschen nicht mehr austricksen!
DOMM
DOMM
DOMM
DOMM
DOMM
Alle Menschen müssen sterben!
WUOOOOH
......
BLÄTTER
Ha ha ha ...
Es bleibt uns wohl nichts anderes übrig, Revchi ...
Hi hi hi ...
SST
Es geht mir zwar extrem gegen den Strich, aber ich stimme dir zu, Gueldre ...

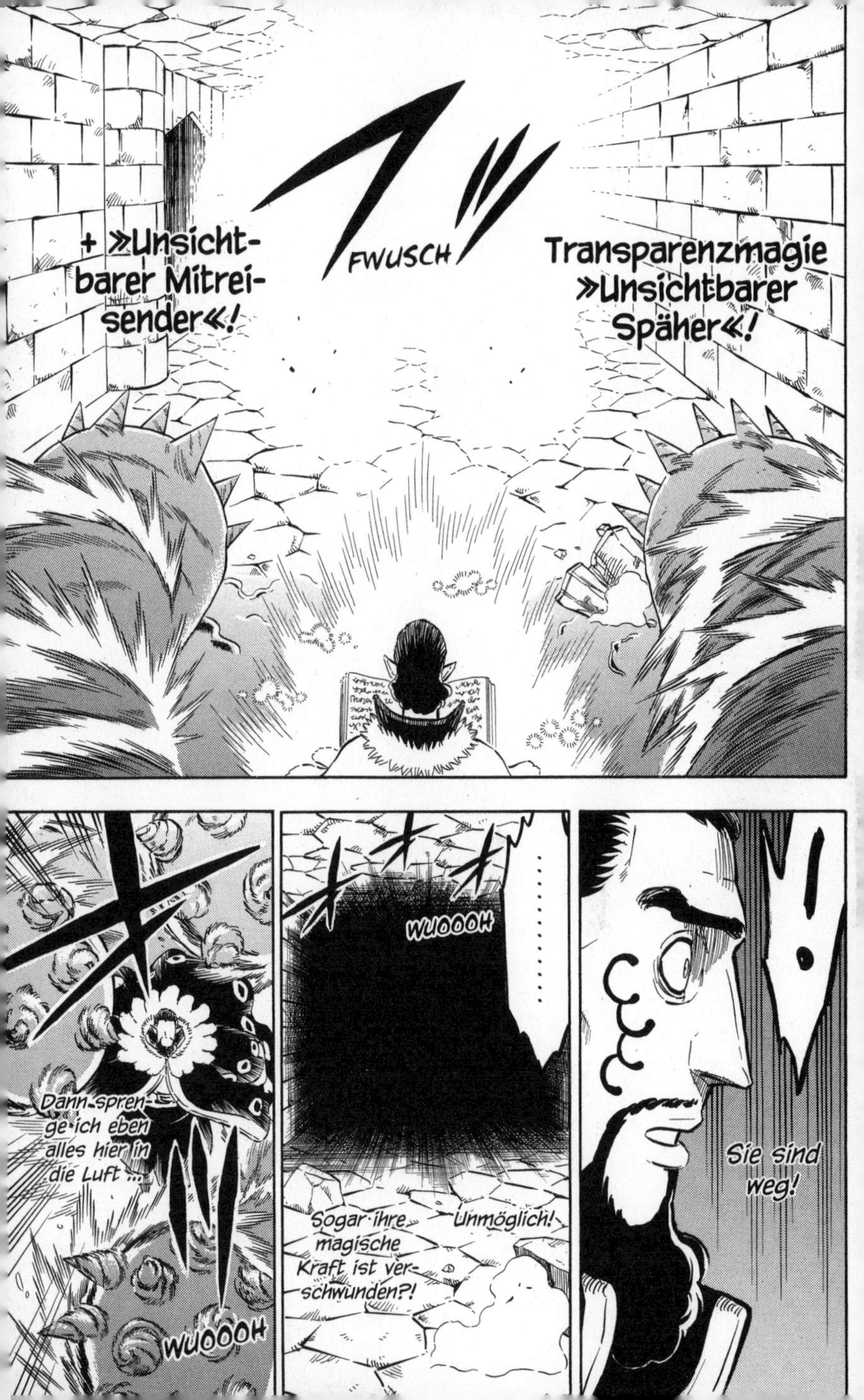

Transparenzmagie »Unsichtbarer Späher«!
FWUSCH
+ »Unsichtbarer Mitreisender«!
Sie sind weg!
Unmöglich!
Sogar ihre magische Kraft ist verschwunden?!
WUOOOH
Dann spren-ge ich eben alles hier in die Luft ...
WUOOOH

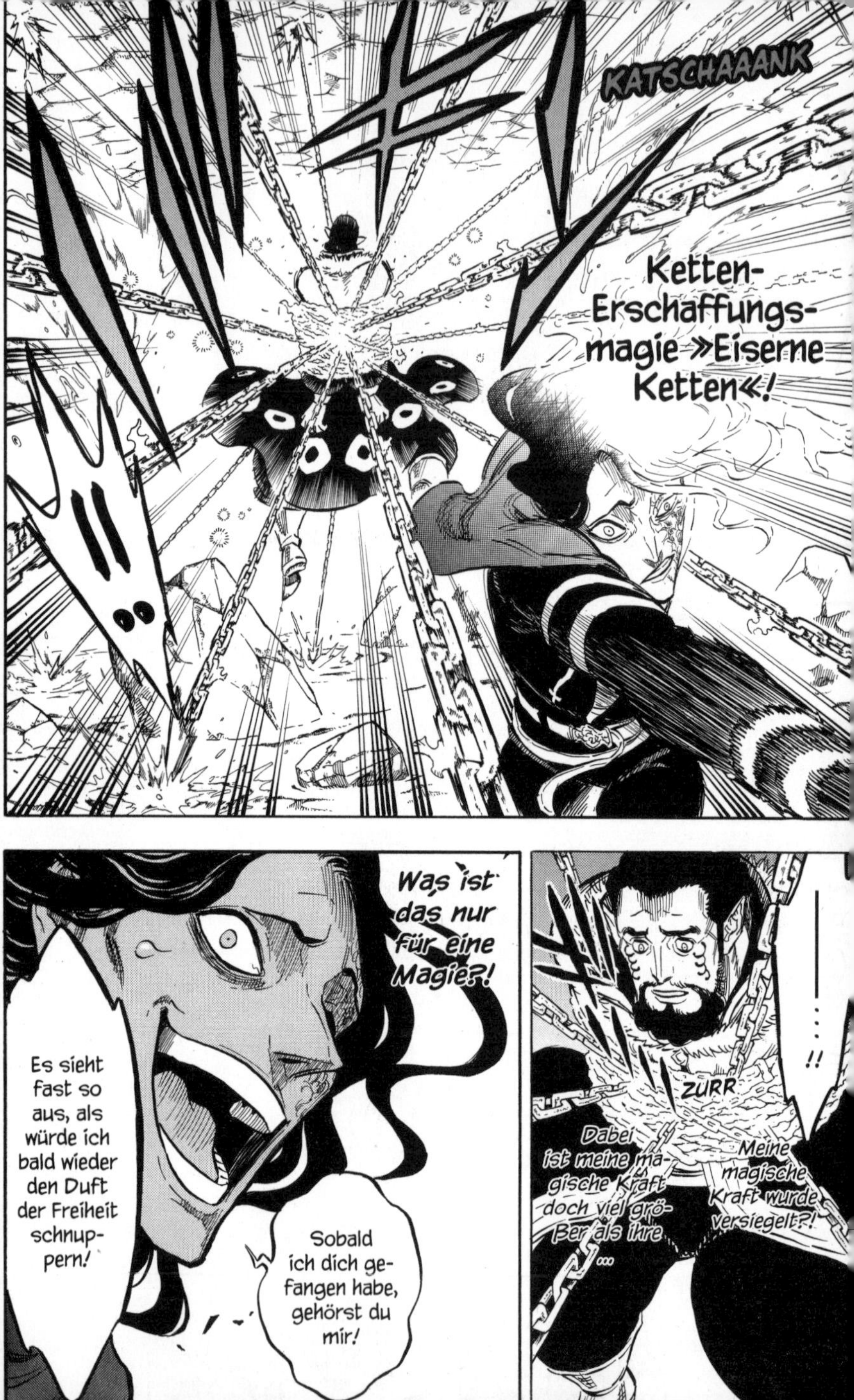
KATSCHAAANK
Ketten-Erschaffungs-magie »Eiserne Ketten«!
......!!
Meine magische Kraft wurde versiegelt?!
Dabei ist meine magische Kraft doch viel größer als ihre ...
ZURR
Was ist das nur für eine Magie?!
Sobald ich dich gefangen habe, gehörst du mir!
Es sieht fast so aus, als würde ich bald wieder den Duft der Freiheit schnuppern!

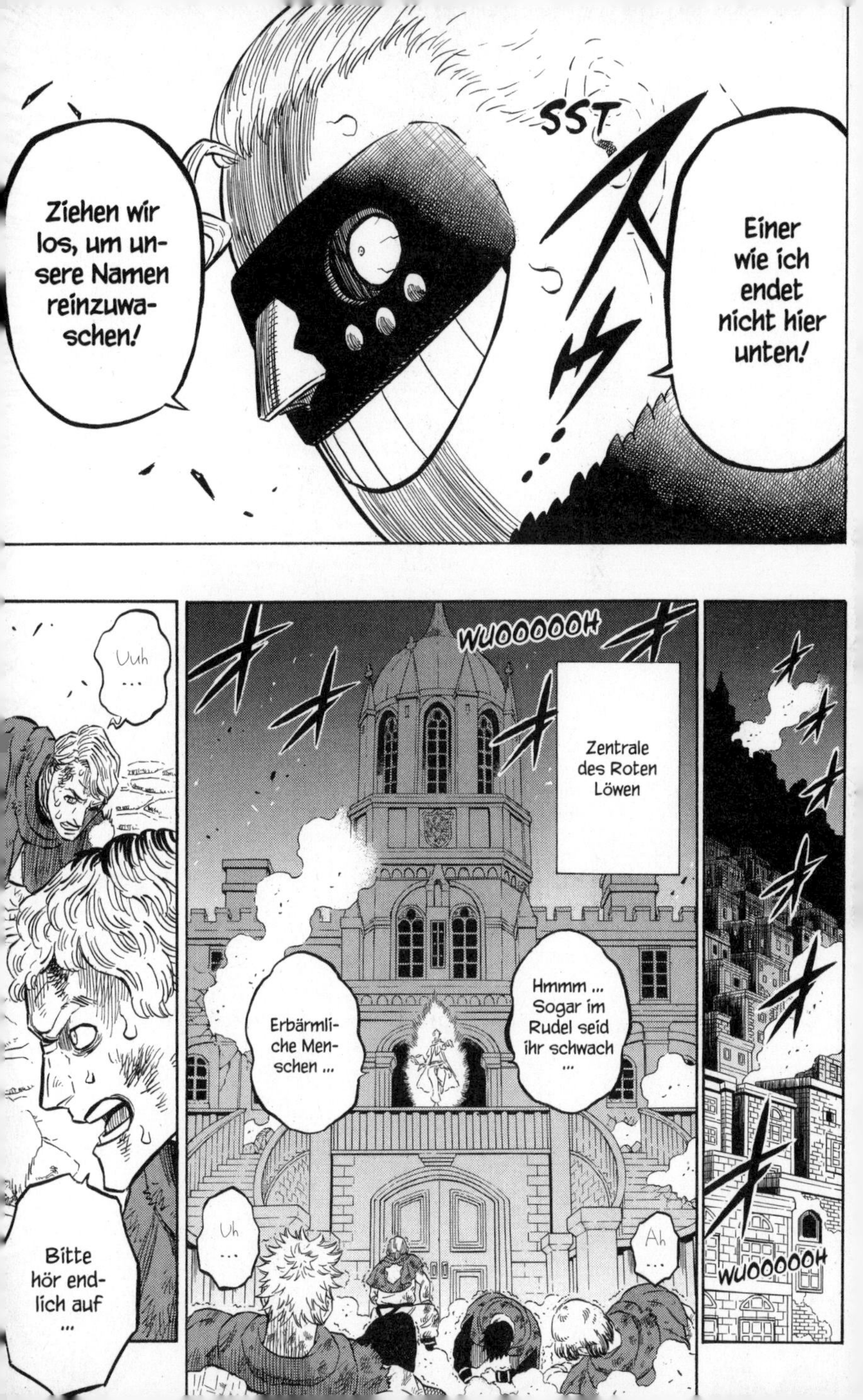
SST
Einer wie ich endet nicht hier unten!
Ziehen wir los, um unsere Namen reinzuwaschen!
WUOOOOOH
Zentrale des Roten Löwen
Hmmm ... Sogar im Rudel seid ihr schwach ...
Erbärmliche Menschen ...
Ah ...
Uh ...
WUOOOOOH
Uuh ...
Bitte hör endlich auf ...

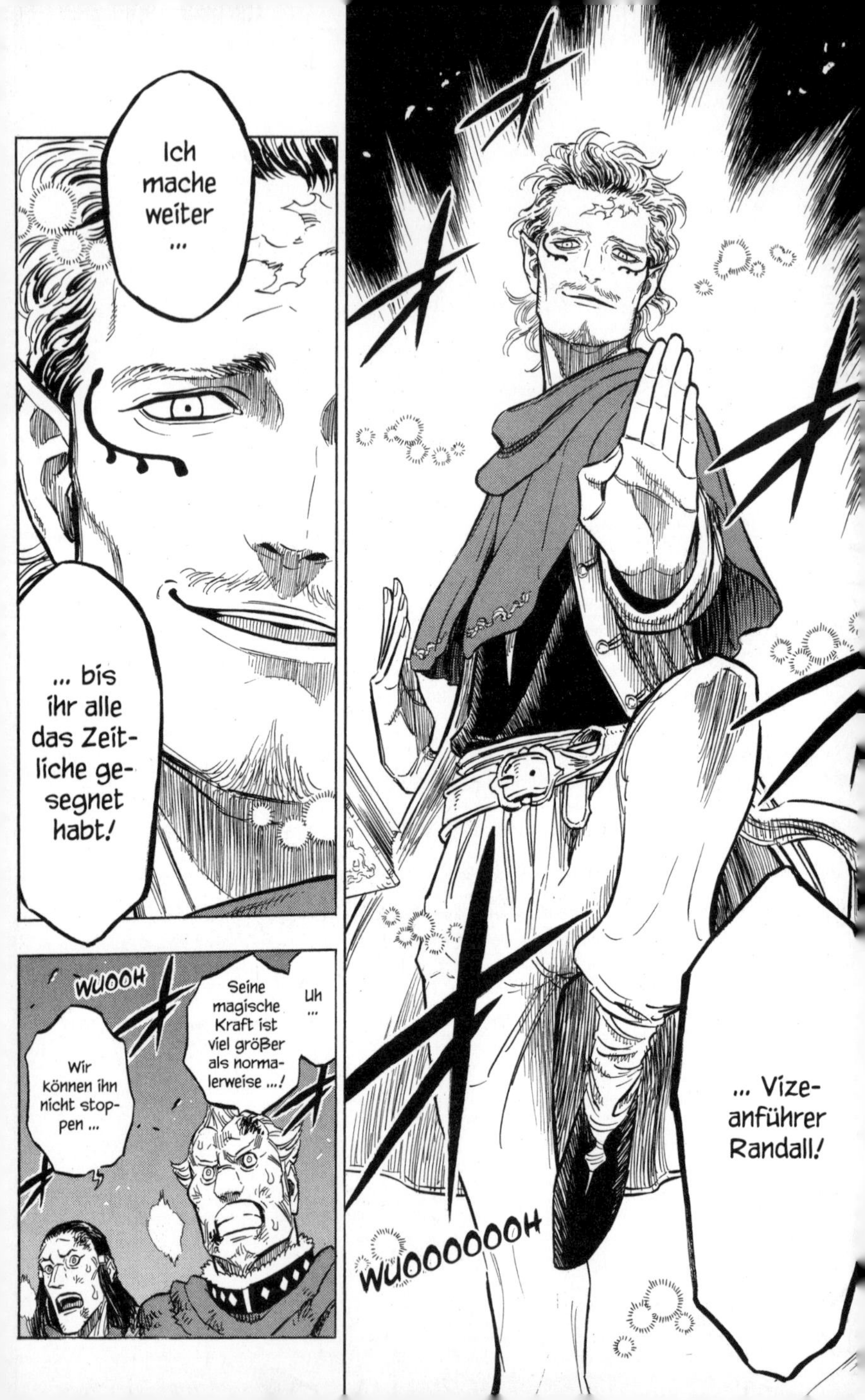
Ich mache weiter ...
... bis ihr alle das Zeitliche gesegnet habt!
Uh ...
Seine magische Kraft ist viel größer als normalerweise ...!
WUOOH
Wir können ihn nicht stoppen ...
... Vizeanführer Randall!
WUOOOOOOOH

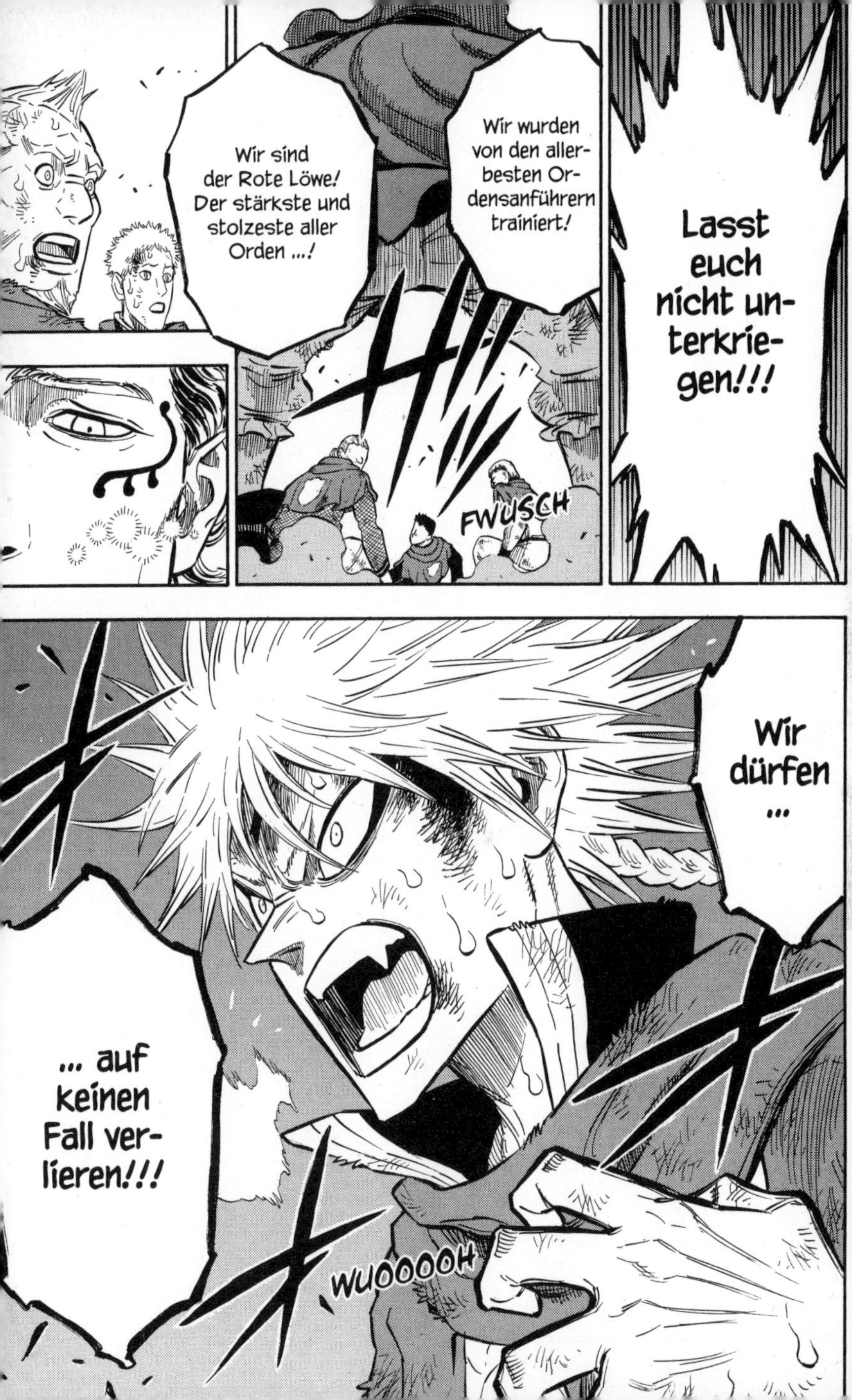

Wir sind der Rote Löwe! Der stärkste und stolzeste aller Orden ...!
Wir wurden von den allerbesten Ordensanführern trainiert!
FWUSCH
Lasst euch nicht unterkriegen!!!
Wir dürfen ...
... auf keinen Fall verlieren!!!
WUOOOOH

Lufulu

Alter: damals 18

Größe: 166 cm

Geburtstag: 11. Oktober

Sternzeichen: Waage

Blutgruppe: O

Mag: Karoko
(eine sehr süße Frucht)

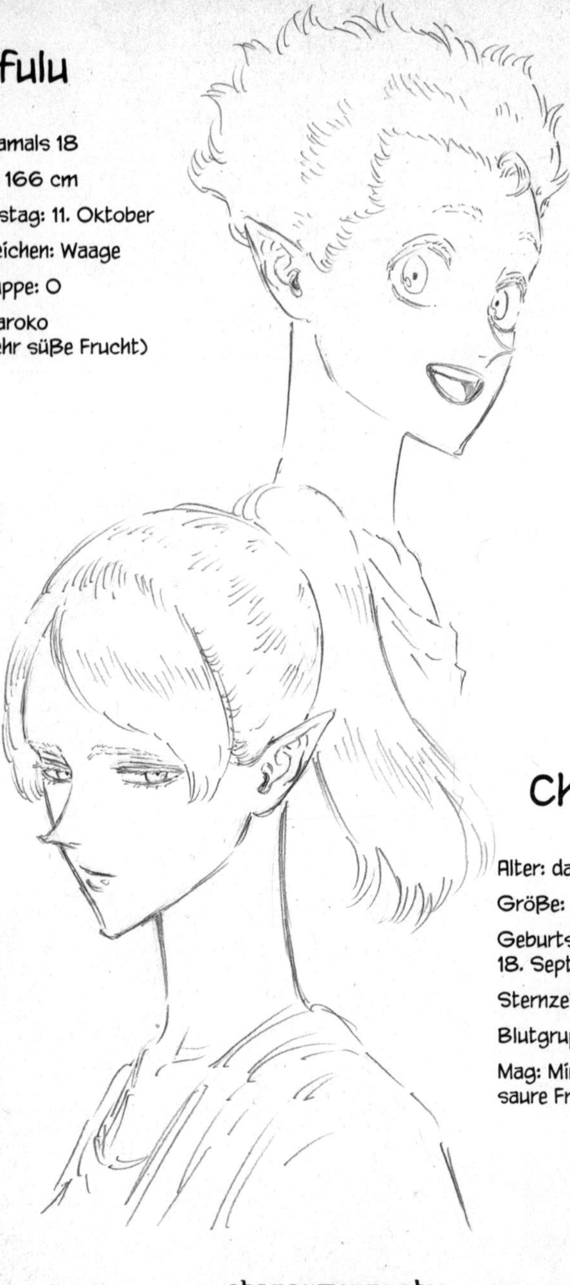

Charla

Alter: damals 27

Größe: 172 cm

Geburtstag:
18. September

Sternzeichen: Jungfrau

Blutgruppe: O

Mag: Miroi (eine ziemlich saure Frucht)

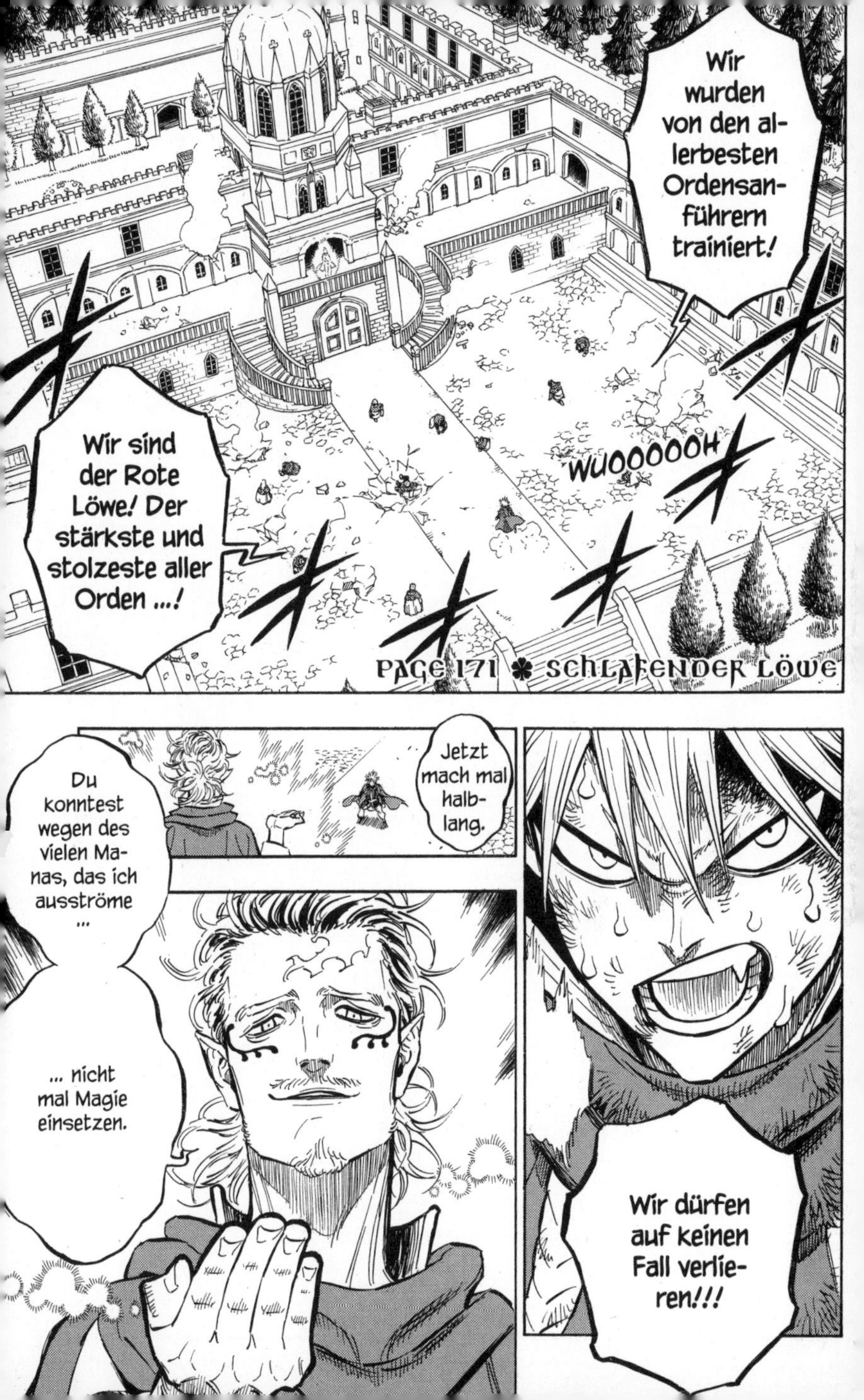
Wir wurden von den allerbesten Ordensanführern trainiert!
Wir sind der Rote Löwe! Der stärkste und stolzeste aller Orden ...!
WUOOOOOH
PAGE 171 ✤ SCHLAFENDER LÖWE
Wir dürfen auf keinen Fall verlieren!!!
Jetzt mach mal halblang.
Du konntest wegen des vielen Manas, das ich ausströme ...
... nicht mal Magie einsetzen.

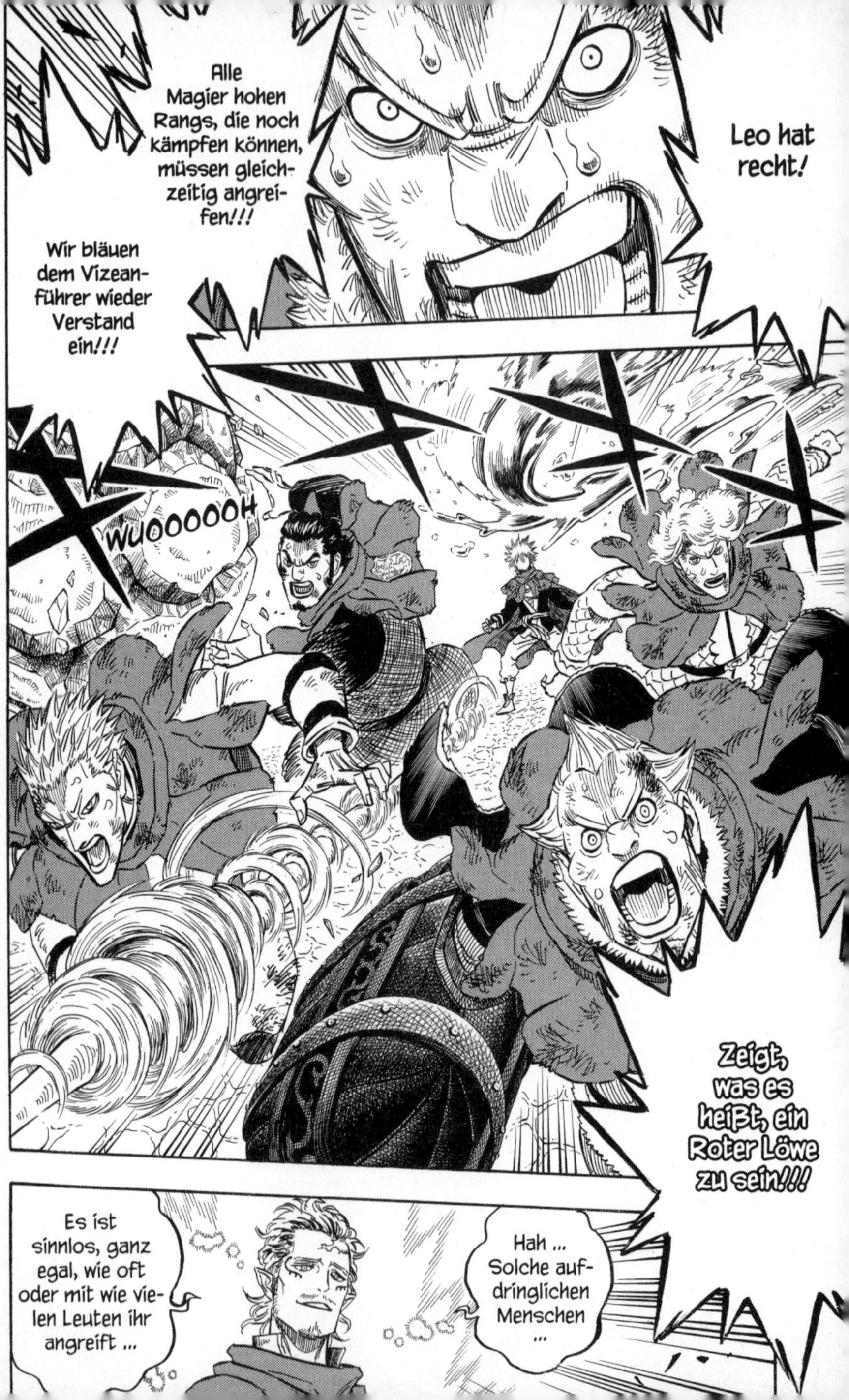

Leo hat recht!
Alle Magier hohen Rangs, die noch kämpfen können, müssen gleich-zeitig angrei-fen!!!
Wir bläuen dem Vizean-führer wieder Verstand ein!!!
WUOOOOOH
Zeigt, was es heißt, ein Roter Löwe zu sein!!!
Hah ... Solche auf-dringlichen Menschen ...
Es ist sinnlos, ganz egal, wie oft oder mit wie vie-len Leuten ihr angreift ...

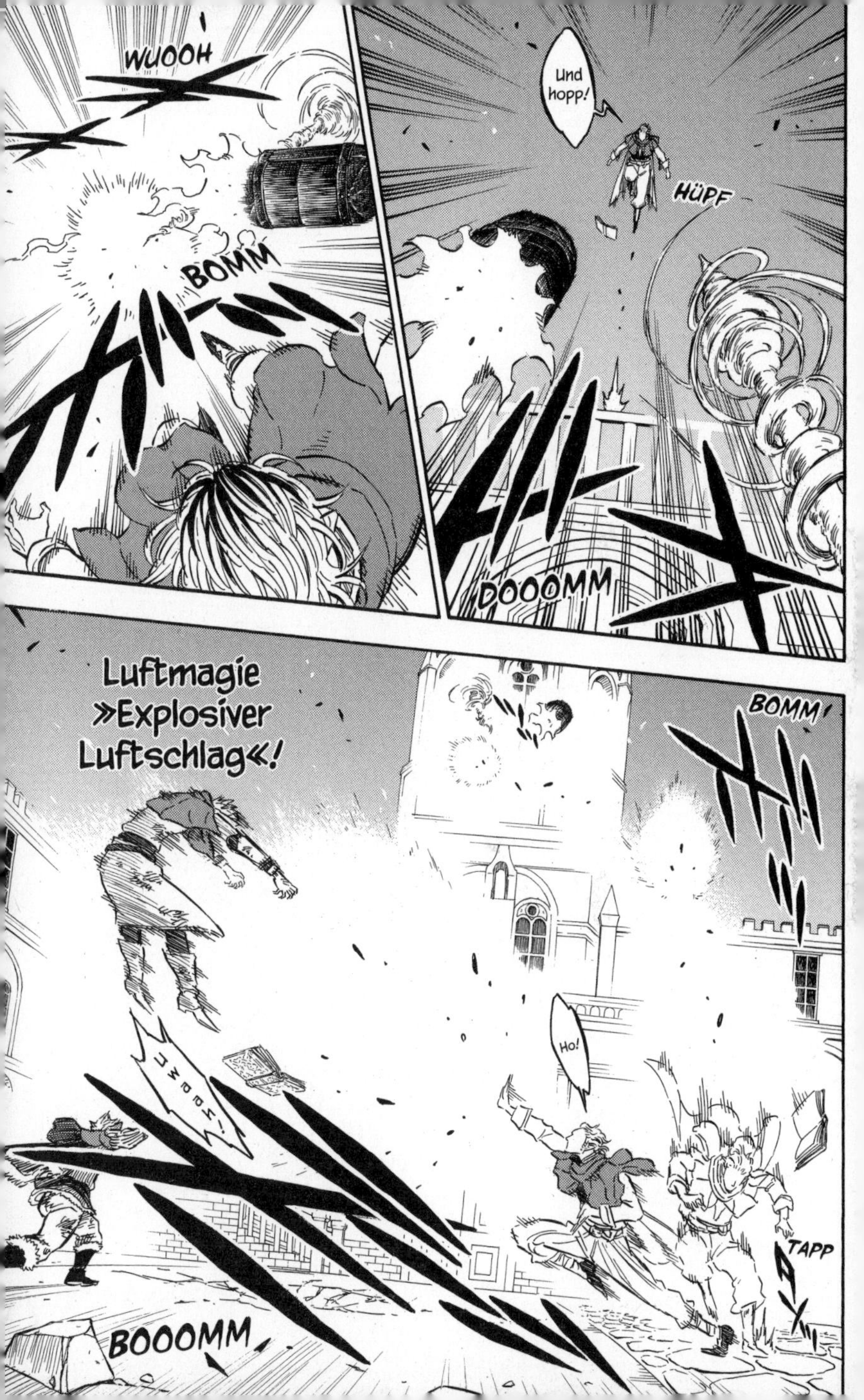
Und hopp!
HÜPF
DOOOMM
WUOOH
BOMM
BOMM
Luftmagie »Explosiver Luftschlag«!
Ho!
TAPP
Uwaah!
BOOOMM

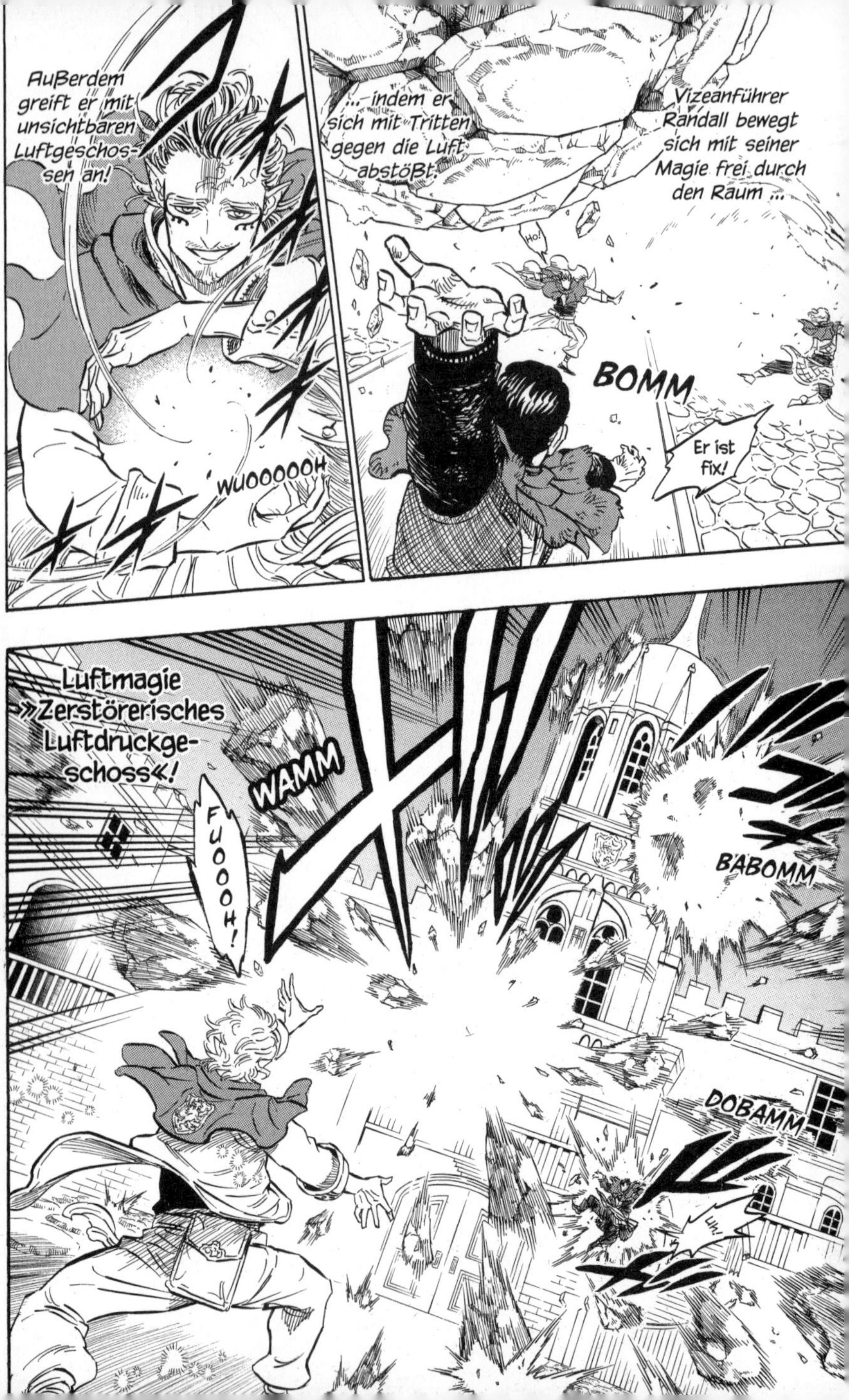

Vizeanführer Randall bewegt sich mit seiner Magie frei durch den Raum ...
... indem er sich mit Tritten gegen die Luft abstößt.
Ho!
BOMM
Er ist fix!
Außerdem greift er mit unsichtbaren Luftgeschossen an!
WUOOOOOH
Luftmagie »Zerstörerisches Luftdruckgeschoss«!
BABOMM
WAMM
FUOOOH!
DOBAMM

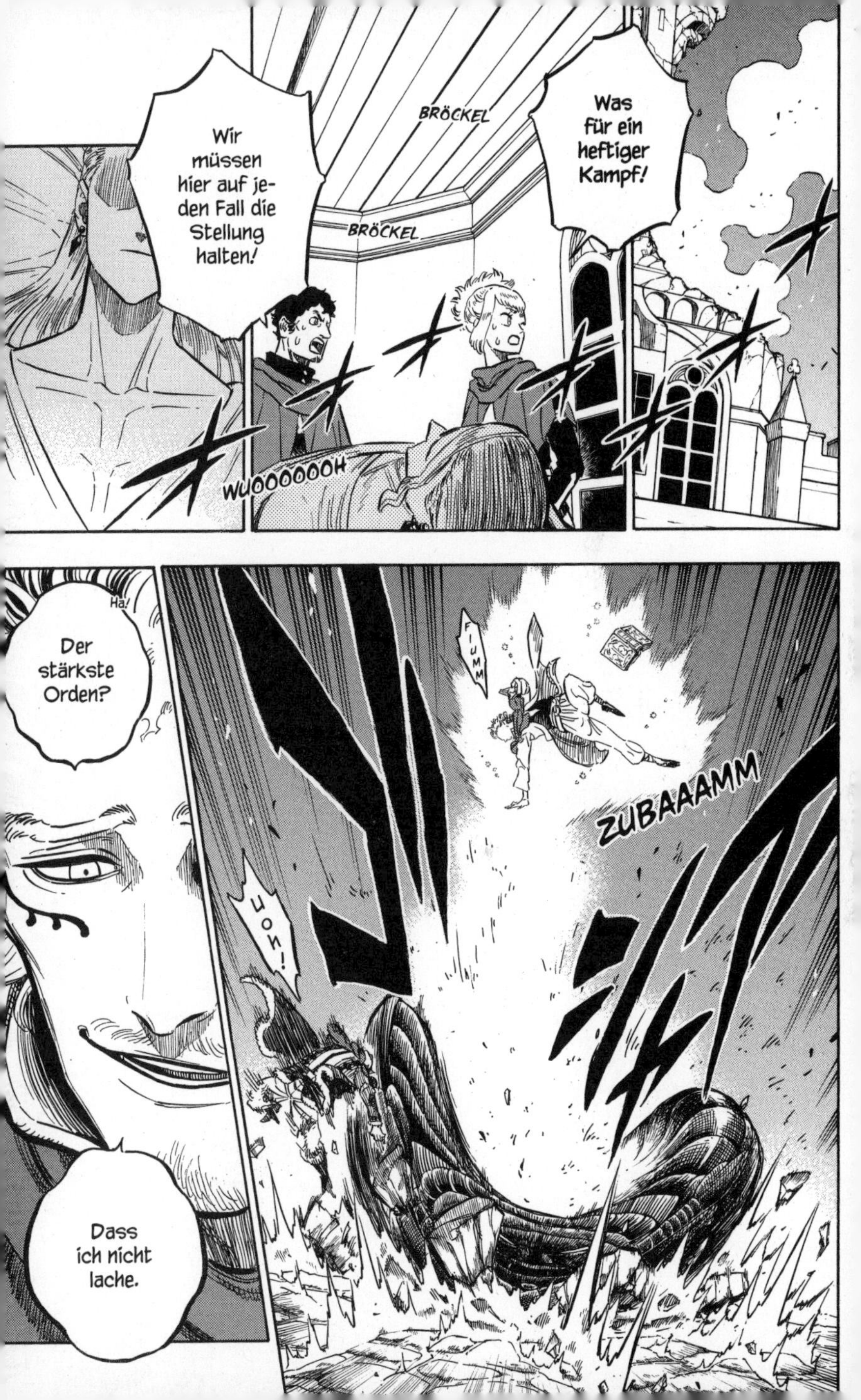
Was für ein heftiger Kampf!
BRÖCKEL
BRÖCKEL
Wir müssen hier auf jeden Fall die Stellung halten!
WUOOOOOOH
FLUMM
ZUBAAAMM
Uoh!
Ha!
Der stärkste Orden?
Dass ich nicht lache.

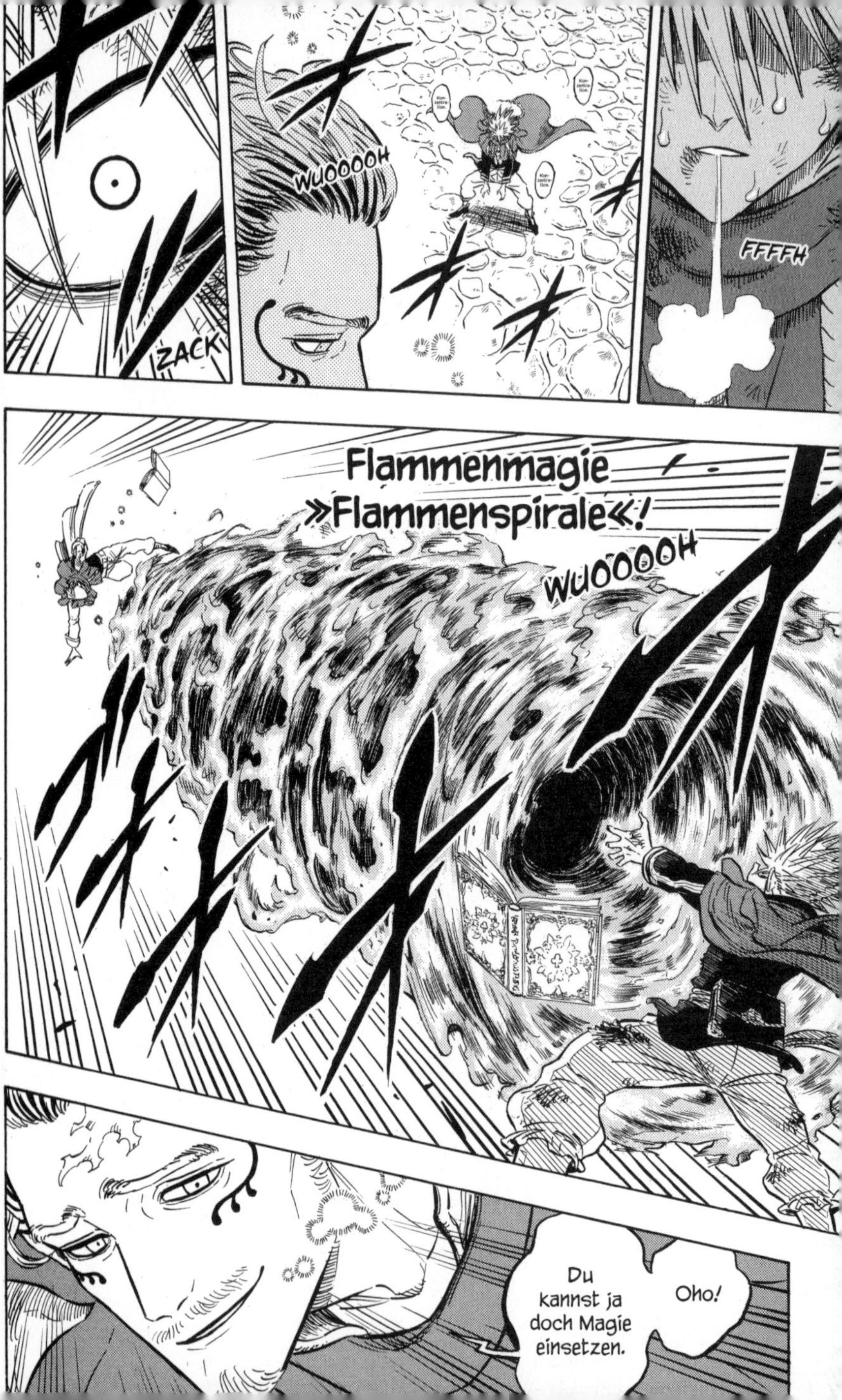
FFFFH
Konzentration.
Konzentration.
Konzentration.
WUOOOOH
ZACK
Flammenmagie
»Flammenspirale«!
WUOOOOH
Oho!
Du kannst ja doch Magie einsetzen.

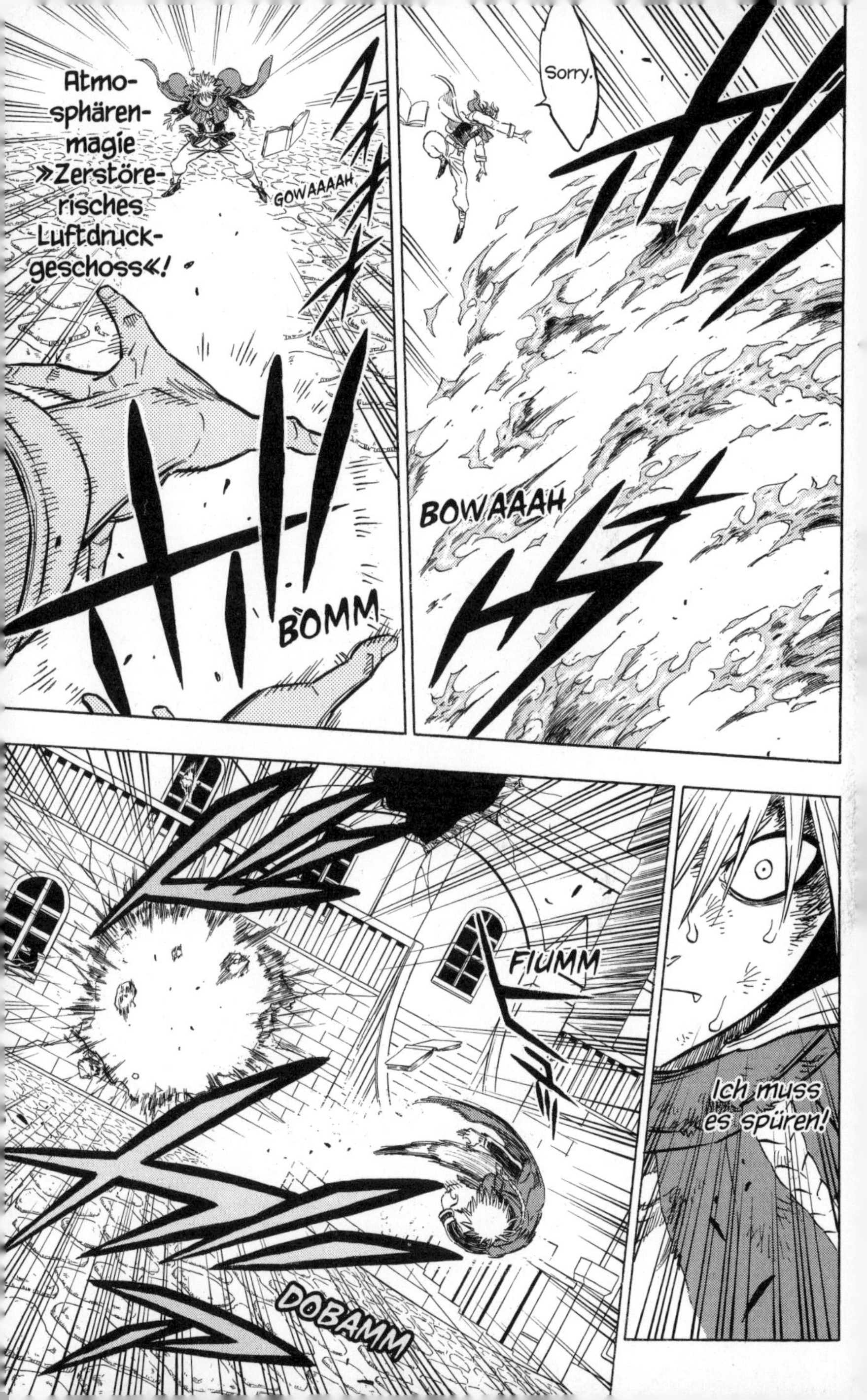
Sorry.
BOWAAAH
Atmosphärenmagie »Zerstörerisches Luftdruckgeschoss«!
GOWAAAAH
BOMM
Ich muss es spüren!
FIUMM
DOBAMM

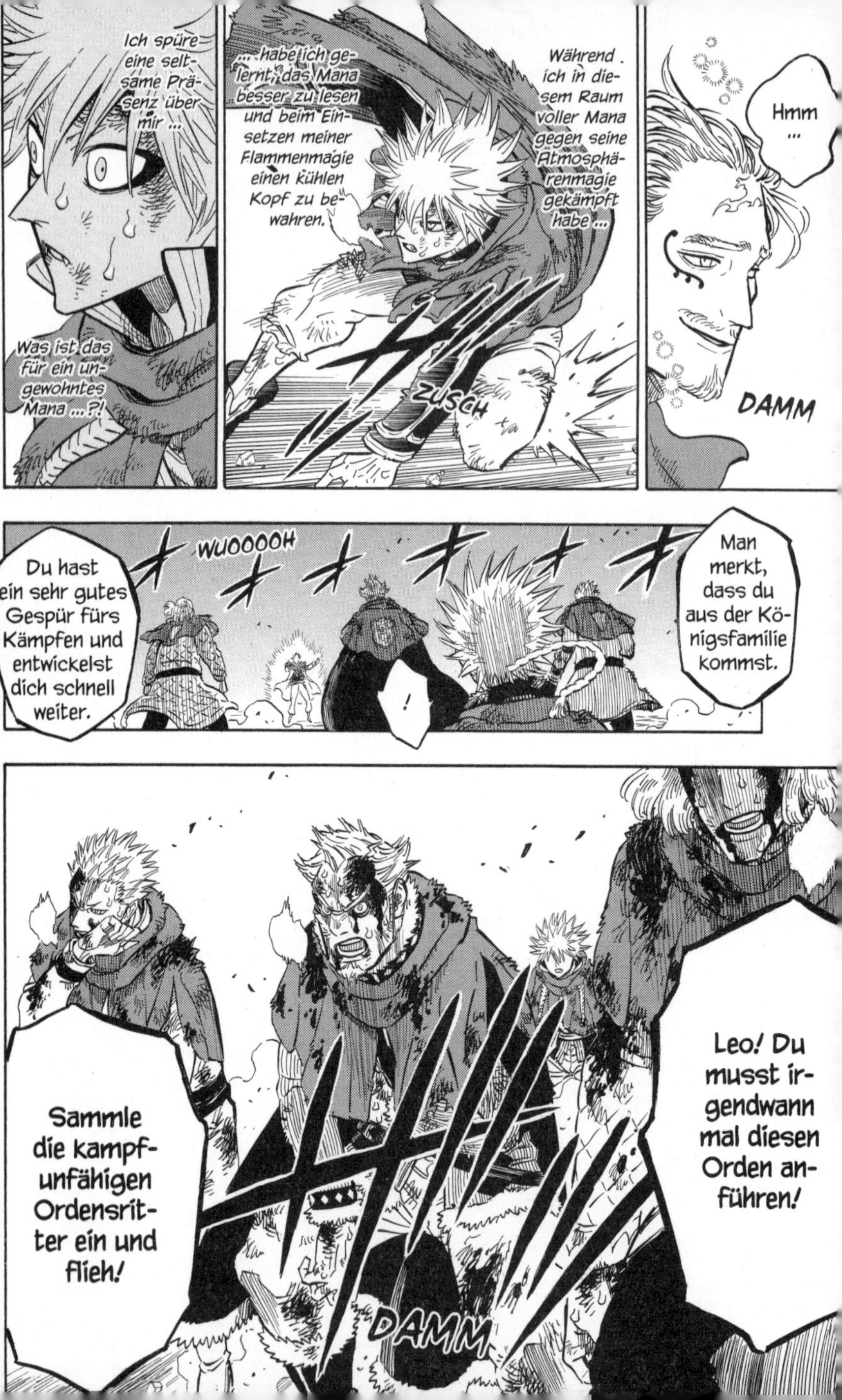

Hmm ...
DAMM
Während ich in diesem Raum voller Mana gegen seine Atmosphärenmagie gekämpft habe ...
... habe ich gelernt, das Mana besser zu lesen und beim Einsetzen meiner Flammenmagie einen kühlen Kopf zu bewahren.
ZUSCH
Ich spüre eine seltsame Präsenz über mir ...
Was ist das für ein ungewohntes Mana ...?!
Man merkt, dass du aus der Königsfamilie kommst.
WUOOOOH
Du hast ein sehr gutes Gespür fürs Kämpfen und entwickelst dich schnell weiter.
Leo! Du musst irgendwann mal diesen Orden anführen!
Sammle die kampfunfähigen Ordensritter ein und flieh!
DAMM

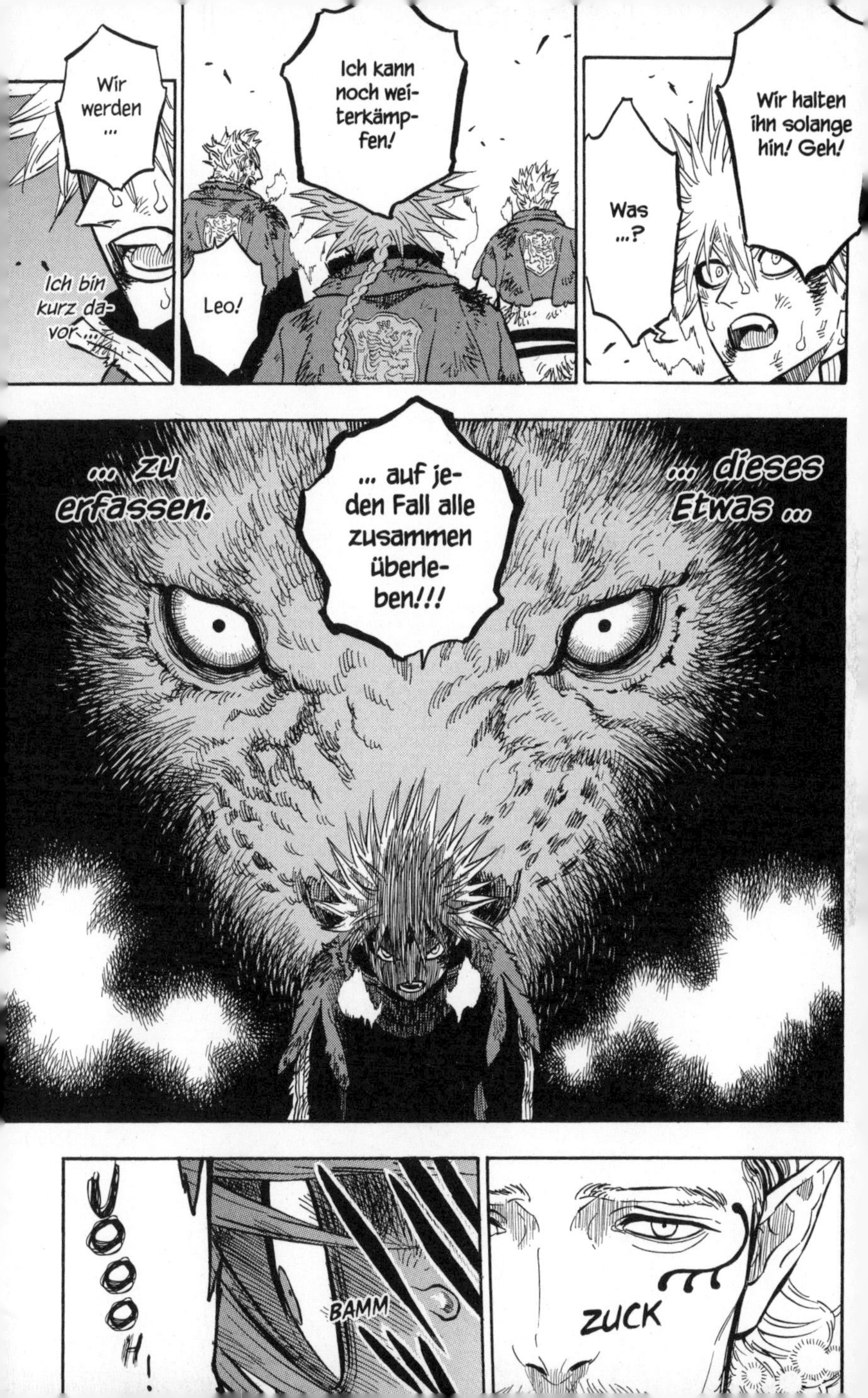

Wir halten ihn solange hin! Geh!
Was ...?
Ich kann noch weiterkämpfen!
Leo!
Wir werden ...
Ich bin kurz davor ...
... dieses Etwas ...
... auf jeden Fall alle zusammen überleben!!!
... zu erfassen.
ZUCK
UOOOOH!
BAMM

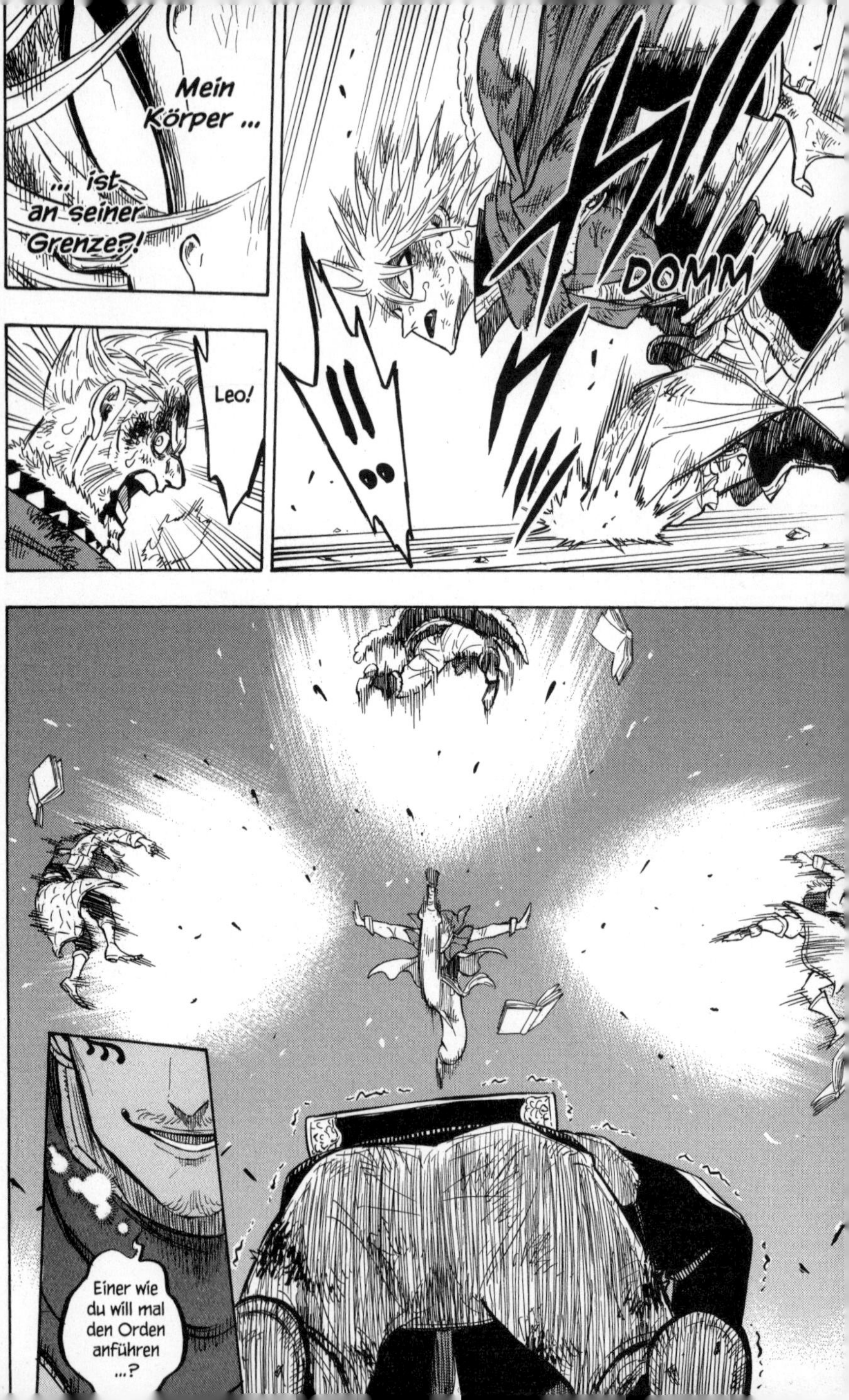
Mein Körper ...
... ist an seiner Grenze?!
DOMM
Leo!
Einer wie du will mal den Orden anführen ...?

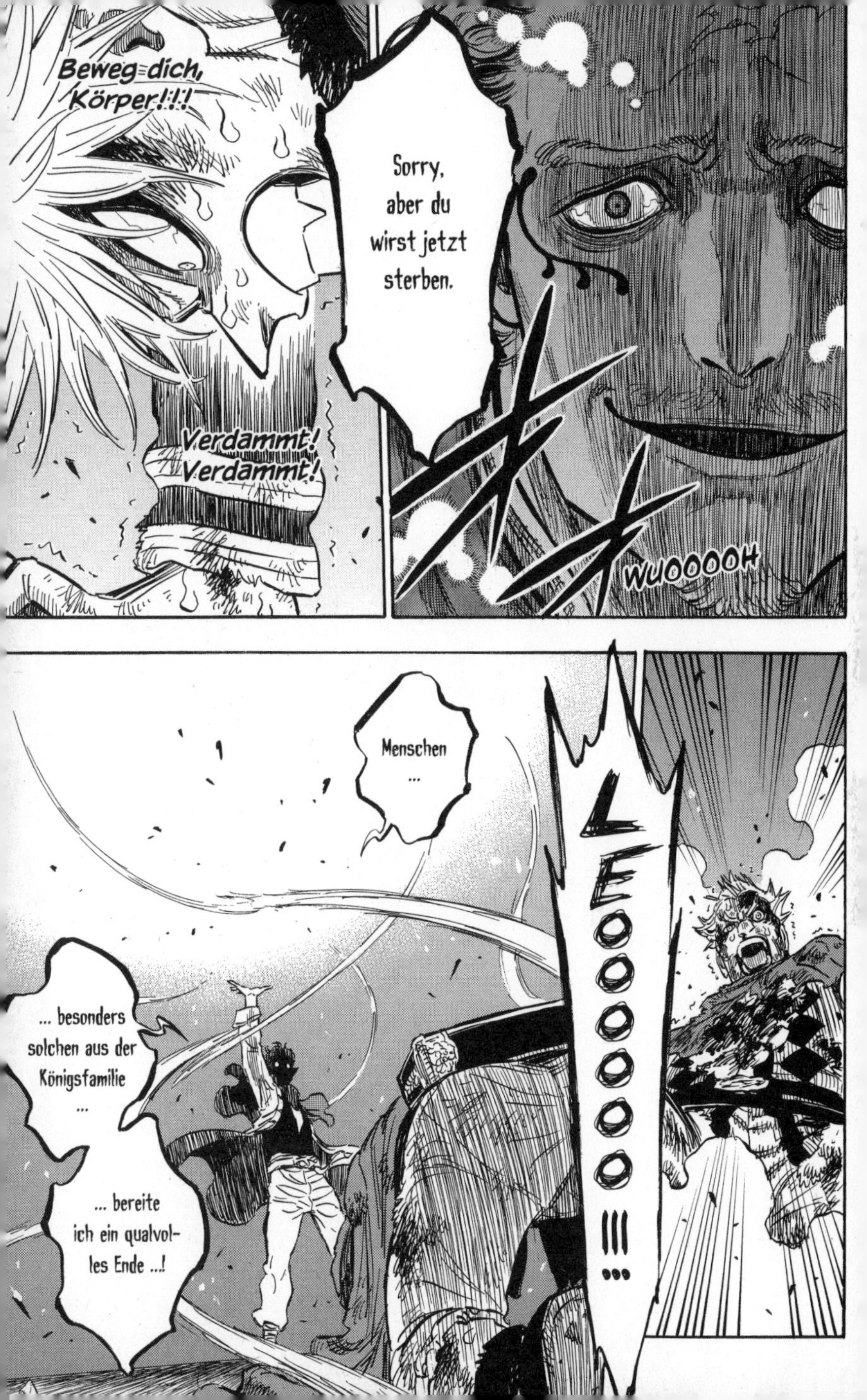
Beweg dich, Körper!!!
Sorry, aber du wirst jetzt sterben.
Verdammt! Verdammt!
WUOOOOH
LEOOOOOOOO!!!
Menschen ...
... besonders solchen aus der Königsfamilie ...
... bereite ich ein qualvolles Ende ...!

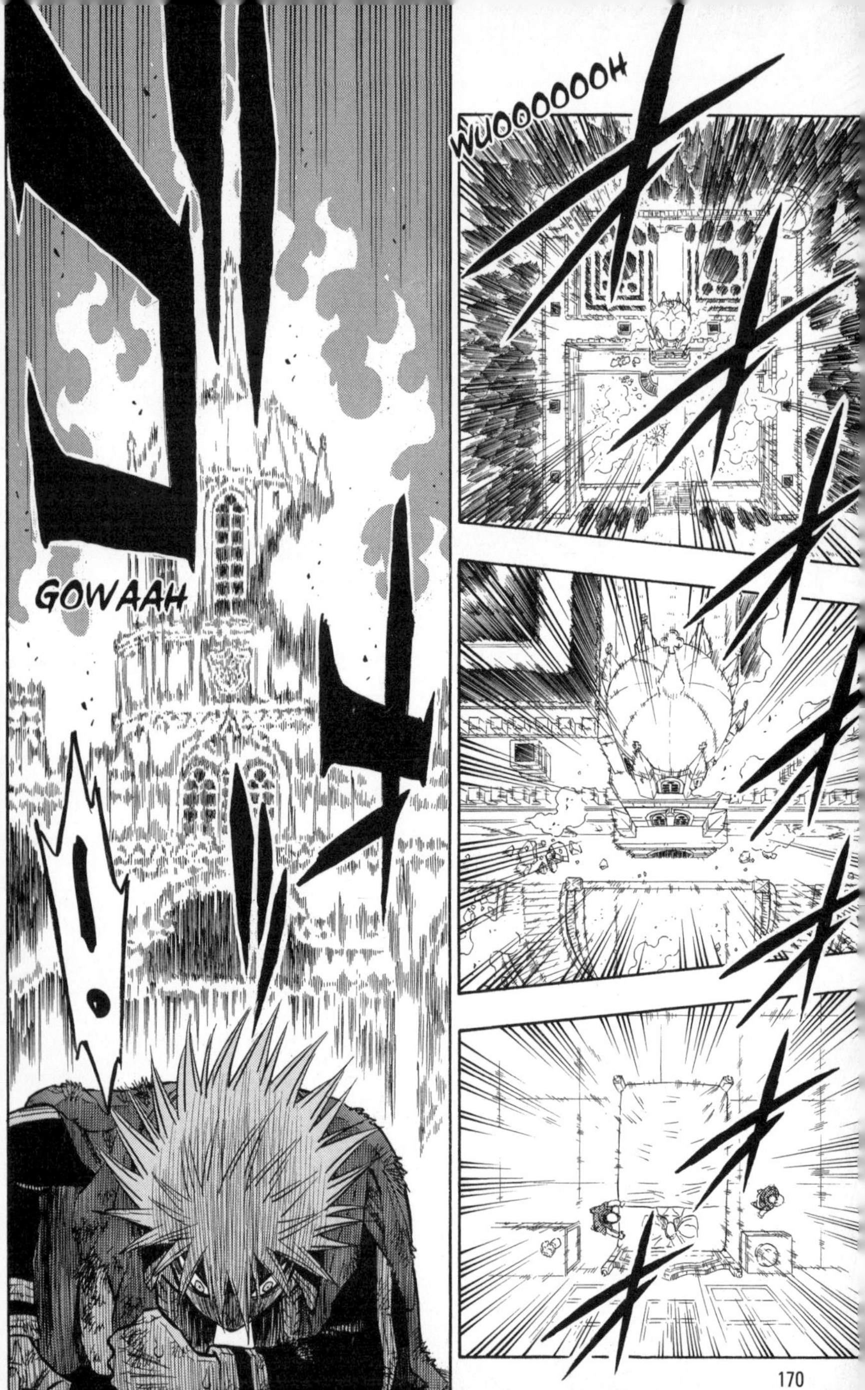
WUOOOOOOH
GOWAAH

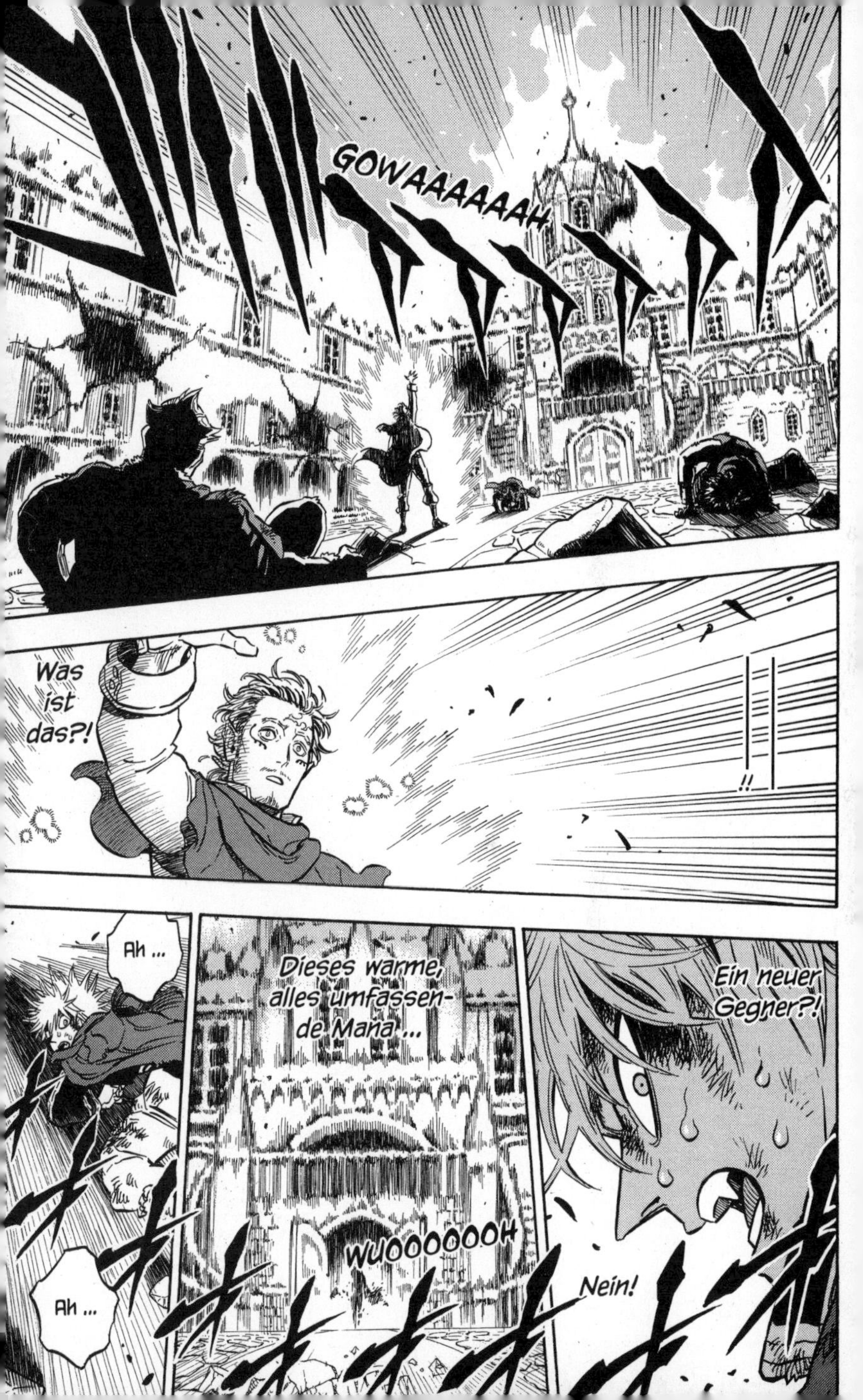
GOWAAAAAAAH
!!
Was ist das?!
Ein neuer Gegner?!
Nein!
Dieses warme, alles umfassen-de Mana ...
WUOOOOOOH
Ah ...
Ah ...

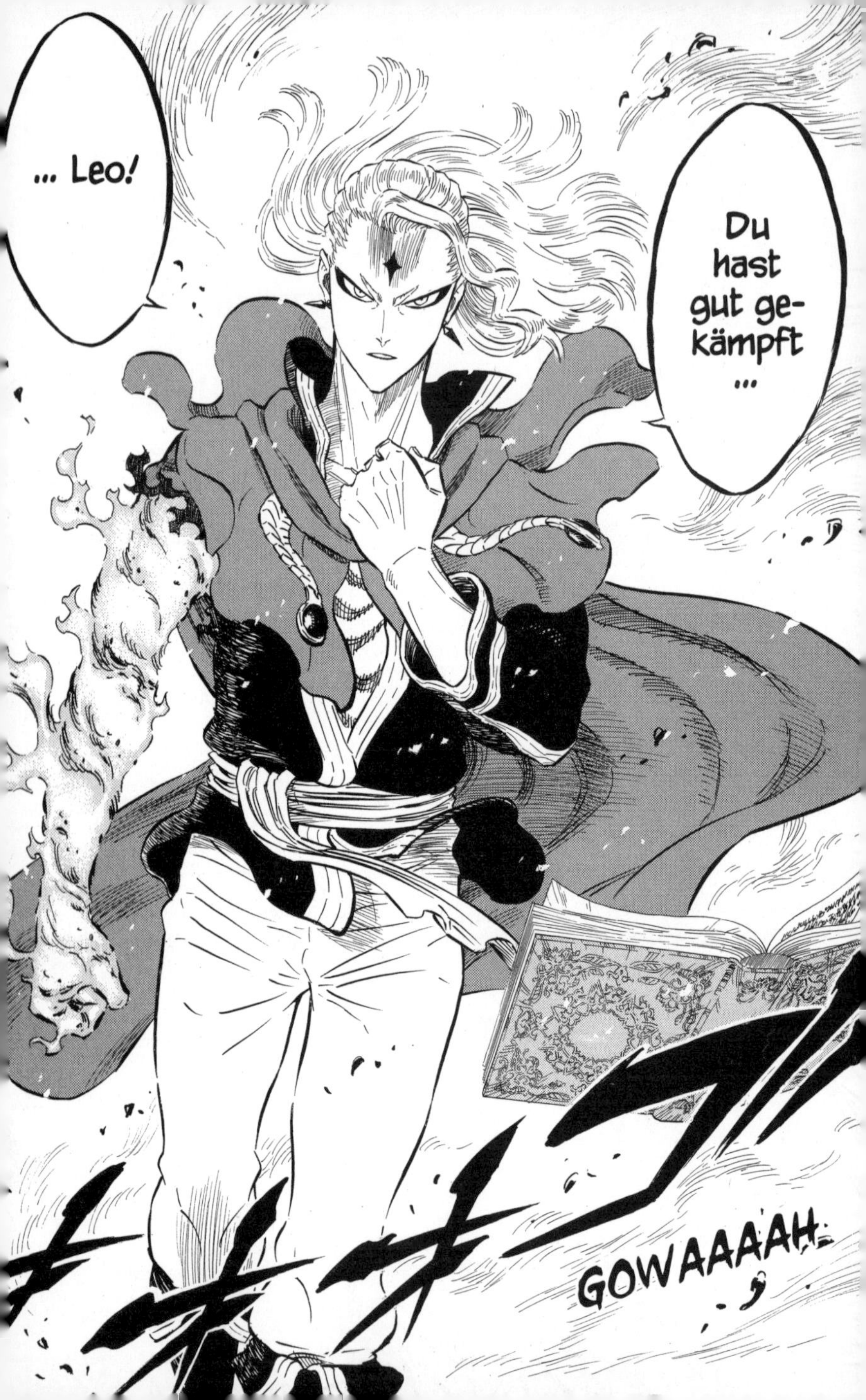
Du hast gut gekämpft …
… Leo!
GOWAAAAH

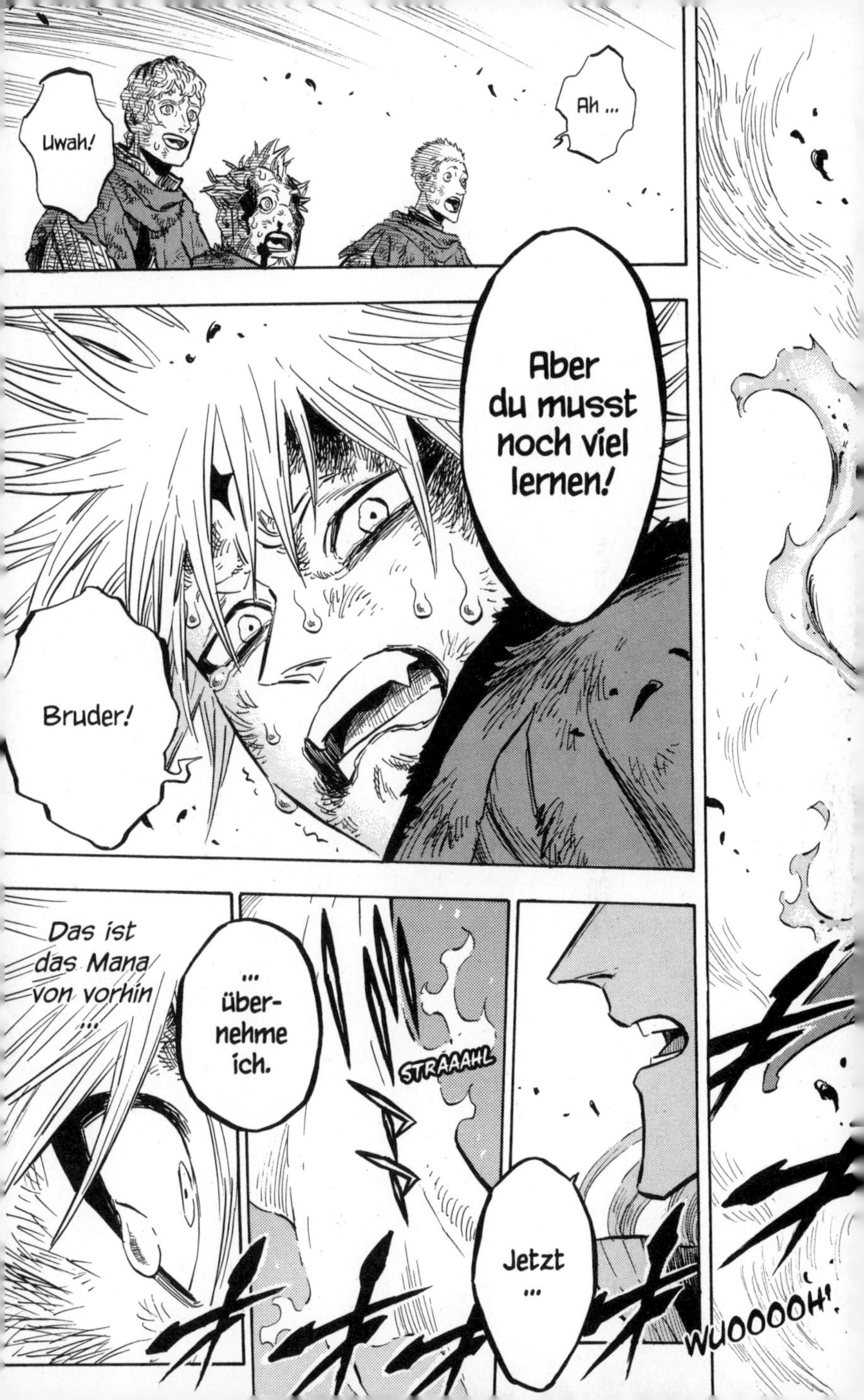
Ah ...
Uwah!
Aber du musst noch viel lernen!
Bruder!
Jetzt ...
WUOOOOH!
STRAAAHL
... übernehme ich.
Das ist das Mana von vorhin ...

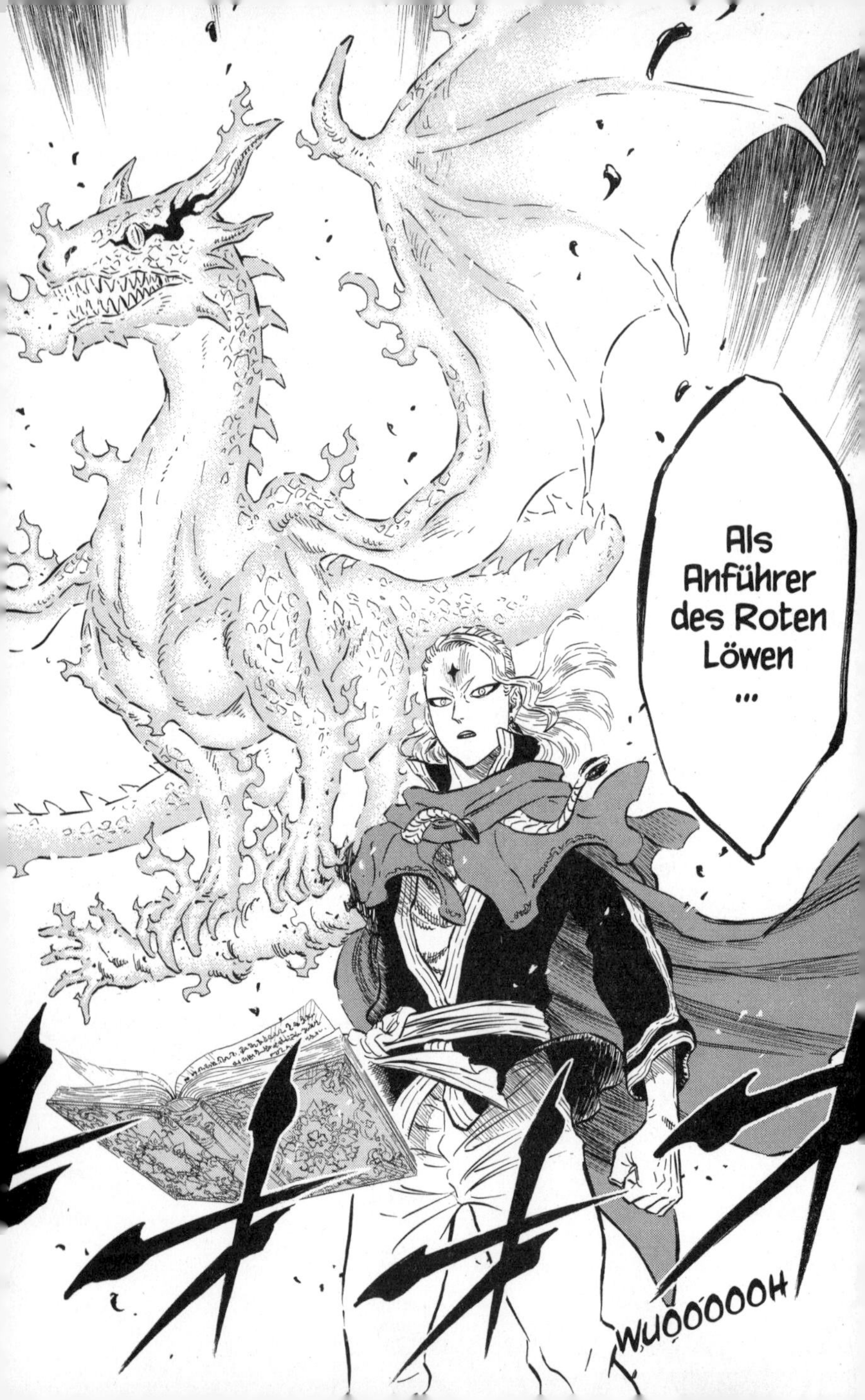
Als Anführer des Roten Löwen ...
WUOOOOOH

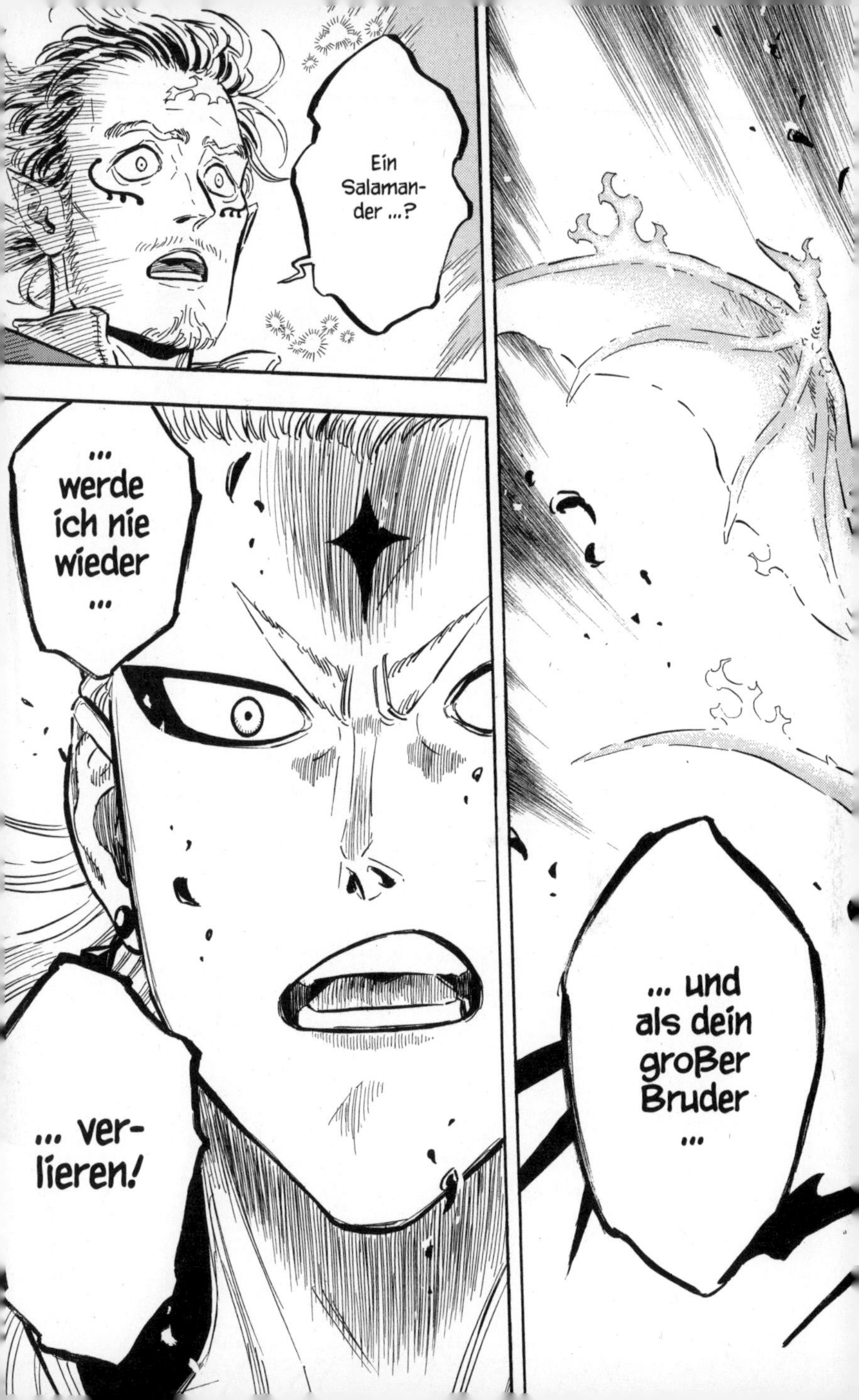
Ein Salamander ...?
... und als dein großer Bruder ...
... werde ich nie wieder ...
... verlieren!

DER SCHWARZ-WEISSE BILDERORDEN NR. 3

Dank ihm werde ich immer stärker!

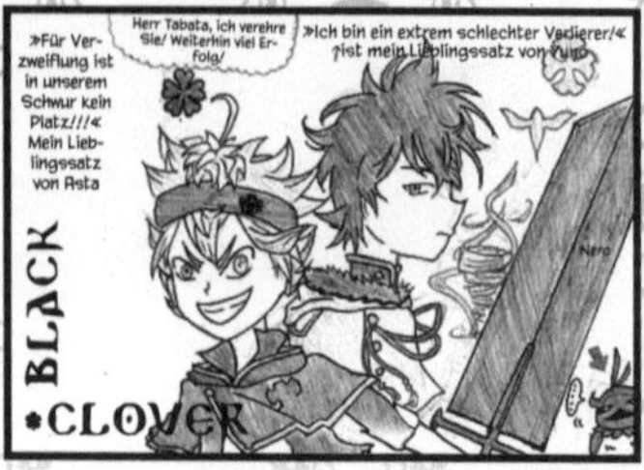

Katzenliebhaber aus Saga

Mit einem Lächeln auf den Lippen. Dunkelheit sickert aus ihm heraus ...

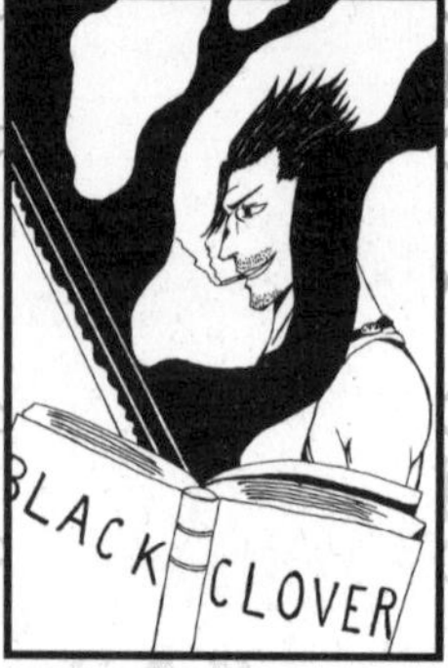

Ryota Hori aus Aichi

Der letzte der Royal Knights ... um den niemand gebeten hat ...!

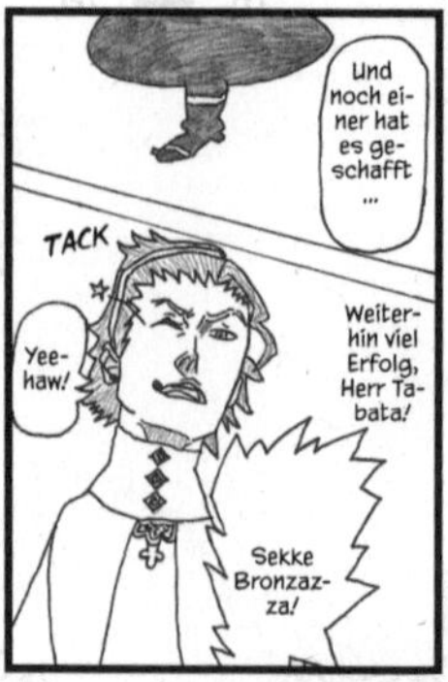

Sausage aus Hyogo

Ein aufgewecktes Trio!

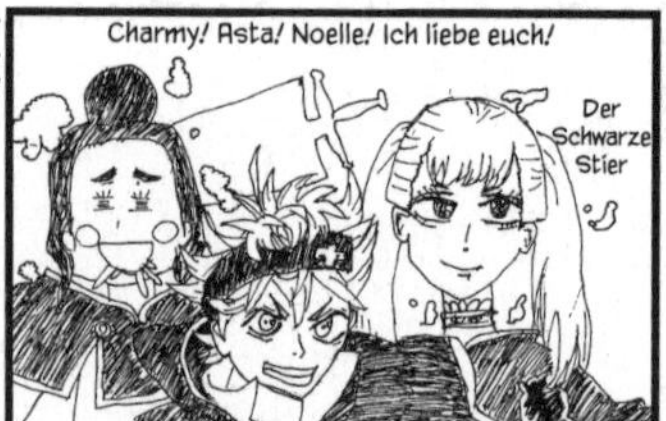

Rua Matsuki aus Nagano

AUFGEPASST!

Liebe Leser, auch im nächsten Band wird es einen Bereich mit Fragen und Illustrationen geben. Ich präsentiere wieder Fanarts zu *Black Clover* und beantworte Fragen!

Danke für eure Unterstützung!

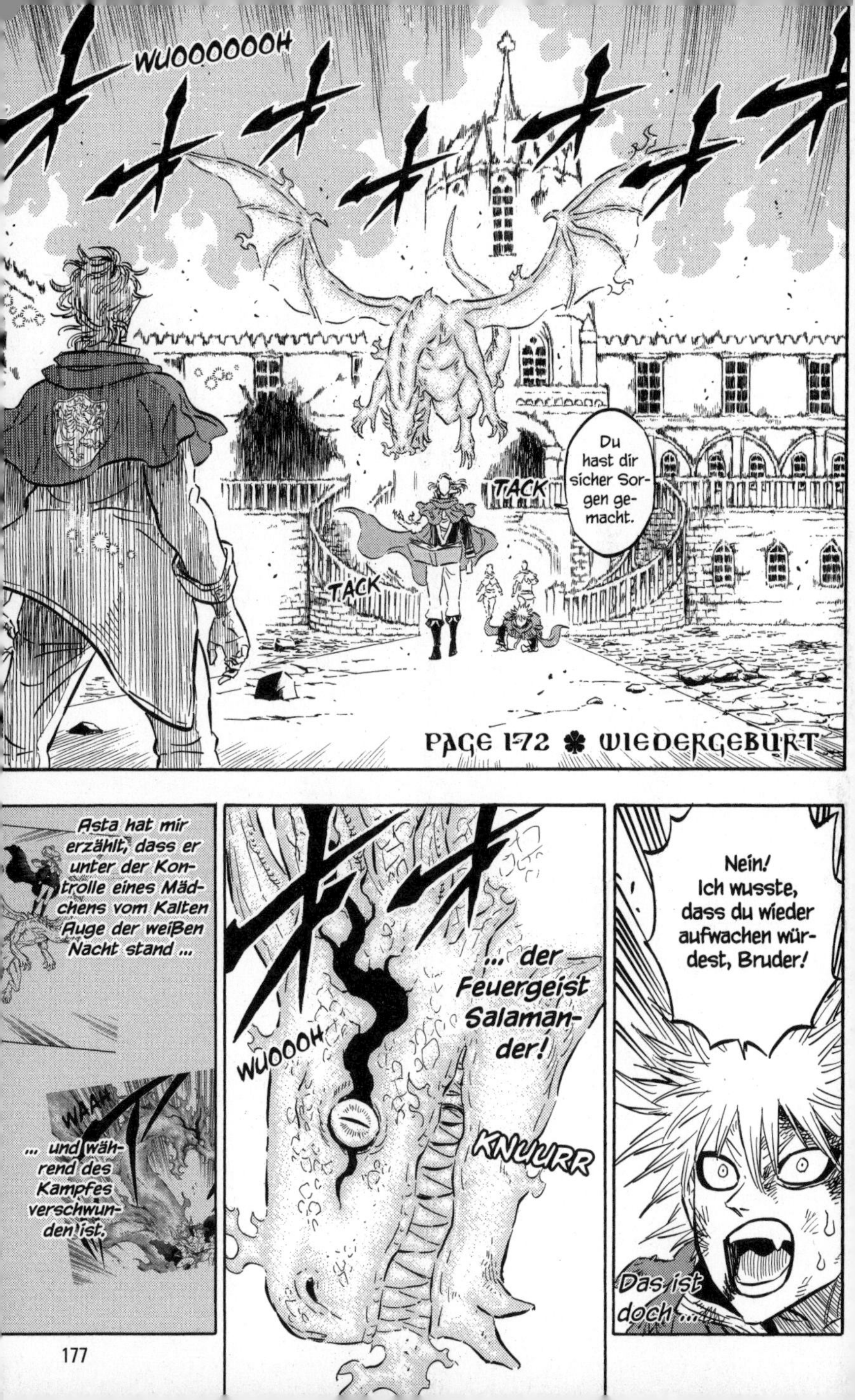
WUOOOOOOH
Du hast dir sicher Sorgen gemacht.
TACK
TACK
PAGE 172 ✽ WIEDERGEBURT
Asta hat mir erzählt, dass er unter der Kontrolle eines Mädchens vom Kalten Auge der weißen Nacht stand ...
WAAH
... und während des Kampfes verschwunden ist.
... der Feuergeist Salamander!
WUOOOH
KNUURR
Nein! Ich wusste, dass du wieder aufwachen würdest, Bruder!
Das ist doch ...

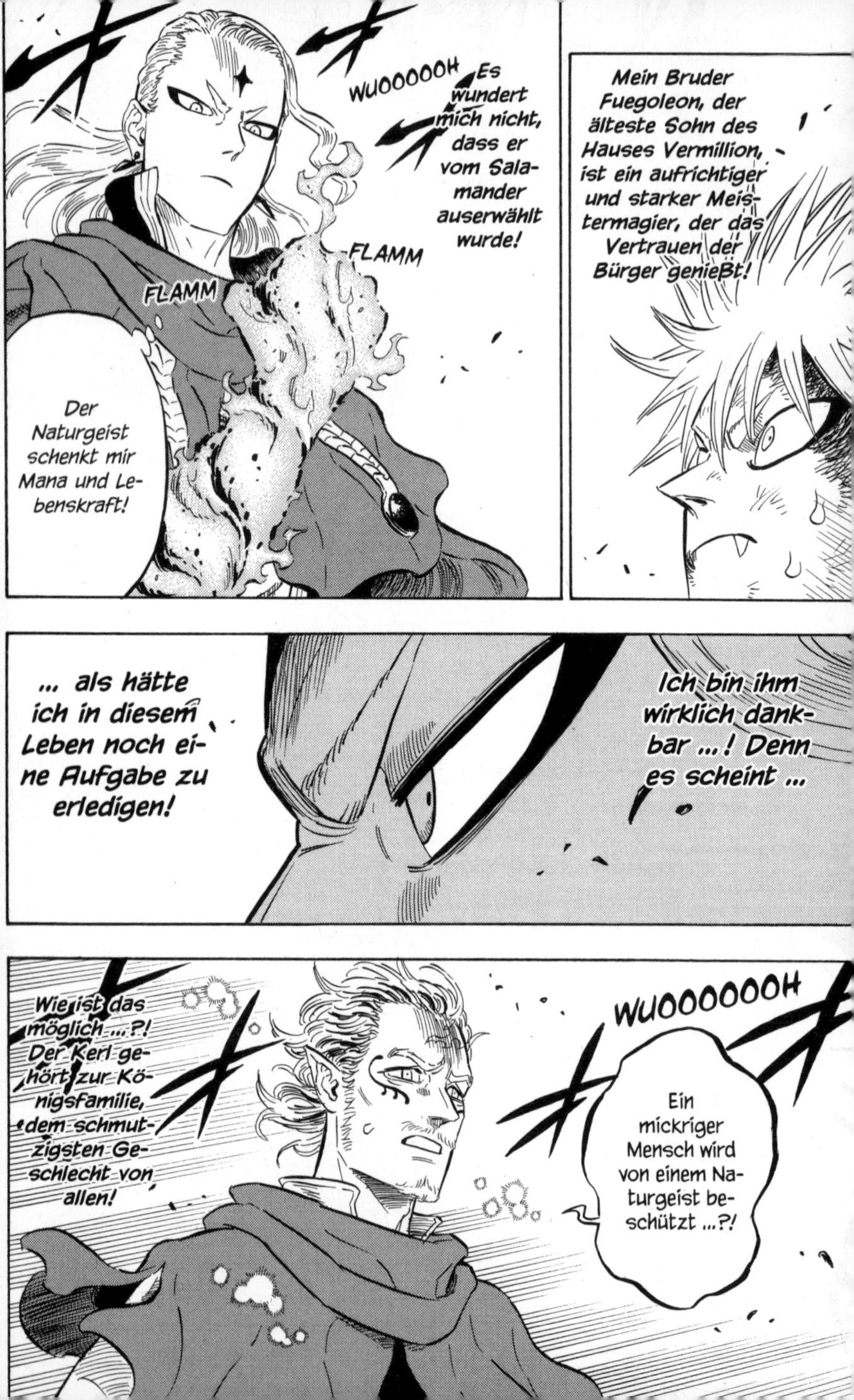

Mein Bruder Fuegoleon, der älteste Sohn des Hauses Vermillion, ist ein aufrichtiger und starker Meistermagier, der das Vertrauen der Bürger genießt!
WUOOOOOH
Es wundert mich nicht, dass er vom Salamander auserwählt wurde!
FLAMM
FLAMM
Der Naturgeist schenkt mir Mana und Lebenskraft!
Ich bin ihm wirklich dankbar ...! Denn es scheint ...
... als hätte ich in diesem Leben noch eine Aufgabe zu erledigen!
WUOOOOOOH
Ein mickriger Mensch wird von einem Naturgeist beschützt ...?!
Wie ist das möglich ...?! Der Kerl gehört zur Königsfamilie, dem schmutzigsten Geschlecht von allen!

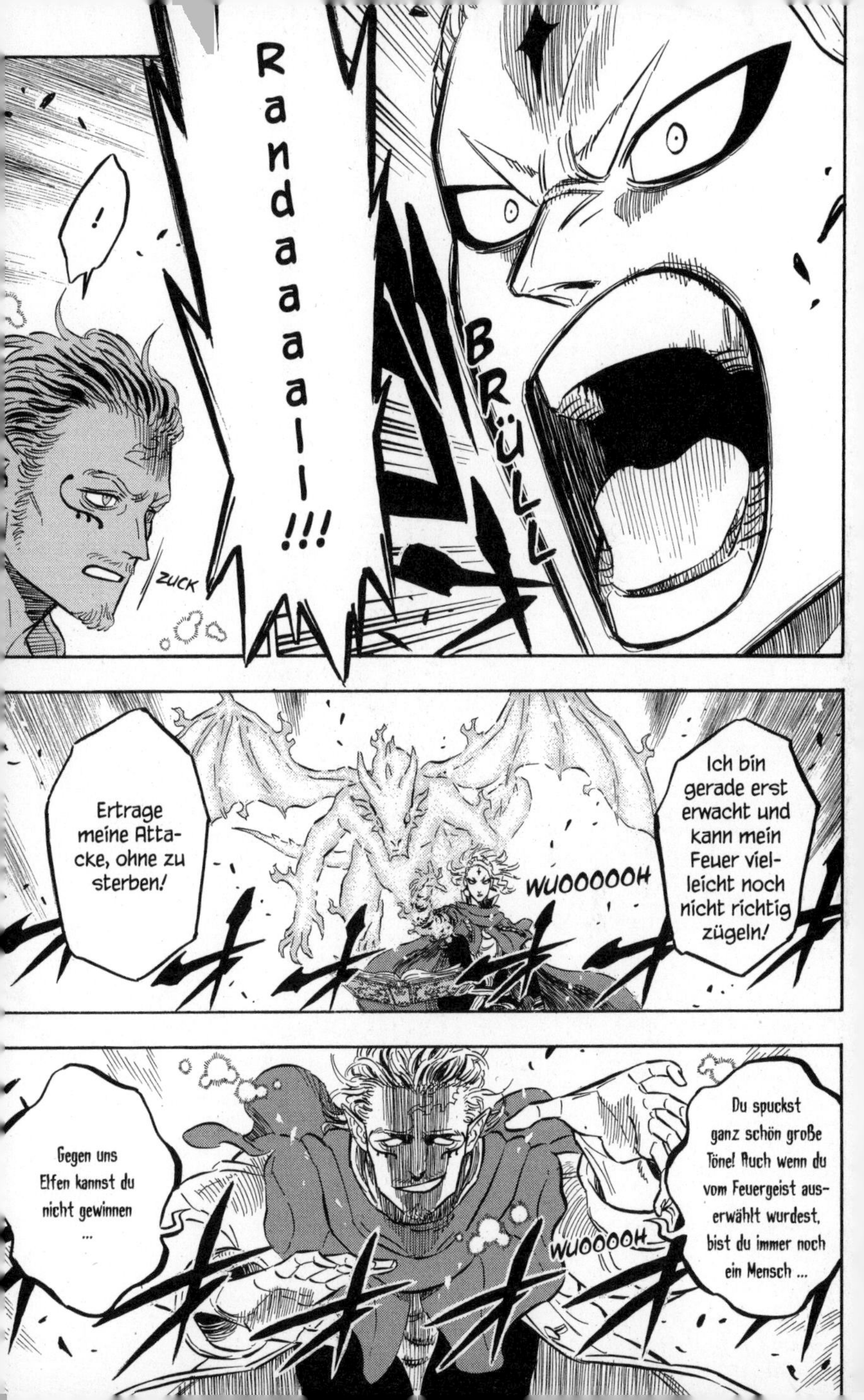

Randaaaaall!!!
BRÜLL
ZUCK
!
Ich bin gerade erst erwacht und kann mein Feuer vielleicht noch nicht richtig zügeln!
WUOOOOOH
Ertrage meine Attacke, ohne zu sterben!
Du spuckst ganz schön große Töne! Auch wenn du vom Feuergeist auserwählt wurdest, bist du immer noch ein Mensch ...
WUOOOOH
Gegen uns Elfen kannst du nicht gewinnen ...

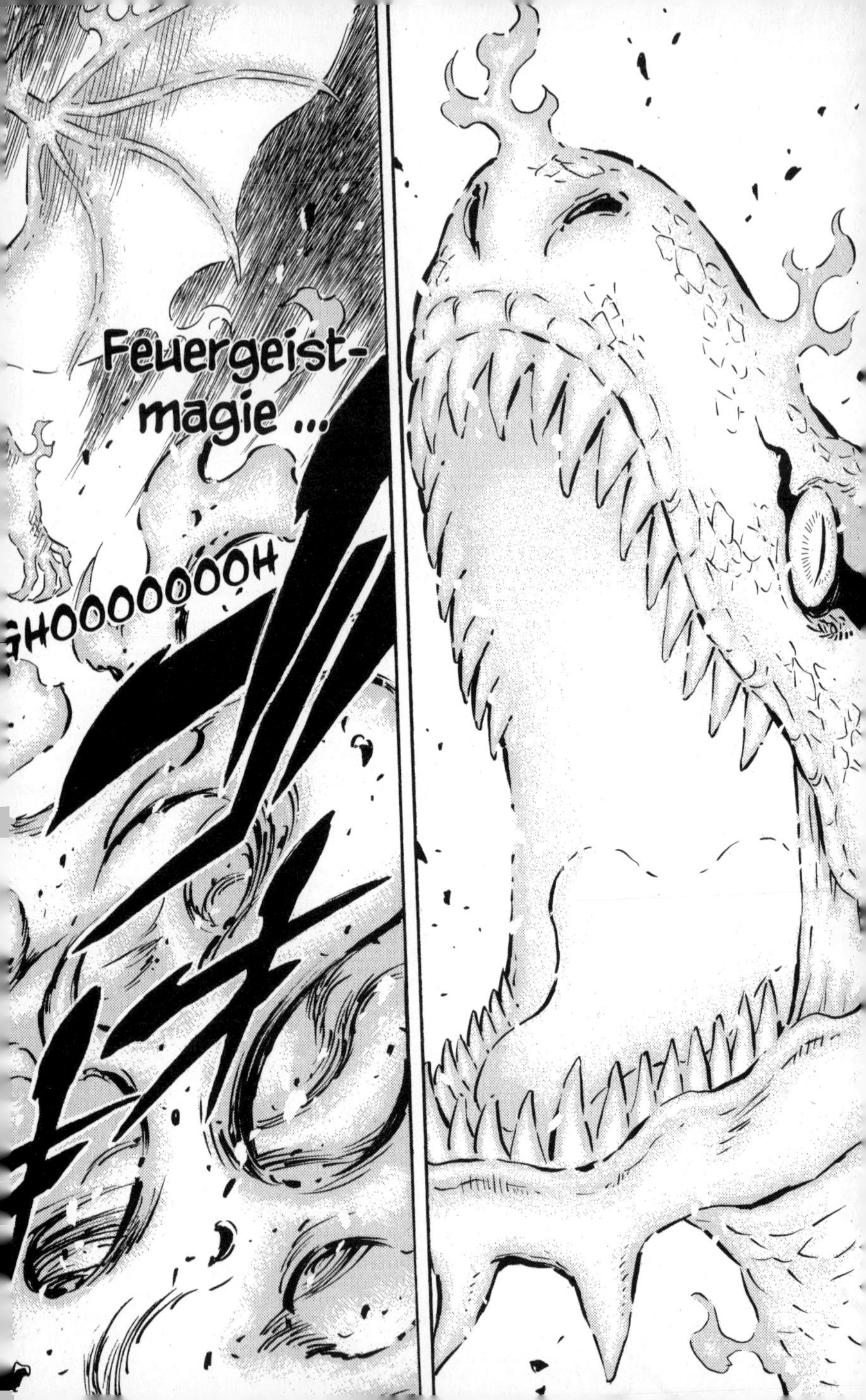
Feuergeist-
magie ...
GHOOOOOOOH

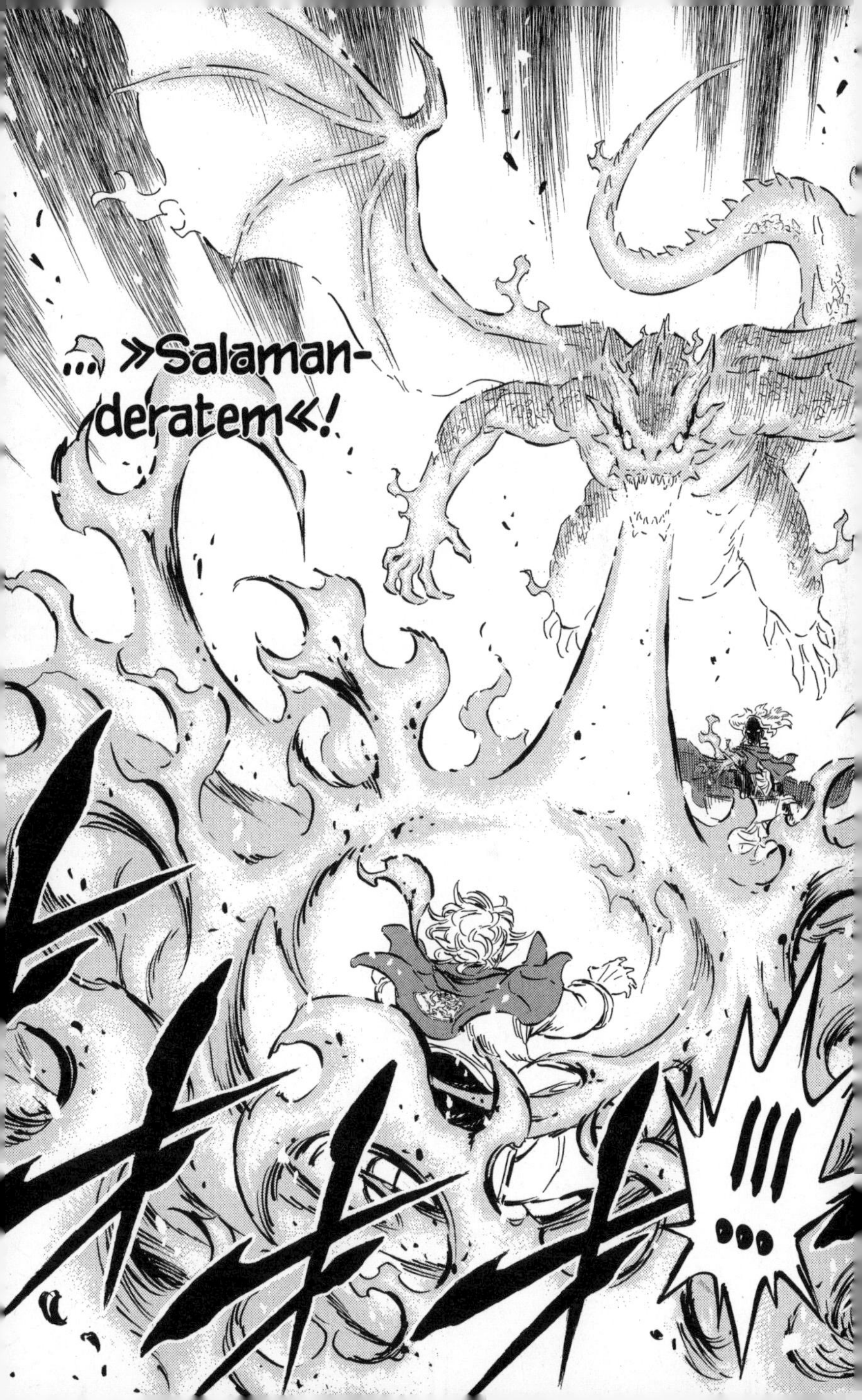
... »Salaman-
deratem«!
!!!
...

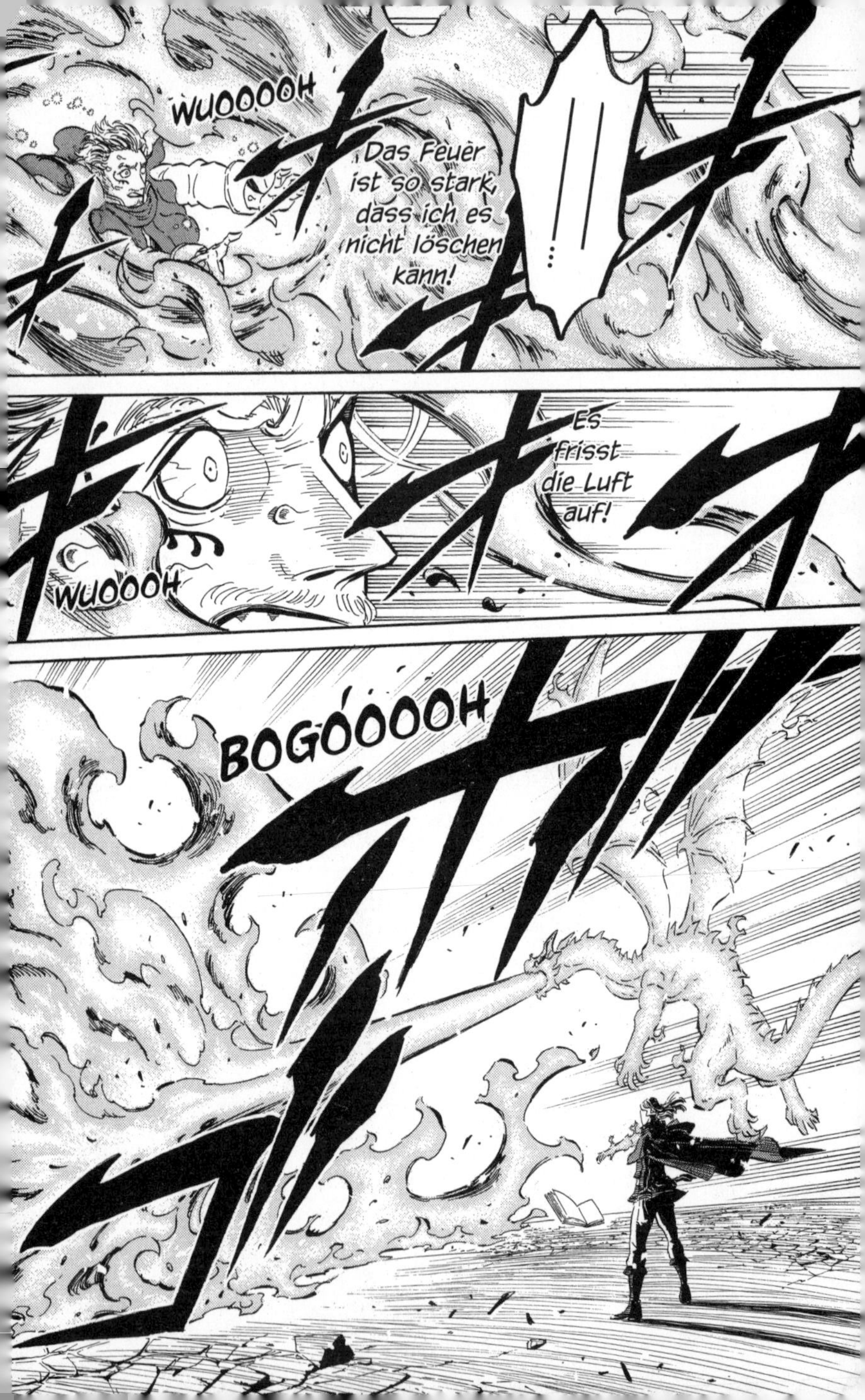

WUOOOOH
Das Feuer ist so stark, dass ich es nicht löschen kann!
…!!
Es frisst die Luft auf!
WUOOOH
BOGOOOOH

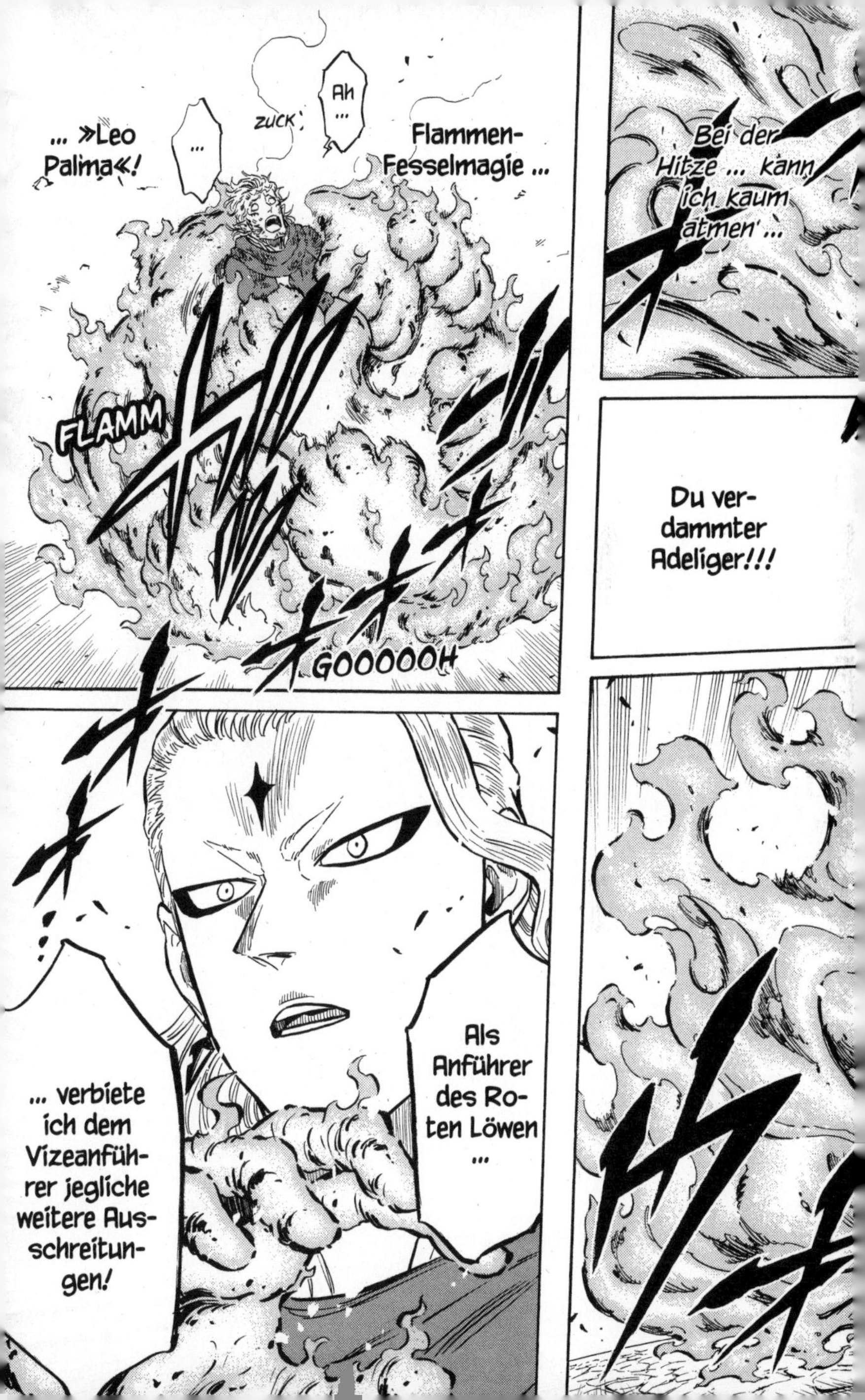
Ah …
ZUCK
…
… »Leo Palima«!
Flammen-Fesselmagie …
FLAMM
GOOOOOH
Bei der Hitze … kann ich kaum atmen …
Du verdammter Adeliger!!!
Als Anführer des Roten Löwen …
… verbiete ich dem Vizeanführer jegliche weitere Ausschreitungen!

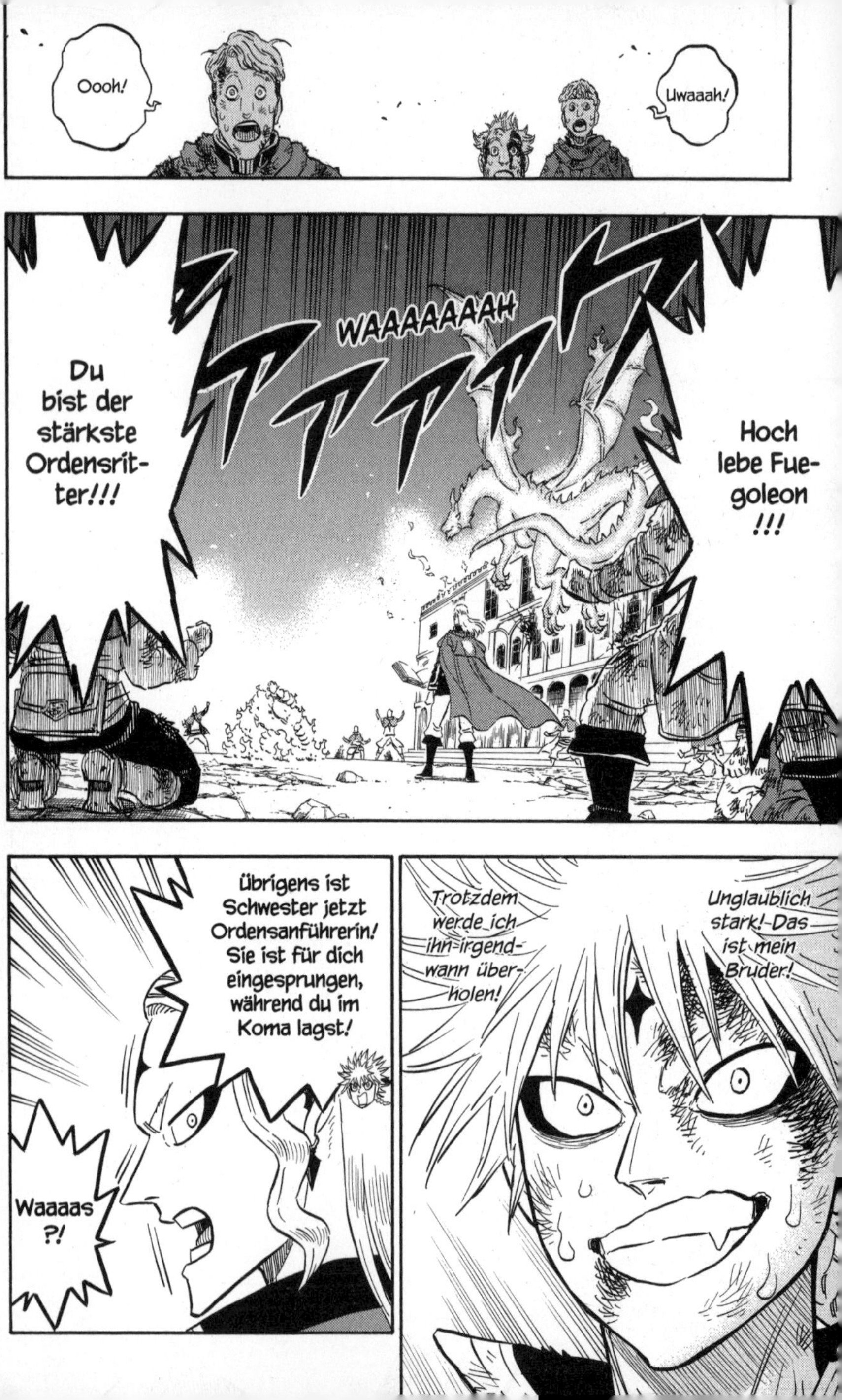
Uwaaah!
Oooh!
WAAAAAAAH
Hoch lebe Fuegoleon!!!
Du bist der stärkste Ordensritter!!!
Unglaublich stark! Das ist mein Bruder!
Trotzdem werde ich ihn irgendwann überholen!
Übrigens ist Schwester jetzt Ordensanführerin! Sie ist für dich eingesprungen, während du im Koma lagst!
Waaaas?!

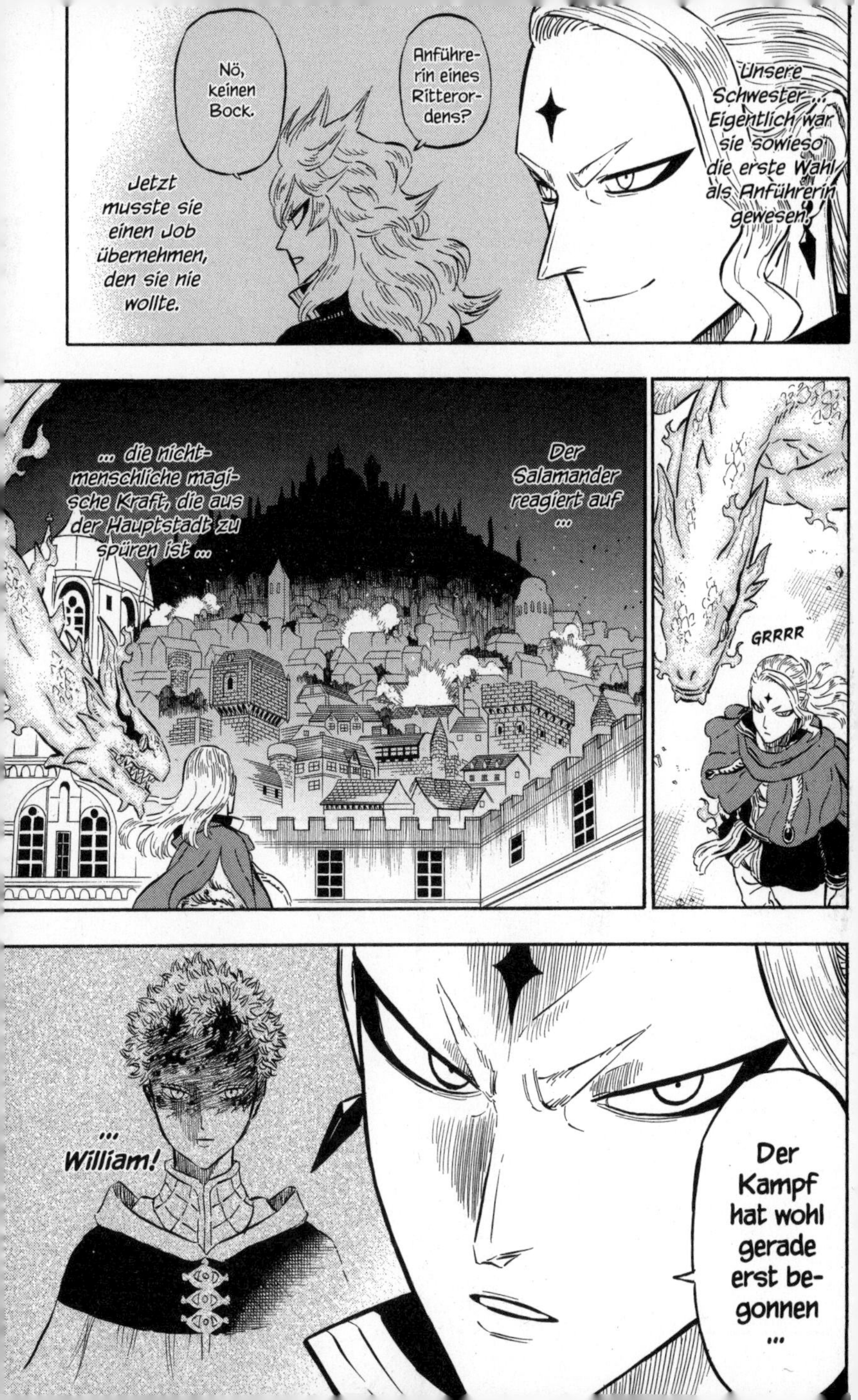
Unsere Schwester ... Eigentlich war sie sowieso die erste Wahl als Anführerin gewesen.
Anführerin eines Ritterordens?
Nö, keinen Bock.
Jetzt musste sie einen Job übernehmen, den sie nie wollte.
GRRRR
Der Salamander reagiert auf ...
... die nichtmenschliche magische Kraft, die aus der Hauptstadt zu spüren ist ...
Der Kampf hat wohl gerade erst begonnen ...
... William!

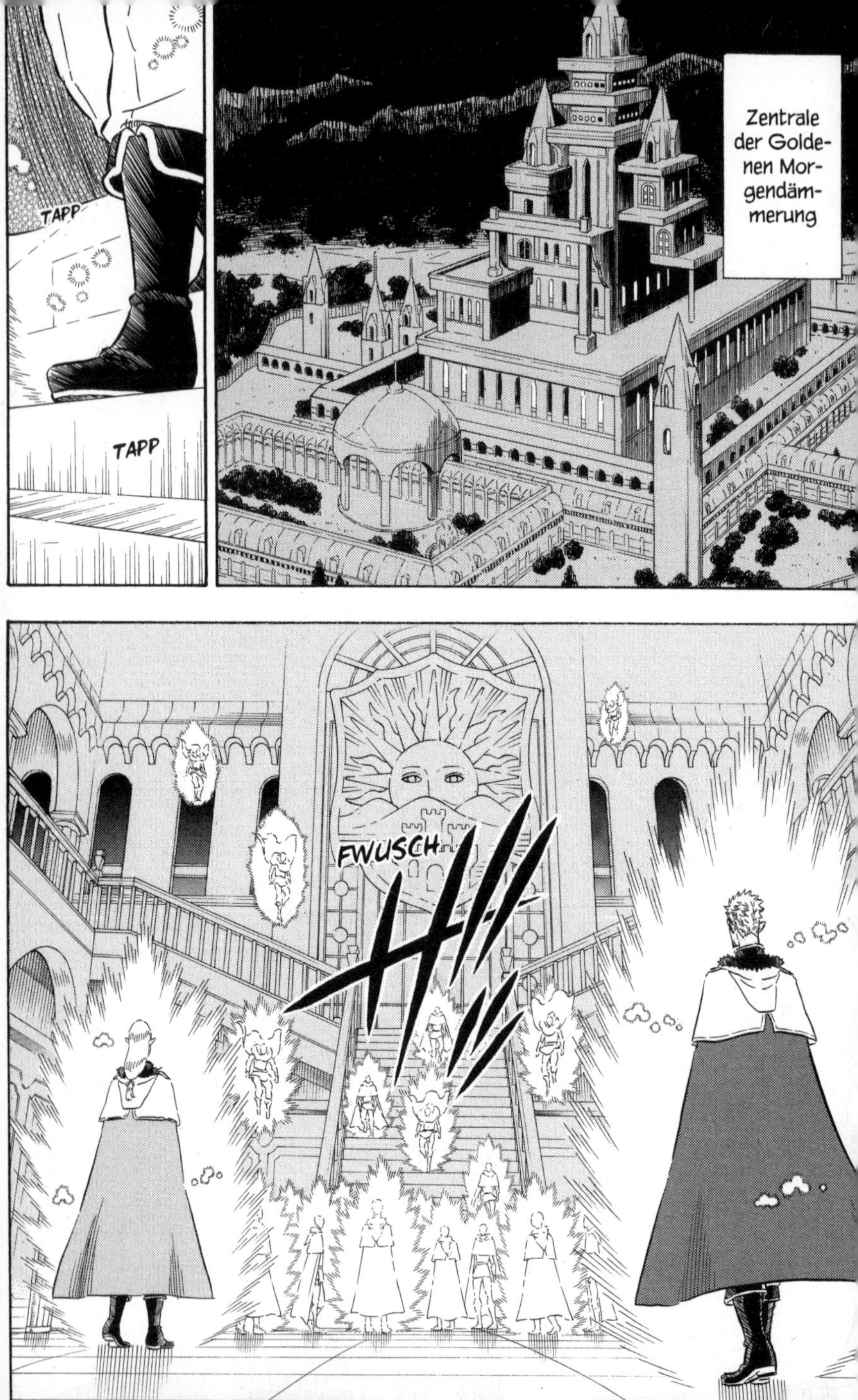
Zentrale der Goldenen Morgendämmerung
TAPP
TAPP
FWUSCH

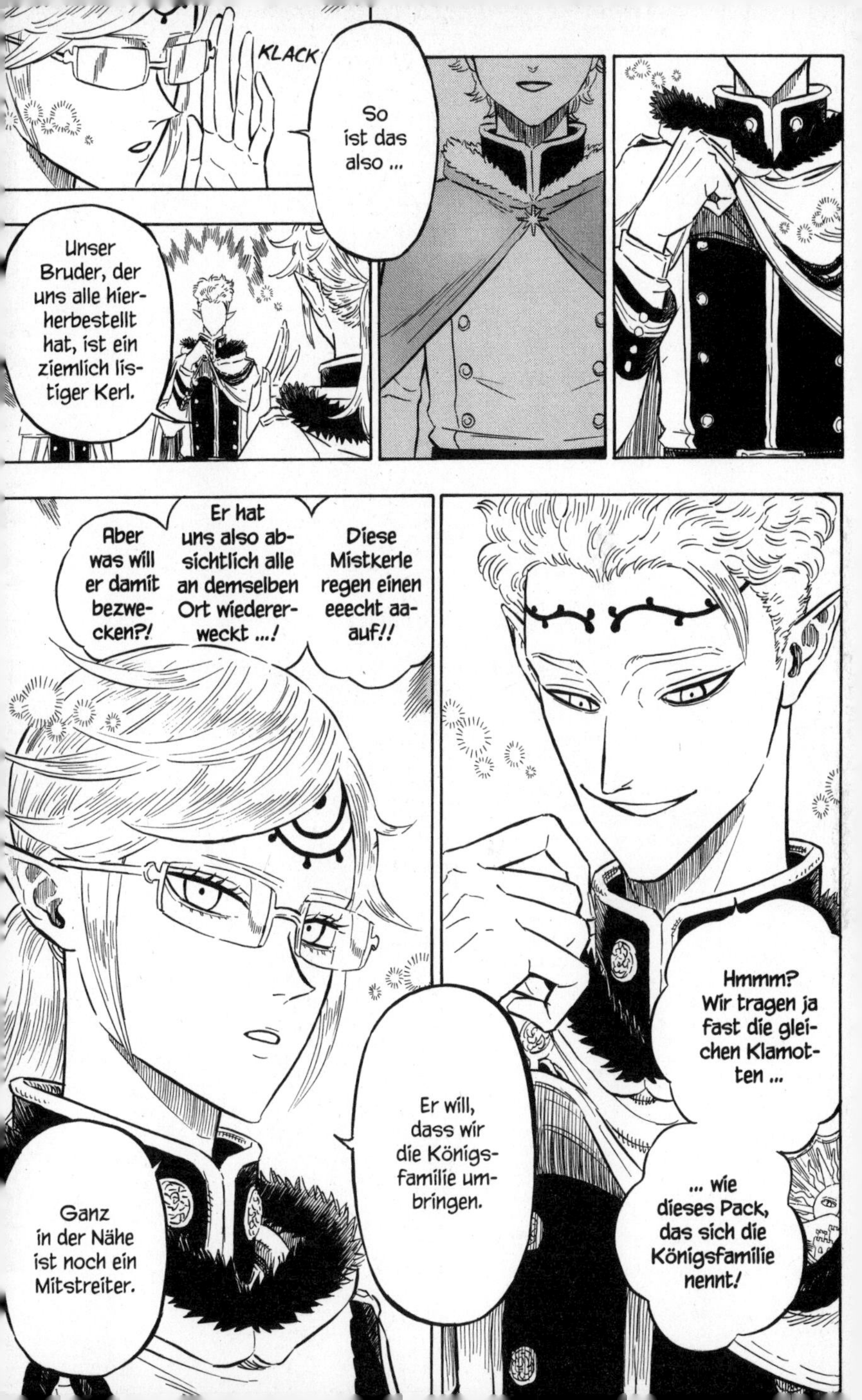

So ist das also ...
KLACK
Unser Bruder, der uns alle hierherbestellt hat, ist ein ziemlich listiger Kerl.
Hmmm? Wir tragen ja fast die gleichen Klamotten ...
... wie dieses Pack, das sich die Königsfamilie nennt!
Diese Mistkerle regen einen eeecht aaauf!!
Er hat uns also absichtlich alle an demselben Ort wiedererweckt ...!
Aber was will er damit bezwecken?!
Er will, dass wir die Königsfamilie umbringen.
Ganz in der Nähe ist noch ein Mitstreiter.

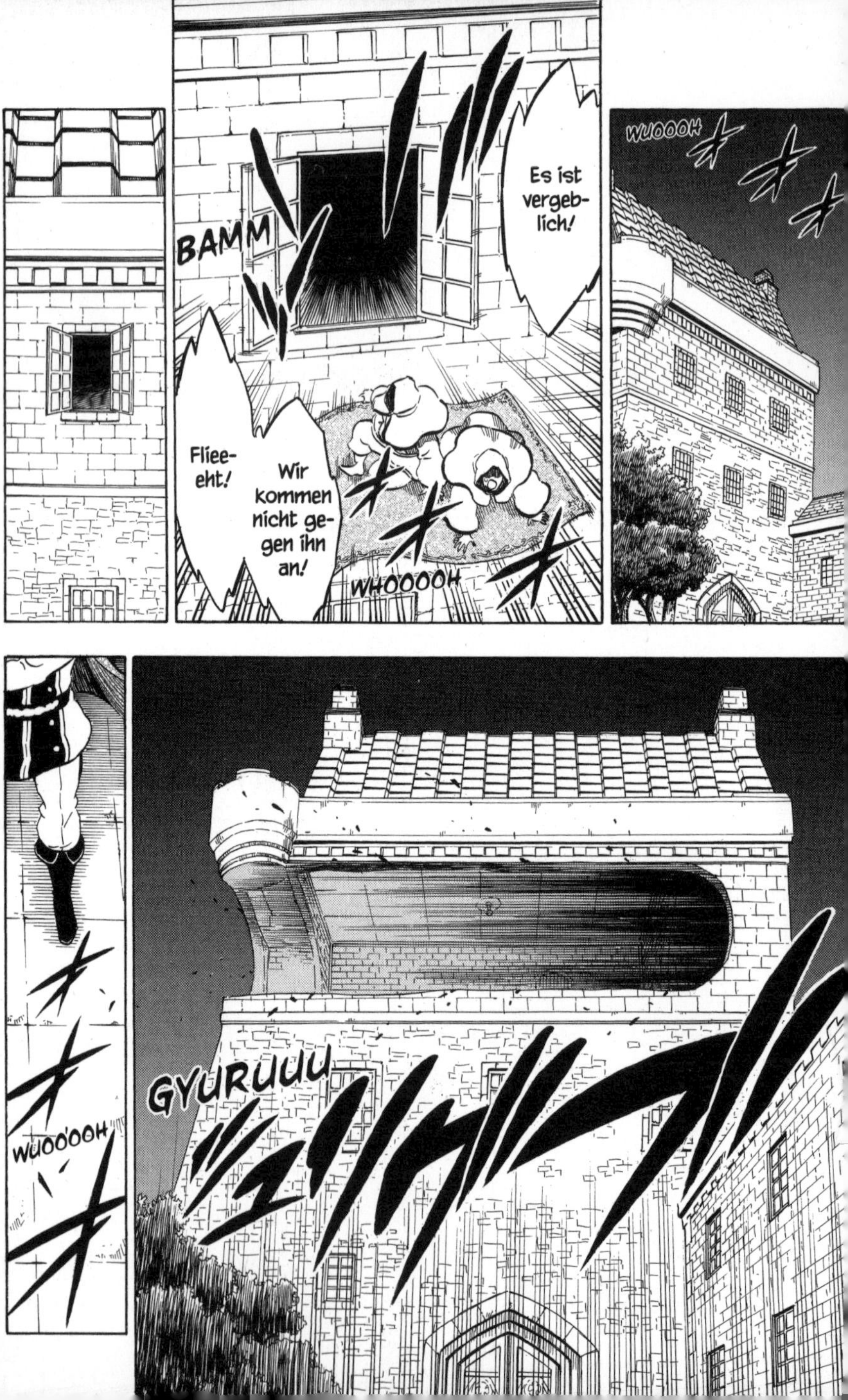
WUOOOH
Es ist vergeblich!
BAMM
Flieeeht!
Wir kommen nicht gegen ihn an!
WHOOOOH
GYURUUU
WUOOOH

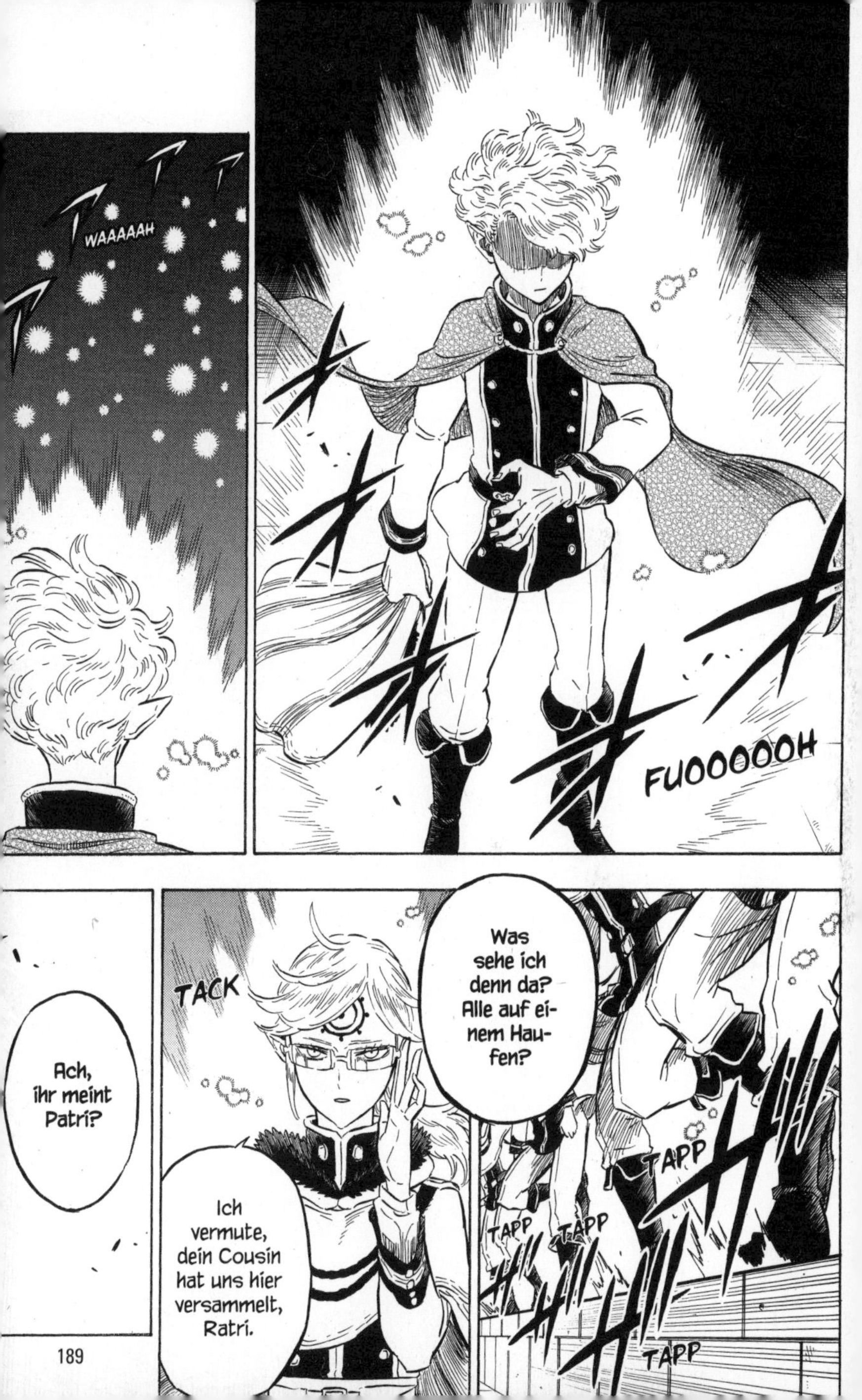

FUOOOOOH
WAAAAAH
Was sehe ich denn da? Alle auf ei-nem Hau-fen?
TAPP
TAPP
TAPP
TAPP
TACK
Ich vermute, dein Cousin hat uns hier versammelt, Ratri.
Ach, ihr meint Patri?

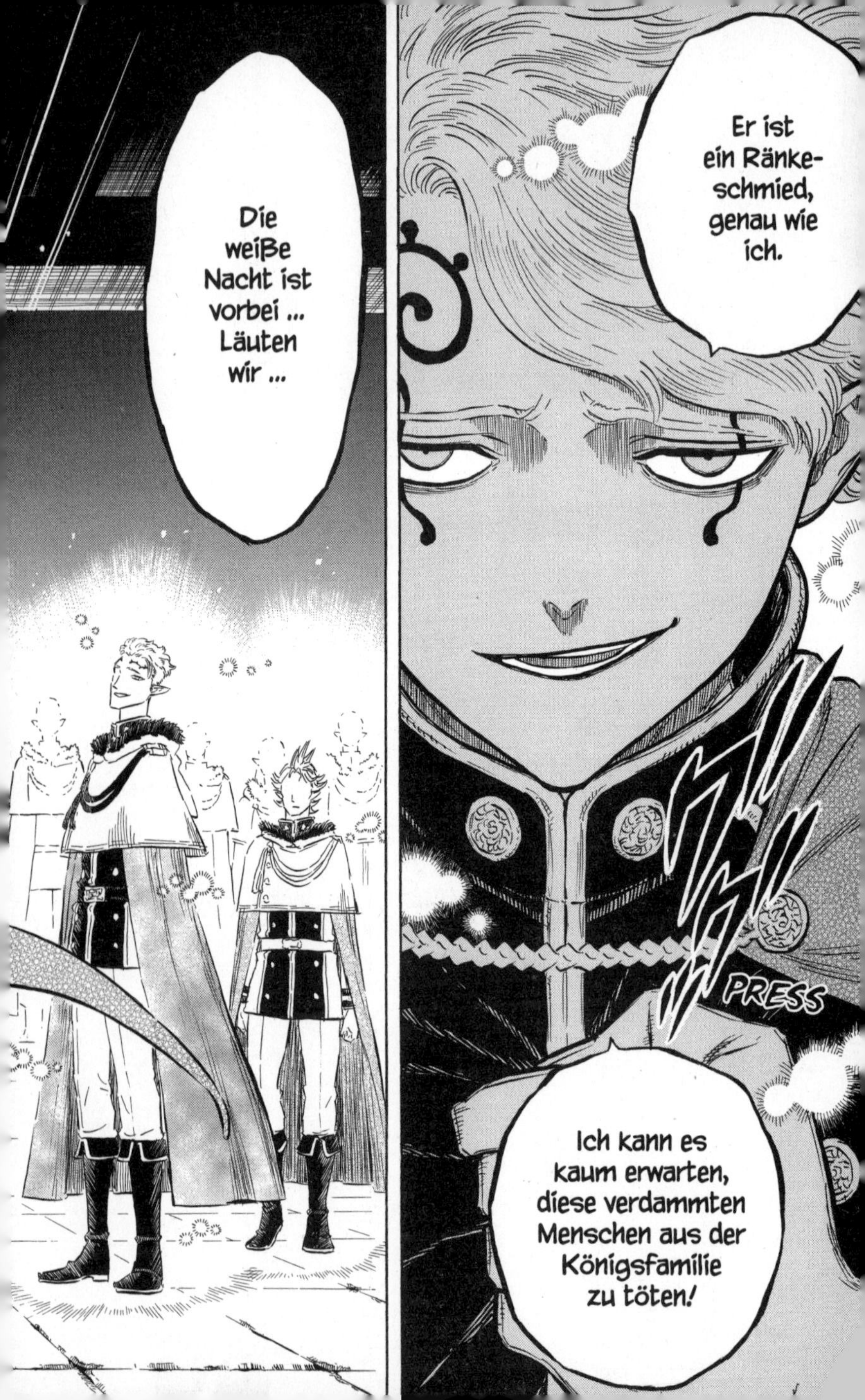
Er ist ein Ränkeschmied, genau wie ich.
PRESS
Ich kann es kaum erwarten, diese verdammten Menschen aus der Königsfamilie zu töten!
Die weiße Nacht ist vorbei ... Läuten wir ...

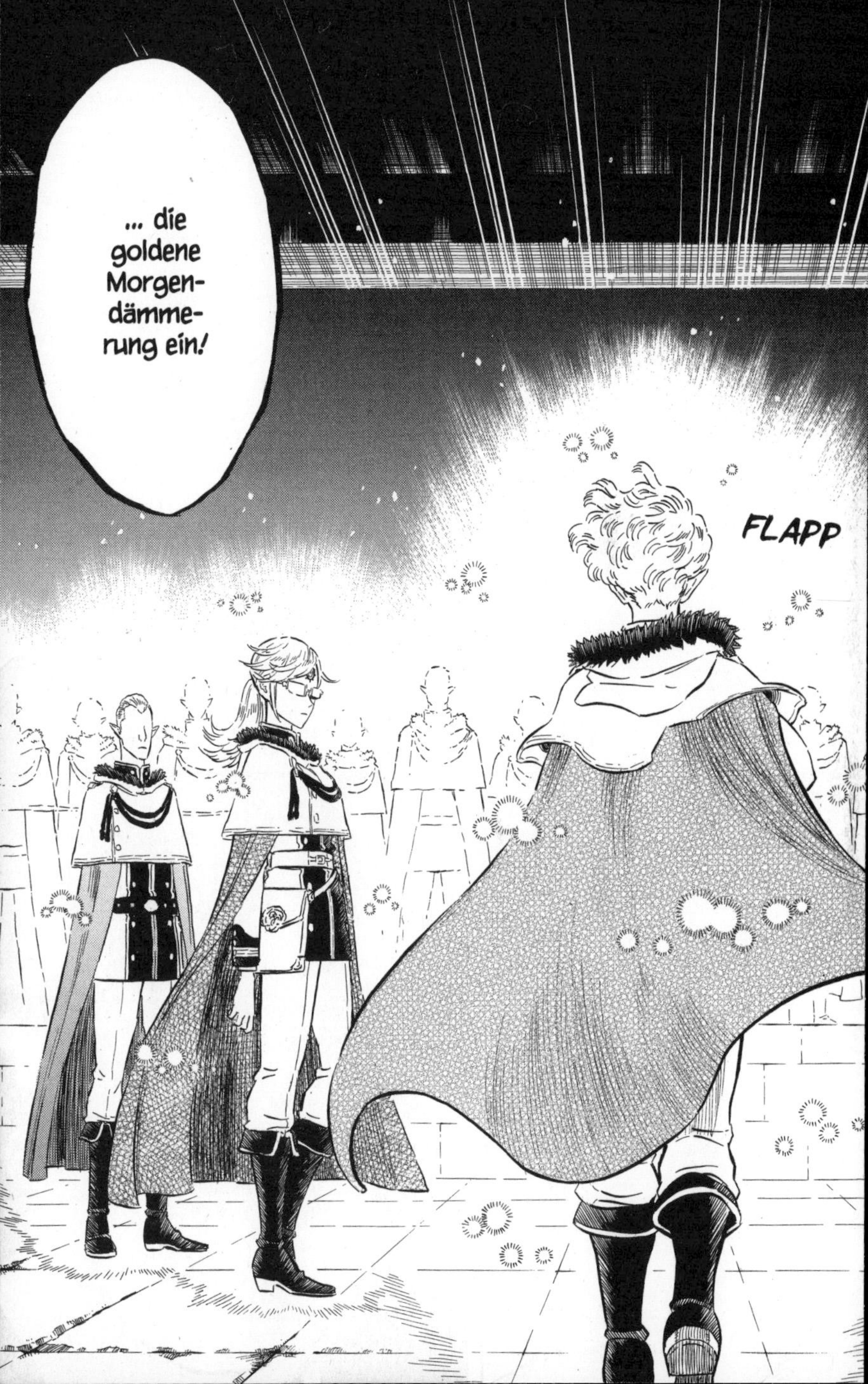
... die goldene Morgendämmerung ein!
FLAPP

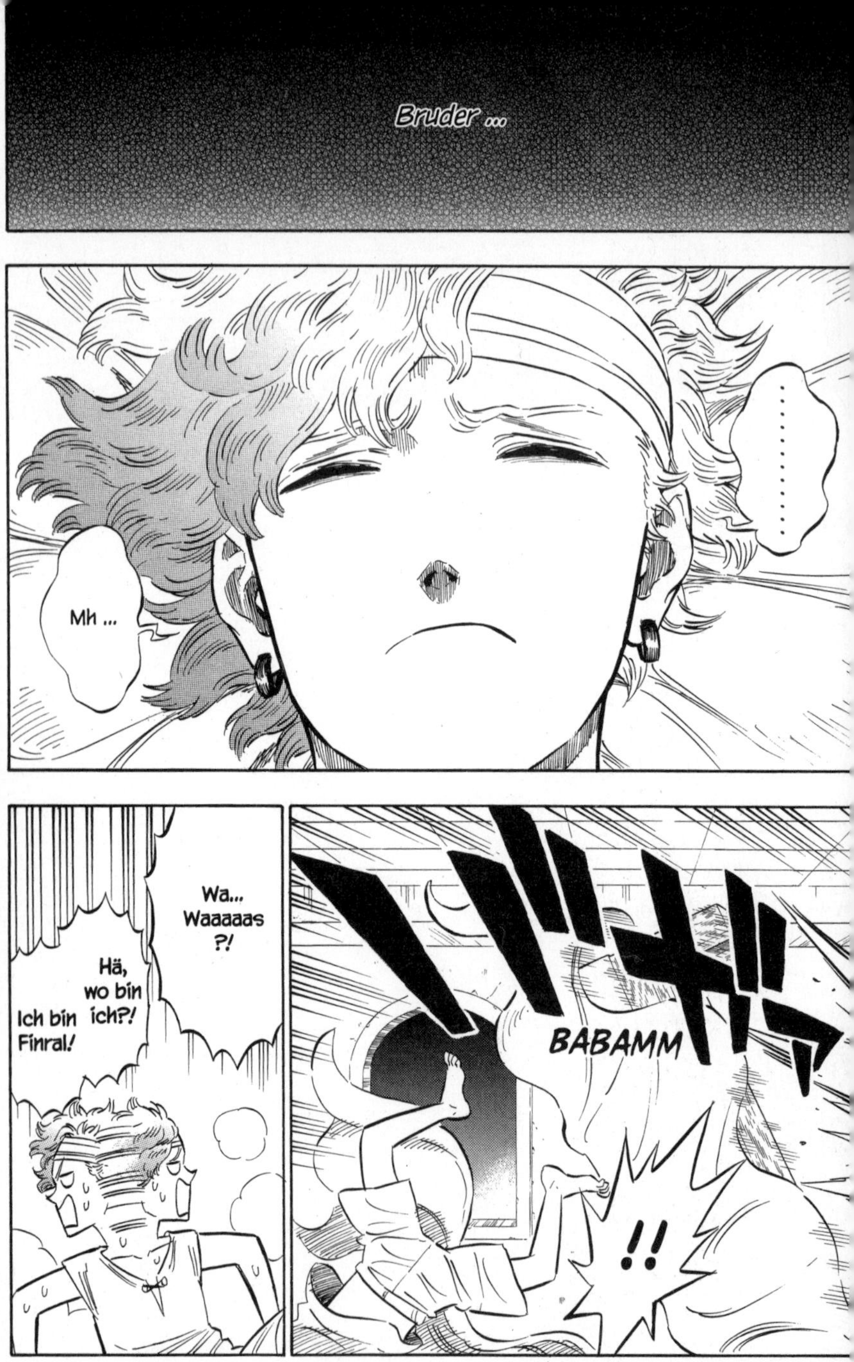
Bruder ...
…………
Mh ...
BABAMM
!!
Wa... Waaaaas ?!
Hä, wo bin ich?!
Ich bin Finral!

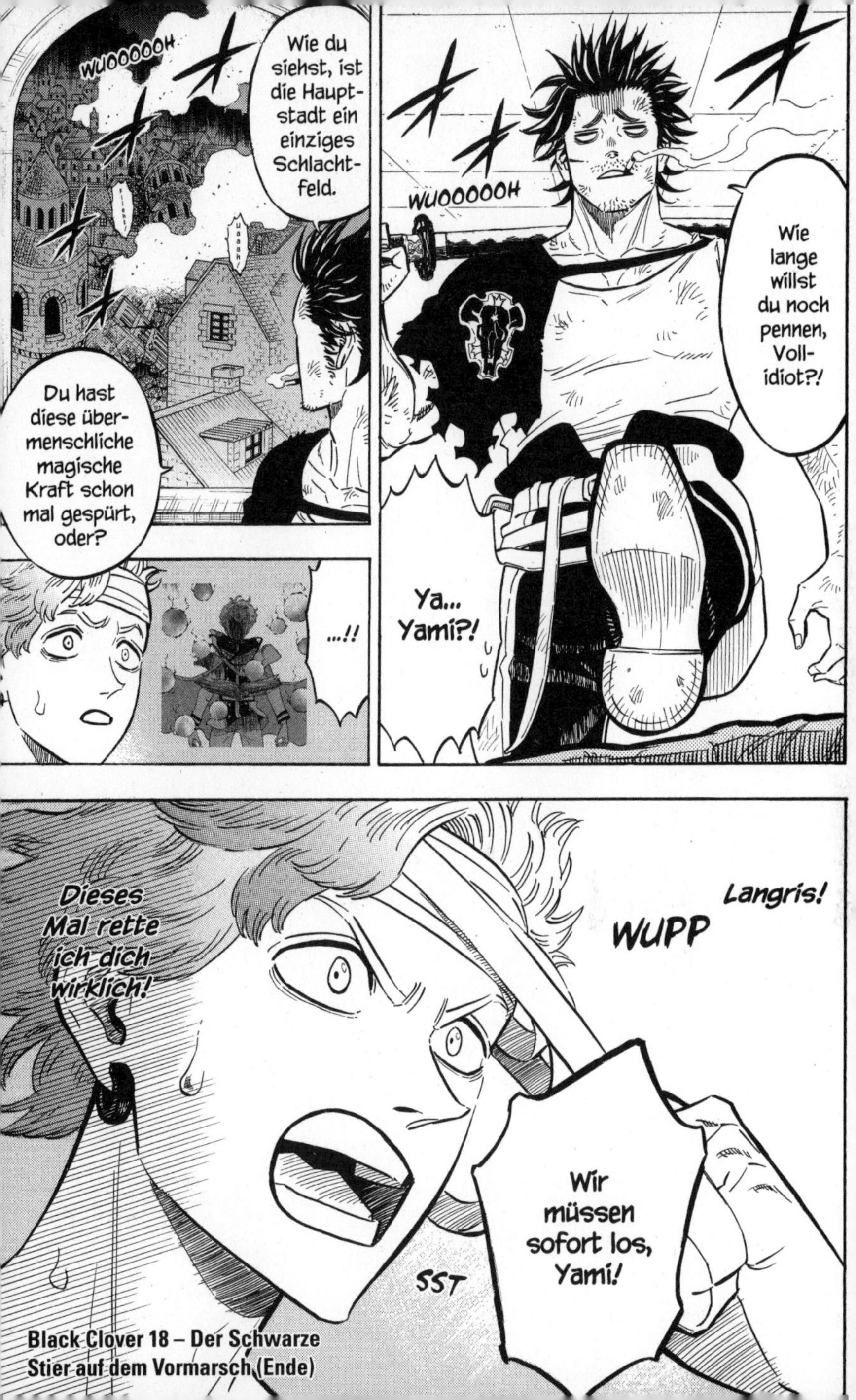

Black Clover 18 – Der Schwarze Stier auf dem Vormarsch (Ende)

DER MANGAKAORDEN »UNBESCHRIEBENES BLATT«

Thema diesmal: Was ist in eurem Leben in letzter Zeit passiert?

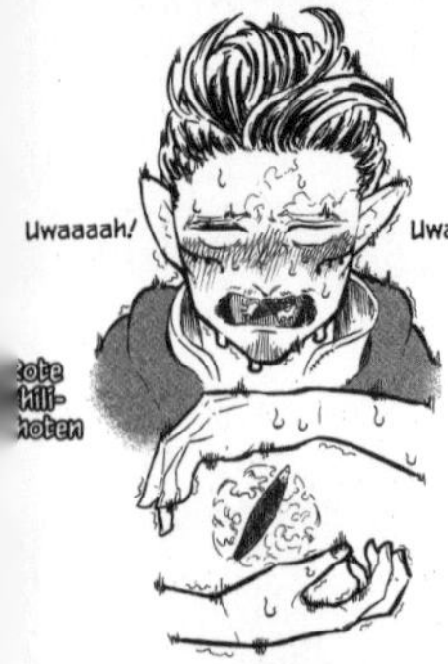

Ein Taifun hat fünf Dachziegel weggeweht. (Es gab keine Verletzten.)
Yotaro Hayakawa

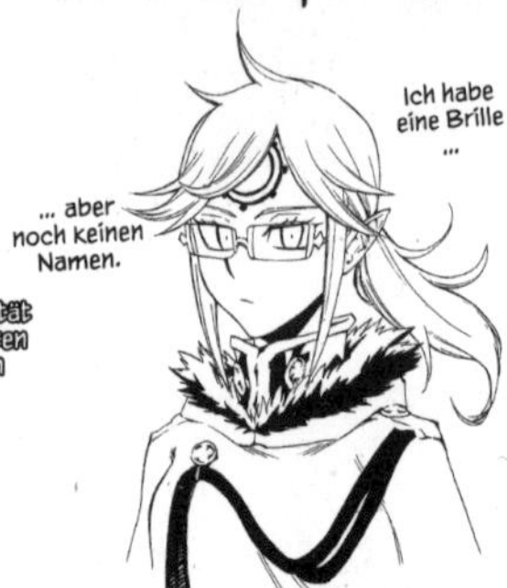

Mein Haaransatz ist zurückgegangen.
Koki Ishikawa

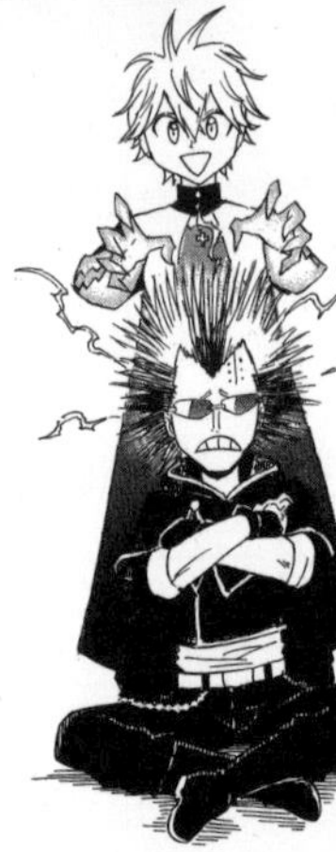

Ich muss jetzt früher aufstehen, weil sich die Zeit für den Weg in den Kindergarten meines Sohnes geändert hat. Ich bin müde!
Teruaki Mizuno

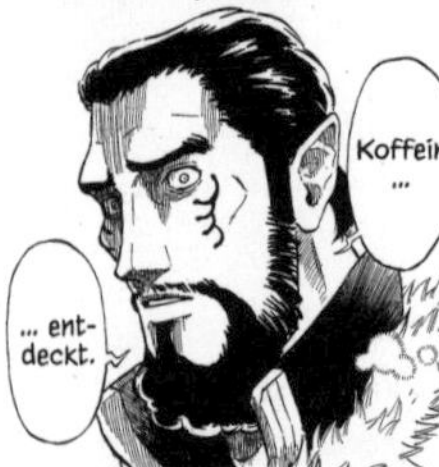

Beim Einkaufsbummel am frühen Nachmittag wurde ich von der Polizei kontrolliert!
Kazuhiro Wakao

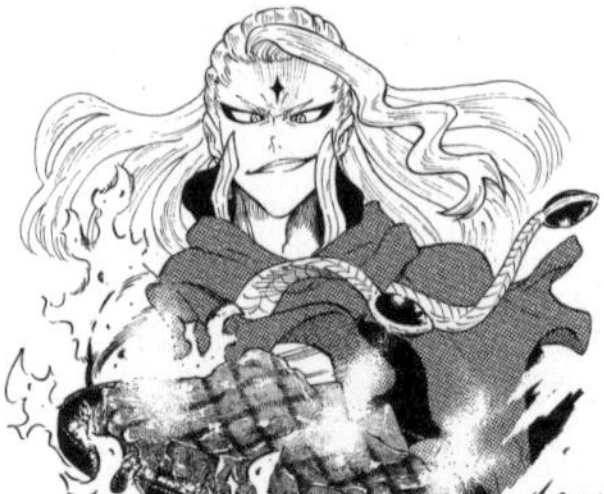

Bei einem Nachtspaziergang wurde ich von der Polizei kontrolliert!
Hayato Goto

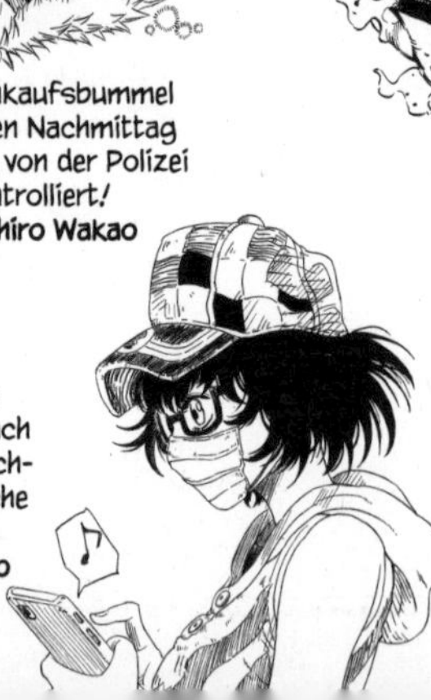

Eine plötzliche Beinoperation nach einer durchgemachten Nacht (örtliche Betäubung).
Seiya Miyamoto

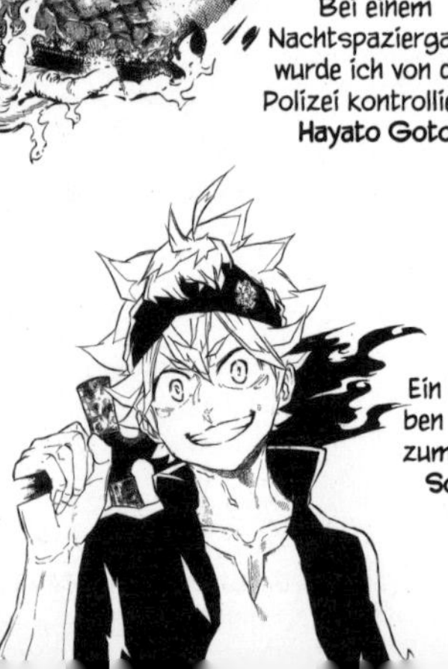

Ein Kampf auf Leben und Tod mit G zum Herbstanfang.
Sota Hishikawa

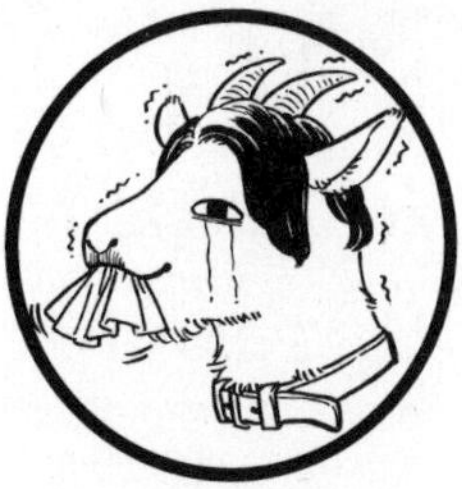

Herrn Tabatas Frau hat mir zum Geburtstag ein flauschiges T-Shirt geschenkt! So flauschig!
Redakteur Toide

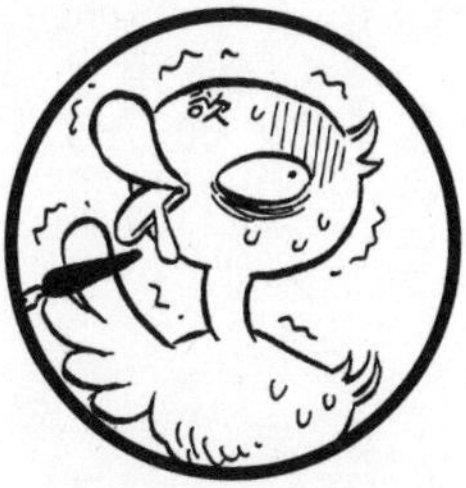

Das PS4-Spiel *Black Clover: Quartet Knights* ist rausgekommen!! Juhuuu! Aber ich habe keine Zeit zu spielen ...
Anführer Tabata

Ich genieße das Essen im Herbst.
©

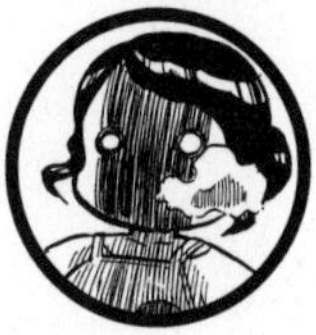

Ich hatte eine Lebensmittelvergiftung ... Hühnerleber esse ich so schnell nicht wieder ...
Koshimura

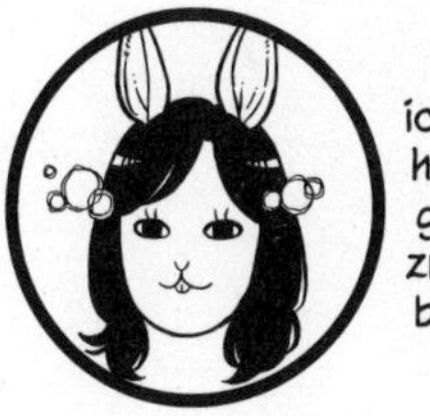

Die Katze, die ich seit acht Jahren halte, hat angefangen, mich ins Herz zu schließen (glaube ich zumindest).
Designerin Iwai

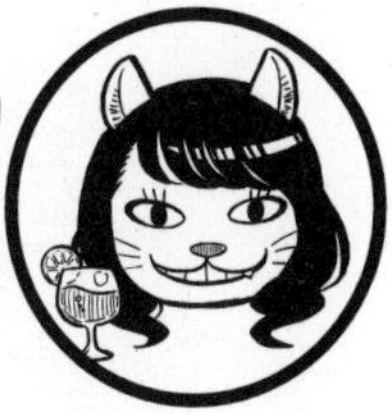

Nachwort

Das Shonen Jump-Magazin hat eine zweite Abstimmung zum beliebtesten Black Clover-Charakter durchgeführt! Danke noch mal für eure Stimmen! Mich hat am meisten beeindruckt, dass Magna so weit hinten gelandet ist! Ha ha! Die Abstimmung fand statt, als Julius gegen Licht gekämpft hat. Wäre sie ein bisschen später ... zum Beispiel jetzt abgehalten worden, dann wäre Magna vielleicht auf einem etwas höheren Platz gelandet ... Sorry, Magna! Ich strenge mich an, dass du noch viel beliebter wirst!

BLACK CLOVER

Der Schwarze Stier auf dem Vormarsch

Ein kleiner Zusatz!

Hier kommt das dritte Charmy-Special! Mal sexy (?), mal abgedreht, aber immer ein Hingucker! Viel Spaß mit Charmys vielfältigen Verwandlungen!

18

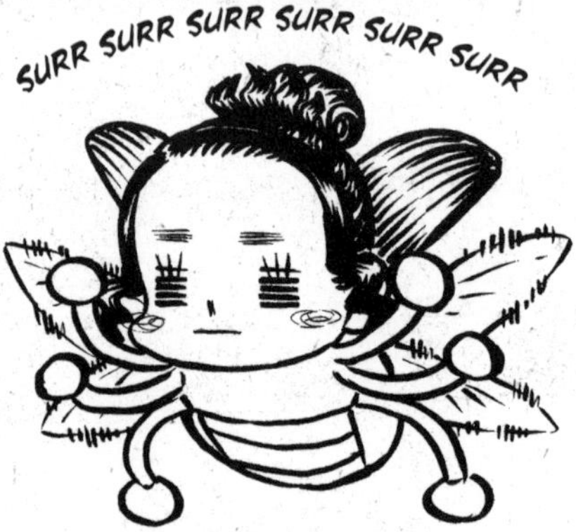

Käfer-Charmy

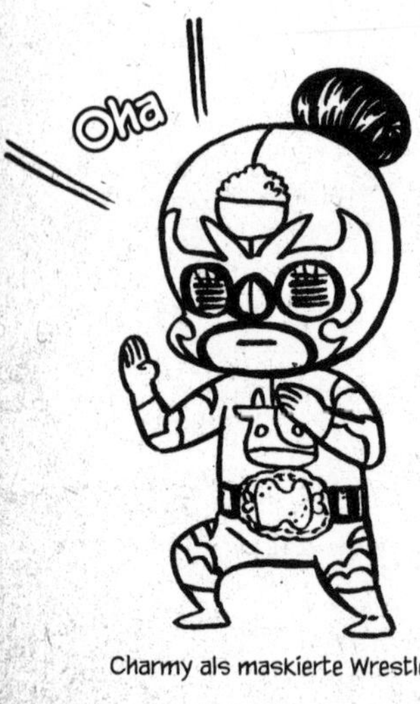

Charmy als maskierte Wrestlerin

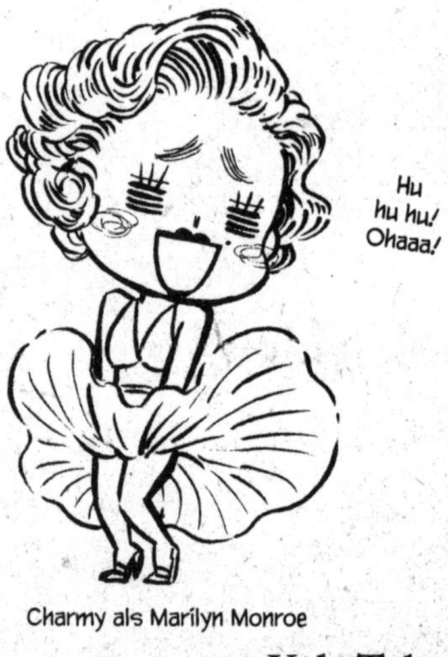

Charmy als Marilyn Monroe

Yûki Tabata

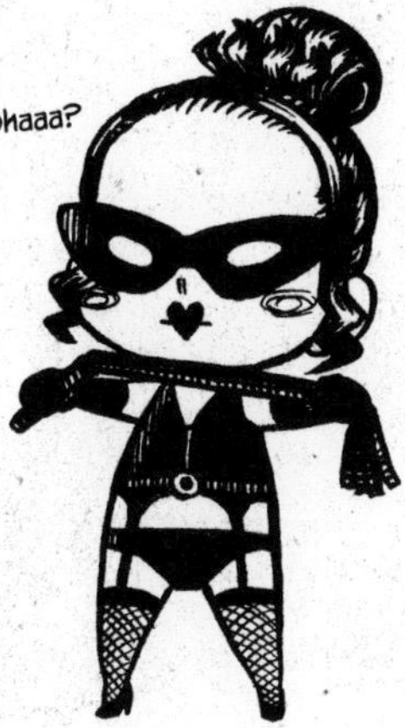

Charmy als Domina

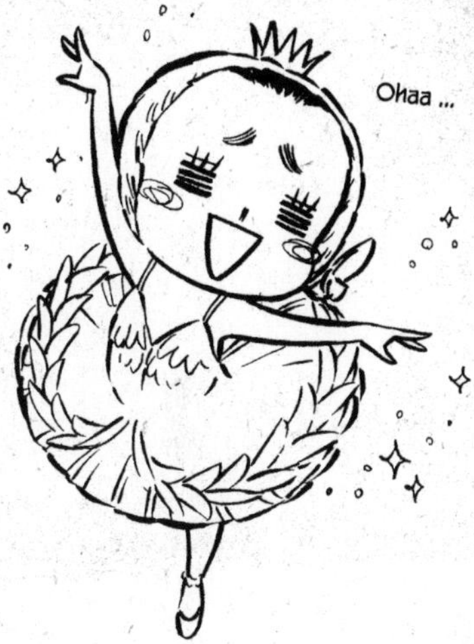

Charmy als Ballerina

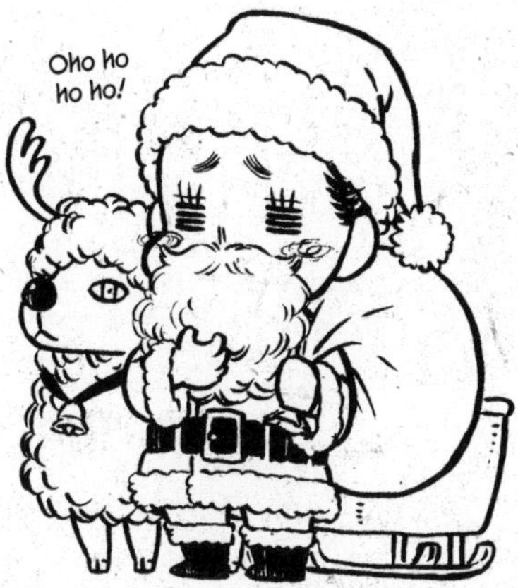

Charmy als Weihnachtsmann

TOKYOPOP GmbH
Hamburg

TOKYOPOP
4. Auflage, 2025
Deutsche Ausgabe/German Edition

Aus dem Japanischen von Luise Steggewentz

First published in Japan in 2015 by SHUEISHA Inc., Tokyo.
German translation rights in Germany, Austria and German-speaking Switzerland arranged by SHUEISHA Inc.
through VME PLB SAS, France.

Redaktion: Sabine Scholz
Lettering: Vibrant Publishing Studio
Herstellung: Shujun Wong
GPSR: produktsicherheit@tokyopop.de
Druck und buchbinderische Verarbeitung:
CPI–Clausen & Bosse GmbH, Leck
Printed in Germany

FSC MIX Papier FSC® C083411

Wir achten auf die Umwelt.
Dieses Produkt besteht aus FSC®-zertifizierten und anderen kontrollierten Materialien.

ISBN 978-3-8420-5511-7

www.tokyopop.de

BLEACH EXTREME

Tite Kubo

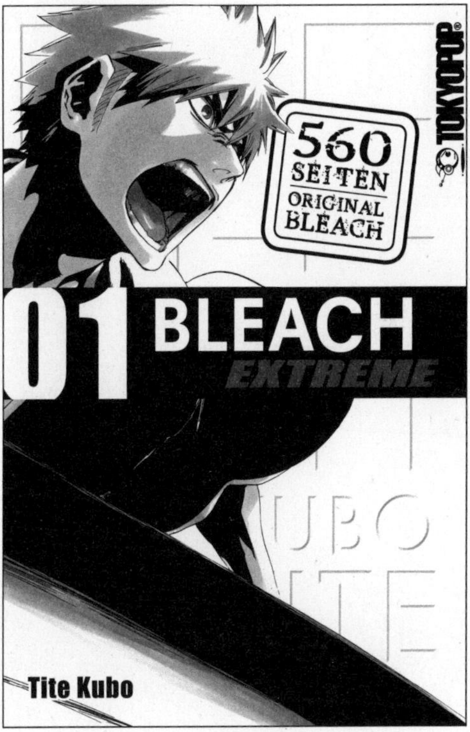

Nur zu kämpfen hat keinen Sinn!
Nur zu überleben hat keinen Sinn! Man muss siegen!

Geister und Dämonen existieren und Ichigo Kurosaki besitzt die Gabe, sie zu sehen. Eines Tages stolpert er in den Kampf der Totengöttin Rukia und einem »Hollow«. Dem Tode nahe überträgt die hübsche Shinigami dem nichts ahnenden Ichigo all ihre Kraft, damit er für sie gewinnt. Neben der Highschool macht Ichigo nun Rukias Job und dringt in eine immer gefährlichere Gegenwelt ein.

SUGINAMI ON DUNGEON DUTY

Robinson Haruhara / Yuki Sato / Naoki Saito

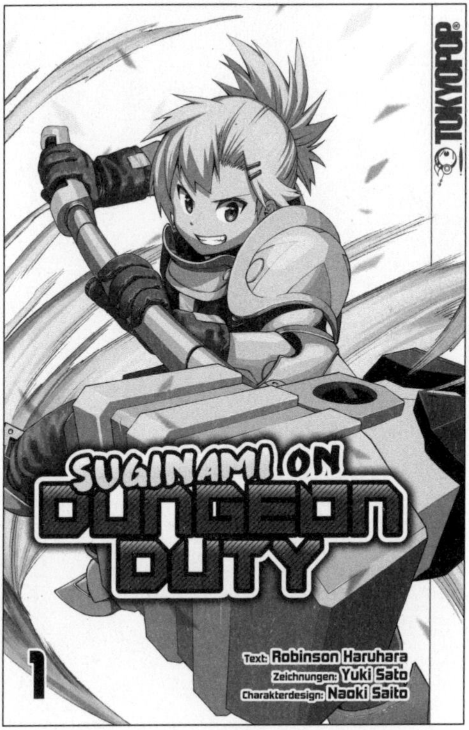

Der Azubi mit dem Jet Hammer

Yuma träumt schon seit seiner Kindheit davon, ein Held zu werden! Als Neuling in der staatlichen Dungeon-Abteilung, deren Beamte sich dem Kampf gegen Monster aus Parallelwelten verschrieben haben, kann er sich nun endlich beweisen. Während seiner Probezeit wird ihm der erfahrene Yonaga, der jedoch von seinem jugendlichen Tatendrang so gar nichts hält, an die Seite gestellt. Kann Yuma ihn im Kampf gegen Knochenfürsten und Finsterflüsterer von seinen Heldenqualitäten überzeugen?

TOKYOPOP®

www.tokyopop.de

STOPP!

**Dies ist die letzte Seite des Buches!
Du willst dir doch nicht den Spaß verderben
und das Ende zuerst lesen, oder?**

Um die Geschichte unverfälscht und originalgetreu mitverfolgen zu können, musst du es wie die Japaner machen und von rechts nach links lesen. Deshalb schnell das Buch umdrehen und loslegen!

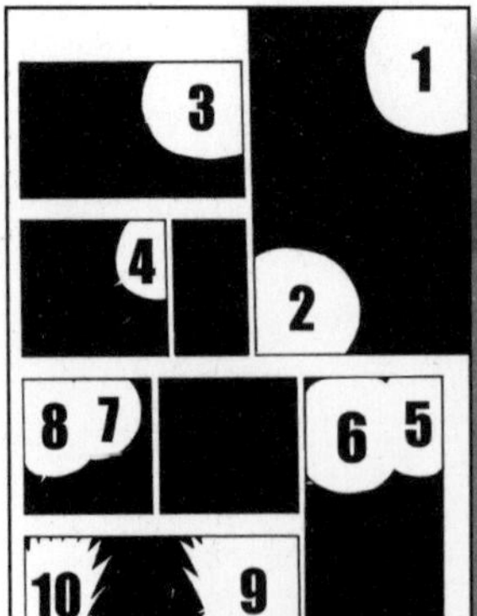

So geht's:

Wenn dies das erste Mal sein sollte, dass du einen Manga in den Händen hältst, kann dir die Grafik helfen, dich zurechtzufinden: Fang einfach oben rechts an zu lesen und arbeite dich nach unten links vor. Viel Spaß dabei wünscht dir TOKYOPOP®!